“十三五”国家重点图书

湖北省学术著作出版专项资金资助项目

海洋测绘丛书

海洋导航与定位技术

赵建虎　张红梅　吴永亭　王爱学　编著

石　波　杨　鲲　田春和　罗孝文　参编

WUHAN UNIVERSITY PRESS

武汉大学出版社

图书在版编目(CIP)数据

海洋导航与定位技术/赵建虎等编著;石波等参编.—武汉: 武汉大学出版社,2017.9

海洋测绘丛书

“十三五”国家重点图书　湖北省学术著作出版专项资金资助项目

ISBN 978-7-307-19476-2

Ⅰ.海…　Ⅱ.①赵…　②石…　Ⅲ.航海导航　Ⅳ.U675.7

中国版本图书馆 CIP 数据核字(2017)第 172882 号

责任编辑:王金龙　　责任校对:汪欣怡　　版式设计:韩闻锦

出版发行: **武汉大学出版社**　(430072　武昌　珞珈山)

(电子邮件: cbs22@whu.edu.cn　网址: www.wdp.com.cn)

印刷: 湖北民政印刷厂

开本: 787×1092　1/16　印张:18.75　字数:442 千字　插页:1

版次: 2017 年 9 月第 1 版　2017 年 9 月第 1 次印刷

ISBN 978-7-307-19476-2　定价:40.00 元

学术委员会

主任委员　宁津生

委　　员（以姓氏笔画为序）

宁津生　任廷琦　李建成　李朋德　杨元喜　杨宏山

陈永奇　陈俊勇　周成虎　欧吉坤　金翔龙　翟国君

编 委 会

主　　任　任廷琦

副 主 任　李建成　卢秀山　翟国君

委　　员（以姓氏笔画为序）

于胜文　王瑞富　冯建国　卢秀山　田　淳　石　波

艾　波　任廷琦　刘焱雄　孙　林　许　军　阳凡林

吴永亭　张汉德　张立华　张安民　张志华　张　杰

李建成　李英成　杨　鲲　陈永奇　周丰年　周兴华

欧阳永忠　罗孝文　胡兴树　赵建虎　党亚民　桑　金

高宗军　曹丛华　章传银　翟国君　暴景阳　薛树强

序

现代科技发展水平，已经具备了大规模开发利用海洋的基本条件；21 世纪，是人类开发和利用海洋的世纪。在《全国海洋经济发展规划》中，全国海洋经济增长目标是：到 2020 年海洋产业增加值占国内生产总值的 20%以上，并逐步形成 6~8 个海洋主体功能区域板块；未来 10 年，我国将大力培育海洋新兴和高端产业。

我国海洋战略的进程持续深入。为进一步深化中国与东盟以及亚非各国的合作关系，优化外部环境，2013 年 10 月，习近平总书记提出建设“21 世纪海上丝绸之路”。李克强总理在 2014 年政府工作报告中指出，抓紧规划建设“丝绸之路经济带”和“21 世纪海上丝绸之路”；在 2015 年 3 月国务院常务会议上强调，要顺应“互联网+”的发展趋势，促进新一代信息技术与现代制造业、生产性服务业等的融合创新。海洋测绘地理信息技术，将培育海洋地理信息产业新的增长点，作为“互联网+”体系的重要组成部分，正在加速对接“一带一路”，为“一带一路”工程助力。

海洋测绘是提供海岸带、海底地形、海底底质、海面地形、海洋导航、海底地壳等海洋地理环境动态数据的主要手段，是研究、开发和利用海洋的基础性、过程性和保障性工作；是国家海洋经济发展的需要、海洋权益维护的需要、海洋环境保护的需要、海洋防灾减灾的需要、海洋科学研究的需要。

我国是海洋大国，海洋国土面积约 300 万平方千米，大陆海岸线约 1. 8 万千米，岛屿 1 万多个；海洋测绘历史欠账很多，未来海洋基础测绘工作任务繁重，对海洋测绘技术有巨大的需求。我国大陆水域辽阔，1 平方千米以上的湖泊有 2700 多个，面积 9 万多平方千米；截至 2008 年年底，全国有 8. 6 万个水库；流域面积大于 100 平方千米的河流有 5 万余条，国内河航道通航里程达 12 万千米以上；随着我国地理国情监测工作的全面展开，对于海洋测绘科技的需求日趋显著。

与发达国家相比，我国海洋测绘技术存在一定的不足：(1)海洋测绘人才培养没有建制，科技研究机构稀少，各类研究人才匮乏；(2)海洋测绘基础设施比较薄弱，新型测绘技术广泛应用缓慢；(3)水下定位与导航精度不能满足深海资源开发的需要；(4)海洋专题制图技术落后；(5)海洋测绘软硬件装备依赖进口；(6)海洋测绘标准与检测体系不健全。

特别是海洋测绘科技著作严重缺乏，阻碍了我国海洋测绘科技水平的整体提升，加重了海洋测绘科学研究和工程技术人员在掌握专门系统知识方面的困难，从而延缓了海洋开发进程。海洋测绘科学著作的严重缺乏，对海洋测绘科学水平发展和高层次人才培养进程的影响已形成了恶性循环，改变这种不利现状已到了刻不容缓的地步。

与发达国家相比，我国海洋测绘方面的工作起步较晚；相对于陆地测绘来说，我国海洋测绘技术比较落后，缺少专业、系统的教育丛书，大多数相关书籍要么缺乏，要么已出版20年以上，远不能满足海洋测绘专门技术发展的需要。海洋测绘技术综合性强，它与陆地测绘学密切相关，还与水声学、物理海洋学、导航学、海洋制图、水文学、地质、地球物理、计算机、通信、电子等多学科交叉，学科内涵深厚、外延广阔，必须系统研究、阐述和总结，才能一窥全貌。

就海洋测绘著作的现状和社会需求，山东科技大学联合从事海洋测绘教育、科研和工程技术领域的专家学者，共同编著这套《海洋测绘丛书》。丛书定位为海洋测绘基础性和技术性专业著作，以期作为工程技术参考书、本科生和研究生教学参考书。丛书既有海洋测量基础理论与基础技术，又有海洋工程测量专门技术与方法；从实用性角度出发，丛书还涉及了海岸带测量、海岛礁测量等综合性技术。丛书的研究、编纂和出版，是国内外海洋测绘学科首创，深具学术价值和实用价值。丛书的出版，将提升我国海洋测绘发展水平，提高海洋测绘人才培养能力；为海洋资源利用、规划和监测提供强有力的基础性支撑，将有力促进国家海权掌控技术的发展；具有重大的社会效益和经济效益。

《海洋测绘丛书》学术委员会

2016年10月1日

前　言

相对陆地和空中，海洋尤其是水下导航与定位具有可利用资源少、环境复杂、实施相对困难等特点。无源、自主惯性导航系统短时间内具有导航精度高、导航信息较全面等特点，非常适合水下导航，但因系统存在漂移等问题，长时间导航会出现误差积累，且随时间推移，积累量显著增加。随着现代导航、定位及相关技术的发展以及我国“海洋强国”、“一带一路”等战略的全面实施，水下导航与定位在精度、可靠性等方面面临着更高的要求，而单一惯性导航与定位系统难以满足这一需求，需形成一种以惯导系统为主、其他导航系统为辅助的组合导航系统，以提高导航与定位的精度和可靠性。

本书在分析现有导航与定位技术的特点以及水上、水下导航与定位需求的基础上，介绍了导航定位基础、导航定位原理及技术、线性系统及各种估计和滤波等基础理论知识；并重点介绍了惯性导航、卫星导航、水下声学导航、匹配导航等导航定位技术，以及基于上述技术的几种经典的海洋组合导航技术。

全书由 9 章组成，第 1 章由赵建虎、张红梅、吴永亭、杨鲲撰写，第 2 章由赵建虎、吴永亭、王爱学撰写，第 3 章由赵建虎、王爱学、吴永亭撰写，第 4 章由王爱学、张红梅撰写，第 5 章由赵建虎、石波撰写，第 6 章由王爱学、吴永亭、赵建虎撰写，第 7 章由吴永亭、赵建虎撰写，第 8 章由张红梅、赵建虎、杨鲲、王爱学、田春和撰写，第 9 章由赵建虎、张红梅、石波、吴永亭、杨鲲、田春合、王爱学、罗孝文撰写。

本书的实例数据由天津水运工程科学研究院、国家海洋局第一海洋研究所提供，组合导航技术相关方面的研究工作得到国家 863 项目的资助，部分书稿内容取材于 863 项目报告。邹亚靖硕士在水声定位数据处理，王胜平和张凯博士在地磁、地形和地貌匹配导航数据处理及组合导航数据处理等方面开展了工作；硕士邹亚靖、朱世芳、简晓敏、冯杰、尚晓东、胡俊、李治远为书稿的编辑做出了贡献，在此一并表示感谢。

本书可作为海洋测绘或相关专业本科生和研究生教材，也可为从事海洋测绘或相关工作和研究人员提供参考。

由于涉及内容较多，加之作者知识有限，书中存在不少缺点和错误，敬请读者批评指正。

作　者

2017 年 6 月于武汉

目　录

第1章 绪 论

1.1 概述

海洋约占整个地球总面积的71%，蕴藏着极为丰富的资源。随着陆地资源的日益匮乏，人类已将资源开发和利用的重点转向海洋。我国拥有18000公里长的海岸线、300余万平方公里的专属管辖海域以及6500多个面积在500平方米以上的岛屿，对人均陆地资源占有率不高的我国，海洋资源的开发和利用意义重大(赵建虎，2008)。位置信息是海洋空间信息的重要组成部分，导航与定位是进行海洋军事、海洋科学研究和海洋开发及利用等活动中的一项非常重要的基础性保障工作，具有不可替代的作用。

海洋导航与定位是确定载体(船只或水下潜航器)位置、引导载体从起点到终点的一项技术。海洋定位主要解决载体或目标当前的平面位置和水深问题，可实时或事后确定；导航除了为载体提供位置信息外，还需提供速度、加速度、航向、姿态等状态信息，需实时确定。Leonard 和 Durrant-Whyte 曾将导航的基本功能归纳为以下三个问题的答案：

①我现在在哪里？(Where am I?)

航行器(船只、潜航器)等必须知道自己在什么地方，从而为下一步动作做出相应规划。航行器的当前位置需要根据其外部或者内部环境信息来估计。

②我要去哪里？(Where am I going ?)

为完成各种任务，航行器等必须知道它将要去哪里，即目的地。在实际环境中，必须能够识别出周围的物体，并确定它们的状态，进而获得运动的目的地。

③我怎样到那里？(How should I get there ?)

一旦知道了航行器在哪里以及将要去哪里，接下来就是如何规划最佳路径或航线，从而有效、准确并安全地到达目的地。

导航是由导航系统完成的，其核心问题是载体的定位和定姿问题，任何导航系统中均包括装在运载体上的导航设备。

导航一般又可分为自主式导航(无源导航)和非自主式导航(有源导航)两类。如果装在载体上的导航设备可以不需要外部设备而单独地产生导航信息，则称为自主式导航系统。反之，除了要有装在运动载体上的导航设备外，还需要其他的外源设备才能产生导航信息，这种系统称为非自主式导航系统。目前自主式导航系统主要有天文导航系统、惯导系统等，非自主式导航系统主要有卫星导航系统在内的无线电导航系统等。就非自主式导航系统而言，还包括装在其他地方的与导航设备配合使用的导航台。根据导航台位置的不同，无线电导航系统又可分为陆基导航系统和空基导航系统两类。陆基导航系统，即导航台位于陆地，导航台与导航设备间用无线电波联系。空基导航系统，导航台设在人造卫星上，相对陆基无线电导航系统，覆盖范围更大。驾驶员或自动驾驶系统根据导航系统输出的导航信息，可在空中、陆地和海洋任何位置对航行器进行控制、制导，使其正确地向目的地前进。

海洋位置服务在军事和民用方面均有着很大的需求和应用前景。水面船只和水下潜航器一直是海洋航运、科学研究、资源调查和开发等海洋活动的重要支撑载体。自20世纪70年代到21世纪初期，随着海洋军事、经济以及科学研究活动的日益加强，人们对水上和水下载体导航与定位在精度和可靠性方面的要求变得越来越高。经过长期发展，目前在水面已形成了卫星导航定位技术与惯性导航技术相结合的组合导航技术，在水下形成了由长基线、超短基线声学定位系统与惯导系统组合的导航定位系统，实现了水上和水下的立体导航与定位。不同于陆地，由于海洋环境的特殊性，在海洋中实现精确、可靠的导航和定位相对困难，海洋导航与定位已成为导航界关注的热点问题之一。

海洋导航定位具有工作时间长、环境复杂、信息源少等特点，采用单一导航定位技术，其精度和可靠性均难以满足要求，一种有效的途径是采用组合导航技术，即将两种或两种以上的非相似导航系统有机地组合在一起，实现系统或观测要素信息的融合，不仅可以实现系统及信息间的取长补短、提高导航的精度，而且可以适当地降低对单一导航系统器件的精度要求以及成本，提高系统的可靠性和容错性。

实现组合导航的基本方法有两种，其一是回路反馈法，即采用经典的回路控制法，抑制系统误差，并使各子系统间实现性能上的互补；其二是最优估计法，即采用 Kalman 滤波或者维纳滤波，从概率统计最优角度估计出系统误差并消除。两种方法均可实现各子系统信息的互相渗透，有机融合，从而起到性能互补的功效。由于各子系统的误差源和量测误差均为随机误差，以状态空间分析法为基础、Kalman 滤波为代表的最优估计法远优于第一种方法，其应用最为广泛，也最为典型。因此，在组合导航系统的设计和应用中，一般都采用 Kalman 滤波。

组合导航技术随着计算机技术、电子信息技术以及现代控制理论的发展而进步，并率先在航空、航天与航海等领域得到了广泛应用，是21世纪导航技术发展的主要方向之一，也是未来导航技术应用的主要模式。

1.2 导航技术的发展历史

导航历史悠久。早在定居文明出现之前，游猎时代的人类就经常要在迁徙中寻路，并因此认识了位置不变的北极星，认识到靠南的一面树枝比较茂密。自从人类出现最初的政治、经济和军事活动以来，便有对导航的需求。远古时期的人类在狩猎或寻找猎物时，在夜晚行进中需要依靠星空辨别方向，因此出现了天文学，天文导航也成为人类最早的导航系统之一。天文导航也是古丝绸之路上的导航系统。当人类的经济与军事活动还较为简单时，因为只要在行进方向上不出现错误，便可以到达目的地，因此人类主要依赖的、同时也是最为需要的导航信息就是方向。随着人类运输和交通工具的不断改进，为了提高安全性和经济性，天空被划分为具有一定高度和宽度的航路，近海和港口被划分为不同的航道，人们对导航的要求也从航向转变为对未知的准确判断与预测，使导航的功能从主要提供载体的航向变为主要提供载体的位置信息及速度信息。尤其是军事领域的需要，出于自身安全和有效打击敌方的目的，对运载体的位置和速度信息的精确确定要求越来越高，现代科技的发展为这些提供了必需的基础，无线电导航和惯性导航在此背景下出现并不断发展。无线电导航的发明，使导航系统成为航行中真正可以依赖的工具，具有划时代的意义。

下面首先根据导航技术方法应用的年代将导航的发展分为四个阶段进行简要介绍，然后介绍航海导航的发展简史。

1.2.1 导航发展阶段

根据导航技术出现及应用的年代，可将其大致分为四个阶段：早期导航阶段、普通导航阶段、近代导航阶段和现代导航阶段。

1. 早期导航阶段

早期导航阶段为19世纪中叶以前，以指南车、指南针和天文导航为主要代表。

(1)指南车

人类历史上研制最早的导航设备是四千年前黄帝部落使用的指南车。指南车利用机械装置实现定向性(如图1-1所示)，其发明标志着我国古代对齿轮系统的应用在当时居于世界遥遥领先的地位。

指南车是现代车辆上离合器的先驱，但两者的原理和构造完全不同，指南车实际上要比指南针更早。传说中黄帝部落和蚩尤部落在公元前2600年发生的涿鹿之战中，黄帝部落使用了指南车。指南车使得黄帝的军队在大风雨中仍能辨别方向，从而取得了战争胜利。这是人类研制的导航设备在战争中显示出的巨大作用。

图1-1 指南车

(2)司南

早在春秋战国时期，我们祖先就了解并利用磁石的指极性制成最早的指南针——司南。战国时的《韩非子》中提到用磁石制成的司南。司南就是指南的意思。东汉思想家王充《论衡》中也有关于司南的记载。司南由一把“勺子”和一个“地盘”两部分组成。司南勺由整块磁石制成。它的磁南极一头做成长柄，圆圆的底部是其重心，十分光滑。地盘是个铜质的方盘，中央有个光滑的圆槽，四周刻着格线和表示 24 个方位的文字。如图 1-2 所示。

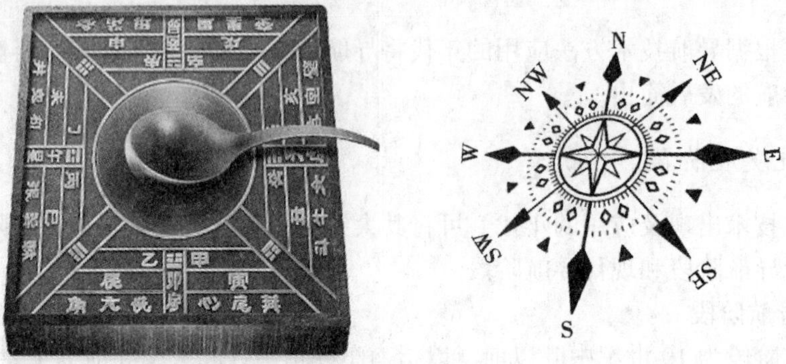

图 1-2　司南

由于司南底部和地盘的圆槽都十分光滑，司南放进地盘就能灵活转动，在静止下来的时候，磁石的指极性使长柄总是指向南方，这种仪器就是指南针的前身。由于当初使用司南必须配上地盘，所以后来指南针也叫罗盘针。在制作中，天然磁石因受热容易失去磁性，故司南不能广泛流传。到宋朝时，有人发现了人造磁铁。钢铁在磁石上磨过，带有磁性，而且磁性比较稳固不会丢失。后来在长期实践中出现了指南鱼。从指南鱼再加以改进，把带磁的薄片改成带磁的钢针，就创造了比指南鱼更进一步的新指南仪器。把一支缝纫用的小钢针，在天然磁石上磨过，使它带有磁性，人造磁体的指南针就产生了。

指南针发明后很快应用于航海。最早记载指南针用于航海导航的文献是北宋宣和年间(1119—1125 年)朱彧所著《萍洲可谈》(成书晚于《梦溪笔谈》)。朱彧之父朱服于 1101—1102 年在广州任高级官员，他随父亲在广州住过很长一段时间。该书记录了他在广州的见闻。当时广州是我国和海外通商的大港口，有管理海船的市舶司，有供海外商人居留的住所，航海事业很发达。

《萍洲可谈》记录了广州蕃坊和市舶司的很多情况，记载了很多有经验的水手。他们善于分辨海上方向：“舟师识地理，夜则观星，昼则观日，阴晦则观指南针。”识地理，表明当时舟师掌握海上确定海船位置的方法，说明我国人民在航海中已经知道使用指南针。这是全世界航海史上使用指南针的最早记载，我国人民首创的这种仪器导航方法，是航海技术的重大革新。

中国使用指南针导航不久，就被阿拉伯海船学习使用，并经阿拉伯人传至欧洲。中国人首先将指南针应用于航海，比欧洲人早至少 80 年。北宋沈括在制作和应用指南针的科学实践中发现了磁偏角的存在，并指出这是由于磁极不正好在南北两极的缘故。指南针及磁偏角理论在远洋航行中发挥了巨大作用，使得人们获得了全天候航行的能力，人类第一次在大海中获得了自由，从而开辟了许多新航线，缩短了航程，加速了航运发展，促进了各国人民的文化与贸易交流。指南针对于航海事业意义重大，李约瑟说："你们的祖先在航海方面要比我们祖先先进。中国远在欧洲之前懂得用前后帆的系统御风而行，或许由于这个原因，中国航海史上没有出现过多桨奴隶船。"

(3)天文导航

在大海中航行，没有导航定位是不行的。为确定船的位置，人们利用星体在一定时间与地球的地理位置具有固定规律的原理，发展了通过观测星体确定船的位置的方法——天文导航。

中国古籍中有许多将天文应用于航海的记载。《淮南子》说：夫乘舟而惑者，不知东西，见斗极则悟矣。《抱朴子外篇》说：夫群迷乎云梦者，必须指南以知道；并乎沧海者，必仰辰以得反。东晋僧人法显从印度返回中国，见海上"不知东西，只有观看太阳、月亮和星辰而进"。宋朝之前，航海中都是夜间看星星，白天看太阳，北宋时才开始在阴天看指南针。

元明时期，已经可以通过观测星的高度来定地理纬度。这是我国古代航海天文学的嵩矢，称为"牵星术"。在明代时，航海知识积累和应用达到鼎盛，此时出现了郑和下西洋。他和船队在航海过程中，仅靠星辰和指南针是不够的，而是采用了"过洋牵星"的技术，即用牵星板测量所在地的星辰高度，然后计算该地地理纬度，以此测定船只的具体航向。这种技术使中国当时的天文导航技术达到相当高的水平，代表了 15 世纪初天文导航的世界水平。

欧洲在 15 世纪之前只能在白昼顺风沿岸航行。15 世纪出现了用北极星高度或太阳中天高度求纬度的方法，当时只能先南后北到达目的地的纬度，再东西向到达目的地。16 世纪虽然有观测月距(月星之间角距)求经度法，但不够准确，而且解算繁琐。18 世纪出现了六分仪和天文钟(见图 1-3)，前者用于观测天体高度，大大提高了准确性；后者可以在海上用时间法求经度。1837 年，美国船长 T. H. 萨姆纳发现天文船位线，从此可以在海上同时测定船体经纬度，奠定了近代天文定位的基础。1875 年，法国海军军官圣依莱尔发明截距法，简化了天文定位线测定作业，至今仍在使用。

图 1-3　六分仪和天文钟

2. 普通导航阶段

时间为 19 世纪中叶到 20 世纪 30 年代末，以惯性导航为代表。

自 1687 年牛顿三定律提出以来，为惯性导航奠定了基础。1852 年，傅科提出陀螺的定义、原理和应用设想。1908 年由安修茨研制出第一台摆式陀螺罗经(见图 1-4)。1910 年舒勒提出“舒拉摆”理论。上述这些理论和技术是惯性导航发展的基础。

图 1-4　陀螺仪

惯导技术开始应用于 20 世纪 40 年代火箭发展初期。首先是惯性技术在德国 VI-II 火箭上的第一次成功应用。到 50 年代中后期，0.5 海里/h 的单自由度液浮陀螺平台惯导系统研制并应用成功。1968 年，漂移约为 0.005°/h 的 G6B4 型动压陀螺研制成功。这一时期，还出现了另一种惯性传感器——加速度计。技术理论研究方面，为减少陀螺仪表支撑摩擦与干扰，挠性、液浮、气浮、磁悬浮和静电等支承悬浮技术被逐步采用；1960 年激光技术的出现为后续激光陀螺(RLG)发展提供了理论支持；捷联惯性导航(SINS)理论研究趋于完善。

20 世纪 70 年代初期，第三代惯性技术发展阶段出现了一些新型陀螺、加速度计和相应的惯性导航系统(INS)，目标是进一步提高 INS 的性能，并通过多种技术途径来推广和应用惯性技术。这一阶段的主要陀螺包括：静电陀螺、动力调谐陀螺、环形激光陀螺、干涉光纤陀螺。除此之外，超导体陀螺、粒子陀螺、固态陀螺等基于不同物理原理的陀螺仪表相继设计成功。20 世纪 80 年代，伴随着半导体工艺的成熟，采用微机械结构和控制电路工艺制造的微电机系统(MEMS)开始出现。

当前，惯性技术正朝着高精度、高可靠性、低成本、小型化、数字化的方向发展，应用领域更加广泛。一方面，陀螺的精度不断提高；另一方面，随着环形激光陀螺、光纤陀螺 MEMS 等新型固态陀螺仪的逐渐成熟以及高速大容量数值计算机技术的进步，SINS 在低成本、短期中等精度惯性导航中呈现取代平台式系统的趋势。惯性导航已经成为一种最为重要的无源导航技术。

3. 近代导航阶段

时间为 20 世纪 40 年代至 20 世纪 60 年代前后。

19 世纪电磁波的发现，直接推动了近代无线电导航系统的发展。20 世纪二三十年代，无线电测向是航海和航空主要的一种导航手段，而且一直沿用至今。不过，后来变成一种辅助手段。第二次世界大战中出现了双曲线导航系统，雷达也开始在舰船和飞机上用作导航手段，如雷达信标、敌我识别器和询问应答式测距系统等。远程测向系统也在这一时期出现。飞机着陆开始使用雷达手段和仪表着陆系统。40 年代后期，伏尔导航系统研制成功。50 年代出现塔康导航系统、地美导航系统、多普勒导航雷达和罗兰 C 导航系统(见图 1-5)等。与天文导航相比，无论在定位的速度还是自动化程度方面都有了长足进步。但是无线电导航定位系统的作用距离(覆盖)和定位精度之间产生矛盾(作用距离长，定位精度低；作用距离短，定位精度高)。

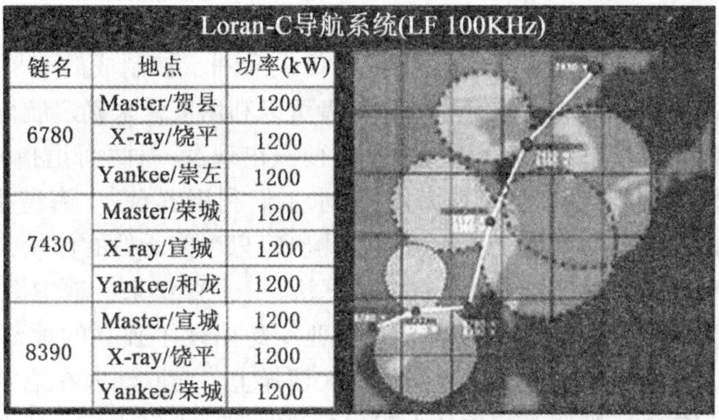

链名	地点	功率(kW)
6780	Master/贺县	1200
	X-ray/饶平	1200
	Yankee/崇左	1200
7430	Master/荣城	1200
	X-ray/宣城	1200
	Yankee/和龙	1200
8390	Master/宣城	1200
	X-ray/饶平	1200
	Yankee/荣城	1200

图 1-5 早期我国部分海域的 Loran C 系统参数及覆盖范围

4. 现代导航阶段

时间为 20 世纪中叶至今。以卫星导航为标志，同时向多手段融合集成方向发展。

随着 1957 年苏联第一颗人造地球卫星的发射和 20 世纪 60 年代空间技术的发展，各种人造卫星相继升空，人们很自然想到如果从卫星上发射无线电信号，组成一个卫星导航系统，就能很好地解决覆盖面和定位精度之间的矛盾，于是出现了卫星导航系统(星基无线电导航系统)。约翰霍普金斯大学应用物理实验室研究人员通过观测卫星发现，接收频率或发射频率存在多普勒频移现象。这样，知道用户机位置，测得多普勒频移，便可以得到卫星位置；反过来，知道卫星位置和多普勒频移，便可得到用户机位置。

最早的卫星定位系统是美国的子午仪系统(Transit)，1958 年开始研制，1964 年正式使用。由于系统卫星数目较少(5~6 颗)，运行高度较低(平均 1000km)，从地面站观测到卫星的时间间隔较长(平均 1.5h)，因而无法提供连续的实时三维导航，而且精度较低。为满足军事和民用对连续实时和三维导航的需求，1973 年美国国防部制定了 GPS 计划，并于 1993 年全面建成。目前常见的卫星导航定位系统有美国的 GPS 系统、俄罗斯的格珞纳斯(GLONASS)系统、欧洲的伽利略(GALILEO)系统以及我国的北斗(BDS)系统。

1.2.2 航海导航发展历程

从 15 世纪末开始，欧洲人沿着海洋向全球不断扩张，其基本前提之一，就是航海导航技术的不断发展。

1. 从地中海到大西洋

地中海是欧洲文明的摇篮，也是欧洲航海文化的摇篮。欧洲人的航海知识与航海技术，主要发源于地中海地区。自古代至中世纪，人们在地中海上航行时，都是沿着海岸线进行的。

经过一代又一代的积累，欧洲人的地中海航行知识日渐丰富，并且以文字的形式被记载下来。罗马帝国时期的希腊学者斯特拉波曾介绍说，当时有两种航海著作，一种是记载航海路线的《航海总汇》，另一种是介绍各个港口情况的《港口大观》。公元 3 世纪后半期，一位不知名的作者在《沧海航程纪》中罗列了地中海周边的众多港口及各港口之间的距离。这部希腊文著作，被誉为“唯一存世的、真正的古希腊航海作品”。

12 世纪，古代中国四大发明之一的指南针传入欧洲，被制成航海罗盘用于航海。13 世纪，罗盘已普遍应用于地中海航行中。航海者可以利用罗盘来确定航行方向，而不再依靠航海地标进行模糊的估算。到 13 世纪后期，西欧出现了一种“海道指南图”，现存最早的实物，就是法国巴黎所藏的“比萨航海图”。水手们利用罗盘、“海道指南图”、沙漏等仪器，根据船只航行的方向及速度，就可以估测出船只当前所处的位置，并且推算出下一时刻的位置。这种导航方法，被称为“航位推算法”。千百年来，地中海一直是欧洲人进行航海活动的主要舞台。12 世纪后期，伊比利亚半岛出现了独立的葡萄牙王国。由于葡萄牙濒临大西洋，所以自然把航海的重点放在大西洋上。而欧洲人在地中海航行中所积累起来的航海知识与技术，则成为葡萄牙人在大西洋中进行探险的技术基础。

2. 从观测北极星到观测太阳

进入 15 世纪，一批又一批精通地中海航行的水手投奔到葡萄牙国王的麾下，他们携带着用于地中海航行的仪器进入大西洋进行探险。不过，地中海与大西洋有很大的不同。地中海基本风平浪静，大西洋则波涛汹涌；地中海位于北纬 30°N—45°N，南北距离并不大，非洲海岸线则越过赤道延伸到南纬 30 多度。因此，地中海的航海知识与航海技术并不适用于大西洋。

现实的需求，迫使葡萄牙人寻找新的航海导航方法。当时，葡萄牙人在大西洋上的探险活动是沿着非洲海岸线从北向南推进的。他们实际上从高纬度地区向低纬度地区进行航行。水手们很快发现，他们在葡萄牙里斯本所观测到的北极星高度，与他们在非洲几内亚所观测到的北极星高度是不一样的。这样，北极星就成了导航的坐标。

15 世纪后期，葡萄牙人采用北极星导航方法后，加快了在大西洋上的探险活动。葡萄牙人沿着非洲海岸线从北向南逐渐前进。但当他们于 1471 年到达加纳沿海后，发现海岸线不断向东伸展。他们误以为沿着这条海岸线航行下去，就会很快到达印度。大约在 1474 年，葡萄牙船队穿越了赤道，到达南纬 2 度一带为止。从古希腊时代开始，欧洲就流传着这样一种说法：赤道地区阳光强烈，气候炎热，甚至海水都热得沸腾，人类根本无法居住。葡萄牙人用自己的实践证明了这种说法是错误的。

不过，当葡萄牙人向赤道挺进时，遇到了一个航海上的难题：由于纬度越来越低，很难观测到北极星，因而也就难以根据北极星来进行导航。1484 年，葡萄牙国王若奥二世聘请了一批数学家、天文学家、地理学家等，专门研究如何解决海上导航与定位问题。最后，葡萄牙人找到了一种测量纬度的新方法：通过观察太阳中天高度来确定纬度。葡萄牙人这个测量纬度的新方法，是人类航海史上最为重要的进展之一，并且奠定了天文导航的基础。

3. 从计算纬度到计算经度

通过观测太阳，葡萄牙人解决了纬度的测定问题。不过，在大海上航行，特别是在全球范围内航行，要想给船只进行导航，仅仅知道纬度是不够的，还必须测定经度。古希腊学者埃拉托色尼把天文测量与大地测量结合在一起，推算出一个经度是 59.5 海里，非常接近实际距离(实际距离应为 60 海里)；另一位希腊学者托勒密则认为是 49.9 海里。此外，托勒密还在其《地理学》中列举了世界主要地区及城市的经纬度。不过，西罗马帝国灭亡后，托勒密等古希腊作者的作品在西欧被人遗忘了。相反，阿拉伯学者则对托勒密的《地理学》等著作进行了深入的研究。

14 世纪末，托勒密的《地理学》从拜占庭重新传回到西欧。但此时的西欧学者不仅无法确定一个希腊里的长度，而且把阿拉伯人所使用的单位阿拉伯里(约等于 1972 米)与意大利人所使用的长度单位罗马里(约等于 1481.5 米)搞混在一起。正是由于把阿拉伯里错误地等同于罗马里，所以哥伦布推算出一个经度为 45.2 海里，并且认为从大西洋的加那利群岛到中国杭州的海上距离只有 3550 海里(实际距离约为 11766 海里)。基于这样的认识，哥伦布估计最多 28 天就可以横渡大西洋抵达亚洲沿海。因此，当他经过 30 多天的航行于 1492 年 10 月 12 日到达巴哈马群岛时，也就很自然地认为已经到达亚洲沿海。由于缺乏测定经度的方法，还有许多航海者犯过此类错误，甚至危及生命。

1707 年，一支英国舰队在英国沿海的锡利群岛遭遇海难，导致数艘船只沉没，近两千名船员丧命。这一事件震动英国朝野。同年，英国国会决定成立一个“经度委员会”，并且设立了高额的专项奖金，用于奖赏发明出经度测量方法的人。英国人哈里森决心获取这笔奖金。1735 年，他成功地制造了世界上第一台航海时钟。此后，他在不断改进的基础上又陆续制造了三台体积更小、更加精确的航海时钟。1762 年，哈里森制作的第四台航海时钟被装载在一艘船上进行试验。该船从英国航行到牙买加后，误差仅 5 秒。哈里森为欧洲航海事业的进步做出了重大贡献，同时也为英国成为 19 世纪后“日不落帝国”做出了贡献。

19—20 世纪，西方的航海导航技术更是突飞猛进，先后出现了陀螺导航、惯性导航、无线电导航和卫星导航等技术。从欧洲航海导航的发展历程中我们可以看到，欧洲的海外扩张，是以航海技术的不断进步为前提的。我们还可以看到，在欧洲历史上，海洋不仅是渔民水手的衣食来源，也不仅是国王君主争夺霸权的疆场，更是知识分子的关注焦点。只有当海洋问题在整个知识体系中占据突出地位，并且成为学术传统的一个重要组成部分时，海洋强国的梦想才可能实现。

4. 航海大事件

1298 年 《马克·波罗游记》成书，最终引发新航路和新大陆的发现。

1405—1433 年 中国航海家郑和七次出使“西洋”各国。

1488 年 葡萄牙人发现非洲好望角。

1492 年 热那亚人克里斯托弗·哥伦布发现新大陆。

1498 年 葡萄牙人瓦斯科·达·伽马到达印度卡利卡特，开辟了印度航路。

1520 年 葡萄牙航海家麦哲伦穿过美洲南端与火地岛之间的海峡，进入太平洋，后人将这个海峡命名为“麦哲伦海峡”。

1569 年 墨卡托首创用圆柱投影法编绘世界地图，奠定了航海制图基础。

1732 年 俄皇彼得一世派白令考察俄国东端海域，发现“白令海峡”。

1768—1779 年 英国的詹姆斯·库克船长进行了 3 次南太平洋考察，将新西兰和澳大利亚纳入英国版图，并且发现了夏威夷。库克是继哥伦布之后在地理学上发现最多的人，南半球的海陆轮廓很大部分都是由他发现的。

1.3 导航技术的发展趋势

现代航行体制对导航和制导系统的性能要求越来越高，促使导航与制导系统向高精度、综合化和智能化发展。随着科学技术的发展与应用以及航行体对导航与制导系统要求的提高，航行载体上将装备多种导航传感器和设备，使航行体导航与制导体制从单一传感器类型发展到多传感器组合导航与制导。信息的处理方法也由围绕单个特定传感器所获得的数据进行的信息处理，向着多传感器多数据的信息融合方向发展。因此，研究如何将不同导航系统和信息有机地综合起来，尽可能多地利用各种有用的观测信息，进行信息融合、互补、修正和动态补偿，从而获得一种高精度、同时可靠性和鲁棒性又好的组合导航与制导系统，是导航和制导系统与技术研究的重点和关键。

1. 卫星导航成为导航技术发展的主要方向

21 世纪无线电导航定位技术将以全球导航卫星为主。自从美国建立完成了 GPS 导航系统以后，由于 GPS 能实施全天候、全空间、三维定位与测速、实时的导航，获得了广泛的应用。尽管由于控制权及费用的问题，其他无线电导航系统仍在应用，但其影响正逐步减少。GPS 建成以后，GPS 现代化的工作提到了议事日程。GPS 现代化主要是如何强化 GPS 的军事威慑作用和实力地位，如何改善标准定位服务(SPS)，使之被国际社会广泛接受，成为国际标准。欧洲、中国等国家和地区也正在开展全球卫星导航系统的建设。我国的北斗卫星导航系统和欧洲的“伽利略”计划就是明显的例子。

2. 自主式导航继续发展

尽管 GPS 可以取代大多数的无线电导航系统，GPS 仍不是自主导航系统，同时虽然卫星导航系统具有很高的精度，但单纯依赖卫星导航，不能连续提供运载体的位置和速度信息，运载体不具备自主导航能力。因此，对于导弹、航天飞机、火箭等大型飞行器，自主式导航系统是不可取代的。目前，各国都在继续发展高精度的惯性导航系统和天文导航系统，但由于制造工艺的限制，对于惯性导航系统而言，要继续提高精度已经很困难，特别是提高微小的惯性仪表精度需付出相当高的代价。天文导航的高动态性能也是个有待解决的问题。因此，在继续发展高精度自主式导航系统的同时，组合导航成为各国发展导航系统的重点。

3. 组合导航成为主要的导航方式

组合导航是将两种或两种以上导航技术相组合实现导航，组合后的系统成为组合导航系统。根据不同的要求，有不同的组合方式，但多以惯性导航系统为主要的子系统。从本质上看，组合导航系统是多传感器多源导航信息的集成优化融合系统。它的核心技术是信息的融合和处理。信息融合的核心问题可以归结为三类问题：数据问题、方法问题和模型问题。信息融合系统要达到其设计要求，要完成其任务与使命，要实现其工作目的，都必须面对相应对象条件下的数据、方法和模型。

4. 军用导航系统迅速发展

在军事上，对于洲际导弹等战略武器而言，卫星导航与具有自主性的惯性导航及组合导航仍是主要的发展方向。现代战争地面协同作战对导航提出了更多的要求。为了地面协同战的需要，从 20 世纪 70 年代后期开始发展了一些新的导航方式，它们的主要目的是在军事战术使用方面对卫星做出有力的补充与扩展，并使己方在导航资源的控制、导航信息的精度上占据有利地位。

目前，导航定位技术正朝着多传感器融合、多手段集成的方向发展。除了卫星导航及其增强外，还利用非卫星导航手段，如蜂窝移动通信(UMTS)网络、WiFi 网络、Internet 网络、惯性导航、重力/磁力/地形匹配、伪卫星、无线电信标等。在众多导航系统中，GNSS 的产业关联度最高，当前正经历前所未有的三大转变：从单一的 GPS 时代转变为多星座并存兼容的 GNSS 新时代，导致卫星导航体系全球化和多模化增强；从以卫星导航为应用主体转变为 PNT(定位 Positioning、导航 Navigation、授时 Timing) 与移动通信和因特网等信息载体融合的新阶段，实现信息融合化和产业一体化；从经销应用产品为主逐步转变为运营服务为主的新局面，导致应用规模化和服务大众化。三大趋势发展的直接结果是使应用领域扩大、应用规模跃升，大众化市场和产业化服务迅速形成，由此形成的卫星导航产业已成为我国战略性新兴产业。

第 2 章　导航定位基础

2.1　地球椭球及导航要素

2.1.1　地球椭球

地球是一个赤道凸起、两极扁平的椭球体，其表面形状极不规则，质量分布也不均匀，因而包裹地球表面的大地水准面也是一个起伏不定的曲面。在这种不规则的曲面上难以进行精确的数学计算。为了便于地球形状描述，选择长、短半轴合适的椭圆，绕其短轴旋转一周可形成一种理想的旋转椭球体。这种用来表示地球(大地水准面)的旋转椭球称为地球椭球。

地球椭球可分为总地球椭球(平均地球椭球)和参考椭球两类。前者要求与全球的大地水准面最为吻合，综合利用几何大地测量、重力测量、卫星大地测量(如激光测卫、卫星测高、卫星梯度测量等)方法，或仅利用其中部分方法即可确定总地球椭球；参考椭球是根据一个国家或一个地区的大地测量、天文测量和重力测量资料推求的能与该地区的大地水准面最为吻合的旋转椭球，以此作为处理本国或本地区大地测量资料的参考面，建立大地坐标系。

以前采用传统方法确定地球的形状和大小建立大地坐标系时，由于难以获得占地球总面积 70%以上的海洋地区的大地测量、天文及重力测量资料，各大陆间的资料又无法通过联测而联为一体等原因，所以只能依据某一局部区域的大地、天文、重力测量资料来推求参考椭球，并通过调整椭球的形状和大小、平行移动其位置等方法，使之与本地区的大地水准面吻合得最好(本地区的 $\sum N^2 = \min$，N 为大地水准面差距)，但该参考椭球在其余地区是否能与大地水准面吻合却不得而知，无法顾及。历史上有不少大地测量学家先后利用不同的资料来推求参考椭球，比较著名的有贝塞尔椭球(1841)、海福特椭球(1910)、克罗夫斯基椭球(1940)。

随着时间的推移、观测资料的累积和观测精度的提高，所确定的参考椭球将逐渐逼近总地球椭球，如 GPS 系统采用 WGS-84 椭球和我国北斗系统采用的 CGCS2000 椭球。

2.1.2　椭球面上的线

导航定位是在地球表面进行的，与导航定位相关的地球表面上的线主要包括椭球面上的弧长、法截线和大地线等，下面介绍这些线的定义及计算方法。

1. 椭球面上的弧长

椭球上的导航定位计算及弧度测量中经常会涉及计算子午线弧长和平行圈弧长的问题。下面将介绍其计算方法。

(1)子午线弧长计算

如前所述，地球椭球是由一个子午圈绕其短轴旋转后形成的，因而椭球上每个子午圈的形状和大小均相同，即计算子午线弧长时与该子午圈的经度无关。此外，子午圈是南北对称，因此只需导出从赤道($B=0$)沿子午线至任一纬度 B 处的子午线弧长计算公式即可解决问题。若需计算从 B_1 至 B_2 的子午线弧长，只需分别求得从赤道至 B_1 处的子午线弧长 S_1 和从赤道至 B_2 处的子午线弧长 S_2，然后相减即可。

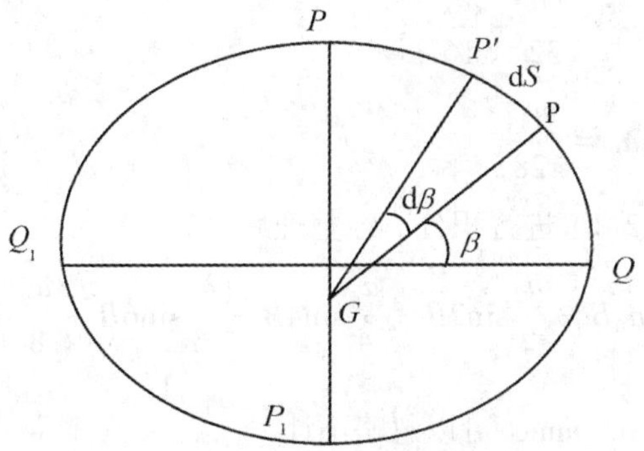

图 2-1 子午线弧长

图2-1为一子午圈，P 和 P_1 分别为北极和南极，Q 和 Q_1 位于赤道上。设子午线上任一点 P 的纬度为 B，在该点处的子午圈曲率半径为 M。当纬度增加 $\mathrm{d}B$ 时，P 点移动至 P' 点，两点间的距离为 $\mathrm{d}S$。由于 $\mathrm{d}B$ 和 $\mathrm{d}S$ 都是微小量，因而有下列微分关系式：

$$\overset{\frown}{PP'} = \mathrm{d}S = M\mathrm{d}B$$

因而从赤道至纬度为 B 处的子午线弧长 S 可以用下式计算：

$$S = \int_0^B M\mathrm{d}B \tag{2.1}$$

子午圈曲率半径 M 可根据牛顿二项式定理展开级数，取至8次项，则有：

$$M = m_0 + m_2 \sin^2 B + m_4 \sin^4 B + m_6 \sin^6 B + m_8 \sin^8 B \tag{2.2}$$

为了便于积分，将正弦函数的幂级数展开为余弦倍角函数，取至8次项：

$$\begin{cases} \sin^2 B = \dfrac{1}{2} - \dfrac{1}{2}\cos 2B \\ \sin^4 B = \dfrac{3}{8} - \dfrac{1}{2}\cos 2B + \dfrac{1}{8}\cos 4B \\ \sin^6 B = \dfrac{5}{16} - \dfrac{15}{32}\cos 2B + \dfrac{3}{16}\cos 4B - \dfrac{1}{32}\cos 6B \\ \sin^8 B = \dfrac{35}{128} - \dfrac{7}{16}\cos 2B + \dfrac{7}{32}\cos 4B - \dfrac{1}{16}\cos 6B + \dfrac{1}{128}\cos 8B \end{cases} \tag{2.3}$$

将式(2.3)代入子午圈曲率半径 M 的计算公式，经整理得到：

$$M = a_0 - a_2\cos 2B + a_4\cos 4B - a_6\cos 6B + a_8\cos 8B \tag{2.4}$$

式中，

$$\begin{cases} a_0 = m_0 + \dfrac{m_2}{2} + \dfrac{3}{8}m_4 + \dfrac{5}{16}m_6 + \dfrac{35}{128}m_8 + \cdots \\ a_2 = \dfrac{m_2}{2} + \dfrac{m_4}{2} + \dfrac{15}{32}m_6 + \dfrac{7}{16}m_8 \\ a_4 = \dfrac{m_4}{8} + \dfrac{3}{16}m_6 + \dfrac{7}{32}m_8 \\ a_6 = \dfrac{m_6}{32} + \dfrac{m_8}{16} \\ a_8 = \dfrac{m_8}{128} \end{cases} \tag{2.5}$$

将式(2.5)代入式(2.1)进行积分，经整理后得到：

$$S = a_0 B - \frac{a_2}{2}\sin 2B + \frac{a_4}{4}\sin 4B - \frac{a_6}{6}\sin 6B + \frac{a_8}{8}\sin 8B \tag{2.6}$$

最后一项 $\dfrac{a_8}{8} = \dfrac{m_8}{1024}$ 小于 0.1mm，可以忽略不计。

最后，当将克拉索夫斯基椭球元素代入时，得子午弧长计算公式：

$$S = 111134.861B - 16036.480\sin 2B + 16.828\sin 4B - 0.022\sin 6B \tag{2.7}$$

代入 1975 年国际椭球元素值后，则得：

$$S = 111133.005B - 16038.528\sin 2B + 16.833\sin 4B - 0.022\sin 6B \tag{2.8}$$

上式适用于 1980 年国家大地坐标系，代入 CGCS2000 地球椭球后可得：

$$S = 111132.9525B - 16038.5807\sin 2B + 16.8326\sin 4B - 0.0220\sin 6B \tag{2.9}$$

代入 WGS-84 椭球可得：

$$S = 111132.9558B - 16038.6496\sin 2B + 16.8607\sin 4B - 0.0220\sin 6B \tag{2.10}$$

利用上述公式不难求得任意一段子午线的长度。例如要计算从北纬 20° 至北纬 50° 的子午线弧长 $S_{20^\circ\sim 50^\circ}$ 时，可先用上述公式计算出从赤道至北纬 50° 的子午线弧长 S_{50°，然后再计算出从赤道至北纬 20° 的子午线弧长 S_{20°，则 $S_{20^\circ\sim 50^\circ} = S_{50^\circ} - S_{20^\circ}$。

表 2-1 中列出了用式(2.7) ~ 式(2.10)四种公式所求得的子午线弧长 S_{50°、S_{20° 及 $S_{20^\circ\sim 50^\circ}$。从表中可以看出，由于克拉索夫斯基椭球的长半径 a 比其他椭球的长半径大了 105 ~ 108m。所以在该椭球上所求得的子午线弧长 $S_{20^\circ\sim 50^\circ}$ 也比其他三个椭球上的相应值大 56 ~ 108m。而其他三个椭球上所求得的子午线弧长 $S_{20^\circ\sim 50^\circ}$ 相差不大，约为 1.6m。尤其是 CGCS2000 与 WGS-84 椭球上的值，相差不到 2cm，在导航中这三种椭球上计算的子午线弧长的差异一般不予顾及。

表 2-1　　不同地球椭球上的子午线弧长　　(单位：m)

椭球极坐标系	$S_{50°}$	$S_{20°}$	$S_{20°\sim50°}$
克拉索夫斯基 1954 年北京坐标系	5540944.463	2212405.723	3328538.740
1975 年国际椭球 1980 年国家坐标系	5540849.645	2212367.296	3328482.349
CGCS2000 椭球 CGCS2000 坐标系	5540847.039	2212366.253	3328480.786
WGS-84 椭球 WGS-84 坐标系	5540847.056	2212366.256	3328480.800

当子午线很短时，例如子午线两端的纬差 $\Delta B < 20'$ 时，可将子午线视为圆弧。其曲率半径采用两端的平均纬度$(B_1 + B_2)/2$ 处的子午曲率半径 M_m，计算公式如下：

$$S = \frac{\Delta B''}{\rho''} \cdot M_m \tag{2.11}$$

式(2.11) 的计算精度可达 1mm。

(2) 平行圈弧长计算

椭球上的平行圈一般是一个小圆。该小圆的半径 r 就等于子午面平面直角坐标系中的 x 坐标，即

$$r = x = \frac{a}{w}\cos B = N\cos B$$

若平行圈上有一段圆弧，圆弧两端的经差为 $\Delta L''$，则该圆弧的弧长为：

$$S' = r\frac{\Delta L''}{\rho''} = N\cos B\frac{\Delta L''}{\rho''} = \frac{a}{w}\cos B\frac{\Delta L''}{\rho''} \tag{2.12}$$

过去在计算各种曲率半径及平行圈弧长时常借助一些辅助图标来减少计算工作量，如令

$$① = \frac{\rho''}{M}, \quad ② = \frac{\rho''}{N}$$

① 和 ② 以纬度 B 为引数从“大地坐标计算用表”中查取，令

$$S' = \frac{N\cos B}{\rho''}, \quad \Delta L = b_1 \Delta L''$$

b_1 也可以以大地纬度 B 为引数从“高斯投影坐标计算表”中查取。

上述用表随着所采用的地球椭球的不同而不同，为每种椭球各编写一本用表也不太方便。随着计算机技术的发展及相应计算软件出现，上述方法已很少采用。

(3) 曲率半径 M、N 及弧长 S、S' 随纬度 B 的变化

下面我们将以 CGCS2000 地球椭球为例说明子午圈曲率半径 M、卯酉圈曲率半径 N、子午线弧长 S 及平行圈弧长 S' 是怎样随大地纬度 B 的不同而变化的。表 2-2 中不同纬度处

的 M 和 N 值以及不同纬度处出 1″、1′ 所对应的子午线弧长和平行圈弧长。

表 2-2　**曲率半径 M、N 及弧长 S、S' 与纬度 B 的关系**　(单位：m)

纬度 B	子午圈曲率半径 M	卯酉圈曲率半径 N	子午线弧长 S		平行圈弧长 S'	
			1′	1″	1′	1″
0°	6335439.327	6378137.000	1842.9046	30.7151	1855.3248	30.9221
10°	6337358.121	6378780.844	1843.4628	30.7244	1827.3227	30.4554
20°	6342888.483	6380635.807	1845.0715	30.7512	1744.1181	29.0686
30°	6351377.104	6383480.918	1847.5407	30.7923	1608.1047	26.8017
40°	6361815.827	6386976.166	1850.5772	30.8430	1423.2369	23.7205
50°	6372955.926	6390702.844	1853.9177	30.8970	1194.9292	19.9155
60°	6383453.858	6394209.174	1856.8715	30.9479	930.0000	15.5000
70°	6392033.193	6397072.488	1859.3671	30.9895	636.4424	10.6074
80°	6397643.327	6398943.460	1860.9990	31.0167	323.2248	5.3871
90°	6399593.626	6399593.626	1861.5663	31.0261	0	0

从表 2-2 中可以看出：

① 随着纬度的增加，子午圈曲率半径 M 和卯酉圈曲率半径 N 的数值都会相应增大，M 的增加速率大于 N 的增加速率；

② 随着纬度增加，同纬差 ΔB(如 1′ 或 1″) 对应的子午线弧长也正在逐渐缓慢增长；

③ 随着纬度的增加，同经差 ΔL(如 1′ 或 1″) 所对应的平行圈弧长将快速减小。

2. 法截线和大地线

椭球面上的任意两点 A 和 B，纬度分别为 B_1 和 B_2，且 $B_1 \neq B_2$，如图 2-2 所示。通过

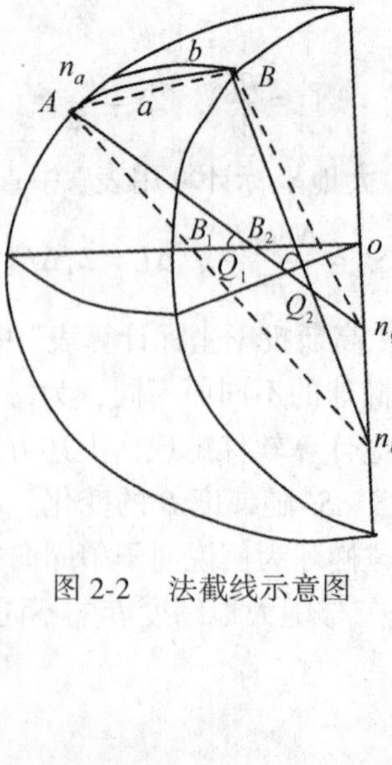

图 2-2　法截线示意图

A、B 两点分别做法线与短轴交于 n_a 和 n_b 点，与赤道面分别交于 Q_1 和 Q_2。既不在同一子午圈也不在同一平行圈时，A、B 两点间就有两条相对法截线存在，分别是 AaB 和 BbA。在 A、B 两点架设经纬仪时，忽略垂线偏差，假设经纬仪的纵轴同 A、B 两点的法线 An_a 和 Bn_b 重合，则经纬仪的照准面就是法截面。在 A 点照准 B 点时，AaB 叫作 A 点的正法截线或 B 点的反法截线；同样在 B 点照准 A 点时，BbA 叫作 B 点的正法截线或 A 点的反法截线。

椭球面上两点间的最短程曲线叫作大地线，而且位于相对法截线之间，并靠近正法截线，与正法截线之间的夹角 $\delta = \Delta/3$，Δ 是两点的相对法截线之间的夹角。

如图 2-3 所示，设 p 为大地线上任意一点，其经度为 L，纬度为 B，大地线方位角为 A。当大地线增加 $\mathrm{d}S$ 到点 p_1 时，上述各量相应变化为 $\mathrm{d}L$、$\mathrm{d}B$ 及 $\mathrm{d}A$，所谓大地线微分方程即表达 $\mathrm{d}L$、$\mathrm{d}B$、$\mathrm{d}A$ 各自与 $\mathrm{d}S$ 的关系式，是大地主题解算的基础。

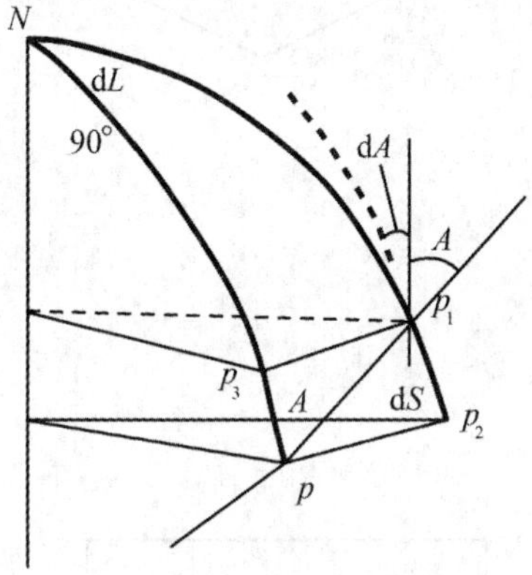

图 2-3　大地线计算示意图

$$\mathrm{d}B = \frac{\cos A}{M}\mathrm{d}S \tag{2.13}$$

$$\mathrm{d}L = \frac{\sin A}{N\cos B}\mathrm{d}S \tag{2.14}$$

$$\mathrm{d}A = \frac{\sin A}{N}\tan B\mathrm{d}S \tag{2.15}$$

顾及

$$r = N\cos B,\ M\sin B\mathrm{d}B = -\mathrm{d}r$$

得

$$\cot A\mathrm{d}A = -\frac{\mathrm{d}r}{r} \tag{2.16}$$

两边积分，得

$$\ln\sin A + \ln r = \ln C \tag{2.17}$$

或

$$r\sin A = C \tag{2.18}$$

式(2.18)为著名的克莱劳方程，也叫克莱劳定理，C 为大地线常数。

可见，某一大地线常数等于椭球半径与该大地线穿越赤道时的大地方位角的正弦的乘积。

大地主题解算可通过白塞尔法解算，其基本思想是将椭球面上的大地元素按照白塞尔投影条件投影到辅助球面上，继而在球面上进行大地主题解算，最后再将球面计算结果换算到椭球面上，其计算流程如图 2-4 所示。

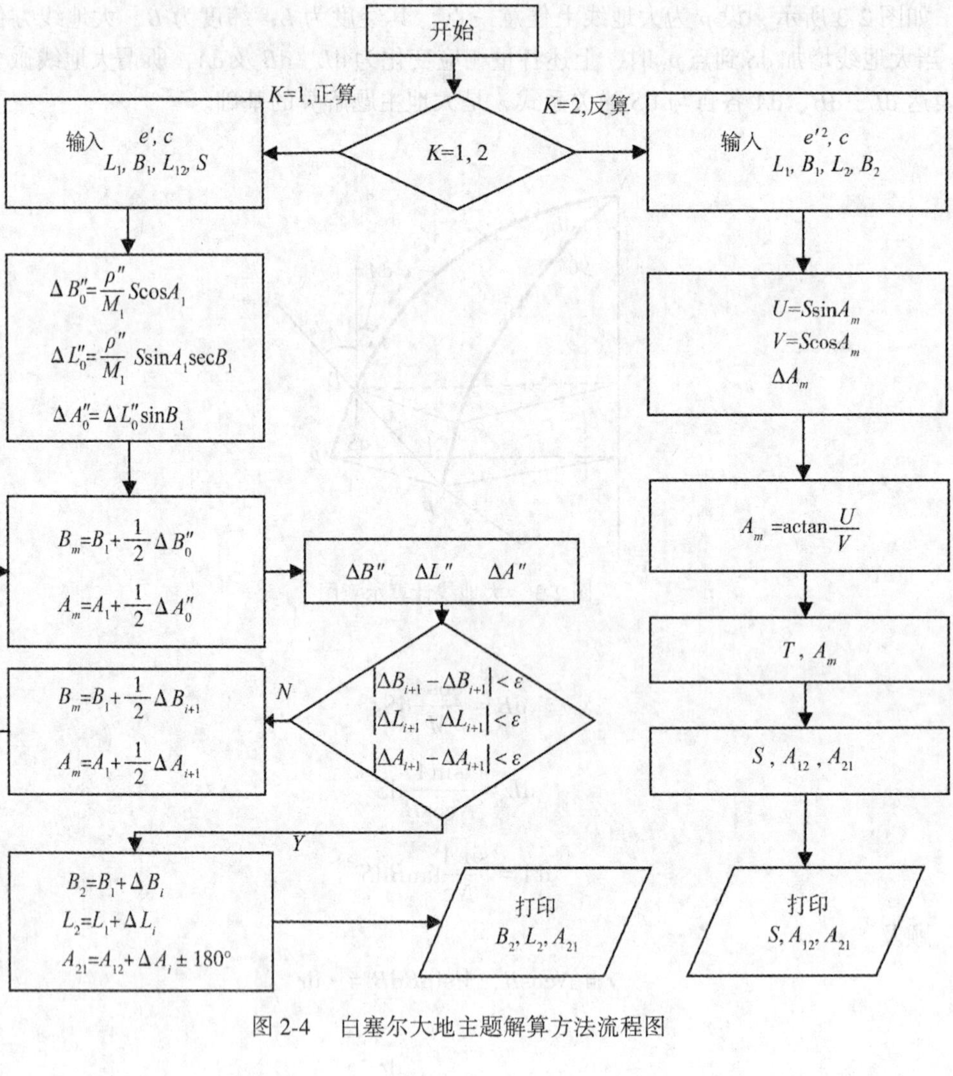

图 2-4　白塞尔大地主题解算方法流程图

2.1.3　地固坐标系下的坐标和距离

1. 地固坐标系的坐标

如果我们把地球近似看作一个球体，地球围绕着一根抽象的地轴自转，这根轴穿过地心穿出地面的两个点被称为南极和北极，南北极决定了地球的南北方位。通过地心和地轴垂直的面把地球分成两半，靠南的是南半球，靠北的就是北半球。南北半球的分界线就是赤道。为了给地球上各点的位置确定南北坐标，把南北半球分别用平行于赤道的平面分成90份，这就是纬度。赤道是0°，北极是北纬90°，南极是南纬90°，如图2-5所示。

用纬度确定了地球南北方向上的坐标后，还需要确定和南北向垂直的东西方向。东西方向的起始点没有天然的界定点，只好人为地替它定一个起点。1884年召开的国际会议上决定将英国伦敦格林尼治天文台伸向地球南北极的经线作为计算地球东西方位的起始线，这条经线叫作起始经线，也叫本初子午线。这条经线被定为经度0°。它和地心形成的平面，把地球分为两半，即东、西半球，每个半球按圆周等分为180份，向东为东经，向西为西经，东经180°与西经180°相重合。经度决定地球上东西方向的坐标。经度和纬度在地球表面构成了一个坐标网，地球上的每一点的位置都可以用经度和纬度标出来。例如北京的地理坐标是北纬39°55′，东经116°23′。这种纬度和经度两种参量表示地面点位置的方法实际上就是我们日常生活中经常使用的地理坐标。

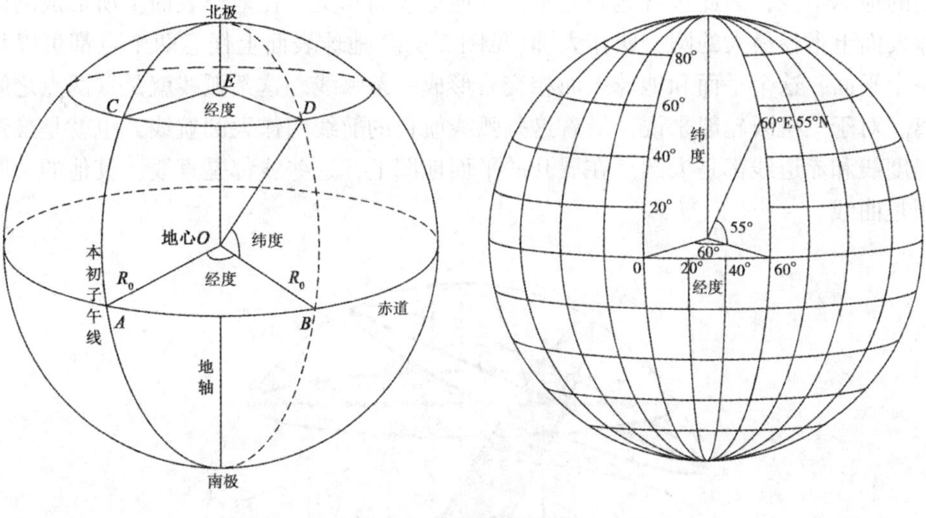

图2-5　地球坐标表示

需要特别说明的是，严格意义上讲，我们使用旋转椭球描述地球的数学形状，这里将其近似成圆球，便于初学者理解。在导航计算中，我们应该采用更精确的旋转椭球来建立相应的大地坐标系，其详细内容将在本书的第4章和第6章介绍。地面上点的经纬度需用一定的测量方法确定，用天文测量方法测定的叫“天文经纬度”，用大地测量方法参考椭球面上推算的叫“大地经纬度”。同一点的天文经纬度和大地经纬度有微小差异。地图上所用的经纬度是大地经纬度。地理坐标就是用经纬度表示的地面点位的球面坐标。我们日常生活中使用的地理坐标就是大地经纬度，而描述地面或空间一点位的大地坐标，除了大地经(L)纬(B)度外，还有大地高H。

2. 地球上的距离

地球近似为一个球体，地球表面的距离指的是弧线的长度。长度的单位在国际上通用公制，公制长度的基本单位为米。1 米是经过巴黎的经线周长的四千万分之一，因此地球的经线长度为 4 万千米。测量长距离时，习惯上使用千米作单位，地球的周长是 4 万千米。除了公制长度单位外，在航空上还常使用海里或者英里作为长度单位。英里是英国人制定的单位，在航空业中，由于英国、美国占有传统上的优势，所以这种计量单位还在使用。1 英尺等于 0.3 米，1 英里等于 1.609 千米。海里是航海家在航海中为了实用所制定的长度单位。航海家把纬度 1 分(1/60 度)间的距离定为 1 海里，用它来测量海程十分方便。1 海里等于 1852 米。每小时 1 海里的速度单位叫作节。使用海里能方便地算出飞机飞过的经度或纬度，因此航空上也普遍使用这种单位。

在平面上两点之间的最短距离是直线距离。但是地球是个球体，球面上最短的距离如何确定呢？把地面上的两点用直线连起来，实际上不一定是最短距离。地球表面上的两点之间可以有很多连线，它们都是弧线。起始点和终点相同的许多弧线相比较，弧线的半径越大，弧的弯曲程度越小，这段弧线的长度就越长。地球表面的弧线的最长半径当属从地心开始的地球半径，因此包含地心的平面与地球表面相交，在地球表面上所形成的圆，就是地球表面上半径最大的圆，叫作大圆(见图 2-6)。地球表面上任意两个点都可以与地心构成一个平面，这个平面和地球表面相交后形成一条弧线。这条弧线就是这两点之间的最短距离。对于飞机或轮船来说，沿着这条弧线航行的航线叫作大圆航线，也就是最短的航线。经度线和赤道线都是大圆。在展开的平面地图上，这些线都是直线，其他的大圆不是直线而是曲线。

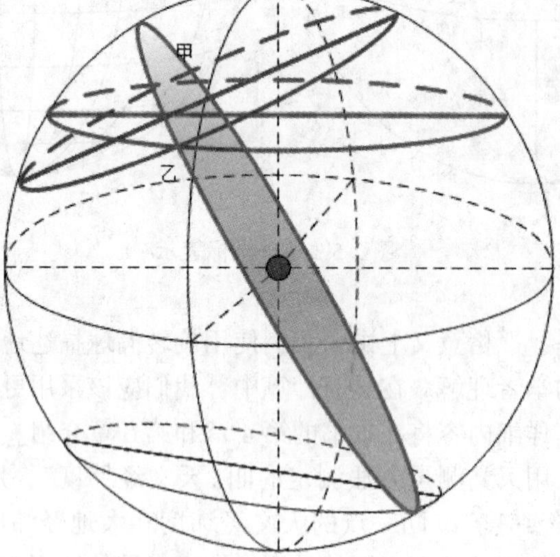

图 2-6　地球上两点间距离及大圆的定义

沿大圆航线航行时，虽然航线缩短了，但要不停地调整航向才行，这给驾驶的人带来很多不便。保持航向角不变的航线叫等角航线，在展开的平面地图上把两点用直线画出来就是等角航线。在这条线上航行方向始终不变，对驾驶员来说比较方便，这两种航线各有优缺点，驾驶员如何选择才好呢？下面举一个例子来说明。中国北京与美国旧金山都位于北纬 40°附近，从北京到旧金山的大圆航线，飞机要先朝东北飞，然后再转向东南，航行距离为 9084 千米，它们之间的等角航线距离为 10248 千米。两者相差 1164 千米。在等角航线上飞行的飞机要多飞一个多小时，为此多消耗 10 余吨燃油。无疑应该选择大圆航线。而北京飞往拉萨的航线，等角航线比大圆航线仅多飞 12 千米，此时，因为这两种航线的距离差别不大，大多数驾驶员都会选择等角航线。

2.1.4　地固坐标系下的方向

地球上的坐标被确定之后，每一点相对于另一点的角度关系就可以用方向来表示。南北方向用南北极定向，与南北垂直的方向就是东西。船舶、飞机等运动载体航行时需按设定的方向航行。因此，海上航行、空中飞行都必须知道方向。方向是导航学中最基本的概念之一。

1. 北、东、南、西的确定

(1)测者南北线

地面方向是在观测者所在地面真地平平面上确定的。

如图 2-7 所示，通过测者 *A* 的眼睛并与测者铅垂线 *AO* 正交的平面叫作测者地面真地平平面(Sensible Horizon)。测者子午圈平面与测者地面真地平平面的交线 *NAS* 是 *A* 测者的方向基准线——南北线，其指向地理北极 P_n 的方向称为正北(North)，代号 N；与其相反的方向称为南(South)，代号 S。

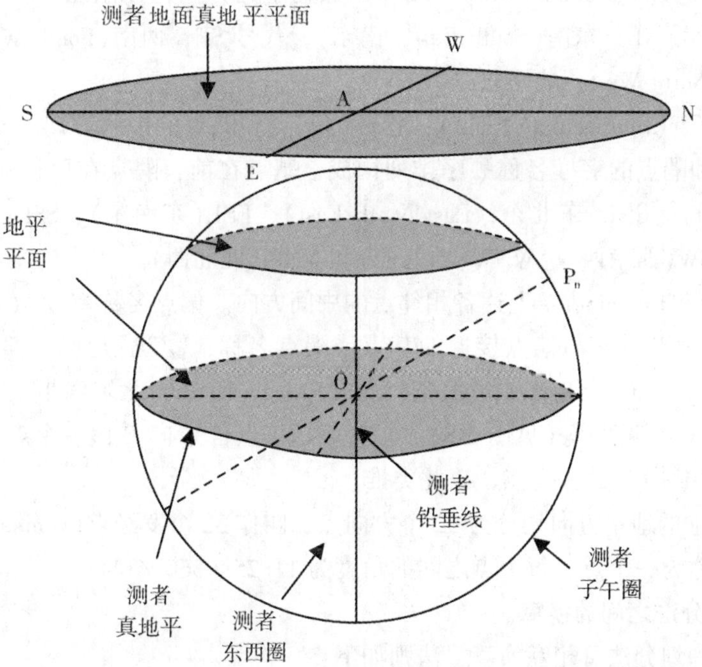

图 2-7　地面方向的确定

(2)测者东西线

通过测者铅垂线 *AO*，并与测者子午圈平面垂直的平面，叫作测者的东西圈平面。东西圈平面与地球面的截痕称为东西圈，也称卯酉圈。东西圈平面与测者地面真地平平面相交的直线 *EAW*，叫作 *A* 测者的东西线。东西线顺着地球自转方向的一侧是正东(East)，代号 E；逆地球自转方向的一侧是正西(West)，代号 W。实用中，测者面北背南时，测者东西线的右方是 E，左方是 W。

2. 方向的划分

航海常用圆周法、半圆法及罗经点法三种来划分方向。

(1)圆周方向

在地面真地平平面上，以正北为 000°，顺时针方向按 000°~360°等分地平面方向。正东为 090°，正南为 180°，正西为 270°，方向用三位数表示，是航海常用的方向表示法。

(2)半圆方向

半圆方向是以测者的北或南为起始方向(°)，向东或西按 0°~180°等半圆地平面方向，并在方向度数后，以起始点(N 或 S)和度量方向(E 或 W)两个字母顺序命名。

例如：圆周方向 024°可表示为 24°NE 或 156°SE，圆周方向 225°可表示为半圆方向 135°NW 或 45°SW。

(3)罗经点方向

罗经点方向共有 32 个，分别是：

①4 个基点(Cardinal Point)：N、E、S、W。

②4 个隅点(Intercardinal Point)：相邻基点的中间方向，即东北(North East，航海上称“东北”)，代号 NE；东南(South East，南东)，代号 SE；西南(South West，南西)，代号 SW；西北(Norht West，北西)，代号 NW。

③8 个三字点(Intermediate Point)：相邻的基点和隅点的中间方向。三字点的名称由其相邻的基点和隅点的字母名称顺序排列构成，基点在前，隅点在后，即 NNE(北北东，North North East)、ENE(东北东，East North East)、ESE(东南东)、SSE(南南东)、SSW(南南西)、WSW(西南西)、WNW(西北西)和 NNW(北北西)。

④16 个偏点(by point)：上述各相邻点的中间方向。偏点名称由“/”(英语读作 by)前后两部分构成，“/”前是与偏点接近的基点或隅点名称，“/”后是偏点偏向的基点名称。如 N/E(North by East，北偏东)，NE/N(North East by North，北东偏北)，SW/W(南西偏西)，…，N/W(北偏西)等(见图 2-8)。N/E 表示该点自 N 向 E 偏一个点(11. 25°)，NE/N 表示该点自 NE 向 N 偏一个点，以此类推。

这样将 360°的地平方向划分为 32 个方向点，叫作 32 个罗经点(compass point)。相邻罗经点的间隔称为一个点，每个点之间的角度为 11. 25°(360°/32)。

3. 三种划分法之间的换算

方向的三种划分法可相互换算，法则如下：

(1)半圆方向换算成圆周方向

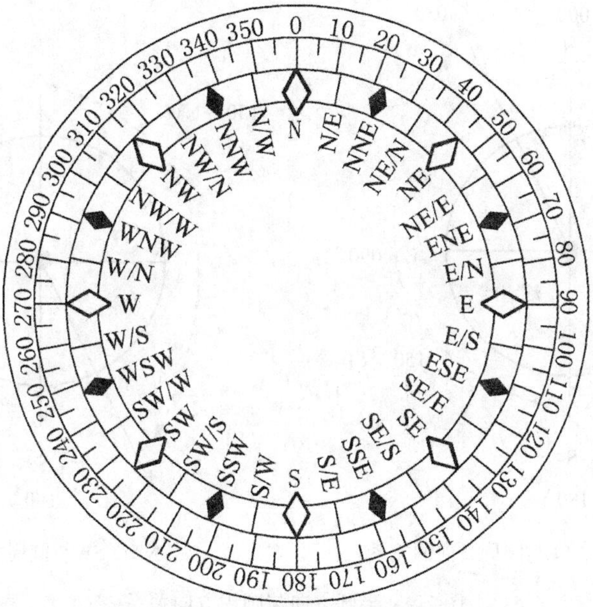

图 2-8　地面方向的表示方法

半圆方向与圆周方向的关系如图 2-9 所示。半圆方向到圆周方向的换算法则见表 2-3，表中圆周方向需用三位数表示。换算实例见表 2-4。

表 2-3　**半圆方向到圆周方向换算**

半圆方向	对应的圆周方向	半圆方向	对应的圆周方向
由北向东度量的半圆（NE）	半圆度数	由南向西度量的半圆（SW）	180°+半圆度数
由南向东度量的半圆（SE）	180°−半圆度数	由北向西度量的半圆（NW）	360°−半圆度数

表 2-4　**半圆方向到圆周方向换算实例**

半圆方向	对应的圆周方向	半圆方向	对应的圆周方向
35°NE	035°	30°SW	180°+30°=210°
150°SE	180°−150°=30°	150°NW	360°−150°=210°

（2）罗经点换算成圆周方向

① 圆周方向=罗经点数 × 11.25°。

② 根据罗经点名称的构成规则进行换算。

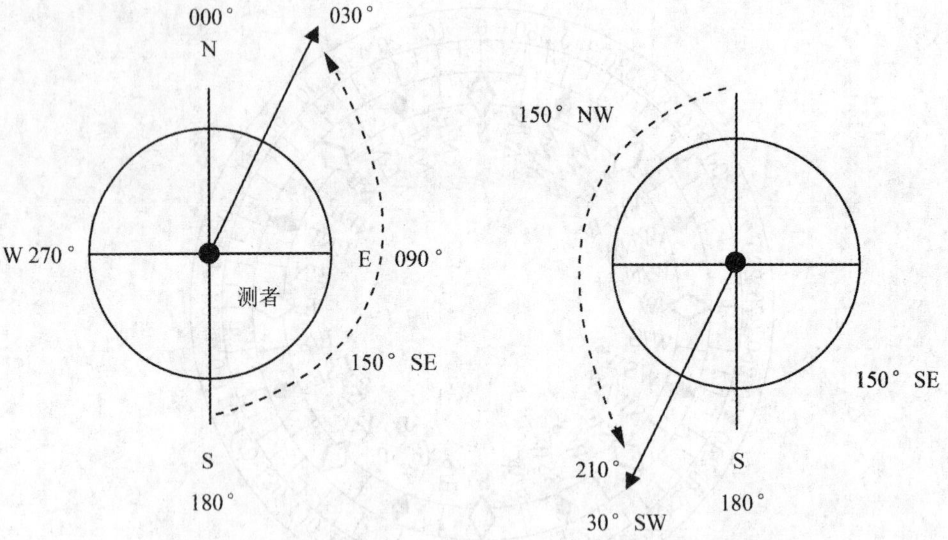

图 2-9　半圆方向与圆周方向关系

[**例 2-1**]　将罗经点 SW 换算成圆周度数。

解：SW 在罗经点法中是第 20 个点，因此将它换算成圆周度数时，有

$$SW = 20 \times 11.25° = 225°$$

或根据罗经点名称构成规则，SW 是平分 S(180°)和 W(270°)得到的方向，因此

$$SW = \frac{180° + 270°}{2} = 225°$$

[**例 2-2**]　将罗经点 SSE、NW/W、NW/N 换算为圆周法方向。

① SSE 为平分 S 和 SE 方向，即

$$SSE = \frac{1}{2}(S+SE) = \frac{1}{2}(180°+270°) = 225°$$

② NW/W 为自 NW(315°)向 W 偏开一个点(11.25°)的方向，即

$$NW/W = 315°-11.25° = 303.75°$$

③ NW/N 为自 NW(315°)向 N 偏开一个点(11.25°)的方向，即

$$NW/N = 315°+11.25° = 326.25°$$

4. 方位角

从某点的指“北”方向线起，依顺时针方向到目标方向线之间的水平夹角称为方位角。方位角的取值为 0°~360°。方位角在导航、测绘、地质与地球物理勘探、航空、航海、炮兵射击及部队行进时等诸多方面都广泛使用。

由于每点都有真北、磁北和坐标纵线北三种不同的指北方向线，因此从某点到某一目标，有三种不同方位角(见图 2-10)。

(1)真方位角

某点指向北极的方向线叫作真北方向线，也叫真子午线。从某点的真北方向线起，依顺时针方向转到目标方向线形成的水平夹角，叫该方向线的真方位角，一般用 A 表示。

(2)磁方位角

地球是一个大磁体，地球的磁极位置是不断变化的，某点指向磁北极的方向线，称为磁北方向线，也叫磁子午线。从某点的磁北方向线起，依顺时针方向转到目标方向线形成的水平夹角，叫该方向线的磁方位角，用 A_m 表示。

(3)坐标方位角

从某点的坐标纵线北起，依顺时针方向转到目标方向形成的水平夹角，叫作方向线的坐标方位角，用 α 表示。

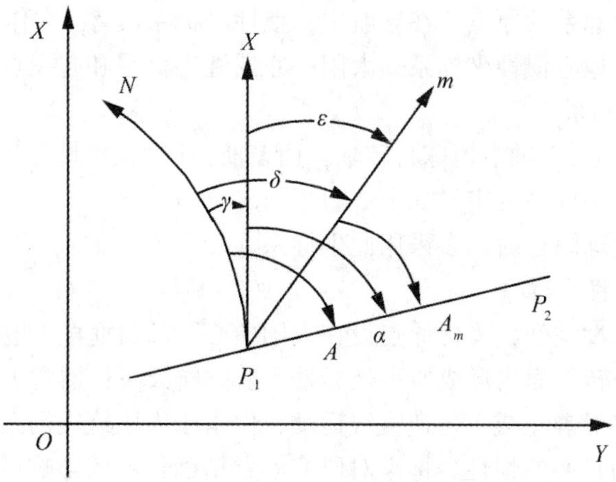

图 2-10　不同的方位角及其关系

在图 2-10 中，γ 为子午线收敛角，δ 为磁偏角

$$\varepsilon = \delta - \gamma \tag{2.19}$$

不同的方位角可以相互换算。

真方位角(A)与磁方位角(A_m)之间的关系是：

$$A = A_m + \delta \tag{2.20}$$

真方位角(A)与坐标方位角(α)之间的关系是：

$$A = \alpha + \gamma \tag{2.21}$$

坐标方位角与磁方位角的关系，若已知磁偏角 δ 和子午线收敛角 γ，则

$$\alpha = A_m + \delta - \gamma = A_m + \varepsilon(\varepsilon = \delta - \gamma) \tag{2.22}$$

在同一直线的不同端点量测，其方位角不同，测量中把直线前进方向称为正方向，反之称为反方向。同一直线上的各点坐标方位角相等，正、反坐标方位角相差 180°。

2.2　导航坐标系统及其相互转换

坐标系统是导航与定位的参考系统，为方便导航定位参数的计算，常设计不同的坐标

系统，如惯性坐标系统、地理坐标系统、地球坐标系统、游动坐标系统、导航坐标系统等。而在实际导航定位中，为了方便成果在统一框架下的表达，需要对这些坐标系统进行转换。为此，本章主要介绍导航定位常用的坐标系统以及彼此间的相互转换。

2.2.1　常用导航坐标系

导航中常采用如下 8 种坐标系，分别是：

1. 惯性坐标系(*i* 系)

惯性坐标系亦称绝对坐标系或基本坐标系，是应用牛顿定律的参考坐标系。

研究导弹相对地球的运动时，可只考虑地球的自转运动而忽略地球绕太阳的公转运动，因此可近似地选定地球中心为原点的惯性坐标系。研究陀螺运动时，通常把陀螺理想支承中心取为惯性坐标系的原点。在导航中，惯性坐标系(*i* 系)常作为参考坐标系，按照应用的不同，可分为地心惯性坐标系、太阳中心惯性坐标系和起飞点惯性坐标系。

(1)地心惯性坐标系

原点取在地球中心，Z 轴沿地球自转轴，而 X 轴、Y 轴在地球赤道平面内，且和 Z 轴组成右手坐标系。地心坐标系的定义如图 2-11 所示。

当运动物体在地球附近时，多采用此坐标系。

(2) 太阳中心惯性坐标系

以太阳系作为惯性空间，坐标原点设在太阳中心，Z 轴垂直于地球公转的轨道平面，X 轴和 Y 轴在地球公转平面内形成右手坐标系。航空航天飞行器常采用该坐标系。

尽管太阳不是绝对静止或者匀速直线运动，但由于太阳绕银河系中心的旋转角速度很小，采用坐标原点为日心的惯性坐标系对研究问题精确程度的影响可以忽略。

(3) 起飞点惯性坐标系

有些飞行载体，如导弹，常用发射或起飞时刻的起飞点地理坐标系，作为飞行载体飞行位置的基准，故该坐标系称为起飞点惯性坐标系。

以发射点 A 为原点；弹道面或飞行面在过 A 平面上的投影为 x 轴，指向目标为正；在过 A 的平面内，y 轴与 x 轴正交，向上为正；z 轴与 xAy 面正交，三轴构成右手坐标系。

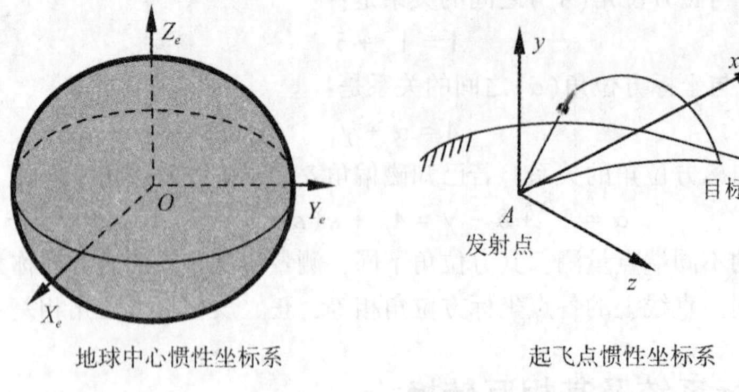

图 2-11　惯性坐标系(*i* 系)

2. 地理坐标系(g 系)

地理坐标系也称当地垂线坐标系，原点 O 取在运动物体在地球表面上的位置点(或取其在地球表面上的投影点)，OE 指向东，ON 指向北，$O\xi$ 与 OE、ON 成右手坐标系，沿当地垂线方向并指向天顶，即通常所说的三轴成北东天配置。地理坐标系的定义如图 2-12 所示。

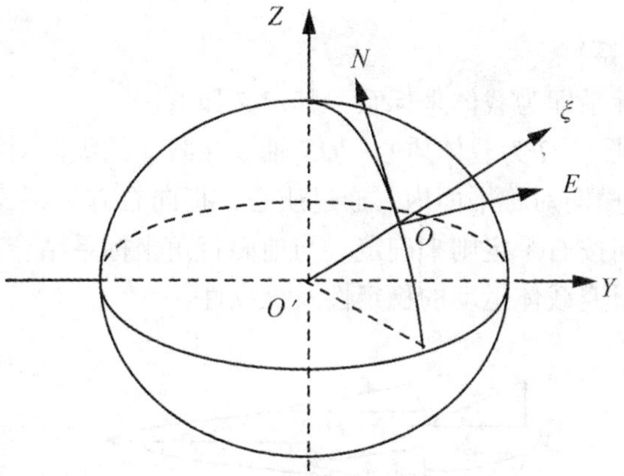

图 2-12　地理坐标系(g 系)

3. 地球坐标系(e 系)

地球坐标系与地球固连，该坐标系随地球一起转动，其定义如图 2-13 所示。

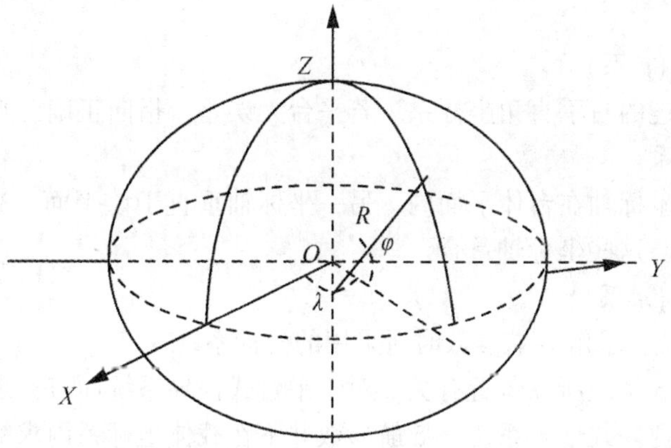

图 2-13　地球坐标系(e 系)

坐标原点在地心；Z 轴沿地轴指向北极，X 轴、Y 轴在赤道平面内，X 轴指向零子午线，Y 轴指向东经 90° 方向，该坐标系相对地心惯性坐标系以地球自转角速度旋转，运动物体的坐标在该系内采用经度 φ、纬度 λ 和离地心的距离 R 来表示。

4. 地平坐标系(t 系、w 系)

地平坐标系也称为航迹坐标系，原点与载体所在地点重合，一个坐标轴沿当地的垂线方向，另外两个轴在水平面内。各轴方向与地理坐标系相似。可以灵活选择，三轴构成右手坐标系。有的导航系统如惯导系统，在导航定位计算过程中，需要用到与地理坐标系在水平面内仅相差一个角度 α 的坐标系，α 角即为坐标系的游动角度。α 角以 x_w 轴逆时针偏离 $x_g(E)$ 轴为正，w 系原点与 g 系原点相同，x_w 与 y_w 和 x_g 与 y_g 在相同平面内，但夹角为 α 角。

5. 载体坐标系(b 系)

与载体固连的坐标系即为载体坐标系，其定义如下：

如图 2-14 所示，原点 O 为载体质心；OX 轴取在载体的纵向对称轴上，指向载体前方为正；OY 轴在载体的横向对称平面内，通过质心，指向右方为正，与 OX 正交；OZ 轴通过质心位置，其正指向按右手定则来确定。与地面直角坐标系结合在一起，表示载体相对于地面的姿态，用于研究载体运动的稳定性及操纵性。

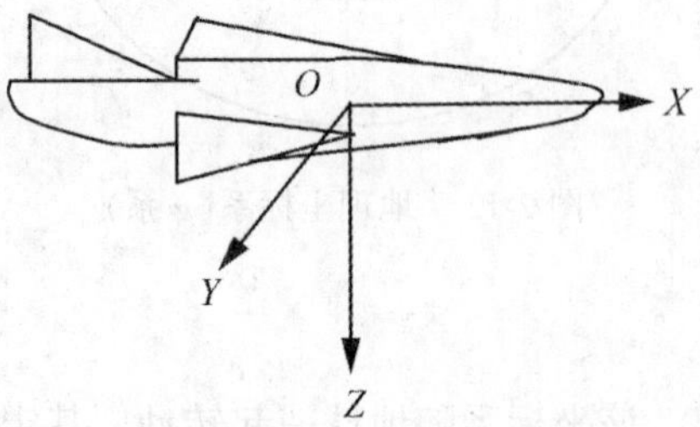

图 2-14　载体坐标系(b 系)

6. 平台坐标系(p 系)

与平台台体固连的右手直角坐标系。若平台无误差，指向正确，则这样的平台坐标系称为理想平台坐标系。

平台坐标系两坐标轴在台体平面内，另一坐标轴垂直于该平面。3 个加速度计和陀螺仪的输入轴应分别与这些坐标轴重合。

7. 导航坐标系(n 系)

n 系是惯导系统在求解导航参数时所采用的坐标系。

通常 n 系与惯导系统所在位置有关。对于平台式惯导系统而言，理想的平台坐标系即导航坐标系；对于捷联式惯导系统，导航参数并不在载体坐标系内求解，需将加速度计信号分解到导航参数方便求解的坐标系内，再进行导航计算。

8. 计算坐标系(c 系)

惯导系统利用本身计算的载体位置来描述导航坐标系时，坐标系因惯导系统有位置误差而有误差，这种坐标系称为计算坐标系。

计算坐标系一般在描述和推导惯性导航误差时有用。

2.2.2 导航坐标转换

地球上的导航定位，除短距离航行或着陆飞行等某些特殊情况采用相对地面上某点的相对定位方法外，一般均以地球中心为原点，采用某种与地球固连的坐标系为基准的定位方法。为确保坐标基准的统一和利于最终导航成果的表达，下面介绍不同坐标系之间的转换。

1. 惯性坐标到非惯性坐标的转换

地心坐标系是以地球质心为坐标原点，要求椭球中心与地心重合，是 GNSS 导航定位的参考。典型的地心坐标系主要有 WGS-84 椭球坐标系和我国的 CGCS2000 坐标系。

美国国防部 1984 世界大地坐标系 WGS-84 是一个协议地球参考系 CTS(Conventional Terrestrial System)，其原点是地球的质心；Z 轴指向 BIH1984.0 定义的协议地球极 CTP(Conventional Terrestrial Pole)方向；X 轴指向 BIH1984.0 零度子午面和 CTP 赤道的交点，Y 轴和 Z 轴、X 轴构成右手坐标系。

WGS-84 椭球采用国际大地测量与地球物理联合会第 17 届大会大地测量常数推荐值。采用的四个基本参数是：

长半轴 $a=6378137$ m；

球引力常数(含大气层)$GM=3986005\times10^{8}$ m^3 s^{-2}；

正常化二阶带球谐系数 $\bar{C}_{2,0}=-484.16685\times10^{-6}$；

地球自转角速度 $\omega=7292115\times10^{-11}$ rad/s。

根据以上四个参数可以进一步求得：

地球扁率 $\alpha=0.00335281066474$m；

第一偏心率平方 $e^2=0.0066943799013$；

第二偏心率平方 $e'^2=0.00673949674227$。

为建立我国地心大地坐标系，全国先后建成了 GPS 一、二级网，国家 GPS A、B 级网，中国地壳运动观测网络和许多地壳形变网，为地心大地坐标系的实现奠定了较好的基础。

建成后的我国地心坐标系 CGCS2000(China Geodetic Coordinate System 2000)以 ITRF 97 参考框架为基准，参考框架历元为 2000.0。CGCS2000 定义如下：

①原点在包括海洋和大气的整个地球的质量中心；

②长度单位为米，这一尺度同地心局部框架的 TCG(地心坐标时)时间坐标一致；

③定向在 1984.0 时与 BIH(国际时间局)的定向一致；

④定向随时间的演变由整个地球的水平构造运动旋转条件保证。

以上定义对应一个直角坐标系，其原点和坐标轴定义如下：

①原点：地球质量中心；

②Z 轴：指向 IERS 参考极方向；

③X 轴：IERS 参考子午面与通过原点且同 Z 轴正交的赤道面的交线；

④Y 轴：完成右手地心地固直角坐标系。

CGCS2000 的 4 个独立常数定义为：

①长半轴 $a = 6378137.0\ \text{m}$；

②扁率 $f = 1/298.257222101$；

③地球的地心引力常数（包含大气层）$GM = 3986004.418\times10^{8}\ \text{m}^3\text{s}^{-2}$；

④地球自转角速度 $\omega = 7292115.0\times10^{-11}\ \text{rad/s}$。

我国现行相关测绘规范规定，2008 年 7 月 1 日后的各类测量成果，均应以 CGCS2000 大地坐标系为参考给出。

为实现惯性空间直角坐标系与 WGS-84、CGCS2000 空间直角坐标系统间的相互转换，下面给出两个空间直角坐标系统间的转化方法。

设两个空间直角坐标分别为 $O\text{-}XYZ$ 和 $O'\text{-}X'Y'Z'$，二者坐标原点不一致，即存在三个平移参数 ΔX，ΔY，ΔZ，表示两个坐标系在三个坐标轴上的平移量。由于定义的不同，两个坐标系的坐标轴并不平行，存在三个旋转参数 ε_X，ε_Y，ε_Z，为三维空间直角坐标间变换的三个旋转角，即欧拉角，对应的旋转矩阵分别如下：

$$\boldsymbol{R}_1(\varepsilon_X)=\begin{bmatrix}1 & 0 & 0\\ 0 & \cos\varepsilon_X & \sin\varepsilon_X\\ 0 & -\sin\varepsilon_X & \cos\varepsilon_X\end{bmatrix} \tag{2.23}$$

$$\boldsymbol{R}_2(\varepsilon_Y)=\begin{bmatrix}\cos\varepsilon_Y & 0 & -\sin\varepsilon_Y\\ 0 & 1 & 0\\ \sin\varepsilon_Y & 0 & \cos\varepsilon_Y\end{bmatrix} \tag{2.24}$$

$$\boldsymbol{R}_3(\varepsilon_Z)=\begin{bmatrix}\cos\varepsilon_Z & \sin\varepsilon_Z & 0\\ -\sin\varepsilon_Z & \cos\varepsilon_Z & 0\\ 0 & 0 & 1\end{bmatrix} \tag{2.25}$$

令

$$\boldsymbol{R}_0=\boldsymbol{R}_1(\varepsilon_X)\boldsymbol{R}_2(\varepsilon_Y)\boldsymbol{R}_3(\varepsilon_Z) \tag{2.26}$$

一般情况下，ε_X，ε_Y，ε_Z 为微小转角，可取

$$\left.\begin{array}{l}\cos\varepsilon_X=\cos\varepsilon_Y=\cos\varepsilon_Z=1\\ \sin\varepsilon_X=\varepsilon_X,\ \sin\varepsilon_Y=\varepsilon_Y,\ \sin\varepsilon_Z=\varepsilon_Z\\ \sin\varepsilon_X\sin\varepsilon_Y=\sin\varepsilon_X\sin\varepsilon_Z=\sin\varepsilon_Y\sin\varepsilon_Z=0\end{array}\right\} \tag{2.27}$$

因此，$\boldsymbol{R}_0$ 可以简化为：

$$\boldsymbol{R}_0=\begin{bmatrix}1 & \varepsilon_Z & -\varepsilon_Y\\ -\varepsilon_Z & 1 & \varepsilon_X\\ \varepsilon_Z & -\varepsilon_X & 1\end{bmatrix} \tag{2.28}$$

式(2.28)也称为微分旋转矩阵，则 $O'\text{-}X'Y'Z'$ 坐标系中坐标$(X',\ Y',\ Z')$转换到 $O\text{-}XYZ$ 坐标系中坐标$(X,\ Y,\ Z)$时，其转换模型为：

$$\begin{bmatrix}X\\ Y\\ Z\end{bmatrix}=\begin{bmatrix}\Delta X\\ \Delta Y\\ \Delta Z\end{bmatrix}+(1+m)\begin{bmatrix}1 & \varepsilon_Z & -\varepsilon_Y\\ -\varepsilon_Z & 1 & \varepsilon_X\\ \varepsilon_Z & -\varepsilon_X & 1\end{bmatrix}\begin{bmatrix}X'\\ Y'\\ Z'\end{bmatrix} \tag{2.29}$$

式中，ΔX，ΔY，ΔZ 为三个平移参数；ε_X，ε_Y，ε_Z 为三个旋转参数；m 为尺度变化参数。

2. 地球坐标到导航坐标的转换

借助导航坐标系（n 系）相对地球坐标系（e 系）的旋转角速度向量，可以分别推导出其在 e 系及 n 系中的分量表示式：

$$\boldsymbol{\varpi}_{en}^{e}=\begin{bmatrix}\dot{\varphi}\sin\lambda\\-\dot{\varphi}\cos\lambda\\\dot{\lambda}\end{bmatrix}$$

$$\boldsymbol{\varpi}_{en}^{n}=\begin{bmatrix}-\dot{\varphi}\\\dot{\lambda}\cos\varphi\\\dot{\lambda}\sin\varphi\end{bmatrix}$$

相应的转换矩阵为：

$$\boldsymbol{R}_n^e=\begin{bmatrix}-\sin\lambda & -\sin\varphi\cos\lambda & \cos\varphi\cos\lambda\\\cos\lambda & -\sin\varphi\sin\lambda & \cos\varphi\sin\lambda\\0 & \cos\varphi & \sin\varphi\end{bmatrix}\tag{2.30}$$

式中，φ、λ 分别为载体的纬度和经度。

3. 导航坐标与载体坐标的转换

导航坐标系(n 系)与载体坐标系(b 系)间的关系由载体姿态参数决定。

若载体横摇为 r、纵摇为 p、航向为 h，则二者的关系矩阵即姿态转换矩阵 $\boldsymbol{R}_b^n$ 为：

$$\boldsymbol{R}_b^n=\begin{bmatrix}\cos r\cos h-\sin r\sin h\sin p & -\sin h\cos p & \cos h\sin r+\sin h\sin p\cos r\\\cos r\sin h+\sin r\cos h\sin p & \cos h\cos p & \sin h\sin r-\cos h\sin p\cos r\\-\cos p\sin r & \sin p & \cos p\cos r\end{bmatrix}\tag{2.31}$$

4. 载体坐标与计算坐标间的转换

载体坐标系(b 系)相对计算坐标系(c 系)的旋转角速度可按照式(2.32)计算：

$$\boldsymbol{\varpi}_{cb}^{b}=\boldsymbol{\varpi}_{ib}^{b}-\boldsymbol{R}_b^c\ \boldsymbol{\varpi}_{ic}^{c}\tag{2.32}$$

式中，$\boldsymbol{\varpi}_{ib}^{b}$为载体相对惯性空间的旋转角速度，可由陀螺仪测定；$\boldsymbol{\varpi}_{ic}^{c}$为计算坐标系相对惯性坐标系的旋转角速度。

若 α、β、γ 分别为计算坐标系转换到载体坐标系围绕 y 轴、x 轴和 z 轴的旋转角度，则坐标转换矩阵 $\boldsymbol{R}_b^c$ 为：

$$\boldsymbol{R}_b^c=\begin{bmatrix}\cos\gamma\cos\beta-\sin\gamma\sin\alpha\sin\beta & -\sin\gamma\cos\alpha & \cos\gamma\sin\alpha+\sin\gamma\sin\alpha\cos\beta\\\sin\gamma\cos\beta+\sin\alpha\cos\gamma\sin\beta & \cos\gamma\cos\alpha & \sin\gamma\sin\beta-\cos\gamma\sin\alpha\cos\beta\\-\cos\alpha\sin\beta & \sin\alpha & \cos\alpha\cos\beta\end{bmatrix}\tag{2.33}$$

2.3 地图投影

为方便实际应用，需要将椭球面上的大地坐标转换到平面，为此需将椭球面上的元素换算到平面上，并在平面直角坐标系中采用大家熟知的简单公式计算平面坐标。

2.3.1 地图投影的分类

地图投影的种类很多，从理论上讲，由椭球面上的坐标(φ, λ)向平面坐标(x, y)转换可以有无穷多种方式，也就是可能有无穷多种地图投影。以何种方式将它们进行分类，寻求其投影规律，是很有必要的。人们对于地图投影的分类已经进行了许多研究，并提出了一些分类方案，但是没有任何一种方案是被普遍接受的。目前主要是依外在的特征和内在的性质来进行分类。前者体现在投影平面上经纬线投影的形状，具有明显的直观性；后者则是投影内蕴含的变形的实质。在决定投影的分类时，应把两者结合起来，才能较完整地表达投影。

1. 按变形性质分类

按投影的变形性质，可将地图投影分为等角投影、等面积投影、任意投影。

(1)等角投影

等角投影是指角度没有变形的投影。椭球面上一点处任意两个方向的夹角投影到平面上保持大小不变。等角投影应满足

$$a = b$$

在等角投影中，变形椭圆的长短半轴相等，微分圆投影后仍为圆，其面积大小可能发生变化。由于投影后保持区域形状相似，又将等角投影称为相似投影、正形投影。等角投影的面积变形较大。

(2)等积投影

等积投影是指面积没有变化的投影。投影面上的面积和椭球面上相应的面积保持一致，则面积投影应保持

$$P = 1,\ v_p = 0$$

或

$$ab = 1$$

这种投影会破坏图形的相似性，角度变形较大。

(3)任意投影

任意投影是指既不能满足等角条件，又不能满足等面积条件，长度变形、面积变形以及角度变形同时存在的投影。在任意投影中，有一种成为特例的投影，它使得 $a=1$ 或者 $b=1$，即沿主方向之一长度没有变形，称为等距离投影。

2. 按投影方式分类

地图投影前期是建立在透视几何原理基础上，借助于辅助面将地球椭球面展开成平面，称为几何投影；后期则跳出了这个框架，产生了一系列按数学条件形成的投影，即条件投影。几何投影的特点是将椭球面上的经纬线投影到辅助面上，然后再展开成平面。在

梯度地图分类时是根据辅助面的类型及其与地球椭球的关系划分的(见表 2-5)。

表 2-5 **几何投影的类型**

	正轴	斜轴	横轴
圆锥投影	(a) 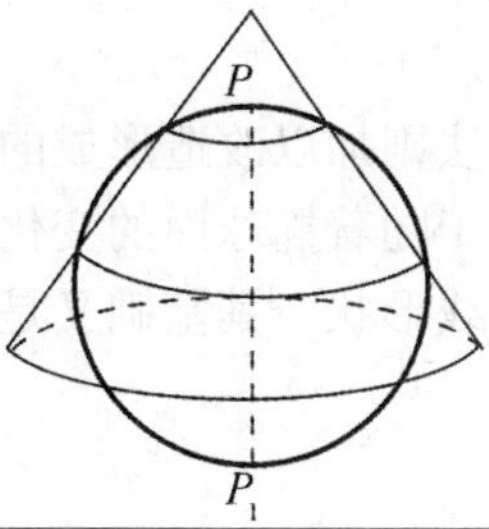	(b) 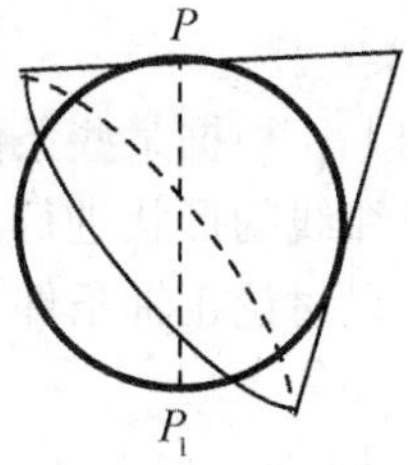	(c) 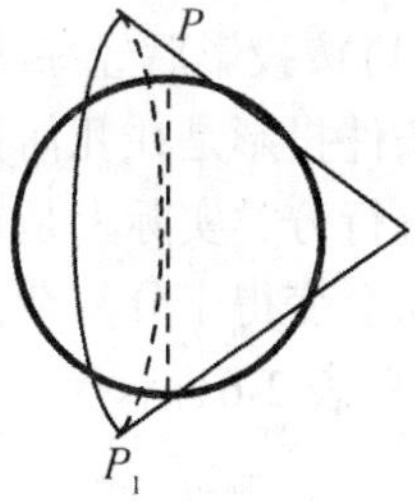
圆柱投影	(d) 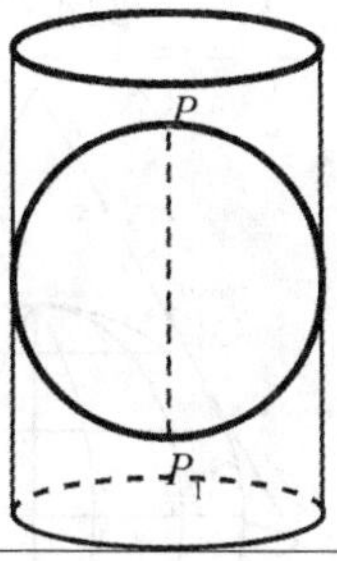	(e) 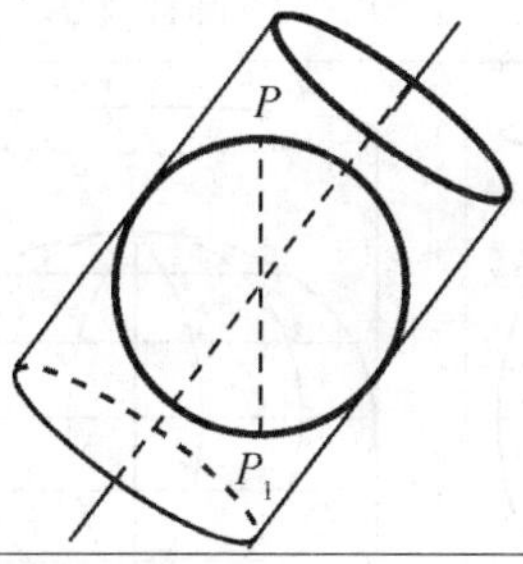	(f) 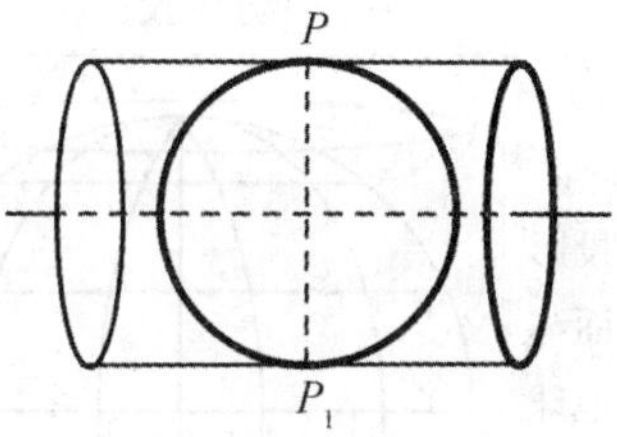
方位投影	(g) 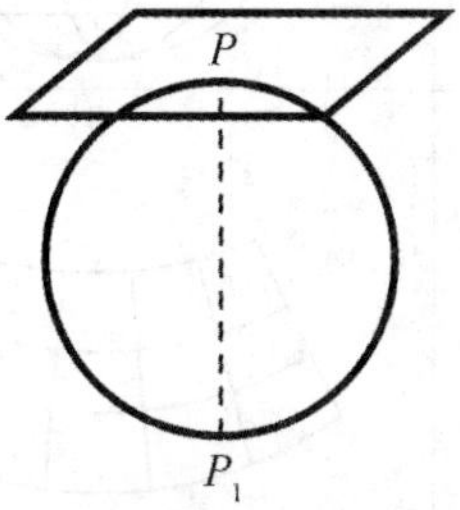	(h) 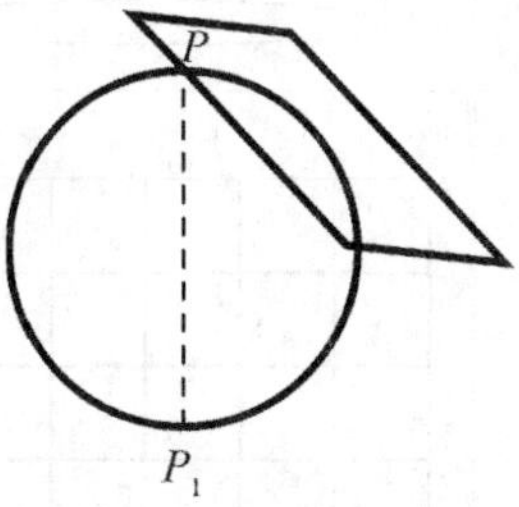	(i) 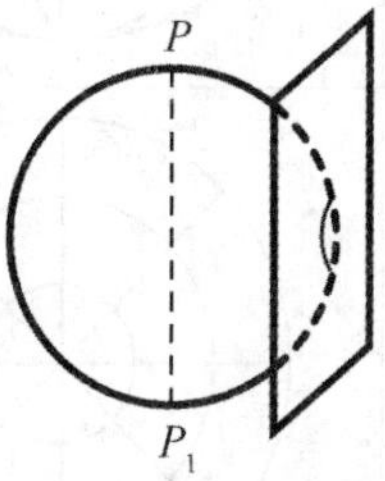

(1)按投影面的类型划分

①方位投影：以平面作为投影面的投影；

②圆柱投影：以圆柱面作为投影面的投影；

③圆锥投影：以圆锥面作为投影面的投影。

(2)按投影面和地球椭球体的轴位关系划分

①正轴投影：投影平面与地轴垂直(见表 2-5(g))，或者圆锥、圆柱面的轴与地轴重合(见表 2-5(d))的投影；

②横轴投影：投影平面与地轴平行(见表 2-5(i))，或者圆锥、圆柱面的轴与地轴垂直(见表 2-5(c)、(f))的投影；

③斜轴投影：投影平面的中心法线或圆锥、圆柱面的轴与地轴斜交(见表 2-5(b)、(e)、(h))的投影。

(3)按投影面和地球椭球体的切割关系划分

①切投影：投影面与地球椭球面相切(见表 2-5(b)、(c)、(d)、(e)、(f)、(g)、(h))；

②割投影：投影面与地球椭球面相割(见表 2-5(a)、(i))。

(4)按投影后经纬线的形状分类

条件投影是在几何投影的基础上，根据某些条件按数学法则加以改造形成的，对条件投影进行分类实际上是按投影后经纬线的形状进行分类。由于随着椭球面的变化，经纬线的形状会变得十分复杂，因此我们只讨论正轴条件下的经纬线形状，其基础又是三种几何投影(见表 2-6)。

表 2-6　**正轴几何投影的经纬线形状**

	方位投影	圆柱投影	圆锥投影
投影面与地球面的关系	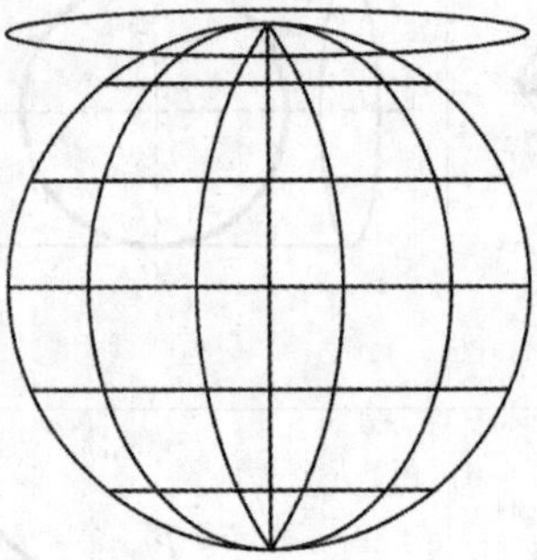	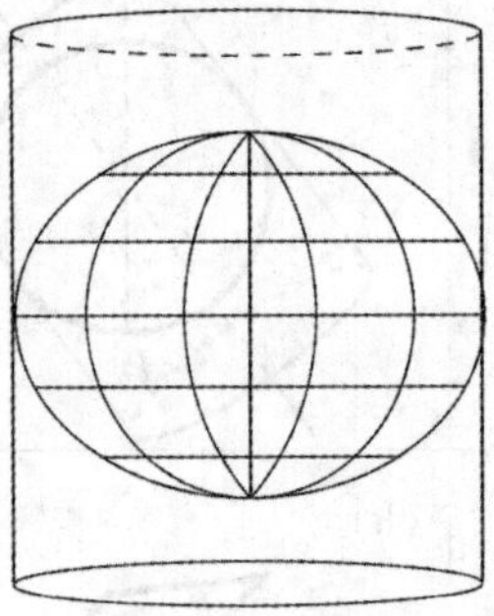	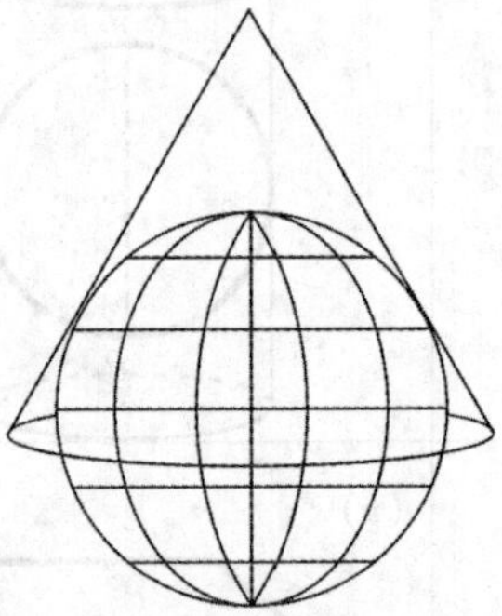
经纬网形状	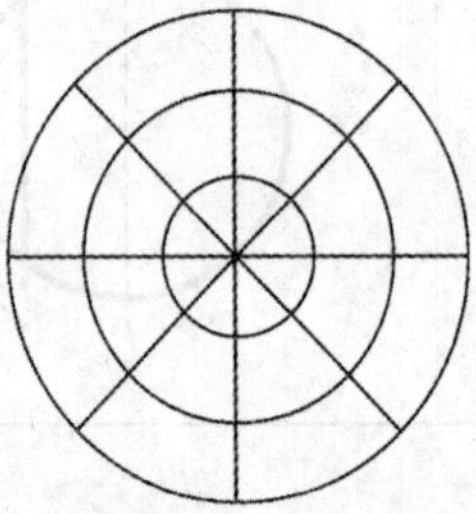	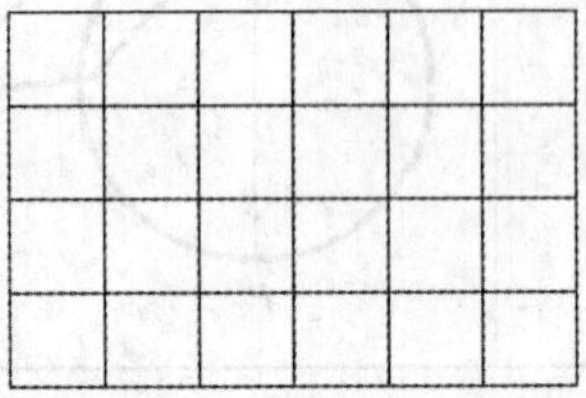	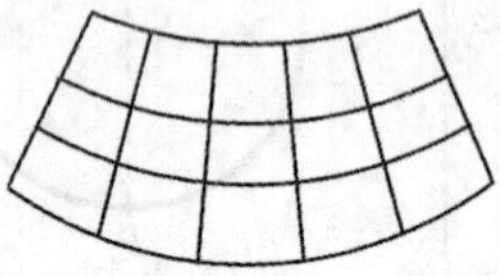

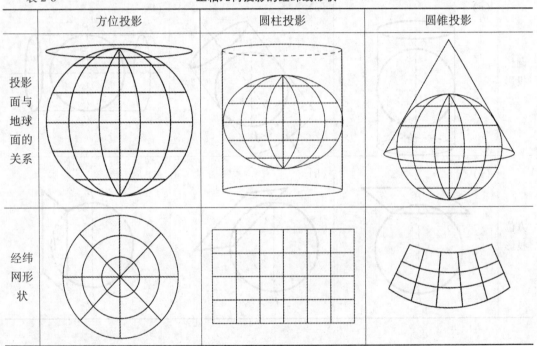

①方位投影：纬线投影成同心圆，经线投影为同心圆的半径，即放射的直线束，且两条经线的夹角与经差相等。

②圆柱投影：纬线投影成平行直线，经线投影为与纬线垂直的另一组平行直线，且两条经线的间隔与经差成比例。

③圆锥投影：纬线投影成同心圆弧，经线投影为同心圆弧的半径，且两条经线的夹角小于经差且与经差成比例。

④多圆锥投影：纬线投影成同轴圆弧，中央经线投影为直线，其他经线投影为对称于中央经线的曲线。

⑤伪方位投影：纬线投影成同心圆，中央经线投影为直线，其他经线投影为相交于同心圆圆心且对称于中央经线的曲线。

⑥伪圆柱投影：纬线投影成一组平行直线，中央经线投影为垂直于各纬线的直线，其他经线投影为对称于中央经线的曲线。

⑦伪圆锥投影：纬线投影成同心圆弧，中央经线投影为过同心圆弧圆心的直线，且其他经线投影为对称于中央经线的曲线。

3. 地图投影的命名

对于一个地图投影，完整的命名参照以下四个方面进行：

①投影面与地球椭球体的轴位关系(正轴、横轴、斜轴)；

②地图投影的变形性质(等角、等积、任意)；

③投影面与地球椭球面的切割关系(切或割)；

④投影面的类型(方位、圆柱、圆锥)。

例如，正轴等角割圆锥投影(也称双标准纬线等角圆锥投影)、斜轴等面积方位投影、正轴等距离圆柱投影、横轴等角切椭圆柱投影(也称高斯-克吕格投影)等。也可以用该投影的发明者的名字命名。在地图上，有时还标注标准纬线纬度或投影中心的经纬度，则更便于地图的科学使用。历史上有些投影以设计者的名字命名，缺乏投影特征的说明，只有在学习中了解和研究其特征，才能在生产实践中正确地使用。

2.3.2 高斯投影

高斯投影又称横轴椭圆柱等角投影，是德国测量学家高斯 1825—1830 年提出的。1912 年德国测量学家克吕格推导出了实用坐标投影公式，形成高斯-克吕格投影。图 2-15 中想象有一个椭圆柱面横套在地球椭球体外面，并与某一条子午线(中央子午线或轴子午线)相切，椭圆柱的中心轴通过椭球体中心，然后用一定的投影方法，将中央子午线两侧各一定经差范围内的地区投影到椭圆柱面上，再将此柱面展开即成为投影面。在投影面

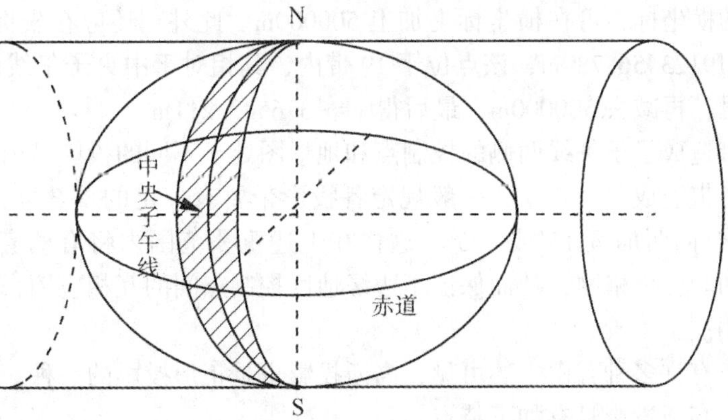

图 2-15 高斯投影

上，中央子午线和赤道的投影都是直线，并且以中央子午线和赤道的交点 O 为坐标原点，以中央子午线的投影为纵坐标轴，以赤道的投影为横坐标轴，这样便形成了高斯平面直角坐标系。

我国规定按经差 6°和 3°投影分带，大比例尺测图和工程测量采用 3°带投影。

高斯投影 6°带自 0°子午线起每隔经差 6°自西向东分带，依次编号 1，2，3，…。我国 6°带中央子午线的经度由 75°起每隔 6°而至 135°，共计 11 带，带号用 n 表示，中央子午线的经度用 L_0 表示，L_0 与带号 n 的关系为 $L_0=6n-3$，如图 2-16 所示。

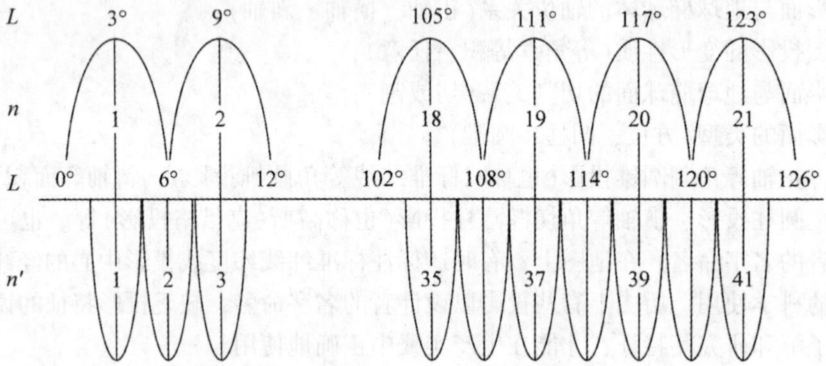

图 2-16　投影分带

高斯投影 3°带是在 6°带的基础上形成的，其部分带中央子午线(单度带)与 6°带中央子午线重合，另一部分带(偶数带)与 6°带分界子午线重合。若用 n' 表示 3°带的带号，L 表示 3°带中央子午线的经度，二者间的关系为 $L=3n'$，如图 2-16 所示。

在投影面上，中央子午线和赤道的投影都是直线，并且以中央子午线和赤道的交点 O 作为坐标原点，以中央子午线的投影为纵坐标轴 x，以赤道的投影为横坐标轴 y 形成高斯平面直角坐标系。在我国，x 坐标均为正，y 坐标的最大值(在赤道上)约为 330km。为了避免出现负的横坐标，可在横坐标上加上 500000m。此外，还应在坐标前面再冠以带号。如有一点 $y=19123456.789$m，该点位于 19 带内，其相对于中央子午线而言的横坐标则是首先去掉带号，再减去 500000m，最后得 $y=-376543.211$m。

由于分带造成了子午线两侧的控制点和地形图处于不同的投影带内，这给使用造成不便。为了把各带连成一个整体，一般规定各投影带要有一定的重叠度，其中每一个 6°带向东加宽 30′，向西加宽 15′或 7.5′，这样在上述重叠范围内将有两套相邻带的坐标值，地形图将有两套公里格网，从而保证了边缘地区控制点间的互相应用，也保证了地图的顺利拼接和使用。

正形投影有许多种，由上述可见，高斯投影也是正形投影的一种，除满足正形投影的一般条件外，高斯投影具有如下特点：

①中央子午线投影后为直线，且长度不变。距中央子午线愈远的子午线，投影后，弯曲程度越大，长度变形也越大。

②椭球面上除中央子午线外，其他子午线投影后均向中央子午线弯曲，并向两极收敛，同时还对称于中央子午线和赤道。

③在椭球面上对称于赤道的纬圈，投影后仍成为对称的曲线，同时与子午线的投影曲线互相垂直，且凹向两极。

1. 椭球面元素到高斯投影面的转换

(1)距离改化

距离由椭球面上的大地线 S 投影到高斯平面时，由原来的曲线长度变化为平面长度 D，称为距离改化。距离改化公式为：

$$D = \left(1 + \frac{y_m^2}{2R_m^2}\right)S \tag{2.34}$$

或

$$\Delta S = S\frac{y_m^2}{2R_m^2} \tag{2.35}$$

式中，y_m 取大地线投影后始末两点横坐标的平均值，即 $y_m = \frac{y_1 + y_2}{2}$；$R_m$ 表示按大地线始末两端点的平均纬度计算的椭球平均曲率半径。

由上式可知，椭球面上两点间的长度 S 投影到高斯平面上所产生的变形决定于线段离开中央子午线的远近，离中央子午线愈远(即 y_m 越大)，所产生的变形亦越大。为了减少长度变形的影响，在 1∶5000 或更大比例尺测图时，必须采用 3°带的投影，有时也用任意带(即选择测区中央的子午线为投影带的中央子午线)投影计算。

(2)方向改化

为了便于在平面上利用平面三角学公式，必须把大地线的投影曲线用其弦来代替，因此需要在水平方向的观测值中加上由于“曲改直”而带来的所谓方向改正数。也就是说，方向改正的数值指的是大地线投影曲线和连接大地线两点的弦的夹角。

如图 2-17 所示，假设地球椭球近似为一圆球，在球面上轴子午线以东有一条大地线 AB，AB 应为一条大圆弧。AB 在投影面上投影为曲线 ab。过 A、B 点在球面上各作一大圆弧与轴子午线正交，其交点分别为 D、C，在投影面上的投影分别为 ad 和 bc。由于是把地球近似看成圆球，故 ad 和 bc 都是垂直于 x 轴的直线。由图 2-17 可知，在 a、b 点上的方向改化分别为δ_{ab}和δ_{ba}。当大地线长度不大于 10km，y 坐标不大于 100km 时，二者之差不大于 0.05°，因此可近似认为$\delta_{ab} = \delta_{ba}$。

方向改正的近似计算公式为：

$$\delta_{ab} = \delta_{ba} = \frac{\rho}{2R^2}\left|y_m(x_a - x_b)\right| \tag{2.36}$$

式中，$y_m = \frac{1}{2}(y_a + y_b)$。

2. 高斯投影的邻带坐标换算

实际生产中，进行高斯投影时需要进行分带处理。由于分带又产生新的问题，即在生产过程中相邻带如果有相互的关联关系，但又分别处于不同的独立坐标系中，这个问题就

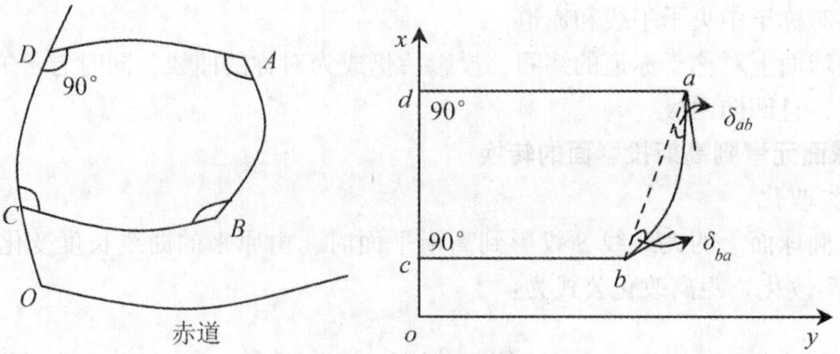

图 2-17　方向改化

需要通过相邻带的坐标转换来解决。

在以下情况下需要进行坐标邻带转换:

①如图 2-18 所示，AB1234CD 为位于两个相邻带边缘地区，并跨越两个投影带(东、西带)的控制网。起算点 A、B 和 C、D 的起始坐标是按两带分别给出，为了能在同一带内进行平差计算，必须把西带的 A、B 点起始坐标换算到东带，或者把东带的 C、D 点坐标换算到西带。

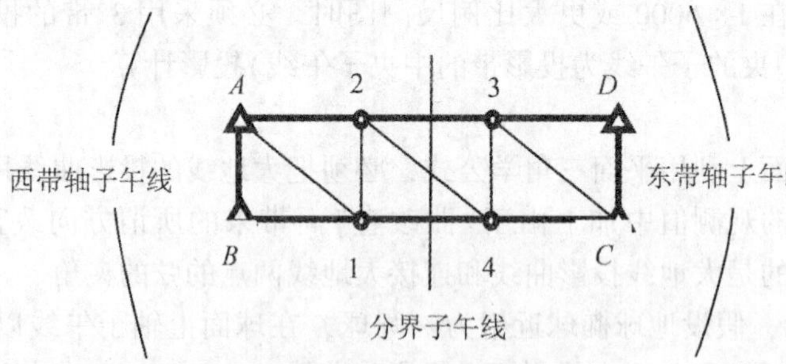

图 2-18　邻带坐标转换

②在分界子午线附近地区测图时，往往需要用到另一带的控制点，因此必须将这些点的坐标换算到同一带中。为实现两相邻带地形图的拼接和使用，位于 45′(或 37.5′)重叠地区的控制点需具有相邻两带的坐标值。

③对于大比例尺测图，特别是在工程测量和应用中，要求采用 3°带、1.5°带或任意带，国家控制点通常只有 6°带或 3°带坐标，应用这些坐标需要解决 6°带或 3°带坐标到 1.5°带或任意带坐标之间的相互换算问题。

高斯投影坐标邻带换算的方法有多种，其中最常用的方法是应用高斯投影正、反算公式间接进行换带计算。这种方法的实质是把椭球面上的大地坐标作为过渡坐标开展换带计算，具体步骤如下:

首先，把某投影带(Ⅰ带)内有关点的平面坐标$(x, y)_{\text{I}}$利用高斯投影反算公式换算成椭球面上的大地坐标(B, L)；然后，由大地坐标(B, L)利用投影正算公式换算成相邻带(II带)的平面坐标$(x, y)_{\mathrm{II}}$。

利用上述方法进行相邻带坐标换算，理论上最简明严密，精度最高，通用性最强，不仅适用于6°带与6°带、3°带与3°带以及6°带与3°带相邻带间坐标换算，而且也适用于任意带之间的坐标换算。

2.3.3 通用横轴墨卡托投影

高斯投影最主要的缺点是，长度变形比较大，而面积变形更大，特别是纬度越低，越靠近投影带边缘的地区，这些变形越严重。过大的变形对于大比例尺测图和工程测量而言是不能允许的。

通用横轴墨卡托投影UTM(Universal Transverse Mercator Projection)由美国军事测绘局1938年提出，1945年开始采用。就几何意义而言，UTM投影属于横轴等角割椭圆柱投影，如图2-19所示。UTM投影的特点是：

①中央经线投影长度比不等于1，而是等于0.9996；

②投影后，两条割线上没有变形，其平面直角系与高斯投影相同，且和高斯投影坐标有一个简单的比例关系，因而有的文献上也称它为长度比$m_0=0.9996$的高斯投影。

UTM投影的直角坐标$(x, y)^{\mathrm{u}}$计算公式可由高斯-克吕格投影族通用公式求得，也可用高斯投影按照下列关系得到：

$$\begin{cases} x^{\mathrm{u}} = 0.9996x \\ y^{\mathrm{u}} = 0.9996y \end{cases} \tag{2.37}$$

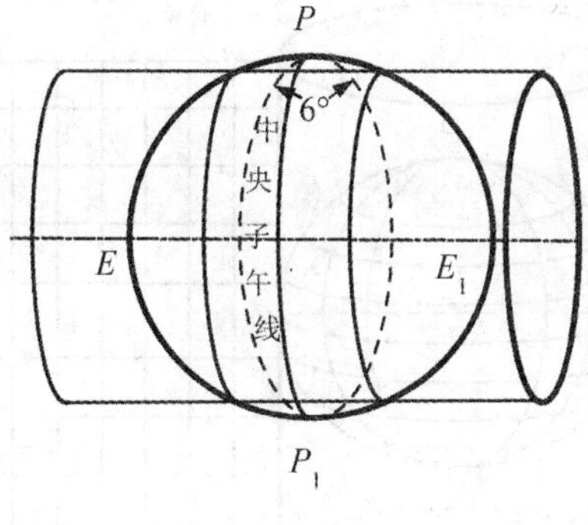

图2-19 UTM投影

UTM投影的投影条件是：

①正形投影，即等角投影；

②中央子午线投影为纵坐标轴；

③中央子午线投影长度比等于0.9996，而不等于1。

其中，前两个条件与高斯投影相同，仅第3个条件不同于高斯投影。由于UTM投影的中央子午线长度比取为 0.9996，所以整个投影带的长度比普遍小于 1.0007，并使整个投影带的长度变形普遍小于 0.001。

UTM 投影将全球划分为 60 个投影带，带号为 1，2，3，…，60 连续编号，每带经差为 6°，从经度 180°W 和 174°W 之间为起始带(1 带)，连续向东编号。带的编号与 1∶100 万比例尺地图有关规定相一致。该投影在南纬 80°至北纬 84°范围使用。使用时，直角坐标的实用公式为：

$$y_{实} = y + 50000(\text{轴之东用}),\ x_{实} = 10000000 - x(\text{南半球用})$$

$$y_{实} = 50000 - y(\text{轴之西用}),\ x_{实} = x(\text{北半球用})$$

带号 n 与中央经线经度 λ_0 间的关系为：

$$\lambda_0 = 6°n - 183° \tag{2.38}$$

2.3.4　正轴墨卡托投影

墨卡托投影，即正轴等角圆柱投影，是由荷兰地图学家墨卡托(G. Mercator)于 1569 年提出的一种适合海上航行的投影方式，广泛地应用于海图制作和海上导航中。

墨卡托投影设想一个与地轴方向一致的圆柱切于或割于地球，按等角条件将经纬网投影到圆柱面上，将圆柱面展开为平面后，得平面经纬线网，如图 2-20 所示。投影后经线是一组竖直的等距离平行直线，纬线是垂直于经线的一组平行直线。各相邻纬线间隔由赤道向两极增大。一点上任何方向的长度比均相等，即没有角度变形，但面积变形显著，且随着远离标准纬线而增大。

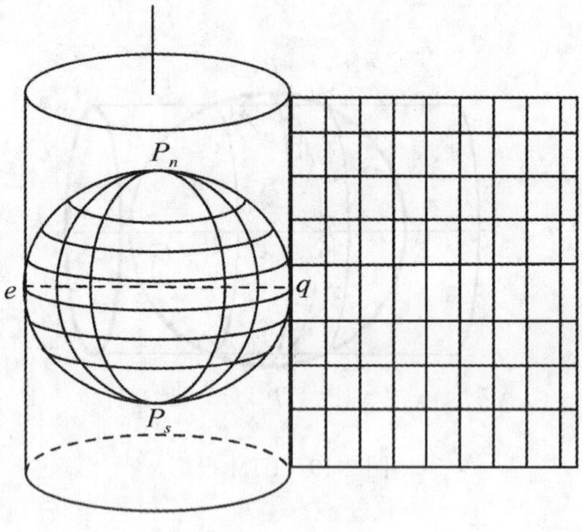

图 2-20　墨卡托投影

1. 墨卡托投影正算

墨卡托投影正算是将大地坐标(B, L)转换到平面坐标(x, y)的过程，采用模型如下：

$$\begin{cases} x = k\ln\left[\tan\left(\frac{\pi}{4}+\frac{B}{2}\right)\cdot\left(\frac{1-e\sin B}{1+e\sin B}\right)^{\frac{e}{2}}\right] \\ y = k(L-L_0) \\ k = N_{B0}\cos(B_0) = \frac{a^2/b}{\sqrt{1+e^2\cos^2(B_0)}} \end{cases} \tag{2.39}$$

2. 墨卡托投影反算

墨卡托投影反算是正算的逆过程，是将平面坐标(x, y)转换到大地坐标(B, L)的过程，采用的模型如下：

$$\begin{cases} B = \frac{\pi}{2} - 2\arctan\left(\exp\left(-\frac{x_N}{k}\right)\exp^{\frac{e}{2}\ln\left(\frac{1-e\sin B}{1+e\sin B}\right)}\right) \\ L = \frac{y_N}{k} + L_0 \end{cases} \tag{2.40}$$

式中，标准纬度为 B_0，原点纬度为 0，原点经度为 L_0。exp 为自然对数底，反算中纬度 B 需通过迭代计算获得。

墨卡托投影所得地图的最大缺点是和现实差别太大，变形非常严重。

2.3.5 Lambert 投影

兰勃特(Lambert)投影是正形正轴圆锥投影。设想用一个圆锥套在地球椭球面上，使圆锥轴与椭球自转轴一致，圆锥面与椭球面一条纬线相切，将椭球面上的纬线投影到圆锥面上成为同心圆，经线投影圆锥面上成为从圆心发出的辐射直线，然后沿圆锥面某条母线(中央经线 L_0)，将圆锥面展开成平面，实现兰勃特切圆锥投影，如图 2-21 所示。

Lambert 割圆锥投影条件较特殊，要求两条标准纬线 B_1、B_2 具有投影不变形，投影前后长度相等，即 $m_1=m_2=1$。

双标准纬线兰勃特正形圆锥投影的特点：

①各经线的投影为直线，且在图廓线以外相交于一点；

②各纬线的投影为同心的圆弧；

③经、纬线的投影相互正交，没有角度变形；

④两条标准纬线上的长度无变形，两标准纬线间长度缩小，而以外长度伸长。

Lambert 切圆锥投影直角坐标系的建立：

①以中心经线投影所得直线与赤道的交点为原点 O；

②以中心经线投影所得直线为 x 轴，北向为正；

③过原点 O，与 x 正交，指向东向为 y 轴。

图 2-22 描述了投影后 xOy 平面坐标系的建立。

1. Lambert 投影正算

Lambert 投影正算是将大地坐标(B, L)转换为平面坐标(x, y)的过程。

$$\begin{cases} x = \rho_0 - \rho\cos\gamma \\ y = \rho\sin\gamma \end{cases} \tag{2.41}$$

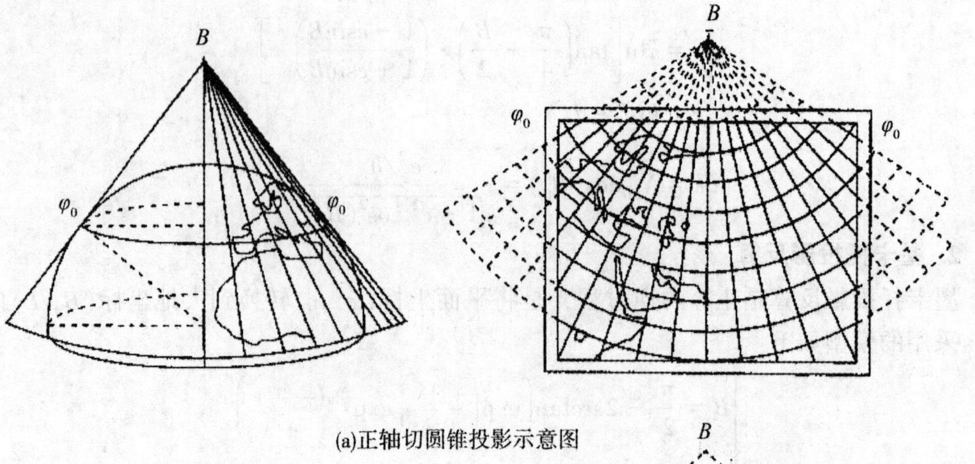

(a)正轴切圆锥投影示意图

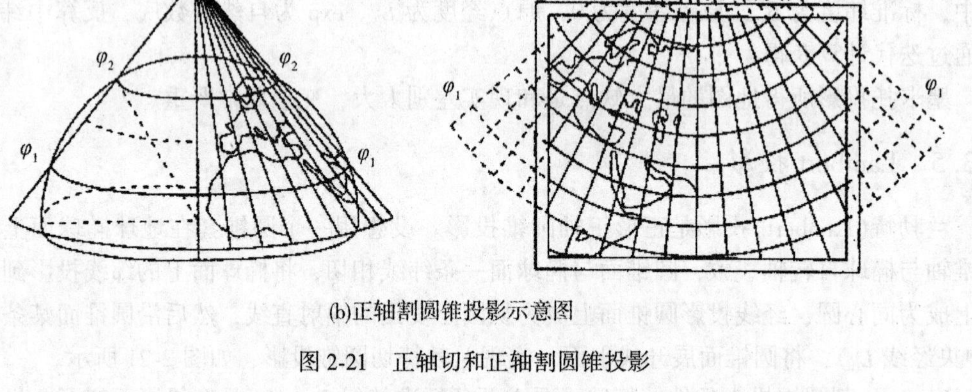

(b)正轴割圆锥投影示意图

图 2-21　正轴切和正轴割圆锥投影

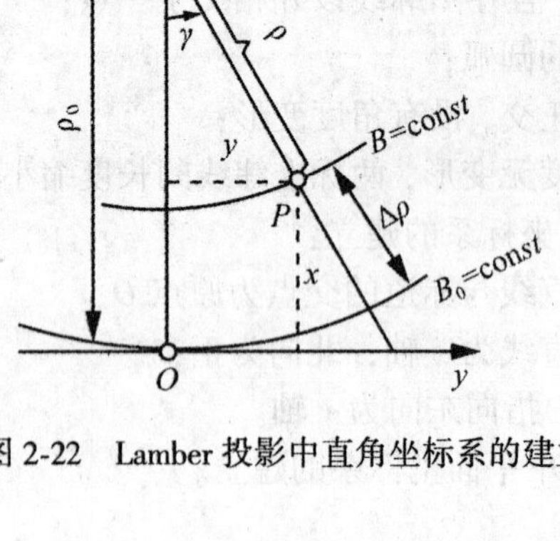

图 2-22　Lamber 投影中直角坐标系的建立

对于切圆锥：

$$\gamma = \beta l$$
$$\rho = \rho_0 e^{\beta(q_0 - q)}$$
$$\beta = \sin B_0$$

$$\rho_0 = N_0 \cot B_0 = K e^{-\sin B_0 \cdot q_0}$$

$$K = N_0 \cot B_0 e^{\sin B_0 \cdot q_0}$$

对于割圆锥：

$$\beta = \frac{1}{q_2 - q_1} \ln\left(\frac{N_1 \cos B_1}{N_2 \cos B_2}\right)$$

$$K = \frac{N_1 \cos B_1}{\beta e^{-\beta q_1}} = \frac{N_2 \cos B_2}{\beta e^{-\beta q_2}}$$

$$q = \frac{1}{2} \ln \frac{1 + \sin B}{1 - \sin B} - \frac{e}{2} \ln \frac{1 + e\sin B}{1 - e\sin B}$$

2. Lambert 投影反算

Lambert 投影反算是 Lambert 投影正算的逆过程，实现平面坐标(x, y)到大地坐标(B, L)的转换。

$$\begin{cases} \Delta B = B - B_0 = t'_1 \Delta q + t'_2 \Delta q^2 + t'_3 \Delta q^3 + t'_4 \Delta q^4 + t'_5 \Delta q^5 \\ L = L_0 + l \end{cases} \tag{2.42}$$

其中，

$$l = \frac{\gamma}{\beta}, \ \gamma = \arctan \frac{y}{\rho_0 - x}$$

$$\Delta q = q - q_0 = -\frac{1}{\beta} \ln \frac{\rho}{\rho_0}$$

$$\rho = \sqrt{(\rho_0 - x)^2 + y^2}$$

Lambert 投影特点：

①在标准纬线 B_0处，长度比为 1，没有变形；

②当离开标准纬线 B_0，无论是向南还是向北，随着 $|\Delta B|$ 增加，$|x|$ 数值增大，因而长度比迅速增大，长度变形 $m-1$ 也迅速增大；

③为限制长度变形，必须限制南北域的投影宽度，为此必须按纬度分带投影。

2.3.6 日晷投影

日晷投影是视点在球心的透视方位投影，因为投影的方法和日晷的原理近似得名，又称为球心投影或中心投影、心射投影。

日晷投影具有如下性质：

①球面上各垂直圈，即所有通过与切点(程投影中心)的大圆，被投影为放射式的直线；各等高圈(垂直于垂直圈的平行圈)被描写为以切点为中心的同心圆，如图 2-23 所示。

②两垂直圈之间的夹角与投影平面上相应的两直线间的夹角相等。

③圆球上的任何大圆都被描写成直线。

④投影变形与其到切点的距离有关。切点上长度比为 1；随着与切点间的距离增加，长度比也不断增大，至距切点等距离的同一条等高圈上的长度比是一致的。

随着切点位置的不同，经纬线的形状也不同。经纬线的变化有下列三种情况：

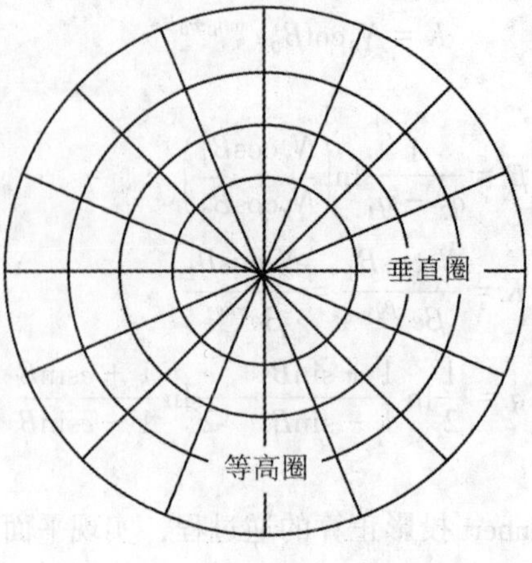

图 2-23　日晷投影中垂直圈和等高圈的形状

①当切点在两极时，即正方位投影(或称极地投影)。如图 2-24 所示，经线被投影为放射式的直线，交于极点。放射中心各经线间的夹角与球面上的经差一致，所以同一纬线上的经差是相等的。纬线虽被投影成以极为中心的同心圆，但各圆弧之间的距离并不相等，距切点越远间距越大，至赤道为无穷大。

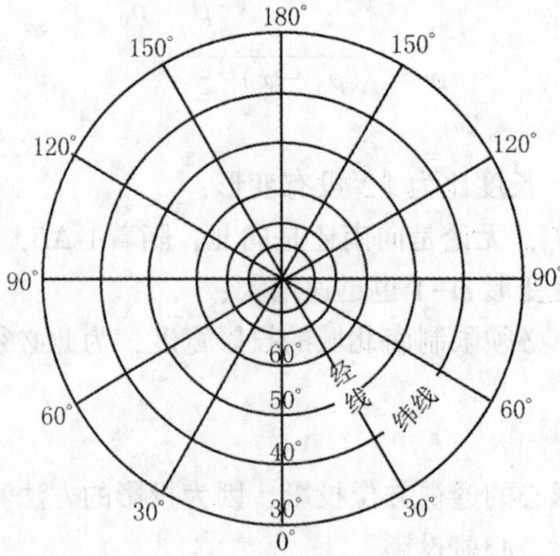

图 2-24　正方位投影的经纬网

②当切点在赤道上时，即横方位投影。如图 2-25 所示，经线被投影成平行的直线，以通过切点的子午线(中央经线)为对称轴，左右对称；但平行线的间隔不等，离切点越远，间隔越宽，与切点经差为 90°处的间隔为无穷大。赤道被投影成直线，因为赤道在球面上也是大圆。其他纬线投影为以赤道为对称轴的双曲线。曲线间隔离切点越远越宽，至两极为无穷大。

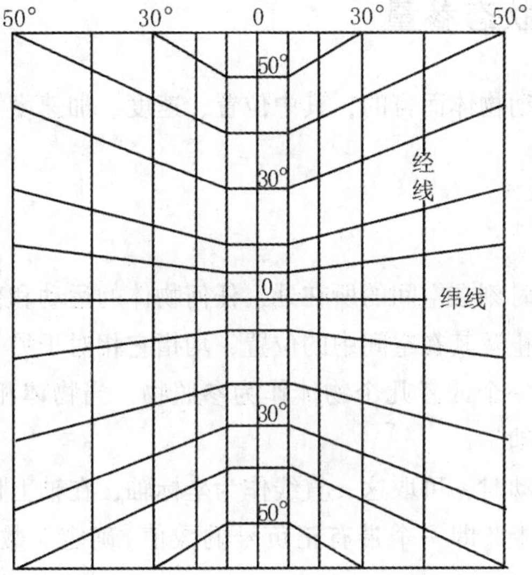

图 2-25 横方位投影的经纬网

③当切点在地球面上极点和赤道以外的任一点时，即斜方位投影。如图 2-26 所示，经线被投影为交于极地的一束放射式直线，各线间交角不相等。纬线除赤道被投影为直线外，其他随位置的不同分别被投影为双曲线、抛物线，极地附近为椭圆曲线。这些曲线之间的间隔也是随它与切点间的距离而变化，距切点越远曲线间隔越宽，距切点大圆距离为 90°的地方变形为无穷大。

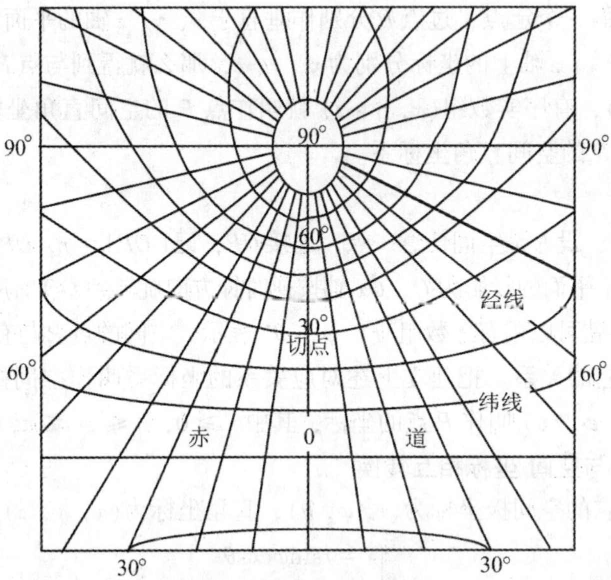

图 2-26 斜方位投影的经纬网

2.4　运动载体的状态参量

导航总是相对于运动物体而言的，其中位置、速度、加速度、姿态是表征载体运动状态的基本参数。

2.4.1　位置与坐标

位置是指物体某一时刻在空间的所在处，任何物体的运动和变化都在空间和时间中进行。物体的运动或者静止及其在空间中的位置，均指它相对于另一物体而言，因此在描述物体运动时，必须选中一个或者几个物体作为参照物，当物体相对参考物的位置有变化时，就说明物体有了运动。

物体沿一条直线运动时，可取这一直线作为坐标轴，在轴上任意取一原点 O，物体所处的位置由它的位置坐标（即一个带有正负号的数值）确定。数学上坐标的实质是有序数对。

空间（三维）一点的坐标通常有两种表示方式。

1. 空间直角坐标

如图 2-27 所示，过空间定点 O 作三条相互垂直的数轴，各轴之间的顺序要求符合右手法则，即以右手握住 z 轴，让右手的四指从 x 轴的正向以 90 度的直线转向 y 轴的正向，这时大拇指所指的方向就是 z 轴的正向。这样的三个坐标轴构成的坐标系称为右手空间直角坐标系。与之相应的是左手空间直角坐标系。一般在测绘和导航领域常用右手空间直角坐标系，在其他学科方面因应用方便而异。

设点 P 为空间的一个定点，过点 P 分别作垂直于 x、y、z 轴的平面，依次交于 x、y、z 轴，三个交点在 x、y、z 轴上的坐标分别为 x、y、z，那么就得到与点 P 唯一对应确定的有序实数组 (x, y, z)，有序实数组 (x, y, z) 就叫作点 P 的空间直角坐标，记作 $P(x, y, z)$，这样就确定了 P 的空间直角坐标系。

2. 空间极坐标

如图 2-27 所示，设 P 是空间任意一点，连接 OP，记 $|OP| = r$，OP 与 Oz 轴正向所夹的角为 φ。设 P 在 xOy 平面的投影为 Q，Ox 轴按逆时针方向旋转到 OQ 时所转过的最小正角为 θ，这样点 P 的位置就可以用有序数组 (r, φ, θ) 表示，空间的点 P 与有序数组 (r, φ, θ) 之间建立了一一对应的关系。把建立上述对应关系的坐标系叫作空间极坐标系（或球坐标系）。有序数组 (r, φ, θ) 叫作 P 点的坐标，其中 $r \geqslant 0$，$0 \leqslant \varphi \leqslant \pi$，$0 \leqslant \theta \leqslant 2\pi$。

3. 空间极坐标与空间 坐标相互转换

设空间点 P，它的空间极坐标为 (r, φ, θ)，直角坐标为 (x, y, z)，则有

$$\begin{cases} x = r\sin\varphi\cos\theta \\ y = r\sin\varphi\sin\theta \\ z = r\cos\varphi \end{cases} \tag{2.43}$$

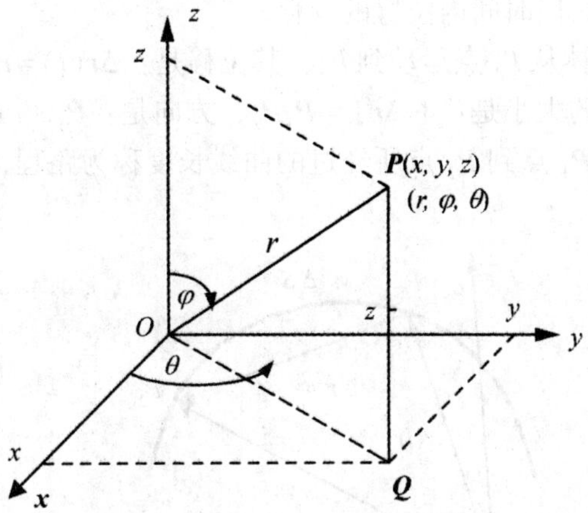

图 2-27 空间一点的坐标表示

2.4.2 位移、速度和加速度

1. 位矢

用来确定某时刻质点位置的矢量称为位矢，如图 2-28 所示。

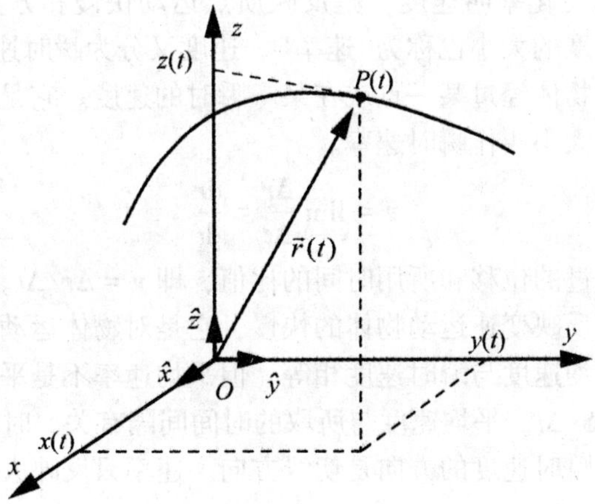

图 2-28 质点位置矢量示意图

2. 运动函数

机械运动是物体(质点) 位置随时间的变化，即位矢量是时间 t 的函数。$\boldsymbol{r}=\boldsymbol{r}(t)$，这就是物体的运动函数(运动方程)，也可写作：$\boldsymbol{r}(t)=x(t)\boldsymbol{i}+y(t)\boldsymbol{j}+z(t)\boldsymbol{k}$，如果消去时间 t，就得到物体的轨迹方程：

$$f(x,\ y,\ z)=0 \tag{2.44}$$

3. 位移

位移指的是质点在一段时间内位置的变化。

如图 2-29 所示，物体从 P_1 点运动到 P_2，其位移是：$\Delta\boldsymbol{r}(t)=\boldsymbol{r}(t+\Delta t)-\boldsymbol{r}(t)$，位移也是矢量，图中物体位移的大小是：$|\Delta\boldsymbol{r}|=P_1P_2$，方向是：$P_1\rightarrow P_2$。

物体沿运动轨迹从 P_1 点到 P_2 点所经过的曲线长度称为路程，路程是标量。

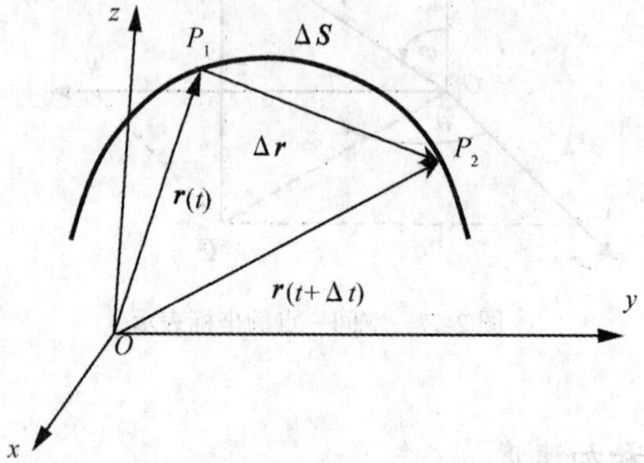

图 2-29　位移示意图

4. 速度

质点位矢对时间的变化率叫速度，是反映质点运动快慢和方向的物理量。速度是矢量，有大小和方向，速度的大小也称为“速率”。速度又分为瞬时速度和平均速度。

瞬时速度是指运动物体经过某一点或在某一瞬时的速度。它是对物体运动情况的一种细致描述，瞬时速度的大小叫作瞬时速率。

$$\boldsymbol{v}=\lim_{\Delta t\to 0}\frac{\Delta\boldsymbol{r}}{\Delta t}=\frac{\mathrm{d}\boldsymbol{r}}{\mathrm{d}t} \tag{2.45}$$

平均速度是物体通过的位移和所用时间的比值，即 $\boldsymbol{v}=\Delta\boldsymbol{r}/\Delta t$。

平均速度只能大体反映变速运动物体的快慢，它是对物体运动情况的一种粗略描述。在匀速直线运动中，平均速度与瞬时速度相等。但平均速率不是平均速度的大小，而是路程与所用时间的比值 $\Delta S/\Delta t$。平均速度与所取的时间间隔有关，时间间隔越短，平均速度就越接近于瞬时速度。瞬时速度的方向是切线方向。速率只反映大小，没有方向。

5. 加速度

质点速度对时间的微分就是加速度，也是一个矢量(见图 2-30)。加速度由力引起，在经典力学中因为牛顿第二定律而成为一个非常重要的物理量。在惯性参考系中的某个参考系的加速度在该参考系中表现为惯性力。

平均加速度：

$$\overline{\boldsymbol{a}}=\overline{\boldsymbol{v}}/\Delta t$$

瞬时加速度：

$$\boldsymbol{a}=\lim_{\Delta t\to 0}\frac{\Delta\boldsymbol{v}}{\Delta t}=\frac{\mathrm{d}\boldsymbol{v}}{\mathrm{d}t}=\frac{\mathrm{d}^2\boldsymbol{r}}{\mathrm{d}t^2} \tag{2.46}$$

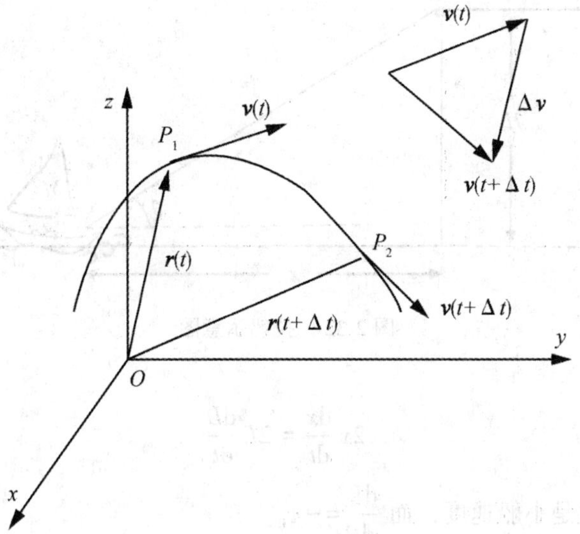

图 2-30 加速度

2.4.3 描述质点运动的状态参量特性

在相同的参照系下，质点的运动状态参数之间的相互关系如图 2-31 所示。

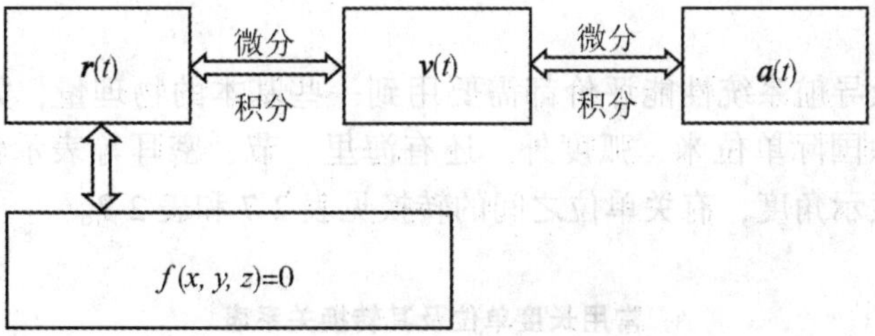

图 2-31 质点运动状态参数之间的相互关系

状态参量有如下三个特性：

① 矢量性：位置、速度和加速度三个参量既有大小又有方向；

② 瞬时性：质点的运动状态随时在变化；

③ 相对性：质点的运动状态参数在不同的参照系下有不同的描述。

[例 2-3] 如图 2-32 所示，拉船速度 v_0 一定，河岸高度为 H，求小船向岸边移动的速度和加速度。

解：设小船到 O 点的距离为 L，则

$$x^2 = L^2 - H^2$$

对时间求导：

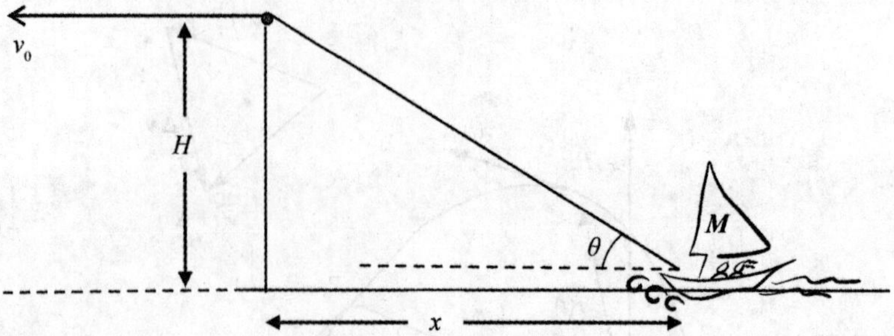

图 2-32　拉船示意图

$$2x\frac{\mathrm{d}x}{\mathrm{d}t}=2L\frac{\mathrm{d}L}{\mathrm{d}t}$$

其中，$\frac{\mathrm{d}x}{\mathrm{d}t}=v$ 就是小船速度，而 $\frac{\mathrm{d}L}{\mathrm{d}t}=-v_0$。

所以有 $v=-\frac{L}{x}v_0=-\sqrt{x^2+H^2}\frac{v_0}{x}$。

加速度：$a=\frac{\mathrm{d}v}{\mathrm{d}t}=\frac{\mathrm{d}^2x}{\mathrm{d}t^2}=-\frac{v_0^2H^2}{x^3}$。

2.5　导航常用的参数量纲

导航解算以及导航系统性能评价都需要用到一些基本的物理量，如长度(距离)、角度。常用的单位除国际单位米、弧度外，还有海里、节、密耳等表示长度和距离，用角秒、角分、密位表示角度，有关单位之间的转换见表 2-7 和表 2-8。

表 2-7　**常用长度单位及其转换关系表**

参数	英文全称	表示符号	与对应相关对应单位的转换关系
海里	nautical mile	n mile	1 海里 = 1852 米
码	yard	yd	1 码 = 0. 9144 米
英尺	foot	ft	1 英尺 = 0. 3048 米
英寸	inch	in	1 英寸 = 0. 0254 米

在表 2-7 中，海里是海上的长度单位。它原指地球子午线上纬度 1 角分的长度，赤道上 1 海里约等于 1843 米，纬度 45°处约等于 1852. 2 米，两极约等于 1861. 6 米。1929 年国际水文地理学会议通过用 1 角分平均长度 1852 米作为 1 海里，故国际上采用 1852 米为标准海里长度。

表 2-8　　**常用角度单位及其转换关系表**

参数	英文全称	表示符号	与对应相关对应单位的转换关系
度	degree	°	1 度 = 0. 0174532925 弧度
角分	arc min	′	1 角分 = 60 角秒
角秒	arc sec	″	
毫弧度	milli radian	mrad	1 毫弧度 = 3. 44 角分 = 206. 4 角秒
密位	mil	mil	1 密位 = 3. 6 角分 = 216 角秒

在表 2-8 中，“密位”和“度”、“角分”、“角秒”等一样，也是一种表示角度的单位。把一个圆周分为 360 等份，每一等份弧长对应的圆心角称为 1°角；如果把圆周分为 6000 等份，每一等份弧长对应的圆心角叫 1 密位，即 1 密位所对弧长等于圆周长的 1/6000。根据圆周长与半径的关系，每 1 密位所对弧长约等于半径的 1/1000，即弧长/密位≈半径/1000。

地球上，导航中在表示系统的某些参数时，长度和角度单位之间具有一定的对应关系。比如说某系统定位精度为每小时 1 海里或 1 角分，两者意义是相同的，这种对应关系是地球上的弧长与弧长在地球曲率半径下的角度对应关系。

第3章 导航定位原理及技术

导航定位的关键在于为载体提供其当前的位置、速度、加速度和姿态等状态信息，进而引导载体到达目的地。而这些参数的获取方法是导航定位的基础，如何规划航迹则是高效准确地到达目的地的重要途径。为此，本章重点介绍导航定位方法和航迹规划方法。

3.1 导航定位基本原理

3.1.1 方向交会

方向交会是一种经典的导航定位工作模式。如果用户用无线电测量的方法来测定无线电信标台的具体方位或自己的方位，就能通过后方交会或前方交会等方法来测定自己的位置，这种定位模式在早期的无线电导航系统中曾得到过应用，但由于通过无线电测量的方式测定的方位精度欠佳，而且方向交会的误差又将随着距离的增加而增加，因而在无线电导航中逐渐被距离交会、距离差交会和极坐标定位等方法所取代。

1. 方向测量

在无线电导航中，用户可利用接收机天线所具有的特殊的天线方向图来确定无线信标的方向，方向图反映了接收天线对来自不同方向的无线电信号的接收能力，即同强度的无线电信号如果入射至接收天线的方向不同，接收机所接收的信号强度也不同。例如，采用一个环形平面天线时，若天线平面与入射信号方向垂直时所接收到的信号强度最大，与入射信号方向平行时所接收到的信号强度最小，则可确定信标台的方向。方向测量常用的方法主要有最小值法、最大值法、比较法和测相法，下面具体介绍这些方法。

(1)最小值法

图3-1为一个简单的平面环形天线的方向图，当天线平面与入射信号方向平行时，接收信号强度最小，但由于接收机分辨率的限制，在某一角度范围内(角β)便难以分辨，该角称为静寂角。

(2)最大值法

类似地，也可以依据接收信号强度最大的原则来确定信号源方向。图3-2为最大值法测定信标台方向的示意图。同样由于接收机分辨率的限制，在某一角度范围内接收机难以分辨出究竟何处是最大值。

采用极值法来测定方向时，测向精度与天线方向图的形态以及接收机的灵敏度有关。当天线方向图的曲线在极值点附近变化很平缓时，测向精度就很低，当曲线在极值点附近

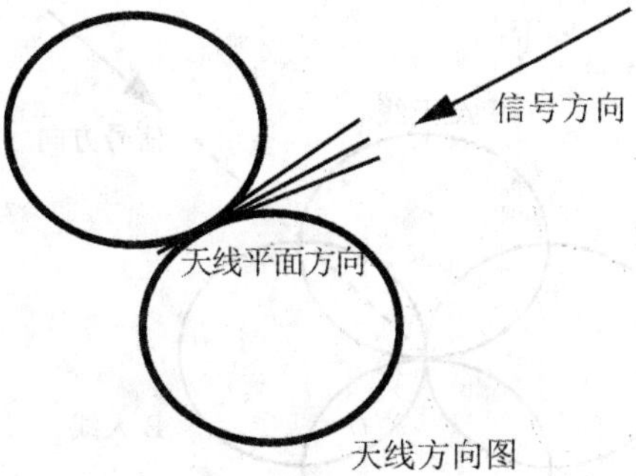

图 3-1　最小值测向法示意图

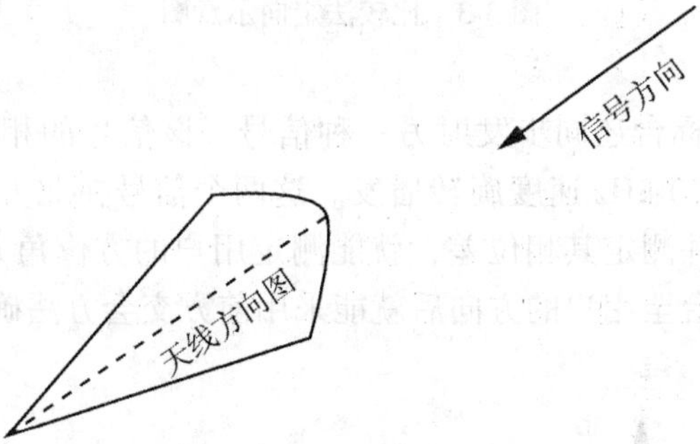

图 3-2　最大值测向法示意图

变化很显著时，测向精度就很高。同样当接收机可以分辨出信号强度的细微变化时，测向精度高，反之测向精度就低。

(3)比较法

比较法是把两个相互垂直的同类天线组合在一起，通过比较两个天线所接收到的信号强度来确定信标台的方向。图 3-3 为两个相互垂直的平面环形天线的天线方向图，当信号从两个相互垂直的天线平面的角平分面方向入射时，两个天线所接收到的信号强度相同，当天线稍微旋转一个角度后，一个天线的接收信号会增大，另一个则会减小，因而容易辨别。采用这种方法可提高接收机的分辨能力。

用户如果能用上述方法来测定出 3 个已知的信标台的方向，就能用后方交会的方法来确定自己的位置。

(4)测相法

除了上述方法外，信标台还可发射一些具有特殊接收的组合信号，以便用户通过测定这些信号的相位差来测定从信标台至用户的方向。甚高频全向信标系统 VOR 就采用这种方法。VOR 系统的地面信标台一方面发射一个调制频率为 30Hz 的全向信号，全向信号的相位与方向无关，仅为时间的函数，在 1/30s 的时间内同一地点的信号相位会变化 360°，该信号称为基准信号。

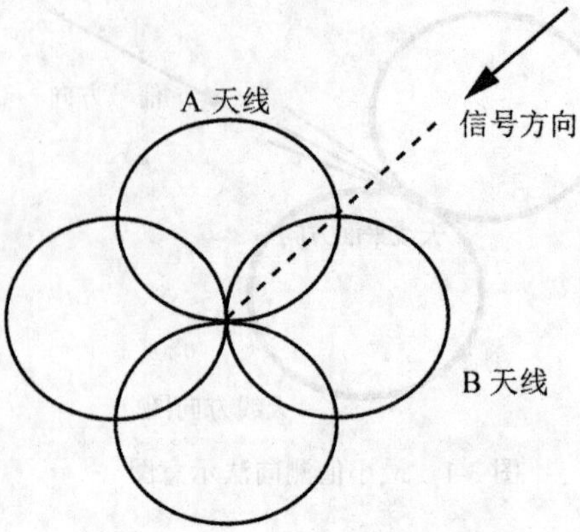

图 3-3　比较法定向示意图

与此同时，VOR 信标台还同步发射另一种信号，该信号的相位会随着方向的不同而不同，而且该信号是以 30 kHz 速度旋转播发。这两个信号在北方向被设置为同向，用户接收机接收这两个信号并测定其相位差，就能测定用户的方位角 θ，如图 3-4 所示。采用这种方法测出 2 个信标台至用户的方向后就能采用前方交会方法确定出用户位置。

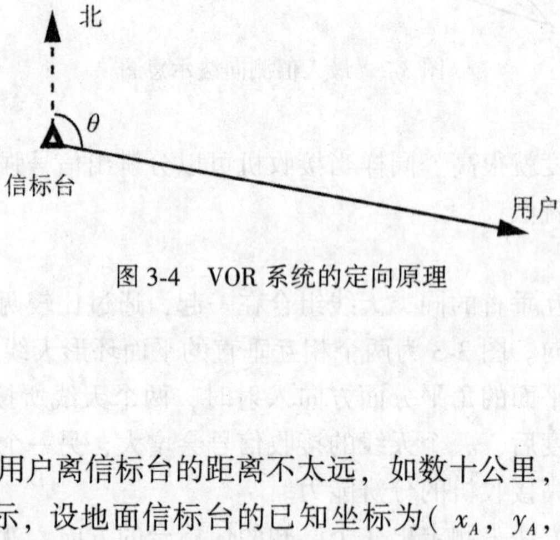

图 3-4　VOR 系统的定向原理

2. 定位原理

(1)极坐标定位

在导航定位中，若用户离信标台的距离不太远，如数十公里，一般可在平面坐标系中进行定位。如图 3-5 所示，设地面信标台的已知坐标为(x_A，y_A，H_A)，信标台至用户间的水平距离为 D，信标台至用户的方位角为 θ，则用户的平面坐标为：

$$\begin{cases} x = x_A + D\cos\theta \\ y = y_A + D\sin\theta \end{cases} \tag{3.1}$$

应用式(3.1)时需要注意，因测定的是信标台至用户间的斜距 ρ，当用户与信标台的高差不大时，一般可以将其视为平距，当两者的高差较大时，需借助下式将斜距 ρ 归算为平距 D。

$$D = \sqrt{\rho^2 - (H_A - H)^2} \tag{3.2}$$

式中，H 为用户的高程，其值可通过其他途径获得，例如当用户为大海中航行的船舶时，

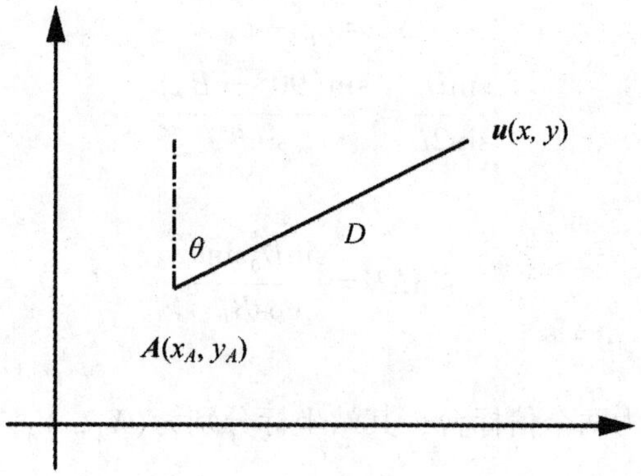

图 3-5 平面极坐标定位示意图

H 一般可视为接收机天线至海面的高度；当用户为飞机时，H 可由机上的测高仪器来提供；当用户为地面车辆时，H 由地图或者高程模型来提供。如果测向时测得的 θ 是磁方位角，则需要施加磁偏角改正。

当用户与信标台的距离较远(如数百公里)或精度要求较高时，也可在球面上进行极坐标定位，即将地球看成是一个圆球，该圆球的半径取 $R=6371\text{km}$，或取信标台所在处的平均曲率半径。

在图 3-6 中，N 为北极点，A 为信标台，其平面坐标为(L_A，B_A)，θ 为信标台至用户 P 的方位角，D_0 为信标台 A 与用户 P 之间的大圆弧长 $D_0 = 180D/\pi R$，D 为两者间的平距。在球面三角形 NAP 中已知两边一夹角 $90° - B_A$、D_0 及 θ，而要解算用户 P 的坐标(L_P，B_P)。

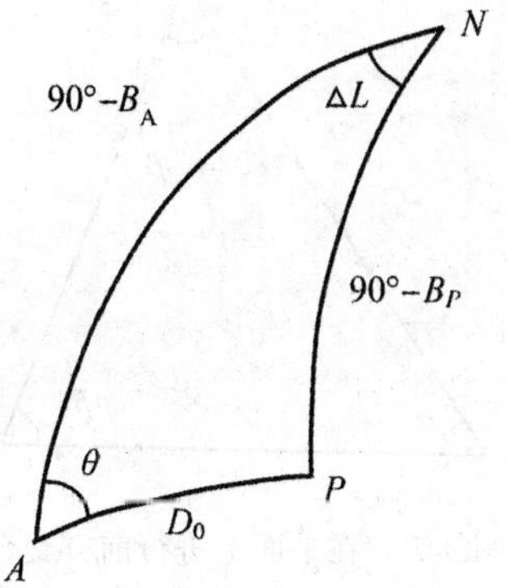

图 3-6 在球面上进行极坐标定位

根据球面三角形中的边余弦公式有：

$$\cos(90° - B_P) = \cos(90° - B_A)\cos D_0 + \sin(90° - B_A)\sin D_0\cos\theta \tag{3.3}$$

即

$$\sin B_P = \sin B_A\cos D_0 + s\cos B_A\sin D_0\cos\theta \tag{3.4}$$

求得 B_P 后，即可采用球面三角形中正弦公式来求解：

$$\Delta L = L_P - L_A$$

$$\frac{\sin D_0}{\sin 2L} = \frac{\sin(90° - B_P)}{\sin\theta} \tag{3.5}$$

即

$$\sin\Delta L = \frac{\sin D_0 \sin\theta}{\cos B_P}$$

(2) 前方交会

在图 3-7 中，A、B 为两个信标台，其站坐标分别为(X_A, Y_A)、(X_B, Y_B)，两站间距离为

$$S_{AB} = \sqrt{(X_A - X_B)^2 + (Y_A - Y_B)^2}$$

从 A 至 B 的方位角为

$$T_{AB} = \arctan\frac{Y_B - Y_A}{X_B - X_A}$$

均可据已知站坐标求出，两站至用户 P 的方位角已用 VOR 等方法测出，因而 α、β 两个角度为已知值，$\angle APB = 180° - \alpha - \beta$，根据正弦定理可求得

$$S_{AP} = \sin\beta \frac{S_{AB}}{\sin(\alpha + \beta)} \tag{3.6}$$

然后就能用极坐标法求出 P 点的坐标(X_P, Y_P)。

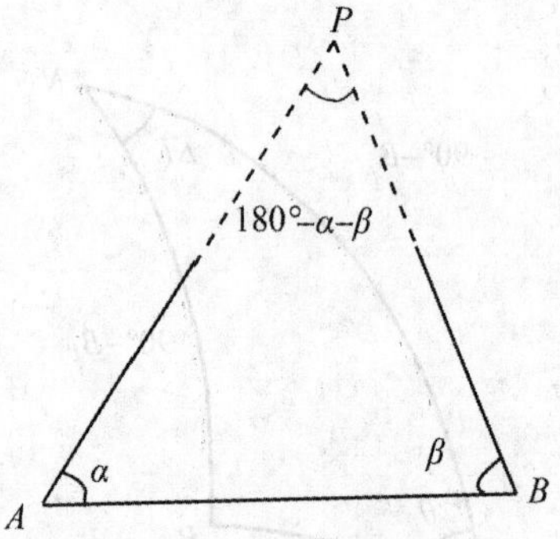

图 3-7　在平面上进行前方交会

类似地，若在如图 3-8 所示的球面上解算，N 为北极点，A、B 为两个信标台，其平面坐标为(L_A, B_A)、(L_B, B_B)，在球面三角形 NAB 中已知两边 $90° - B_A$、$90° - B_B$ 以及夹角 $L_B - L_A$，求另一条边的 S_{AB}。计算公式如下：

$$\cos S_{AB} = \sin B_A \sin B_B + \cos B_A \cos B_B \cos(L_A - L_B) \tag{3.7}$$

AB 的方位角为

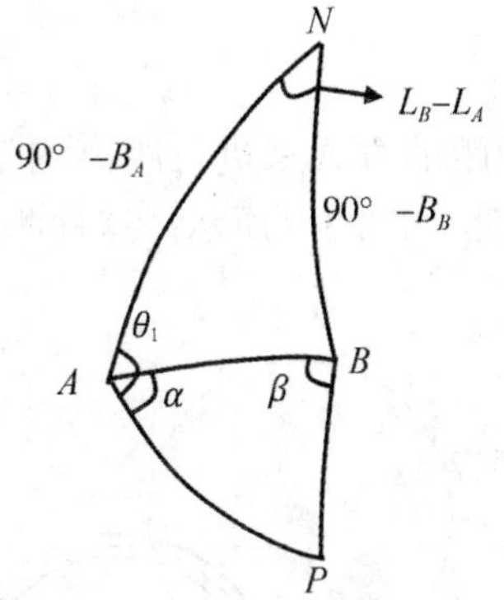

图 3-8　在球面上进行前方交会

$$\sin\angle NAB = \cos B_B \frac{\sin(L_A - L_B)}{\sin S_{AB}} \tag{3.8}$$

于是可求得：$\alpha = \theta_1 - \angle NAB$ 。θ_1 为用VOR测向技术测得的从信标台A至用户P的方位角。

采用同样的方法可求得β角。这样在球面三角形ABP中就已知了两个角及夹边，进而可求得边长。

先计算 $\angle APB$：

$$\cos\angle APB = -\cos\alpha\cos\beta + \sin\alpha\sin\beta\cos S_{AB} \tag{3.9}$$

再利用正弦公式求 S_{AP}：

$$\sin S_{AP} = \sin\beta \frac{\sin S_{AB}}{\sin\angle APB} \tag{3.10}$$

由于S_{AP}及θ_1(即方位角T_{AP})均已知，用极坐标法即求得用户的平面坐标(L_P，B_P)。

3. 天文导航

天文导航的本质就是空间方向交会，即利用天体敏感器测得的天体(地球、太阳、月亮、其他行星和恒星等)方位信息确定观测者位置和姿态。

天文导航的基本原理是：天体在惯性空间中任意时刻的位置可以通过查询星历表获得，通过观测点处的天体敏感器(如恒星敏感器、行星敏感器等)观测得到的天体方位信息可以确定观测点在该时刻的位置和姿态信息。通过天体敏感器观测得到一个恒星和一个近天体(如太阳、行星及其卫星、小行星等)质心之间的夹角，可以确定一个圆锥面。该圆锥面的顶点位于近天体的质心，轴线指向恒星，锥心角等于观测得到的恒星和近天体质心之间的夹角，观测点必位于该圆锥面上。通过观测该近天体和第二个恒星之间的夹角，可以得到顶点也位于该近天体质心的第二个圆锥面。这两个圆锥面相交便确定了观测点的位置线。通过第三个恒星的观测信息，就可以确定观测点在该位置线的位置。

3.1.2　空间距离交会

1. 距离测量

在导航中一般都采用物理测距的方式来进行距离测量，即通过测定信号的传播时间 Δt 和信号传播速度 v 来测定距离，如图 3-9 所示。这种测距方式又可分为以下两类：

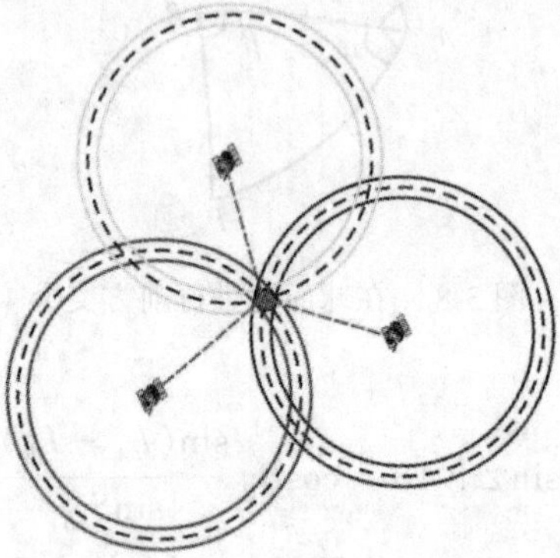

图 3-9　空间距离交会示意图

(1) 主动式测距

采用主动式测距时，将由用户发出测距信号，该信号到达测线的另一端的台站(地面信标台或导航卫星)为其所接受，然后由这些台站发出一个应答信号，用户接收到应答信号后即可测定出测距信号往返传播的时间 Δt，根据信号传播速度 v 不难求出测线长度 D：

$$D = \frac{1}{2}\Delta t v \tag{3.11}$$

(2) 被动式测距

在被动式测距中，测距信号是由位于测线另一端的卫星或地面台站按照预先的规定而发出的，用户只需接收这些信号并依据信号到达的时间及信号的发送时间即可求得信号单程传播时间 $\Delta t'$，从而求得测线长 D：

$$D = \frac{1}{2}\Delta t' v \tag{3.12}$$

其中，v 为信号传播速度。

2. 定位原理

采用主动式测距和被动式测距方式时，定位的数学模型有所不同，下面分别加以介绍。

(1) 主动式测距时的数学模型

采用应答方式进行主动式测距时，用户测定的是信号往返传播的时间，在如此短的时间内用户钟的误差一般可以忽略不计，因而在导航定位中一般认为用户与应答台站之间的距离是可以直接测定的。而这些信标台站的位置也是已知的，其天线相位中心的三维坐标事先可以精确加以测定。因而用户只需同时测定至 i 个信标台之间的距离($i \geqslant 3$)，就能以这些台站为球心，以测定的距离为半径作出 i 个定位球面，这些球面的交点即为用户所在的位置，因而上述方法也被称为距离交会法。其数学模型可表示如下：

$$D_i = [(X_i - X)^2 + (Y_i - Y)^2 + (Z_i - Z)^2]^{1/2} \tag{3.13}$$

式中，D_i 为用户至第 i 个信标台(天线相位中心)间的距离，是导航中的观测值。(X_i, Y_i, Z_i) 为第 i 个信标台(天线相位中心)的空间直角坐标，为已知值；(X, Y, Z) 为用户(也是指天线相位中心)的三维坐标，为待定值。

在导航中，用户近似位置通常是已知的，例如可用上一次测定的位置及航速推算出来。现用(X_0, Y_0, Z_0)来表示，而其改正数用$(\mathrm{d}X, \mathrm{d}Y, \mathrm{d}Z)$表示，这样上式就可以用泰勒级数在$(X_0, Y_0, Z_0)$处展开：

$$D_i = D_0 - \frac{X_i - X_0}{D_0}\mathrm{d}X - \frac{Y_i - Y_0}{D_0}\mathrm{d}Y - \frac{Z_i - Z_0}{D_0}\mathrm{d}Z \tag{3.14}$$

式中，

$$D_0 = [(X_i - X_0)^2 + (Y_i - Y_0)^2 + (Z_i - Z_0)^2]^{1/2} \tag{3.15}$$

即从用户的近似位置至第 i 个信标台之间的距离为已知值。

$$\begin{cases} \dfrac{X_i - X_0}{D_0} = l_i, \ \dfrac{Y_i - Y_0}{D_0} = m_i \\ \dfrac{Z_i - Z_0}{D_0} = n_i, \ D_i - D_0 = L_i \end{cases} \tag{3.16}$$

于是，主动式测距时距离交会的误差方程式可以写为：

$$V_i = l_i\mathrm{d}X + m_i\mathrm{d}Y + n_i\mathrm{d}Z + L_i (i \geqslant 3) \tag{3.17}$$

有时用户所在处的高程 H 是已知的，例如可用飞机上的高程计加以测定，此时用户位于以地球质心为球心，以地球的平均曲率半径 R 加上 H 为半径的一个球面上，用户只需同时测定至两个信标台间的距离即可求得自己的位置。即用$(X^2 + Y^2 + Z^2)^{1/2} = R + H$来取代式(3.14)中的一个方程。当精度要求较高时，应认为用户是位于一个椭球面上，该椭球面离地球椭球面的距离为 H。

(2) 被动式测距时的数学模型

采用被动式测距方式时，测距信号是由位于测线另一端的卫星或地面信标台在自己的钟的控制下在规定时刻 t^s 播发的，而信号到达时间 t_R 则是由用户接收机的钟来测定的，从而来测定信号单程传播的时间 $\Delta T = t_R - t^s$。由于电磁波信号的传播速度几乎达每秒30万千米，因而会对卫星(地面信标台)钟与用户钟的同步精度提出极高的要求。卫星(地面信标台)尚有可能采用稳定度极好的高质量的原子钟(并通过高精度的时间比来加以修正)，使自己的标准时间保持一致，而数以万计的接收机钟由于受到接收机体积、重量、价格以及能耗等方面的限制，一般只能采用稳定度较差的石英钟，难以与标准时间长期保持一致，因而在数据处理时通常要把观测时刻接收机钟相对于标准时间的钟改正数 V_t 也当成一个未知参数来一并求解。于是式(3.14)将变为：

$$D_i + cV_t = [(X_i - X_0)^2 + (Y_i - Y_0)^2 + (Z_i - Z_0)^2]^{1/2} \tag{3.18}$$

误差方程(3.17)将变为：

$$V_i = l_i\mathrm{d}X + m_i\mathrm{d}Y + n_i\mathrm{d}Z + c\mathrm{d}t + L_i (i \geqslant 4) \tag{3.19}$$

式(3.19)中有四个未知数 dX、dY、dZ 和 dt，因而用户至少需同时测定 4 个已知点的距离，方可求得这些未知参数。当 $i > 4$ 时，可用最小二乘法来求得这些未知参数的最优估值。

3.1.3　距离差交会

1. 距离差观测

在导航中，为了测定从用户 U 至两个无线电信号发射台站 A、B 间的距离 D_A 和 D_B 之差 $\Delta D = D_A - D_B$，一般可采用两种方法：一是用无线电信号接收机通过脉冲法或者相位法来测定 A、B 两站所发射的无线电信号到达接收机的时间差 Δt。为简化讨论的问题，我们不妨假设这两个信号是同时从 A、B 两站发射出来的，此时有如下关系：

$$\Delta D = \Delta t \cdot c = t_A \cdot c - t_B \cdot c \tag{3.20}$$

式中，t_A，t_B 为无线电信号从 A 站和 B 站传播到用户 U 所花的时间；c 为信号的传播速度。

以罗兰 C(Loran-C) 为代表的地基无线电导航系统采用的就是这种方式进行距离差测量。另一种方式是用户连续接收某卫星所播发的一组无线电信号，通过多普勒测量的方法来测定两个不同时刻 t_A 和 t_B 时(卫星位于 A 点和 B 点时) 卫星至用户间的距离差。子午卫星系统及 DORIS 系统等卫星导航系统就采用第二种方法。

2. 定位原理

下面主要介绍利用多普勒观测进行三维定位的方法。

(1) 几何意义

设某卫星以 f_s 的频率连续发射信号，在 t_1 时刻卫星位于 S_1 处，在 t_2 时刻卫星位于 S_2 处。利用地面卫星跟踪站对卫星进行跟踪观测，即可确定并预报卫星轨道，编制成广播星历向用户播发。用户利用多普勒接收机来接收卫星信号，进行多普勒测量，求得 $[t_1,\ t_2]$ 时间段内的多普勒计数 $N_{1,2}$，然后就能求得距离差。

$$\Delta D_{1,2} = D_2 - D_1 \tag{3.21}$$

根据几何学的知识(见图3-10)，此时用户(接收机)必位于以 S_1 和 S_2 为焦点的一个旋转双曲面上，该曲面上任何一点至 S_1 和 S_2 的距离差均等于 $\Delta D_{1,2}$。类似地，如果我们求得了在 $[t_2,\ t_3]$ 时段内的多普勒计数 $N_{2,3}$，进而间接求得了距离差 $\Delta D_{2,3} = D_3 - D_2$，则可以 S_2 和 S_3 为焦点，根据距离差 $\Delta D_{2,3} = D_3 - D_2$ 作出第二个旋转双曲面，显然用户必定位于这两个旋转双曲面的交线上。同样，如果我们继续进行多普勒测量，测得多普勒计数 $N_{3,4}$，求得距离差 $\Delta D_{3,4} = D_4 - D_3$ 后就能以 S_3 和 S_4 为焦点作出第三个旋转双曲面，从而交出用户的位置。这就是多普勒定位的几何解释。当然，卫星一次通过时的轨道几乎是在一个平面上的，因此，用这种办法交出的用户坐标在垂直于轨道的方向上会产生较大的误差，实际应用时还会采用其他一些措施来加以弥补。

(2) 观测方程

令 $\Delta f = f_0 - f_S$，Δf 是接收机所产生的本振信号的频率 f_0 与卫星发射的信号频率 f_S 之差，理论上应该为一常数。例如

$$\Delta f = f_{01} - f_{S1} = 400\text{MHz} - 399.968\text{MHz} = 0.032\text{MHz} \tag{3.22}$$

但实际上由接收机所产生的本振信号的频率 f_0 与卫星所发出的信号频率 f_S 均有误差，

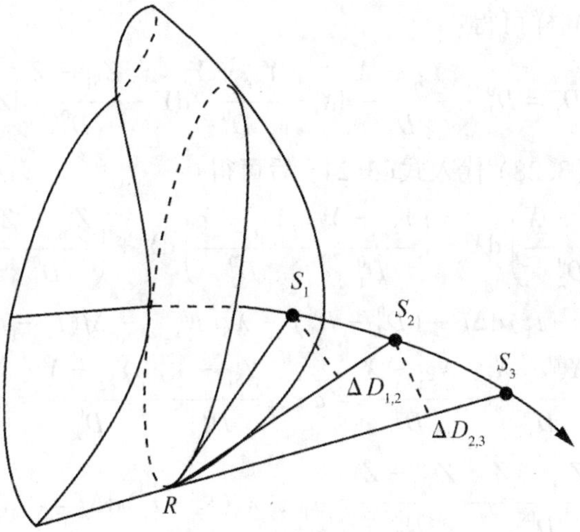

图 3-10 距离差交会示意图

从而使 Δf 的值与理论值不等：

$$\Delta f = \Delta f_0 + \mathrm{d}\Delta f \tag{3.23}$$

式中，Δf_0 为理论值，如对子午卫星系统的第一频率而言，Δf_0 应该为 0.032MHz；$\mathrm{d}\Delta f$ 称为频率偏移，是标称值 Δf_0 的修正值，其值取决于接收机钟和卫星钟的误差。在子午卫星系统的数据处理中，某卫星在一次卫星通过中，一个频率的偏移值 $\mathrm{d}\Delta f$ 一般被视为是一个常数(需引入一个待定参数)。此时，式(3.21) 可写为：

$$D_2 - D_1 = \lambda_S[N_{1,2} - \Delta f_0(t_2 - t_1)] - \lambda_S(t_2 - t_1)\mathrm{d}\Delta f \tag{3.24}$$

式中，λ_S 为卫星发射信号的波长，$\lambda_S = c/f_S$。

设观测时用户的三维坐标为 (X, Y, Z)，近似坐标为 (X_0, Y_0, Z_0)，坐标改正数为 $(\mathrm{d}X, \mathrm{d}Y, \mathrm{d}Z)$：

$$\begin{cases} X = X_0 + \mathrm{d}X \\ Y = Y_0 + \mathrm{d}Y \\ Z = Z_0 + \mathrm{d}Z \end{cases} \tag{3.25}$$

S_1 的三维坐标为 $(X_{S_1}, Y_{S_1}, Z_{S_1})$，$S_2$ 的三维坐标为 $(X_{S_2}, Y_{S_2}, Z_{S_2})$，可据卫星星历求得，则有

$$D_2 = [(X_{S_2} - X)^2 + (Y_{S_2} - Y)^2 + (Z_{S_2} - Z)^2]^{1/2} \tag{3.26}$$

用泰勒级数将上式在用户的近似位置 (X_0, Y_0, Z_0) 处展开后可得：

$$D_2 = D_2^0 - \frac{X_{S_2} - X}{D_2^0}\mathrm{d}X - \frac{Y_{S_2} - Y}{D_2^0}\mathrm{d}Y - \frac{Z_{S_2} - Z}{D_2^0}\mathrm{d}Z \tag{3.27}$$

其中，

$$D_2^0 = [(X_{S_2} - X_0)^2 + (Y_{S_2} - Y_0)^2 + (Z_{S_2} - Z_0)^2]^{1/2} \tag{3.28}$$

即根据 S_2 的坐标(X_{S_2}，Y_{S_2}，Z_{S_2}) 和用户的近似位置(X_0，Y_0，Z_0) 求得的从用户的近似位置至卫星 S_2 的距离。同样可得：

$$D_1 = D_1^0 - \frac{X_{S_1} - X}{D_1^0}\mathrm{d}X - \frac{Y_{S_1} - Y}{D_1^0}\mathrm{d}Y - \frac{Z_{S_1} - Z}{D_1^0}\mathrm{d}Z \tag{3.29}$$

将式(3.27) 和式(3.28) 代入式(3.24) 后可得：

$$\left(\frac{X_{S_1} - X}{D_1^0} - \frac{X_{S_2} - X}{D_2^0}\right)\mathrm{d}X + \left(\frac{Y_{S_1} - Y}{D_1^0} - \frac{Y_{S_2} - Y}{D_2^0}\right)\mathrm{d}Y + \left(\frac{Z_{S_1} - Z}{D_1^0} - \frac{Z_{S_2} - Z}{D_2^0}\right)\mathrm{d}Z$$
$$+ \lambda_S(t_2 - t_1)\mathrm{d}\Delta f + (D_2^0 - D_1^0) - \lambda_S[N_{1,2} - \Delta f(t_2 - t_1)] = 0 \tag{3.30}$$

$$\begin{cases} \dfrac{X_{S_1} - X}{D_1^0} - \dfrac{X_{S_2} - X}{D_2^0} = a_{11}, \quad \dfrac{Y_{S_1} - Y}{D_1^0} - \dfrac{Y_{S_2} - Y}{D_2^0} = a_{12} \\ \dfrac{Z_{S_1} - Z}{D_1^0} - \dfrac{Z_{S_2} - Z}{D_2^0} = a_{13}, \quad \lambda_S(t_2 - t_1)\mathrm{d}\Delta f = a_{14} \\ (D_2^0 - D_1^0) - \lambda_S[N_{1,2} - \Delta f(t_2 - t_1)] = W_1 \end{cases} \tag{3.31}$$

最后可得多普勒测量的误差方程如下：

$$V_1 = a_{11}\mathrm{d}X + a_{12}\mathrm{d}Y + a_{13}\mathrm{d}Z + a_{14}\mathrm{d}\Delta f + W_1 \tag{3.32}$$

(3) 单点定位时的误差方程

式(3.32) 中有 4 个未知参数 dX、dY、dZ 和 dΔf，因而至少需要测得 4 个多普勒计数，列出 4 个观测方程才有可能解得这 4 个未知参数。当观测值多于 4 个时，可采用最小二乘法求出上述未知参数的最优估值。若某次卫星通过时共获得 m_i 个多普勒计数，则这次卫星通过的误差方程式可写为：

$$\begin{bmatrix} V_1 \\ V_2 \\ \vdots \\ V_{m_i} \end{bmatrix} = \begin{bmatrix} a_{11} & a_{12} & a_{13} & a_{14} \\ a_{21} & a_{22} & a_{23} & a_{24} \\ \vdots & \vdots & \vdots & \vdots \\ a_{m_i1} & a_{m_i2} & a_{m_i3} & a_{m_i4} \end{bmatrix} \begin{bmatrix} \mathrm{d}X \\ \mathrm{d}Y \\ \mathrm{d}Z \\ \mathrm{d}\Delta f \end{bmatrix} + \begin{bmatrix} W_1 \\ W_2 \\ \vdots \\ W_{m_i} \end{bmatrix} \quad (m_i \geqslant 4) \tag{3.33}$$

对于子午卫星系统而言，卫星从用户视场中通过的时间为8 ~ 18分钟。当积分间隔为2 分钟时，一般可获取 4 ~ 9 个多普勒计数。然而对于船舶等用户而言，在此期间用户也不断运动，不同时间用户的三维坐标并不相同，而且在组成式(3.33) 时还需根据船的运动速度和方位，将不同时刻的船位归算至某一设定的参考时刻的船位，然后再来进行计算。

用上述方法求得的用户位置是用空间直角坐标系来表示的，如果有必要还可通过坐标转换将其转换为大地坐标 B、L 和 H。要说明的另一个问题是：用户一般并不直接用上述系统来进行导航，而是为船上的惯性导航系统提供间断的精确的修正，使惯导系统的误差不致积累得过大，而日常的导航是由惯性导航系统来提供的。

3.1.4　航位推算

航位推算是在知道当前时刻位置的条件下，通过测量移动的距离和方位，推算下一时刻位置的方法。在空间中有两点 P_1 和 P_2，坐标分别为 X_1 和 X_2，$X_2 = X_1 + X_{12}$，其中 X_{12} 是基线向量，可由适当观测值确定。重复应用该方法从某已知坐标起点，连续获得后续航行体的位置坐标的方法，就称为航位推算。

航位推算(Dead Reckoning，DR）方法是一种常用的自主式车辆定位系统，通过 DR 系统的里程表和航向测量传感器获取位移矢量，从而推算车辆的位置。t_k 时刻车辆的位置可表示为：

$$\begin{cases} x_k = x_0 + \sum_{i=0}^{k-1} s_i \cos\theta_i \\ y_k = y_0 + \sum_{i=0}^{k-1} s_i \sin\theta_i \end{cases} \tag{3.34}$$

式中，(x_0, y_0) 是车辆 t_0 时刻的初始位置；s_i，θ_i 分别是车辆从 t_i 时刻的位置 (x_i, y_i) 到 t_{i+1} 时刻的位置 (x_{i+1}, y_{i+1}) 的位移矢量的长度和绝对航向。

航位推算原理如图 3-11 所示。

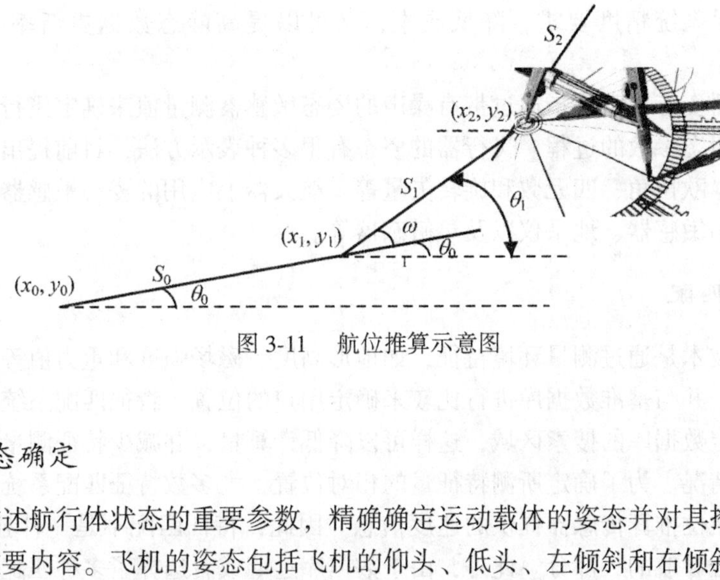

图 3-11　航位推算示意图

3.1.5　姿态确定

姿态是描述航行体状态的重要参数，精确确定运动载体的姿态并对其控制和调整是导航和制导的重要内容。飞机的姿态包括飞机的仰头、低头、左倾斜和右倾斜等变化，这些姿态决定着飞机的飞行高度和飞行方向。飞机中的地平仪利用陀螺仪的原理，指示飞行中的姿态。

姿态测量中，表述一个运动载体的瞬时特征要涉及两个独立的坐标系：载体坐标系和当地水平坐标系，利用表述这两个坐标系关系的三个欧拉角来描述当地水平坐标系中的姿态。GPS 的观测量都是在 WGS-84 坐标系中定义的，卫星广播星历和接收机定位结果都是在该坐标系中给出的。载体坐标系与当地水平坐标系的关系式为：

$$X^{\text{BFS}} = R_Y(r)\, R_X(p)\, R_Z(y) X^{\text{LLS}} \tag{3.35}$$

当地坐标与 WGS-84 坐标系的关系为：

$$X^{\text{LLS}} = \boldsymbol{R}_X(90° - B)\, \boldsymbol{R}_Z(90° + L)(X^{\text{WGS-84}} - X_0^{\text{WGS-84}}) \tag{3.36}$$

式中，r、p、y 分别代表载体的横摇(Roll)、纵倾(Pitch)和航向偏角(Yaw)；上角标 BFS

和LLS分别代表载体坐标系(Body Frame System)和当地坐标系(Local Location System)。BFS定义其Y轴与载体运动方向的中心线重合，以载体运动方向为正向，X轴垂直于Y轴并位于同一水平面中，Z轴与X轴、Y轴构成的平面形成右手坐标系。LLS表示当地水平坐标系：坐标原点与载体坐标系原点重合，Y轴正向指向子午线北方向，X轴指向正东方向，Z轴指向天顶并与X轴、Y轴组成右手坐标系；$X_0^{WGS\text{-}84}$为测站近似坐标。GPS姿态确定就是把GPS天线阵列固定在载体坐标系中，用GPS载波相位观测值解算载体坐标系与当地水平坐标系之间的3个欧拉角p(俯仰角)、r(滚动角)和y(航向角)。利用GPS对载体进行姿态测量不仅成本低，而且测量误差不会随着时间累积。

传统的基于中、高精度惯性器件的姿态确定系统价格昂贵，而且由于陀螺误差随时间不断累积，姿态确定误差随之增大。在船用姿态确定应用中，低成本的条件下为了满足姿态确定系统的精度要求，使用纯惯性导航方案是不适用的，可采用基于INS/GPS组合的姿态确定方案。采用GPS载波相位差分进行姿态确定，具有精度较高、成本低、体积小、数据长期稳定性好、误差不会累积等优点，但也存在数据更新率低、受GPS信号质量影响严重等缺点。因此采用低精度FOG的IMU与GPS组合方案进行船用姿态确定系统研制，既可以满足系统精度要求，降低成本，又可以提高静态数据更新率，可用于动态环境。

空间飞行器姿态确定是指通过带有噪声的姿态敏感器测量值来确定飞行器相对于某个参考坐标系的姿态参数的过程。飞行器的姿态有很多种表示方法，目前提出的姿态描述方法有姿态矩阵、欧拉角、四元数和旋转矢量等。航天器上应用的姿态敏感器种类多，如三轴磁强计、太阳敏感器、地平仪以及星敏感器等。

3.1.6　特征匹配

特征匹配技术是通过测量环境特征，如地形高度、磁场强度和重力值等地球几何或物理的特征信息，并与基准数据库进行比较来确定用户的位置。特征匹配系统需初始化一个近似位置来限定数据库的搜索区域，这样可以降低计算量，并减少特征测量值与数据库发生多重匹配的情况。为了确定所测特征量的相对位置，大多数特征匹配系统还需要惯性导航系统或其他航位推算传感器提供的速度信息。因此，特征匹配不是一种独立的导航术，它仅能用作组合导航的一部分。此外，由于数据库过期或者选择了多种匹配可能中的错误匹配，特征匹配系统尤其会得到错误的匹配结果，这时必须使用组合算法进行处理。

根据特征信息源的种类，特征匹配导航包括：①地形特征匹配导航；②图像匹配导航；③地图匹配导航；④重力梯度匹配导航；⑤地磁匹配导航。

在图像匹配时，实时图是低空摄取的大视角图像，而参考图是卫星遥感图，由于不同天气条件下光照不同，不同季节地表覆盖物的灰度不同，以及山地、建筑物的相互遮挡等影响，实时图和参考图之间存在较大的差异，灰度和位移特征也都有变化，影响匹配精度和可靠性。此外当飞行器飞越海洋和平原时，其灰度和纹理特征基本相同，无法实现图像匹配，因而利用稳定地形的地形匹配技术，在海面和平原地区无法使用。因此，在跨海制导方面，地磁匹配制导具有无比的优越性。另外，地磁/重力匹配导航属于被动导航，隐蔽性强，不受敌方干扰。

3.2 导航定位技术及其特点

3.2.1 光学导航定位

光学导航是一种借助光学定位系统，通过测量距离、方位等几何量，交会确定船舶位置的一种导航定位方法，如图 3-12 所示。受测量距离、海面环境等因素影响，光学导航定位仅限于沿岸和港口。近年来，随着电子经纬仪、高精度红外激光测距仪以及集二者于一体的自动测量全站仪(即测量机器人)的发展，全站仪按方位-距离极坐标法可为近岸船舶实施快速跟踪定位和导航。由于其自动化程度高，使用方便、灵活，当前在沿岸和港口的设备校准、海上石油平台导管架的安装、水上测量和导航中使用较多。

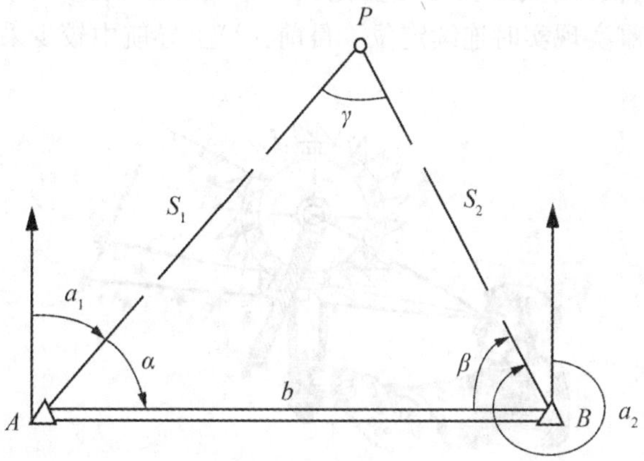

图 3-12　光学导航定位

3.2.2 地标目视导航

地标目视导航是航海采用的最古老的一种导航定位方法，借助航路一端或者两侧明显的地标，如灯塔、浮标、建筑物或者天然目标，指引船舶沿着设计路线航行，最终抵达目的地，如图 3-13 所示。在整个目视导航过程中，依靠人眼观测熟悉的地标来确定船舶的位置和航行的方向。目视导航受气象因素影响，不能实施全天候观测，仅适合沿岸、港口和内陆航道船舶导航。

图 3-13　地标目视导航

3.2.3　航位推算

航路推算是一种自主式导航定位方法，是根据船舶的运动方向和距离(或速度、加速度和时间)等信息，从一个已知的位置推算当前船舶的位置或预期的位置，从而得到一条船舶的运动轨迹，以此引导船舶航行。航位推算导航的优点是低成本、自主性和隐蔽性好，而且短时间内具有较高的精度；但其缺点是导航误差会随导航时间的增加而迅速积累，因而不利于长时间、高精度的导航。

3.2.4　天文导航定位

天文导航是一套自主导航定位方法，借助于天文观测，确定海洋上船只的航向以及经度和纬度，从而实现导航和定位。其中四分仪导航定位如图 3-14 所示。天文导航定位方法主要局限于观测条件，阴天或云层覆盖比较严重时无法实施。同时，因观测手段的局限，天文导航定位很难实现实时连续定位。目前，海上导航中较少采用这种方法。

图 3-14　四分仪导航定位

3.2.5　惯性导航

在众多导航系统中，惯导系统(Inertial Navigation System，INS)是一种真正意义上的自主式导航系统，是导航技术领域内的重要分支。其基本工作原理是以牛顿力学定律为基础的，即在载体内部测量载体运动加速度，经积分运算后得到载体的速度和位置等导航信息，是一种完全自主式的导航系统。惯导系统完全依靠装在载体上的导航设备自主地提供运载体的加速度、速度、位置、角速度和姿态等信息，而与外界没有任何光或电的联系。相对其他导航系统，它具有自主、隐蔽、实时，不受干扰，不受地域，时间、气候条件限制以及输出参数全面等诸多独特的优点，对于军事用途的飞机、舰艇、导弹等有着十分重要的意义，已成为航天、航空和航海领域中一种被广泛使用的主要导航方法。鉴于在本书第 5 章中要对惯导系统进行详细的阐述，在此仅对其发展历史和现状做简单介绍。

17 世纪，牛顿研究了高速旋转刚体的力学问题，为惯性导航奠定了理论基础。1852 年傅科称这种刚体为陀螺，后来制成供姿态测量用的陀螺仪。1906 年，H. 安林兹制成陀螺方向仪，其自转轴能够指向固定的方向。1907 年，他又在方向仪上增加摆性，制成陀螺罗盘。这些研究成果成为惯导系统的先导。1923 年，M. 舒拉发表“舒拉摆”理论，解决了在运动载体上建立垂线的问题，使加速度计的误差不致引起惯导系统误差的发散，为工程上实现惯性导航提供了理论依据。1958 年，“舡鱼”号潜艇依靠惯导穿过北极在冰下航行 21 天。

20 世纪 60 年代开始，INS 首先在航海，然后是在航空，被大量投入使用。20 世纪 80 年代以前所用的 INS 都是平台式的，它以陀螺为基础，形成一个不随载体姿态和载体位置而变动的稳定平台，保持着指向惯性坐标系或者东、北、天三个方向的坐标系。相应坐标系三个方向上的载体加速度由固定在平台上的加速度计分别测量出。通过对加速度进行一次和二次积分，可以导出载体的速度和所经过的距离。载体的航向及姿态由陀螺及框架构成的稳定平台输出。1955 年舰用惯导系统取得了突破性的进展。随着舰船和弹道导弹技术的发展，从 20 世纪 60 年代初起，军舰上开始大量装备惯导系统，经过不断改进，达到了可以几个小时才校准一次且仍可以保持一定定位精度的水平。图 3-15 给出了三轴惯性陀螺仪、加速度计及光纤罗经。

图 3-15　三轴惯性陀螺仪、加速度计及光纤罗经

惯导系统的主要缺点是导航定位误差随时间增长，因而难以长时间独立工作。为解决这一问题，常采取的途径有两种：

①从惯导系统的自身结构特点出发，提高惯性传感元件的性能和精度。

②采用惯性组合导航技术，利用各种外部辅助导航手段，取长补短，应用现代滤波理论和信息融合技术对惯性导航的累积误差进行补偿。实践证明，通过软件技术来提高导航精度的组合导航，是一种行之有效的方法。通过有效利用组合系统中其他方式导航系统的信息对惯导系统进行误差修正，可获得较高的精度和稳定性。

3.2.6　无线电导航定位

无线电导航定位也称陆基无线电导航定位。通过在岸上控制点处安置无线电收发机(岸台)，在船舶上设置无线电收发、测距、控制、显示单元，测量无线电波在船台和岸台间的传播时间或相位差，利用电波的传播速度，求得船台至岸台的距离或船台至两岸台的距离差，进而计算船位。

无线电多采用圆-圆定位方式或双曲线定位方式来实现导航定位，如图3-16所示。

无线电定位系统按作用距离可分为远程定位系统，其作用距离大于1000 km，一般为低频系统，精度较低，适合于导航，如罗兰C系统；中程定位系统，作用距离300～1000 km，一般为中频系统，如Argo定位系统；近程定位系统，作用距离小于300 km，一般为微波系统或超高频系统，精度较高，如三应答器(Trisponder)、猎鹰Ⅳ等。

由于导航精度低，加之卫星导航定位系统的出现，无线电导航系统目前已基本全部关闭。

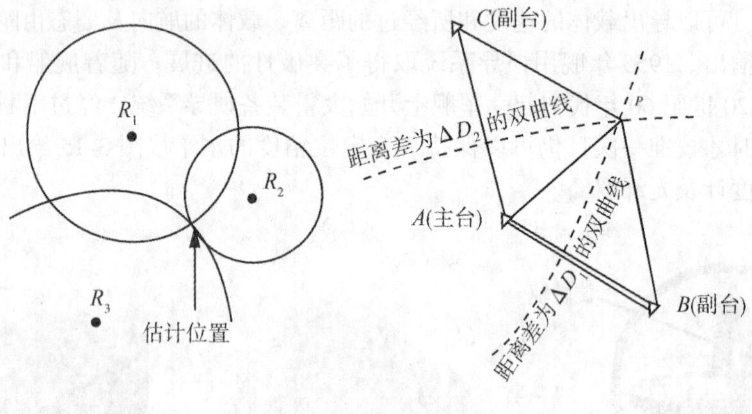

图3-16　圆-圆定位和双曲线定位

3.2.7　卫星导航定位

卫星导航又称空基无线电导航，为目前海上导航的主要手段。目前可用于全球导航的系统主要有GPS(Global Positioning System)、GLONASS系统、我国的BDS(Beidu System)以及欧洲的伽利略定位系统，统称GNSS(Global Navigation Satellite System)系统，具有全天候、全球覆盖、连续实时、高精度定位等特点。在全球任何地点，利用GNSS，可获得导航精度优于10m，测速精度优于0.1 m/s，计时精度优于10μs，相对世界协调时UTC的授时精度优于1μs，非常适合海上船舶作业，如图3-17所示。

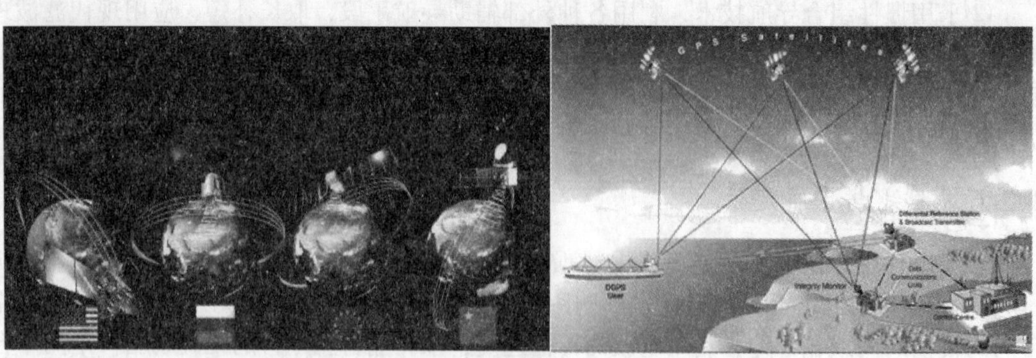

图3-17　卫星导航定位系统及导航定位应用

3.2.8 声学导航定位

由于声学信号在海水中传播衰减很小，可以穿透较远的距离，因此长基线(Long Baseline，LBL)、短基线(Short Baseline，SBL)、超短基线(Ultra-short Baseline，USBL)的水下声学定位和导航系统在近年来得到了快速发展和广泛应用。这些系统都有多个基元(接收器或应答器)，基元间的连线称为基线。根据基线的长度可以判断属于哪一类系统，见表3-1。图3-18给出了各系统的工作原理图。

长基线（LBL）定位　　短基线（SBL）定位　　超短基线（USBL）定位

图3-18　水下声学导航定位原理示意图

表3-1　**水声定位系统分类**

系统类型	基线长度
长基线(LBL)	100~6000m
短基线(SBL)	20~50m
超短基线(USBL或SSBL)	<10cm

上述各类水声定位系统分别具有各自的优缺点。

长基线声学定位系统(LBL)因其基线较长，所以定位精度高。采用长基线定位系统跟踪潜水器或为其导航，最大的优点是在较大的范围和在较深的海水情况下，导航定位均具有较高的精度。

短基线声学定位系统(SBL)的基线远小于长基线系统，多个水听器阵元需在船上或平台上仔细选择位置并分开安装，这最好是在舰船建造时进行。其缺点是某些水听器可能不可避免地被安装在高噪声区，如靠近螺旋桨或机械的部位，从而使跟踪定位性能变差。其定位精度比常规超短基线系统高，但比长基线系统低。短基线系统无需布放多个应答器并进行标校(需要用一个应答器提供参考位置)，一旦基阵安装好，定位导航作业就较为方便。

超短基线系统提供的定位精度一般比上两种系统差，它只有一个紧凑的、尺寸很小的声基阵安装在载体上。基阵作为一个整体单元，可以使其处在流噪声和结构噪声均较弱的某个有利位置处。此外，也无需布放标校应答器阵(但也需要一个应答器作为参考)。通过精心设计，系统的定位精度有可能接近长基线系统的定位精度。

上述三种定位系统，可单独应用，也可进行组合，构成组合系统，如 LBL 与 SBL、LBL 与 USBL、SBL 与 USBL。

水声定位系统的作用距离和工作频率有关，随着工作频率的提高，其作用距离逐渐变短，如表 3-2 所示。大多数 LBL 系统的工作频率约为 10kHz，其作用距离大概为几公里，这时的定位精度约为几米。

表 3-2　　**水声定位系统的工作频率和作用距离**

	频率范围	作用距离
低频 LF	8~16kHz	>10km
中频 MF	18~36kHz	2~3km
高频 HF	30~60kHz	1~2km
超高频 UHF	50~110kHz	<1km
甚高频 VHF	200~300kHz	<100m

声学定位和导航技术有着广泛的应用。例如，在海洋石油勘探中，可以给海上油井定位，在钻井工程期间遇到特大风暴和台风时，船可以暂时离开井位，返回基地避风，待风暴过去后，可引导重返井位，导入井口；用于水下目标的跟踪，如对水下作业的潜水员进行定位、测量潜器的位置以及对鱼雷水下运动轨迹进行跟踪测量等；用于其他矿产资源的开发、海底管线的铺设定位、检查和维修等。此外，还可用作动力定位钻井船、海底取芯船、海上救捞船以及其他海上动力定位特种工作船等动力控位系统的位置传感器，给动力控位系统提供精确的船位信息。在军事方面，声学定位和导航技术可用于打捞鱼雷、沉船以及潜艇的水下导航等。

挪威的 Kongsberg Simrad 公司、法国的汤姆逊公司和马可尼公司是国外较早开展水声定位系统研制的单位，其研究历史近 30 年，产品涵盖上述 3 种类型，而且多个产品已被军方采用。法国的 OCEANO 公司于 1997 年推出的 POSIDONIA 6000 远距离超短基线定位系统，工作水深达 6000m，最大作用距离(斜距)8000m，在 6000m 水深，换能器基阵下方 30°开角范围内的定位精度为斜距的 0.5%。经过改进后新型的 POSIDONIA 6000 系统的定位精度设计指标为斜距的 0.3%。该产品已安装在德国的一艘海洋调查船以及法国海军的某舰艇上。我国的大洋一号海洋调查船也安装了此设备。此外，英国的 Sonardyne 公司，澳大利亚的 Nautronix 公司以及美国的 ORE 公司等也都有声学定位系统产品。

声学测速设备可测量舰船的艏艉和横向两个速度分量，即可给出矢量速度。若用电罗经测出舰船的航向，便可进行航位推算，从而实现导航。声学测速和计程设备主要有两种：一种是多普勒速度计程仪(Doppler Velocity Log，DVL)，也称测速声呐。其工作原理是基于多普勒效应测量载体相对于海底的绝对航速和航程，同时获得船舶后退及船首尾横移速度，如图 3-19 所示。典型的产品如美国的 SRD-331，德国的 ATLAS DOLOG20 系列，日本的TD-501、MF-100型和国产的MCDL-1型等。另一种是声相关速度计程仪(Acoustic Correlation LOG, ACL),也称相关测速声呐。其特点是载体上的发射换能器波束较宽,且向正下方发射信号。接收时采用多个水听器接收海底回波,通过各接收器接收信号的相关特性推算载体速度。典型产品有瑞典的SAL-ACCOR型、SAL-R1型和SAL-865型等。

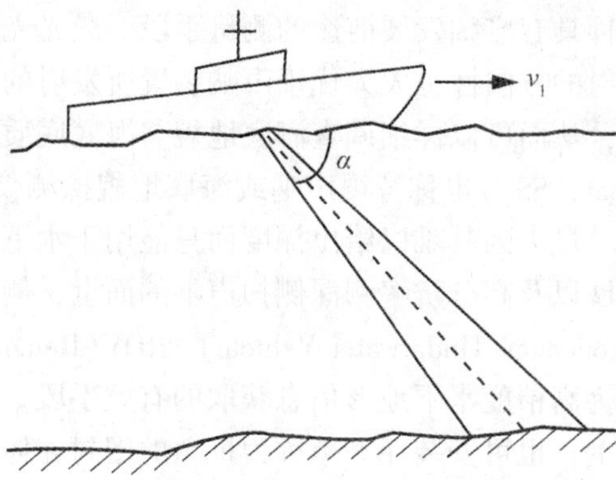

图3-19 多普勒声波测速仪(DVL)

同惯性导航一样,声学测速导航也是一种航位推算定位系统。而多普勒/惯性是一种速度综合模式,它只能减小位置误差随时间增长的速度值,不能改变位置误差随时间增长的基本特性(如惯性系统),这是速度综合导航系统的主要不足之处。

3.2.9 地形/地貌匹配导航定位

通过与海底地形/地貌匹配也可实现水下潜器导航,即地形/地貌匹配导航。海底地形是指海底深度与地理坐标的对应关系,利用海底地形图来描述。海底地形图借助海底深度测量数据来绘制。海底地貌是指海底表面的纹理结构和底质图,由海底回波强度获得。地形匹配导航利用地形几何起伏变化来实施自主导航,其精度主要取决于地图精度和地形变化。特征地形下导航精度和可靠性高;特征不明显或相似度较高时,导航可靠性降低。

水下地形测量的发展与其测深手段的不断完善是紧密相关的。在回声测深仪问世之前,水下地形探测只能靠测深铅锤来进行,精度低,且费工费时。20世纪20年代,出现了回声测深仪,即单波束回波测深仪(Single Beam Echosounder),其基本原理是利用安装在船底的换能器垂直向下发射声脉冲信号,测量声脉冲信号经海底反射回到换能器的往返传播时间,根据声波在海水中的传播速度即可得到海底深度。当测量船在水上航行时,船上的测深仪可测得一条连续的水深线,即地形断面,通过水深的变化,可以了解水下地形的情况。单波束回声测深仪只利用一个回波,每一次信号收发只能得到一个点的海底深度,测量效率较低,属于"点"水深测量。

20世纪70年代出现了多波束回波测深仪(Multibeam Echo Sounder)或条带测深仪(Bathymeter),多波束回波测深仪发射时采用较宽的波束,而在接收时采用预成波束技术形成多个接收波束,在一次信号发射和接收期间可同时获得海底多个点的深度数据,工作效率高，能一次给出与航线相垂直的平面内几十个甚至上百个测深点的水深值，或者一条一定宽度的全覆盖的水深条带，因此能够精确、快速地测出沿航线一定宽度内水下目标的大小、形状和高低变化，属于"面"测量。相对单波束测深系统，多波束回波测深技术相对复杂，设备价格昂贵。多波束回波测深仪在航道测量、海底勘探等方面得到愈来愈多的应用。在军事上对于作战战场的探测或战场的准备也有着十分重要的作用。

激光测深系统是另外一种具有广阔发展前途的测量手段。激光光束相对一般水下光源能发射至更远的距离，其发射的方向性也大大优于声呐装置所发射的声束。激光光束的高分辨率能获得海底传真图像，从而可以详细调查海底地貌与海底底质。

侧扫声呐(Side Scan Sonar，SSS)也称旁视声呐或海底地貌探测仪，可显示海底地貌，确定目标的概略位置和高度。过去因其难以给出深度而只能用于水下地貌调查，近年来随着水下定位等相关技术的发展以及高分辨率测深侧扫声呐的面世，侧扫声呐也可用于水下地形测量；同时，AUV（Autonomous Underwater Vehicle）/ROV(Remotely Operated Vehicle)所承载的扫测设备也逐步成为高精度水下地形信息获取的有效手段。

侧扫声呐可安装于船壳上，也可安装在一个称为拖鱼的密封壳体上由船拖曳。采用单波束收发，波束宽度沿船(或拖体)前进方向很窄，而在船的横向则很宽。信号发出之后连续采集回波数据，然后将各次发射信号采集的回波数据构成一幅海底图像。海底地貌仪分单侧和双侧两种，目前多使用双侧。侧扫声呐可用于海底大面积成像，也可用于对海底结构、岩石、沉船、障碍物、管线等进行定位。根据其提供的图像，提取出某些特征，从而实现水下目标的识别和海底底质分类。侧扫声呐在海洋开发、环境研究等方面有着广泛应用，在军事上也可用于探测沉于海床上的鱼雷。

综合地形地貌测量设备结合了地貌和地形测量两种功能。一种是以多波束系统为主，可兼顾地貌测量，获得地形测量精度较高，而地貌图像是通过波束内插得到。另一种是以地貌测量为主，同时兼顾地形测量，采用了近年来发展起来的相干声呐技术。

将多波束、高精度测深侧扫声呐等声呐扫测设备安装在潜航器上，也可以实现对海底的高精度测量，如我国大洋一号上的 6000 米水下自治机器人 AUV 系统安装了测深侧扫声呐，用于大洋的海底地形地貌调查。

3.2.10　重力匹配导航定位

研究表明，地球重力场不是均匀分布的，而是存在一个变化的拓扑，这些变化主要是由当地拓扑和密度不均匀性所造成的。对于惯导系统而言，当地重力场的变化对于加速度计自身来说是不能区分的，为此美国海军曾经为了校正惯性系统的误差对重力场进行了测绘，Gerber 提出采用重力梯度计作为惯导系统的辅助导航工具。之后，该研究结果被进一步推广，采用重力梯度计模型完成了导航系统的仿真，取得了很好的结果。这种方法考虑的主要因素是梯度计的体积、成本及复杂度，而且梯度计必须安装在惯性空间稳定且隔振的平台上。

进行重力场导航时，事先需做好重力分布图及重力匹配背景图，且图中的各路线都有特殊的重力分布。重力分布图存储在导航系统中，再利用重力敏感仪器测量重力场特性来搜索期望的路线。通过一定的算法使潜航器确认、跟踪或横过路线，到达目的点。这种方法由于不进行辐射，不使用外部坐标，所以称为无源重力导航。重力匹配导航是基于图的导航，其前提条件是要有相当精度的重力图。无源重力导航具有精度高、不受时间限制、无需浮出水面的特点，可最终解决导航隐蔽性问题。但是无源重力导航适用于地理特性变化比较大的区域，因此常作为惯性导航的辅助手段。

无源重力导航是在重力测量及重力仪异常和垂线偏差的测量和补偿的基础上发展起来的。20 世纪 80 年代初研制了重力敏感器系统(GSS)。GSS 是一种包括重力仪和重力梯度仪的当地水平稳定平台，用于实时估计垂线偏差，以补偿 INS 的误差。由于 GSS 的生产成本太高，同时垂线偏差图形技术已取得成功，1987 年研究者开始将主要精力放在垂线偏差图形技术上，终止了 GSS 的生产。20 世纪 90 年代初开发了无源重力导航，最近出现了一种比较经济的无源导航，在这种设计中没有专用的重力仪表。它的基本依据是垂直加速度分量可用作重力仪的测量值，其精度足以用来进行重力图匹配。

目前还进行着几种重力辅助导航的研究，将来可能会得到应用。例如 Lockheed Martin 公司研制的重力敏感模块(GSM)，它可看作是更经济的 GSS。GSM 的主要部分是重力梯度仪(GGI) 和一个作为重力仪的振梁加速度计(VBA)。

1998 年，贝尔宇航公司研制的重力仪/重力梯度仪惯导系统可满足战略核潜艇(SSBN)、攻击型核潜艇(SSN) 和水下无人潜器的要求，其中 GGI 是关键元件，整个系统可装在直径为 0.5334m 的潜器中，1 小时的 CEP(circular error probability)位置精度可达 30m，8 小时的 CEP 位置精度为 62m。1999 年、2000 年美国 Lockheed Martin 公司就无源导航技术申请了专利，该系统包括周围介质测量系统、惯性测量装置、重力敏感器、重力图和滤波器等，它使 INS 不再依赖于 GPS、雷达、声呐等外部设备。

俄罗斯的重力测量理论和仪器在世界上占有重要地位，发展历史也较长。20 世纪 80 年代开展重力匹配导航的研究，并取得了一定研究成果。

21 世纪初，我国也兴起了对无源重力匹配导航技术的研究，但主要聚焦于理论方法方面。

无论是重力背景图还是实时重力序列测量，均需借助重力敏感器来实现。

(1)重力敏感器

重力敏感器提供的数据可用于无源导航和地形测量。重力敏感器包括重力梯度仪和重力仪。重力仪测量重力异常或重力矢量的大小相对标准地球模型的偏差，重力梯度仪测量重力梯度即重力在三维方向上的变化率。

(2)重力敏感系统

重力敏感系统(GSS)最初是为了补偿垂线偏差而使用的，最近成功地用于无源重力导航和地形测量中。20 世纪 80 年代中期用的 GSS 由一个重力仪和三个重力梯度仪组成，装在由陀螺稳定的当地水平的隔振平台上。重力仪是一个高精度、垂直安装的加速度计，重力梯度仪由安装在同一转轮上的四个加速度计组成，其输出是两组正交的梯度分量，它们位于与旋转垂直的平面内。这样以正交方式安装的三个重力梯度仪可提供六组实际重力梯度场分量。

(3)加速度计重力梯度仪

美国已经用振梁式加速度计 VBA 和电磁加速度计(EMA)成功地对重力异常进行了

测量。

3.2.11 地磁匹配导航定位

前述的水声导航和惯性导航，前者因声线上声速难以准确确定以及需要支撑船和水下声学阵列，导航在距离、隐蔽性和精度等方面都受到很大限制；而后者因存在误差积累，导航精度会随时间推移而逐渐降低。近年来，利用地球物理特征地磁的无源自主导航方法得到了国内外学者的普遍关注。随着地磁理论的不断完善以及敏感器、微处理器和导航算法的日趋成熟，地磁匹配导航技术获得了快速的发展，并成为当前导航领域研究的一个热点。

在我国古代，人们就知道了利用地磁场指北的特性来辨别方向和指引道路，此为地磁导航最简单的应用。进入现代社会，随着科技的发展，地磁导航技术发生了根本性的变革。现代地磁导航技术基于地磁场是一个矢量场，其强度大小和方向是位置的函数，同时地磁场具有丰富的特征属性，例如总强度、矢量强度、磁倾角、磁偏角和强度梯度等，为地磁匹配提供了充足的匹配信息。因此，可以把地磁场当作一个天然的坐标系，利用地磁场的测量信息来实现对飞行器或水面、水下航行器等的导航定位。

地磁匹配是利用天然磁场这一物理属性来实现自主定位的新兴导航技术。地磁场在赤道处的场强约为30000nT，而在极地则可达50000nT，不同位置的磁场强度大小和方向均有所不同。因此，相对海洋重力和地形，海洋地磁变化要显著得多。此外，地磁有7个要素，每个要素均与位置相关，因此，相对其他匹配导航方法，地磁匹配导航的匹配源明显多于其他方法。在实测得到地磁场要素后，通过地磁匹配技术，即可实现导航。

早在20世纪90年代初，美国康奈尔大学的Psiaki等科学家就提出了通过测量卫星所在位置的地磁场强度，自主地确定卫星轨道。从此地磁导航开始成为航天器导航的一个新的研究方向。随后，Psiaki领导的科研小组对基于地磁测量的导航方法做了深入的研究。近十年，俄罗斯和其他国家也都相继在这方面进行了研究。进入21世纪，我国学者开始对这方面也进行了研究，并根据我国某卫星实测数据进行了仿真实验，研究结果表明，其精度满足低轨卫星中等精度的要求。除卫星地磁导航外，海洋中动物利用地磁导航也逐渐得到证实。美国北卡罗来纳大学的学者在室内利用幼龟实验与大洋中的海龟卫星追踪实验综合研究对此进行了证实，后来的龙虾“迷途知返”实验也进一步证实了这一理论。这些研究为人类实施水下地磁匹配导航提供了理论参考和依据。

地磁匹配利用磁力仪实时测得的地磁序列与基准图(背景地磁图)匹配来获得当前位置。

(1)磁力仪

海洋磁测技术的迅速发展，使得海洋磁力仪在性能上得以很大提高。目前应用较多的质子旋进式磁力仪其灵敏度可达0.1nT，绝对精度小于1nT，采样频率可达3Hz。光泵磁力仪灵敏度可达0.01nT或更高，绝对精度为2nT，采样频率可达10Hz或更高。

(2)背景地磁图

基准图(背景地磁图)可以借助区域历史地磁测量数据来描述，也可借助地磁场模型来描述。

地磁场模型与地磁图是研究地磁匹配导航技术的基础。地磁场模型是地磁场的数学描述，包括全球地磁场模型和局部地磁场模型，较为精确的地磁场模型可以提供准确的地磁场信息。迄今，国内外已提出很多地磁场模型分析方法。在研究全球地磁场模型时，自19世纪30年代高斯理论问世以来，球谐分析一直是被采用的主要方法；在研究区域或局部地磁场时，世界各国则广泛采用多项式、曲面样条函数、球冠谐等方法。国际空中磁测及地磁学会(IAGA)进行以五年为间隔的国际地磁参考场模型(International Geomagnetic Reference Field，IGRF)研究，目前已发布了20个IGRF资料供使用。1975年，Regan和Cain就曾利用POGO卫星地磁总强度资料分析了全球的磁异常。后来Magsat地磁矢量测尺卫星成功发射并取得了大量宝贵资料，利用这些新的卫星资料，许多地磁学学者研究了全球的或局部地区的磁异常。我国也开展了一些中国地区地磁场模型(China Geomagnetic Reference Field，CGRF)研究。无论是IGRF还是CGRF，均存在更新周期长(5年或以上)、精度低(误差在100nT以上)的问题。地磁基准图也可由实测得到的航行海域地磁图来获取。现有的地磁测量仪器和地磁图给海洋地磁匹配提供了有力的技术支持和保障，保证了地磁匹配技术的可行性。然而，由于水下地磁场的特殊性，目前尚没有较为成熟的地磁匹配定位方法用于水下载体的导航定位。随着高精度磁传感器技术的应用，以及地磁干扰建模技术、磁传感器配置探测技术、地磁匹配方法和组合导航信息融合理论等方面的突破，水下地磁导航技术的发展与应用得以促进。

(3)地磁匹配算法

匹配算法分为线-面匹配算法和面-面匹配算法。实测地磁数据为线序列，背景图为面分布，线-面匹配算法如TERCOM和ICCP可以很好地解决二者间的匹配问题。若实测了一个小区域的地磁数据，获得地磁的面分布，则可以借助格网匹配算法实现与背景地磁图的匹配。

为了获得概略的匹配搜索区域，通常借助INS的导航信息实现这一概略位置的框定。

地磁导航不需要接收外部信息，隐蔽性能好，且误差不随时间积累，可以弥补惯性导航存在长期误差积累的不足，具有重要的军事应用价值和广泛的应用前景。地磁导航是一门新兴学科，随着相关研究的不断深入，必将得到越来越广泛的应用，也将越来越受到世界各国的重视。详细的地形/地貌/重力/地磁匹配方法将在后面的章节介绍，这里不再赘述。

3.2.12 组合导航

组合导航是指将两种或两种以上导航系统以适当的方式组合在一起，使其性能互补，以获得优于单一系统的导航性能。由于单一系统具有各自独特的性能和局限性，将几种不同的单一系统组合，采用先进的信息融合技术，可以获得最佳的组合状态。组合导航系统具有系统精度高、可靠性好、多功能、对子系统要求低等特点。此外，组合导航系统可大大提高整个系统的可靠性和容错性，因此被广泛采用且成为导航技术的一个主要发展方向。

3.3　导航定位精度

3.3.1　误差的基本概念

误差是测量值与真值之间的差值，即误差=测量值-真值。

为什么观测结果中会存在观测误差呢？概括来说，有下列三个方面原因：

第一，观测者是通过自己的感觉器官来进行工作的，由于感觉器官鉴别能力的局限性，在进行仪器的安置、读数等工作时，都会产生一定的误差。与此同时，观测者的技术水平、工作态度都会对观测结果产生不同的影响。

第二，观测时采用特定的仪器，每种仪器都具有一定的精密度，而使观测结果受到相应的影响。例如，使用只有厘米刻画的普通钢尺量距，就难以保证估读厘米以下的位数的准确性。显然，使用这些仪器进行测量也就会给测量结果带来误差。

第三，在观测过程中所处的外界环境，如地形、温度、湿度、风力、大气折光等因素都会给观测结果带来种种影响。而且这些因素随时都有变化，由此对观测结果产生的影响也会随之变化。这就必然使得观测结果带有误差。

人、仪器和客观环境是引起观测误差的主要因素，总称“观测条件”。不论观测条件如何，观测结果都含有误差。根据观测误差性质，观测误差可分为系统误差和偶然误差两类。

(1)系统误差

在相同的观测条件下对某个固定量做多次观测，如果观测误差在正负号及量的大小上表现出一致的倾向，即按一定的规律变化或保持为常数，这类结果称为系统误差。例如，用长度为 20cm 而实际比 20cm 长出 Δ 的钢卷尺去量距，测量结果为 D'，其中含有因尺长不准确而带来的误差 $\Delta D'/20$，这种误差的大小与所量直线的长度成正比，而正负号始终一致，所以这种误差属于系统误差。系统误差对观测结果的危害性很大，但由于它的规律性而可以设法将它削弱或消除。例如上述钢尺量距的例子，可对观测结果进行尺长改正。

(2)偶然误差

在相同的观测条件下对某个固定量所进行的一系列观测，如果观测结果的差异在正负号和数值上，都没有表现出一致的倾向，即没有任何规律性，例如读数时估读小数的误差等，这种误差称为偶然误差。在观测过程中，系统误差和偶然误差总是同时产生的。当观测结果中有显著的系统误差时，偶然误差就处于次要地位，观测误差就呈现出“系统”的性质。反之，当观测结果中系统误差处于次要地位时，观测结果就呈现出“偶然”的性质。

由于系统误差在观测过程中具有积累的性质，对观测结果的影响尤为显著，所以在观测中总是采用各种方法削弱其影响，使它处于次要地位，而观测数据的偶然误差则是海洋导航学中关注的重点之一。偶然误差的基本特性如下：

①在一定的观测条件下，偶然误差的绝对值不会超过一定的限度；

②绝对值小的误差比绝对值大的误差出现的可能性大；

③绝对值相等的正误差与负误差出现的可能性相等；

④当观测次数无限增多时，偶然误差的算术平均值趋近于零。

上述第四个特性是由第三个特性推导出的。从第三个特性可知，在大量的偶然误差中，正误差与负误差出现的可能性相等，因而在求全部误差总和时，正的误差与负的误差就有抵消的可能。当误差的个数无限增大时，真误差的算术平均值将趋于零，即

$$\lim_{n \to \infty} \frac{[\Delta]}{n} = 0 \tag{3.37}$$

实践表明，对于在相同条件下独立进行的一组观测来说，不论其观测条件如何，也不论是对一个量还是对多个量进行观测，这组观测误差必然具有上述四个特征。而且，当观测个数 n 越大时，这种特性就越明显。偶然误差的这种特性，又称为统计规律。

(3)粗差

在观测中，除了不可避免的误差之外，还可能发生错误。例如，在观测中读错读数，记录时记错等，这些都是由于观测者的疏忽大意所造成的。在观测结果中是不允许存在错误的，一旦发现错误，必须及时加以更正。当然，只要观测者认真负责细心地工作，错误是可以避免的，所以在后续的数据处理过程中，也可以通过适当的方法找出错误并将其剔除。

3.3.2 评定精度的指标

前面已经介绍，在一定的观测条件下进行一组观测，它对应着一定的误差分布。如果该组误差值总的来说偏小，即误差分布比较密集，则该组观测质量较好，这时标准差的值 σ 也较小；反之，如果这组偏差值较大，则误差分布比较分散，则表示该组观测值质量较差，这时标准差的值也就较大。因此，一组观测误差所对应的标准差值的大小，反映了该组观测值结果的精度。

因此在评定观测精度时，就不再做误差分布表，也不绘制直方图，而是设法计算出该组误差所对应的标准差 σ 的值。

在测量中，观测个数总是有限的，为了评定精度，一般采用下述公式：

$$m = \pm \sqrt{\frac{[\Delta\Delta]}{n}} \tag{3.38}$$

式中，m 称为中误差；方括号表示总和。从式(3.38)可以看出，标准差 σ 跟中误差 m 的差异在于观测个数 n 上；标准差表征了一组同精度观测量无穷多时的扩散特征，即理论上的观测精度指标，而中误差则是一组同精度观测在 n 为有限个数时求得的观测值精度指标。所以中误差实际上是标准差的近似值；随着 n 的增大，m 将趋近于 σ。

必须指出，在相同的观测条件下进行一组观测，得出的每一个观测值都称为同精度的观测值。由于它们对应着一个误差分布，即对应着一个标准差，而标准差的估值即为中误差，同精度的观测值具有相同的中误差。但是，同精度观测值的真误差却彼此不相等，有的差别还比较大，这是由于真误差具有偶然误差性质的缘故。

在应用式(3.38)求一组同精度观测值时的中误差 m 时，式中真误差 Δ 可以是一个量的同精度观测值的真误差，也可以是不同量的同精度观测值的真误差。在计算 m 值时注意取 2~3 位有效数字，并在数值前冠以正负号，数值后写上单位。

在观测工作中，就评定一组同精度观测值的精度来说，为计算上方便，在某些精度评定时也采用下述精度指标：

$$\theta = \pm \frac{[|\Delta|]}{n} \tag{3.39}$$

在某些国家，也有将一组误差按其绝对值大小排序，取居中的一个误差值作为精度指标，并称为或然误差，以 ρ 表示，在误差理论中可以证明，对于同一组观测误差来说，当观测个数趋向于无穷大时，求得的中误差 m、平均误差 θ 和或然误差 ρ 之间有一定的数量关系：

$$\begin{cases} \theta = 0.7979m \\ \rho = 0.6745m \end{cases} \tag{3.40}$$

偶然误差第一特性说明，在一定的观测条件下，偶然误差的绝对值不会超过一定的限值，那么这个值是多大呢？根据理论知道，大于中误差的真误差，其出现的可能性约为32%。

大于两倍中误差的真误差，其出现的可能性约为5%，大于三倍中误差的真误差出现的可能性只占3‰左右。因此测量中常取两倍中误差作为误差的限值，也就是在测量中规定的容许误差。在一些工程应用中也可取三倍中误差作为容许误差。

3.3.3　精确度、准确度与精密度

精确度通常包括两个方面的内涵：准确度和精密度。准确度反映了系统误差对测量结果的影响；精密度反映了偶然误差对测量结果的影响。精确度是系统误差和随机误差对测量结果的综合影响。对测量结果而言，精密度高的准确度不一定高，准确度高的精密度不一定高，但精确度高的准确度与精密度都高。在误差理论中，精确度简称为精度。

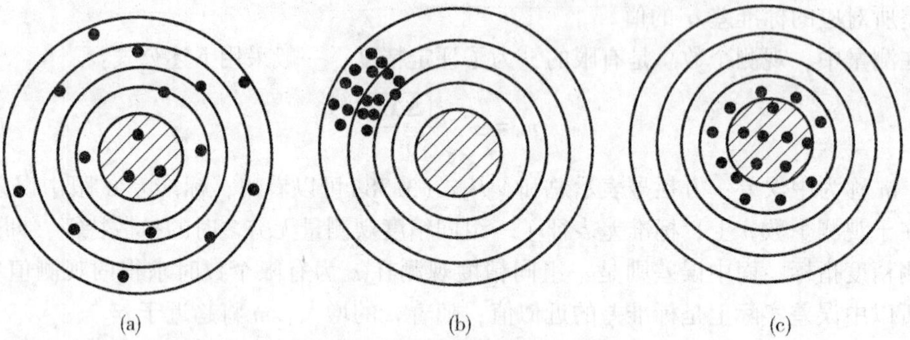

图 3-20　精度、准确度和精密度示意图

如图 3-20 所示，(a)图的系统误差小，随机误差大，精密度、准确度都不好；(b)图说明系统误差大，随机误差小，精密度很好，但精确度不好；(c)图表示系统误差和随机误差都很小，精密度和准确度都很好。

3.3.4 点位中误差

在导航定位中，点对平面位置是用一对平面直角坐标来确定的。为了确定待定点的平面坐标，通常需要进行一系列观测。由于观测值总是带有偶然误差，因而根据观测值，通过平差计算所获得的是待定点坐标的平差值 x、y，待定点的真坐标值设为 $\tilde{x}$ 、$\tilde{y}$ 。

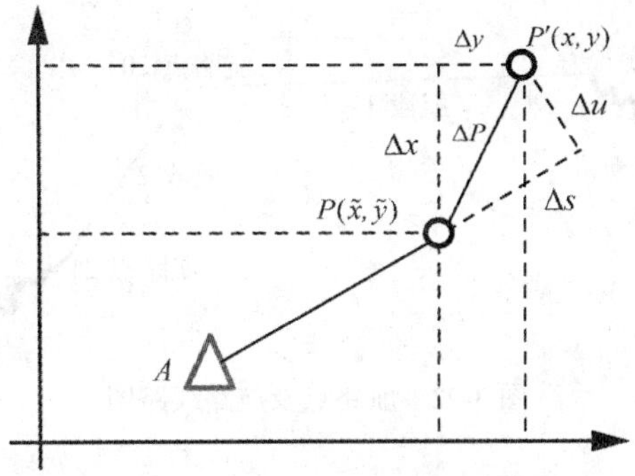

图 3-21 点位真误差与其在特定方向上分量之间的关系

在图 3-21 中，A 为已知点，假设它的坐标是不带误差的数值。P 为待定点的真位置，P'为由观测值通过平差所求得的点位，在待定点 P 的这两对坐标之间存在着误差 Δx 和 Δy，由图 3-21 知

$$\begin{cases}\Delta x = \tilde{x} - x \\ \Delta y = \tilde{y} - y\end{cases} \tag{3.41}$$

由于 Δx 和 Δy 的存在而产生的斜距 ΔP 称为 P 的点位真误差，由图 3-21 知

$$\Delta P^2 = \Delta x^2 + \Delta y^2 \tag{3.42}$$

对上式两边取数学期望可得 P 点位真误差的理论平均值，并定义为 P 点的点位方差

$$\sigma_P^2 = \sigma_x^2 + \sigma_y^2 \tag{3.43}$$

式中，σ_P^2 为确定平面位置中两个垂直方向点位方差之和，σ_P 成为点位中误差。

3.4 航路规划

导航的一项重要任务是引导航行载体沿规划路线顺利地由一地引导到另一地。针对不同类型的目标，其行进路线分别称为路线(地面车辆等)、航路(飞机、船舶等)或轨道(航天器等)等，本书采用航路这一表述方式。在导航中进行航路的规划时，选取的通常是使得航行时重点关注的某项指标最优或多项指标综合达到最优的航线，即所谓的最佳航路。

3.4.1 航点、航路及航路规划

航路点通常是指航路上的一点，如航路的起点、终点、转向点、停泊点等。两个航路

点的连线称为航路的一段，简称航段。这样的航路点串以及任意两航路点之间的连线就构成了航路。两相邻的航路点之间的连线为一航路段。一条计划航路由一个航段或两个以上连接的航段组成。如图 3-22 所示，起航点到计划航路点的航段，编号为 0，后面的航段依次编号为 1，2，…，而航路点的号码不一定是连续的。譬如，就飞机飞行来说，航路是预先设定好的，航迹是船只实际航行在空间形成的连续轨迹，通常可由导航输出的导航结果确定。

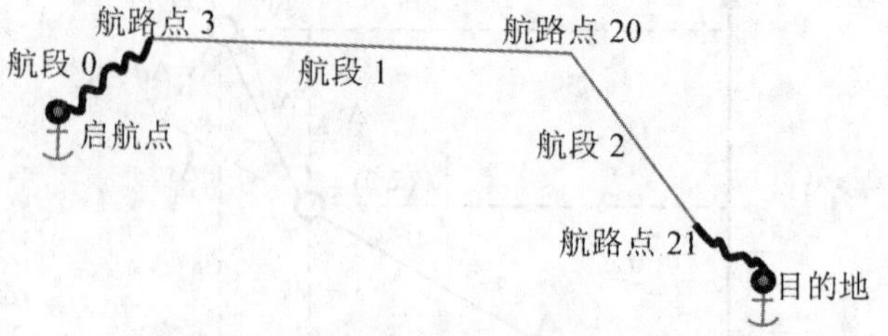

图 3-22　航路点及航路线路图

航路点导航是导航的基本方法。航路点导航就是引导目标依次到达航路上的各个航路点。在每一个航路段中，导航的具体任务就是引导目标向当前航路段的目标点。因此，整条航路的导航问题可分解为各航路段的导航问题。到前方的距离、方位、目标偏离航路的偏航量三个参数是航路点导航的基本导航参数。

进入计划航路后，利用导航仪显示的各种导航信息，可随时判断目标的航行情况。主要的导航信息：当前位置、航速、航迹偏差，当前位置到目标航路点的方位、距离、需要航行的时间，以及到目的地的航程、预计到达时间、需要航行时间等。主要导航信息如图 3-23 所示。

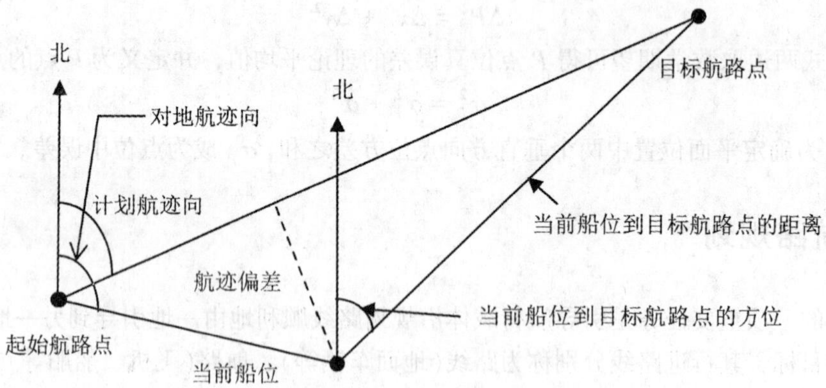

图 3-23　航路点及航路线路图

在载体运动过程中，由一点运动到另一点通常存在多条航路，所谓航路规划，就是在综合考虑多种因素的前提下，为载体选定出最优或者满意的航路，以保证其顺利地完成航行任务。航路规划既可能针对单一目标载体，也可能针对多个目标载体的协同。航路规划技术已广泛地应用于飞行器、水面潜艇、地面车辆以及机器人等导航系统中。

3.4.2　水上船只航行的特点

水路交通分为狭水道航行、沿岸航行和大洋航行。

狭水道是航道、海峡、江河、运河以及岛礁区等水道的统称。图3-24为属于狭水道航行的内河航运。一般而言，狭水道内不仅航道狭窄弯曲，而且水深、水流和航道宽度的变化可能较大；航道距危险物近，来往船只密集，一般不能用通常的定位方法进行定位，因此航行较为困难。世界上所发生的海上交通事故，有相当一部分就是由于在狭水道中航行或操纵措施不当而引起的。在狭水道航行，必须预先研究掌握各物标特点，采用目视导航方法来确保航行安全。

图3-24　内河航运

图3-25为沿岸航行。沿岸航行距沿岸的危险物近，地形复杂；潮流影响大，水流较为复杂，水深一般较浅，来往船只和各种渔船较多，有时会造成避让困难；当距岸不远遇到紧迫情况时，在许多情况下回旋余地不大，这些都给船舶的航行带来困难。当沿岸航海资料详尽、准确且航线距岸较近，可用于导航定位的物标也较多，常常可获得较准确的路

图3-25　沿岸航行

标船位，也为船舶的航行安全提供了一定的保证。

大洋航行离岸远，气象变化大，灾害性天气较难避离；航线长，受洋流影响较大；对航行海区不够熟悉，一般以航海图书资料为参考；大洋水深宽广，航线具有很大的选择性，因此如何选择一条安全经济的最佳航线是大洋航行的关键。图 3-26 是全球主要海运航线图。

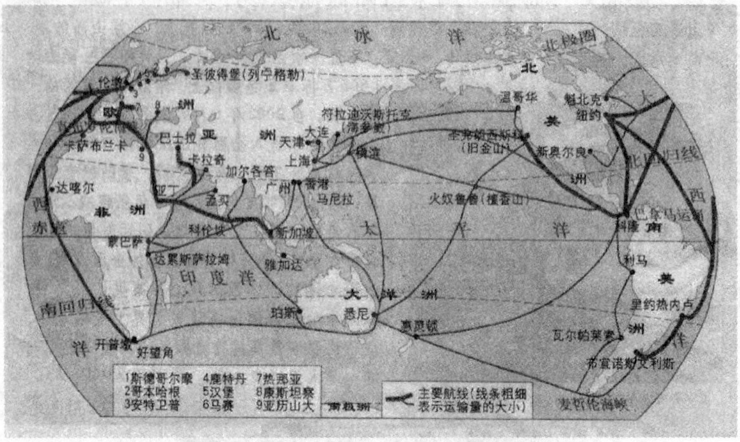

图 3-26　海运航线

3.4.3　大洋航行

大洋航行的特点是：离岸远，气象变化大，灾害性天气较难避离；航线长，航海受洋流总的影响较大；大洋航线具有很大的选择性。因此，如何选择一条安全经济的最佳航线，是跨大洋航行的关键。大洋航行可采用以下几种航线：

①恒向线航线：恒向线是地球上两点之间与经线处处保持角度相等的曲线。当等角航线与经线或赤道重合时，恒向线航线与大圆航线的方向、距离相等。在墨卡托投影地图上，恒向线航线是一条直线，故在航海中采用墨卡托投影地图汇算航迹、计算航线等。在其他投影地图上，恒向线航线是曲线。恒向线航线不是地球面上两点之间的最短程航线(子午线和赤道除外)，但在低纬度或航向接近南北时或航程不远时，与最短航线相差不大且操作方便。

②大圆航线：大圆航线是跨洋长距离航行时采用的地理航程最短的航线。若将地球当作圆球体时，地面上两点间的距离，以连接两点的小于 180°的大圆弧为最短，而当航线所在纬度较高且横跨经差较大时，大圆航线比恒向线航线有时会缩短数百海里。除了赤道与子午线外，大圆弧与各子午线的交角都不相等。因此，船舶若要沿着大圆弧航行，就要随时改变航向，这在目前较难办到。所谓大圆航线，并不是真正地沿着大圆弧航行，而是由大圆弧被分成 n 个恒向线航段构成的，船舶沿着各恒向线航段航行，n 越大航线越接近大圆。

③等纬圈航线：沿着同一纬度圈航行的航线，即计划航迹向为90°或270°。

④混合航线：为了避开高纬度的航行危险区，在设置限制纬度情况下的最短航程航线，由大圆航线与等纬圈航线混合而成。大洋航行中，两地相距较远，根据具体情况整个航程可能并不采用一种固定航线。

如果考虑航线上可能遭遇的水文气象因素，大洋航线又可分为：

①最短航程航线：它是地球面上两点之间的大圆航线或混合航线。

②气候航线：它是在最短航程航线的基础上，考虑了航行季节的气候性条件和可能遭遇到的其他因素而设计的航线。

③气象航线：它是气象定线公司在气候航线的基础上，根据中、短期天气预报，考虑气象条件和船舶本身条件后，向航行船舶推荐的航线。

④最佳航线：它是在上述各种航线的基础上确定的既安全又航行时间最少、周转最快、营运效率最高的航线。

3.4.4 航路规划

航路规划的目的是找到一条能够保证载体顺利完成任务的最优或最满意的航路。在航路规划中需要考虑的因素很多，并且这些因素之间往往相互耦合，改变其中某一因素通常会引起其他因素的变化，因此在航路规划过程中需要协调各种因素之间的关系。

1. 规划空间的表示方法

(1)概略图法

概略图也称路线图，它是由连接起点和终点的直线段构成的一个二维网络，而这些直线段不通过地图中定义的障碍物。换句话说，它是采用无方向图在二维环境上表示路径的方法。在基于概略图的路线规划方法中，首先根据一定规则将自由的布局空间(*C*空间)表示成一个由一维的线段构成的网络图，然后采用某一搜索算法在该网络图上进行航迹搜索。这样，路径规划问题被转化为一个网络图的搜索问题。概略图必须表示出*C*空间中的所有可能的路径，否则该方法就是不完全的，即可能丢失最优解。常用的概略图方法包括通视图法、Voronoi图法、轮廓图法、子目标网络法和随机路线图法。

①通视图法。通视图由规划空间中障碍物相互可见的顶点间的连线构成。图3-27给出了包含两个多边形障碍物的二维规划空间的通视图，其中较粗的线表示起点*S*与目标点*G*之间的一条最短路径。通视图法可用于求解二维规划空间中的最短路径问题。当用于更高维规划空间时，生成的路径不是最短的。由于通视图不能表达物体运动的方向性约束，除非运动物体可以按任何方向以任意角度旋转，一般很少用通视图法解决实际的路径规划问题。

②Voronoi图法。如果运动物体要求与障碍物(或威胁)的距离越远越好，可以采用Voronoi图方法。Voronoi图由与两个或多个障碍物(或威胁)的给定特征元素距离相等的点集构成。图3-28给出了以多边形障碍物自身作为特征元素生成的Voronoi图。如果以多边形的边作为特征元素，则可以得到不同的Voronoi图。对于只包含有威胁的规划空间来

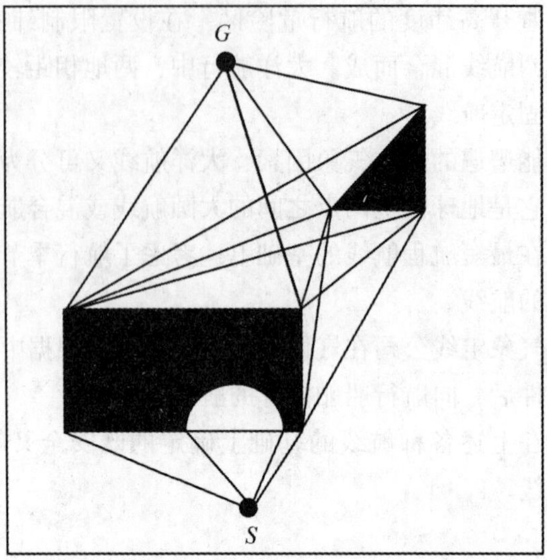

图 3-27　通视图

说，可以将威胁源的中心点作为特征元素。Voronoi 图将规划空间分为多个区域，每个区域只包含一个特征元素。对于区域中的每一点，该区域的特征元素是所有特征元素中最近的。

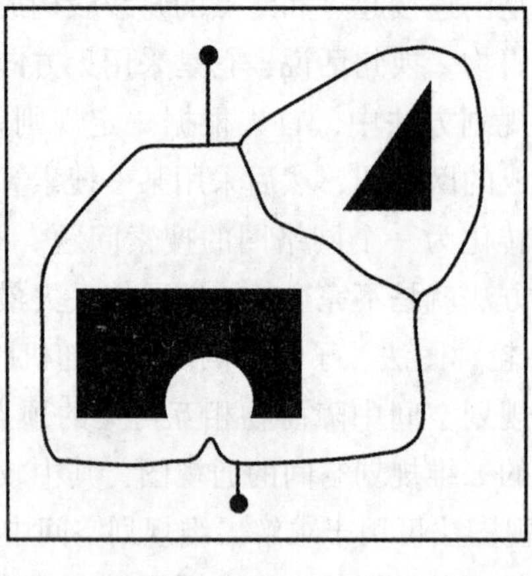

图 3-28　Voronoi 图

对于维数大于 2 的高维空间，通视图与 Voronoi 图将变得非常复杂，而且一般没有确定的特征元素选择方法。例如，多面体间的 Voronoi 图由二维曲面构成，它不再是一维的轮廓线。此时虽然通视图仍可由多面体的各顶点间的连线组成，但最短路径已经不存在了(见图 3-29)。因此，通视图与 Voronoi 图一般只用于二维航路规划。

③轮廓线法。对于高维空间，Canny 于 1987 年给出了另一种构造概略图的方法。该

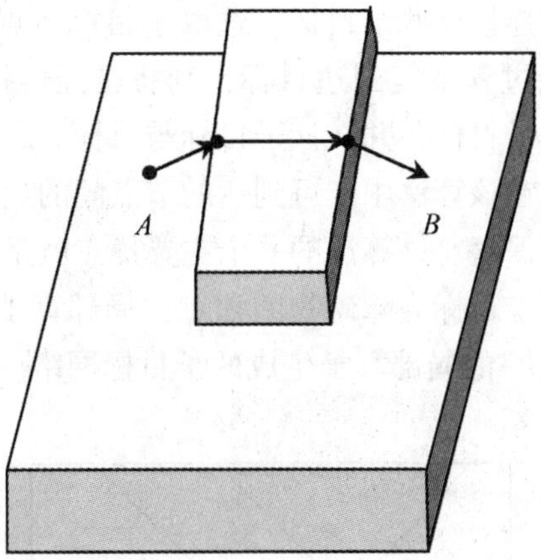

图 3-29 最短路径不经过多面体的顶点

方法先将高维空间中的物体投影到一个较低维的空间中，然后在低维空间中找出其投影的边界曲线，称为轮廓，该轮廓又投影到一个更低维的空间中，如此继续下去，直到轮廓变成一维的轮廓线(见图 3-30(a))。对于同一障碍物其轮廓线不相连的部分，需用连接线将它们连接起来(见图 3-30(b))。这样得到的一维轮廓线图比原始的高维空间简单得多，可以从中找出一条可行的路径。该方法通常在理论上用于分析问题的复杂性，而很少用于实际中的路径规划。使用轮廓线方法得到的路径，运动物体总是沿着障碍物边缘移动。

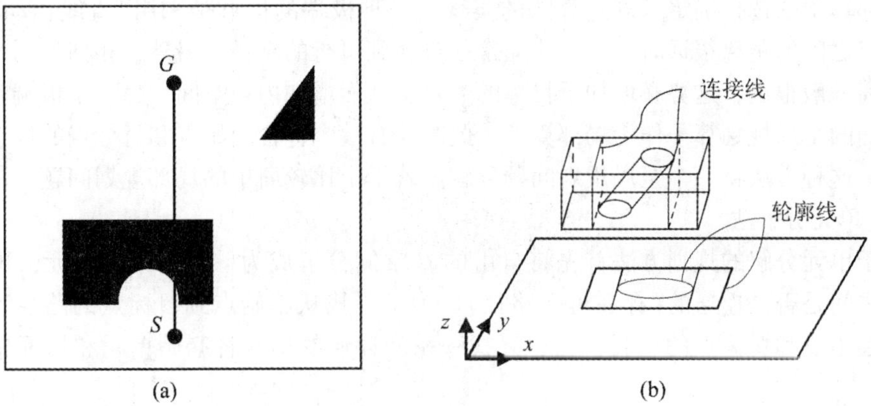

(a) (b)

图 3-30 轮廓线

④子目标网络法。子目标网络方法不直接构造明显的概略图，而是保存一个可以从起始点到达的节点列表。如果目标出现在列表中，则规划成功结束。规划空间中两点之间的可达性由一个简单的局部规划算法来判断，该局部规划算法称为局部算子。算子的选择一般根据具体问题确定，例如，可以简单地在两个节点之间按直线运动。

开始时，该算法在起始节点与目标点之间选取一个由称为子目标的中间节点组成的候选序列，运用局部算子依次连接这些子目标。选取子目标节点时可以采用某些启发信息，也可以随机选取。如果连接过程不能到达目标，则将已经连接的子目标保存在一个列表中。然后任取一个已到达的子目标，并在该子目标与目标点之间选取一个候选序列，如此反复，直至到达目标节点。在该算法中，可到达的节点间的运动路径可以由局部算子非常容易地重新得到，因此不用保存。该算法的一个主要优点就是节省内存空间。通视图可以看作是一个子目标网络，其子目标为障碍物的顶点，局部算子为“直线运动”。图 3-31 显示了一个“沿对角线方向运动”的局部算子生成的子目标网络。

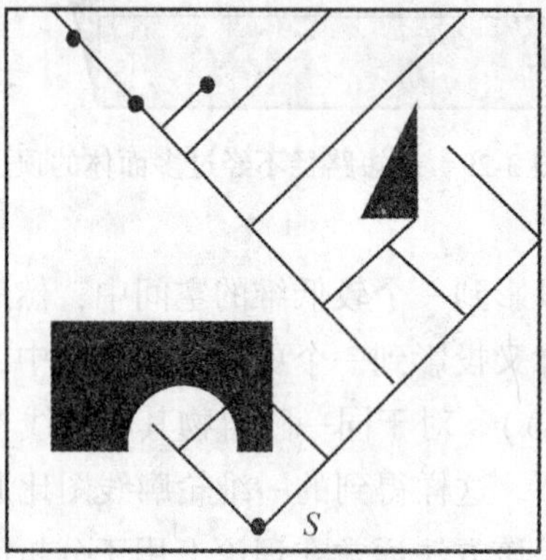

图 3-31　子目标网络

局部算子的选择确定了规划算法的实现。一种极端的情形是采用“直线运动”，但当两个节点之间的距离很远时，该方法通常很难找到可行的路径。另外，相邻的两个子目标间的距离一般很近，这势必增加子目标的数目，从而增加内存空间。另一个极端就是采用一种精确的全局规划算子作为局部算子，此时仅有一个包含起始点和目标点的候选序列需要连接。这种方法将一个全局规划问题分解成若干个比较简单的局部规划问题。

(2)单元分解法

基于单元分解的规划方法首先将自由的 C 空间分解成为一些简单的单元，再判断这些单元之间是否是连通的(存在可行路径)。为了寻找从起始点到目标点的路径，首先找到包含起始点和目标点的单元，然后寻找一系列连通的单元将起始单元和目标单元连接起来。

单元的分解过程可以是对象依赖的，也可以是对象独立的。

在对象依赖的单元分解中，障碍物的边界被用作单元的边界，这样所有的单元并在一起恰好与自由空间重合，如图 3-32 所示。对象依赖单元分解的另一个优点就是分解得到的单元数目较少，节省存储空间。但其分解过程较为复杂，各单元之间是否存在包含、交叉、连接、相邻关系的判断比较困难。

在对象独立的单元分解过程中，首先将 C 空间分解为规则形状的单元(通常为正方形)，然后检查各单元是否被障碍物覆盖或与障碍物相交。由于所有单元都是预先划分

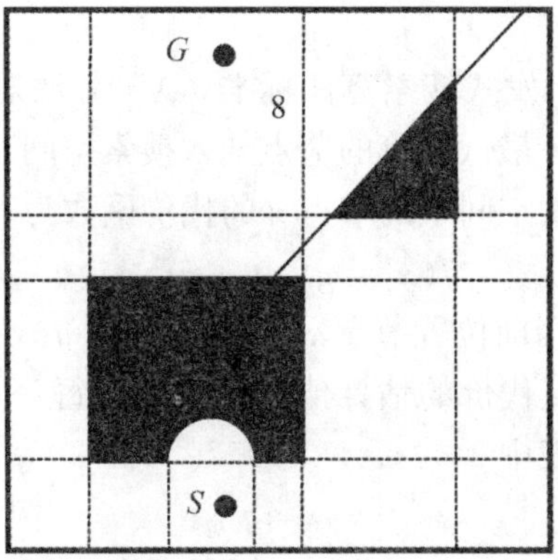

图 3-32　对象依赖单元分解

的，其形状和位置不随对象的形状和位置而改变，单元的边缘与对象的边缘也不一定重合，但其误差随着单元的细化而不断减少。与对象依赖单元分解相比，在实际应用中该方法的计算量要小得多。栅格法和四叉树法是最常用的两种对象独立单元分解方法，如图3-33所示。

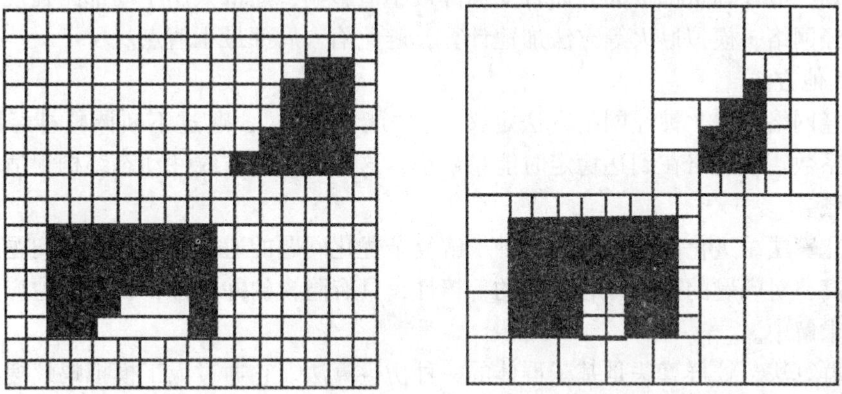

图 3-33　对象独立单元分解

(3)人工势场法

人工势场法最先由Khatib于20世纪80年代中期提出，它不需要利用图形的形式表示规划空间，而是将物体的运动看成是两种力作用的结果：一种是吸引力，它将运动物体拉向目标点；一种是排斥力，它使运动物体远离障碍物和威胁源。这样，物体总会沿着合力的方向运动。人工势场法最初是为机器人的在线导航提出的，后来它也被用于离线路径规划中。该方法的一个显著的优点是规划速度快，但它可能找不到路径，从而导致规划失败，其原因是在吸引力和排斥力相等的地方存在局部最小点。许多学者提出了各种不同的势函数，以克服局部最小的问题。

2. 航迹搜索算法

(1)A * 算法

A * 算法是一种经典的启发式搜索算法标准。A * 算法对当前位置的每一个可能到达的航路点计算代价，然后选择最低代价的节点加入搜索空间。加入搜索空间的节点又被用来产生更多的可能路径。搜索空间中的节点 x 的代价函数为

$$f(x) = g(x) + u(x) \tag{3.44}$$

式中，$g(x)$ 为从起始位置到当前位置节点 x 的真实代价；$u(x)$ 为启发因子，是从飞行器当前位置节点 x 到目标位置节点代价的估计值。在扩展的每一步都将选择具有最小 $f(x)$ 值的节点插入到可能路径的链表中。

(2)数学规划方法

数学规划方法主要是研究目标函数在一定的约束条件下最优解的存在性，以及如何尽快地找出它们。根据目标及约束函数的特点，可分为线性规划、非线性规划、不可微规划、凸规划、多目标规划和多层规划等。

数学规划方法通常将避障问题表示成一系列不等式约束，这样路径规划问题就可以表示成带有约束条件的最优化问题。这类方法的一大优点就是除距离和障碍外，可以综合考虑多种与路径相关的其他要素，如路径的安全性、可执行性等。由于该最优化问题通常是非线性的，并且带有多个不等式约束，一般需用数值方法进行求解。数学规划方法用于求解路径规划一般计算量都很大，而且受局部最小值影响，通常只用于局部路径规划，并且借助于神经网络、模拟退火等方法加速计算，避免陷入局部最小值点。

(3)其他方法

①神经网络方法。神经网络方法定义一种“能量函数”，通过不断调整神经网络中的各种加权系数，使网络在到达稳定时能量最小，这种特殊的非线性动态结构很适合解决各种优化问题。

②进化算法。进化算法提供了一种求解复杂优化问题的通用框架。它对问题的具体细节要求不高，对问题的种类却有很强的鲁棒性，具有隐含的并行性，被广泛地应用于各种优化问题求解中。

③蚁群算法。蚁群算法是基于群体的一种仿生算法。它通过人工模拟蚂蚁搜索食物的过程，即通过个体之间的信息交流与相互协作来实现路径搜索。该过程包含两个基本阶段：适应阶段和协作阶段。在适应阶段，各候选解根据积累的信息不断调整自身结构；在协作阶段，候选解之间通过信息交流，以期产生性能更好的解。

3. Dijkstra 最短路径算法

最短路径算法主要代表之一是 Dijkstra 算法。Dijkstra 算法采用了在优化问题中常用的贪心算法，在每步选择局部最优解以期产生一个全局最优解。

给定一个加权连通图，如图 3-34 所示，Dijkstra 算法是通过为每个顶点 v 保留目前为止所找到的从起点 s 到 v 的最短路径来工作的。初始时，起点 s 的路径长度值被赋为 0 ($d[s]=0$)，若存在能直接到达的边(s，m)，则把 $d[m]$ 设为 $w(s, m)$，同时把所有其他(s 不能直接到达的)顶点的路径长度设为无穷大，即表示我们不知道任何通向这些顶点的路径(对于 V 中所有顶点 v 除 s 和上述 m 外 $d[v]=\infty$)。当算法退出时，$d[v]$ 中存储的便

是从 s 到 v 的最短路径，或者如果路径不存在的话是无穷大。

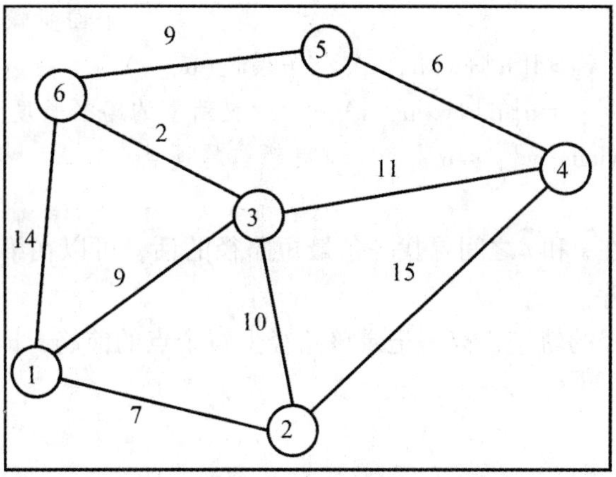

图 3-34　加权连通图

Dijkstra 算法的基础操作是边的拓展：如果存在一条从 u 到 v 的边，那么从 s 到 v 的最短路径可以通过将边 (u, v) 添加到尾部来拓展一条从 s 到 u 的路径。这条路径的长度是 $d[u]+w(u, v)$。如果这个值比目前已知的 $d[v]$ 值要小，我们可以用新值来替代当前 $d[v]$ 中的值。拓展边的操作一直运行到所有的 $d[v]$ 都代表从 s 到 v 最短路径的花费。这个算法经过组织，因而当 $d[u]$ 到达它最终的值时，每条边 (u, v) 都只被拓展一次。

算法维护两个顶点集 S 和 Q。集合 S 保留了我们已知的所有 $d[v]$ 的值已经是最短路径的值顶点，而集合 Q 则保留其他所有顶点。集合 S 初始状态为空，而后每一步都有一个顶点从 Q 移动到 S。这个被选择的顶点是 Q 中拥有最小的 $d[u]$ 值的顶点。当一个顶点 u 从 Q 中转移到 S 中，算法对每条外接边 (u, v) 进行拓展。

在下面的算法中，u：=Extract_Min(Q)，在顶点集合 Q 中搜索有最小 $d[u]$ 值的顶点 u。这个顶点被从集合 Q 中删除并返回给用户。

```
function Dijkstra(G, w, s)
for each vertex v in V[G]          //初始化：对于每一顶点，进行下面步骤
    d[v]: =infinity            //将各顶点的已知最短距离先设成无穷大
    previous[v]: =undefined    //各点的已知最短路径上的前趋设为未定义
    d[s]: =0  //出发点到出发点间的最小距离设为0
    S: =empty set//集合S初始化为空
    Q: =set of all vertices//集合Q初始化为含所有顶点
    while Q is not an empty set  //Dijkstra算法主体；若Q非空，进行下面步骤
    u: =Extract_Min(Q)           //u为Q中的路径最短的顶点
```

```
10      S. append(u)     //将 u 添加到集合 S
11  for each edge outgoing from u as(u, v) //对于由 u 出发的每一边，进行下面步骤
12  if d[v]>d[u]+w(u, v) //拓展边(u, v)
13  d[v]: =d[u]+w(u, v)      //更新 v 的路径长度
14  previous[v]: =u        //更新前趋顶点
```

如果我们只是要在 s 和 t 之间寻找一条最短路径的话，可以在第 9 行添加条件，如果满足 $u=t$ 的话终止程序。

为了记录最佳路径的轨迹，只需记录该路径上每个点的前趋，即可通过迭代来回溯出 s 到 t 的最短路径：

```
s: =empty sequence   //将集合 S 初始化为空集
u: =t                          //将 u 初始化为 t
while defined u           //若 u 有定义，则进行下面步骤
insert u to the beginning of S   //将 u 加入到集合 S
u: =previous[u]            //将 u 改为其前趋
```

现在序列 S 就是从 s 到 t 的最短路径的顶点集。

［**算例 3.1**］　对于图 3-34 所给出的加权连通图，采用 Dijkstra 算法的搜索从 1 点到 5 点最短路径的过程如下：

第 0 次迭代：

d[1]=0，d[2]=d[3]=d[4]=d[5]=d[6]=∞

previous[1]=1

previous[2]= previous[3]= previous[4]= previous[5]= previous[6]= −1

S={1}

Q={2，3，4，56}

第 1 次迭代：（Q 中距离最近的点是 2）

d[2]=7，d[3]=9，d[4]= ∞，d[5]=d[6]= ∞

previous[2]= previous[3]= previous[6]=1

previous[4]= previous[5]= previous[6]=−1

S={1，2}

Q={3，4，5，6}

第 2 次迭代：（Q 中距离最近的点是 3）

d[3]=9，d[4]=22，d[5]=d[6]=∞

previous[1]=1，

previous[3]= previous[6]=1，

previous[4]= previous[5]= previous[6]=∞

S={1，2，3}

Q={4，5，6}

第 3 次迭代：（Q 中距离最近的点是 6）

d[4]=20，d[5]=∞，d[6]=11

previous[1]=1，

previous[3]=1，

previous[4] =previous[6]=3

previous[5]=-1，

S={1，2，3，6}

Q={4，5}

第 4 次迭代：（Q 中距离最近的点是 5）

d[4]=20，d[5]=20

previous[1]=1，

previous[3]=1，

previous[4]= previous[6]=3，

previous[5]=6，

S={1，2，3，5，6}

Q={4}

由于已到达 5 点，且距离最近，故停止迭代。从 1 点到 5 点的最短距离为 20，路线为 1—3 6 5。

需要指出的是，在航路规划中，不能将“最短距离”狭义地理解为一个与航行距离有关的量，实际上用“航行代价”来表述更为确切，这个“代价”既可以是航行距离，也可以是航行时间、航行油耗及航行困难度等。

第4章 线性系统及常用估计和滤波方法

4.1 线性动力学系统

对于一个多输入、多输出的复杂物理系统，采用状态空间法进行处理比较方便。在实际系统中作为系统输入的系统噪声是向量随机过程，其初始条件也是一个随机向量，且不能确切知道。当一个线性动力学系统输入的为向量随机过程，其初始条件是一个随机向量时，描绘该系统的状态方程是随机微分方程，系统输出也是一个向量随机过程，随机微分方程无确定解，因此只能用统计方法来估计。要知晓一个随机过程的概率分布，需有大量的信息，这会给问题的处理带来极大困难。由于在众多自然现象和人为系统中，大多数的随机过程具有高斯马尔可夫性质，这为基于 Kalman 滤波的运算和状态估计提供了方便。本章将主要介绍线性系统中几种常用的估计和滤波方法。

4.1.1 连续线性系统

一个具有多个参数的物理系统，其状态的变化规律常用一组常微分方程进行描述，对一个多输入、多输出系统用向量和矩阵来表征微分方程，然后在时域上进行分析。

表征多个参数的线性动力学系统运动规律的一阶线性微分方程的矩阵形式为：

$$\dot{\boldsymbol{x}}(t) = \boldsymbol{F}(t)\boldsymbol{x}(t) + \boldsymbol{G}(t)\boldsymbol{w}(t) + \boldsymbol{L}(t)\boldsymbol{u}(t) \tag{4.1}$$

式中，$\boldsymbol{x}(t)$ 为 n 维系统状态向量，$\boldsymbol{w}(t)$ 为 p 维随机干扰向量，$\boldsymbol{u}(t)$ 为 r 维确定性控制向量，$\boldsymbol{F}(t)$ 为 $n\times n$ 维系统矩阵，$\boldsymbol{G}(t)$ 为 $n\times p$ 维干扰矩阵，$\boldsymbol{L}(t)$ 为 $n\times r$ 维输入矩阵。

$\boldsymbol{F}(t)$、$\boldsymbol{G}(t)$、$\boldsymbol{L}(t)$ 均随时间连续变化，式(4.1)描述了一个连续变化的物理系统。

如果一个已知系统的运动微分方程是一个 n 阶的线性微分方程。

$$\begin{cases} y^{(n)}(t) + a_{n-1}(t)y^{(n-1)}(t) + \cdots + a_n(t)y'(t) + a_0(t)y(t) = u(t) \\ y^n(t) = \dfrac{\mathrm{d}^n y}{\mathrm{d}t^n} \end{cases} \tag{4.2}$$

将其改写为状态方程，需定义一组状态变量：

$$\begin{cases} x_1(t) \overset{\text{def}}{=\!=} y(t) \\ x_2(t) \overset{\text{def}}{=\!=} \dot{x}_1(t) = \dot{y}(t) \\ x_3(t) \overset{\text{def}}{=\!=} \dot{x}_2(t) = \dot{y}^2(t) \\ \cdots \\ x_n(t) \overset{\text{def}}{=\!=} \dot{x}_{n-1}(t) = y^{n-1}(t) \\ \dot{x}_n(t) = y^n(t) \end{cases} \tag{4.3}$$

从式(4.2)及式(4.3)可得：

$$\dot{x}_n(t) = -a_0(t)x_1(t) - a_1(t)x_2(t) - \cdots - a_{n-1}(t)x_n(t) + u(t)$$

则得到 n 个一阶微分方程式：

$$\begin{cases} \dot{x}_1(t) = x_2(t) \\ \dot{x}_2(t) = x_3(t) \\ \cdots \\ \dot{x}_n(t) = -a_0(t)x_1(t) - a_1(t)x_2(t) - \cdots - a_{n-1}(t)x_n(t) + u(t) \end{cases} \tag{4.4}$$

将式(4.4)写成向量矩阵形式：

$$\begin{bmatrix} \dot{x}_1 \\ \dot{x}_2 \\ \vdots \\ \dot{x}_n \end{bmatrix} = \begin{bmatrix} 0 & 1 & 0 & \cdots & 0 \\ 0 & 0 & 1 & \cdots & 0 \\ \vdots & \vdots & \vdots & \vdots & \vdots \\ -a_0(t) & -a_1(t) & -a_2(t) & \cdots & -a_{n-1}(t) \end{bmatrix} \begin{bmatrix} x_1 \\ x_2 \\ \vdots \\ x_n \end{bmatrix} + \begin{bmatrix} 0 \\ 0 \\ \vdots \\ u(t) \end{bmatrix} \tag{4.5}$$

式(4.5)为式(4.2)的同构形式。

假定对系统状态进行观测的传感器，有如下输出：

$$\boldsymbol{Z}(t) = \boldsymbol{H}(t)\boldsymbol{x}(t) + \boldsymbol{v}(t)$$

式中，$\boldsymbol{Z}(t)$ 为 m 维观测向量，$\boldsymbol{H}(t)$ 为 $m \times n$ 维观测矩阵，$\boldsymbol{v}(t)$ 为 m 维观测噪声中误差。

如果对于坐标推算系统，测定了航速 v 和航向 α，$\phi = \phi_0 + \Delta\phi$，$\lambda = \lambda_0 + \Delta\lambda$，$\Delta\phi = v \cdot \Delta t \cdot \cos\alpha / R_m$，$\Delta\lambda = v \cdot \Delta t \cdot \sin\alpha / R_p$，则该系统的状态为$(\varphi, \lambda, v, \alpha)$，且随时间变化。设状态变量为$(\delta\varphi, \delta\lambda, \delta v, \delta\alpha)$，又由于 $V_\varphi = v\cos\alpha / R_m$，$V_\lambda = v\sin\alpha / R_p$，$R_m$ 为子午圈曲率半径，R_p 为卯酉圈曲率半径，$\delta v_\varphi = \delta v\cos\alpha / R_m - (v\sin\alpha / R_m) \cdot \delta\alpha$，$\delta v_\lambda = \delta v\sin\alpha / R_p + (v\cos\alpha / R_p) \cdot \delta\alpha$，$\delta\dot{\varphi} = \delta v_\varphi$，$\delta\dot{\lambda} = \delta\lambda_\varphi$，因此有状态方程：

$$\begin{bmatrix} \delta\dot{\varphi} \\ \delta\dot{\lambda} \\ \delta\dot{v} \\ \delta\dot{\alpha} \end{bmatrix} = \begin{bmatrix} 0 & 0 & \cos\alpha / R_m & -v\sin\alpha / R_m \\ 0 & 0 & \sin\alpha / R_p & v\cos\alpha / R_p \\ 0 & 0 & 0 & 0 \\ 0 & 0 & 0 & 0 \end{bmatrix} \begin{bmatrix} \delta\varphi \\ \delta\lambda \\ \delta v \\ \delta\alpha \end{bmatrix}$$

观测方程：

$$\boldsymbol{V}_V = [0 \quad 0 \quad 1 \quad 0] \begin{bmatrix} \delta\varphi \\ \delta\lambda \\ \delta v \\ \delta\alpha \end{bmatrix} + (V^0 - V_{\text{观}})$$

$$\boldsymbol{V}_\lambda = [0 \quad 0 \quad 0 \quad 1] \begin{bmatrix} \delta\varphi \\ \delta\lambda \\ \delta v \\ \delta\alpha \end{bmatrix} + (\alpha^0 - \alpha_{\text{观}})$$

4.1.2　状态转移矩阵

进行理论分析和计算必须对如下状态方程求解：

$$\dot{\boldsymbol{x}}(t)=\boldsymbol{F}(t)\boldsymbol{x}(t)+\boldsymbol{G}(t)\boldsymbol{w}(t)+\boldsymbol{L}(t)\boldsymbol{u}(t) \tag{4.6}$$

假定起始时刻为 t_0，初始状态 $\boldsymbol{x}(t_0)$、$\boldsymbol{u}(t)$、$\boldsymbol{w}(t)(t\geqslant t_0)$ 均为已知，且分段连续并具有上界。方程(4.6) 是线性的，其解应为齐次方程式的解和特解的线性组合。

首先对齐次方程求解：

$$\dot{\boldsymbol{x}}(t)=\boldsymbol{F}(t)\boldsymbol{x}(t)(t\geqslant t_0) \tag{4.7}$$

假定 $\boldsymbol{x}(t_0)$ 是任意的，将一个近似解 $\boldsymbol{x}(t)=\boldsymbol{X}(t)\boldsymbol{x}(t_0)$ 代入方程(4.7) 得

$$[\dot{\boldsymbol{X}}(t)-\boldsymbol{F}(t)\boldsymbol{X}(t)]\boldsymbol{x}(t_0)=0$$

上述关系式成立的充要条件为 $n\times n$，矩阵 $\boldsymbol{X}(t)$ 满足：

$$\dot{\boldsymbol{X}}(t)=\boldsymbol{F}(t)\boldsymbol{X}(t)$$

从近似解得，当 $t=t_0$ 和 $\boldsymbol{x}(t_0)=\boldsymbol{X}(t_0)\boldsymbol{x}(t_0)$ 时有：

$$\boldsymbol{X}(t_0)=\boldsymbol{I}$$

则得解：

$$\boldsymbol{x}(t)=\boldsymbol{X}(t)\boldsymbol{x}(t_0) \tag{4.8}$$

用变化任意常数法求非齐次方程式(4.6) 的特解，令特解有下列形式：

$$\boldsymbol{x}(t)=\boldsymbol{X}(t)\boldsymbol{y}(t) \tag{4.9}$$

$\boldsymbol{y}(t)$ 为变化任意常数向量，将式(4.9) 代入式(4.6) 有：

$$\dot{\boldsymbol{X}}(t)\boldsymbol{y}(t)+\boldsymbol{X}(t)\dot{\boldsymbol{y}}(t)=\boldsymbol{F}(t)\boldsymbol{X}(t)\boldsymbol{y}(t)+\boldsymbol{G}(t)\boldsymbol{w}(t)+\boldsymbol{L}(t)\boldsymbol{u}(t)$$

又因为 $\dot{\boldsymbol{X}}(t)=\boldsymbol{F}(t)\boldsymbol{X}(t)$，故上式可写为：

$$\boldsymbol{F}(t)\boldsymbol{X}(t)\boldsymbol{y}(t)+\boldsymbol{X}(t)\dot{\boldsymbol{y}}(t)=\boldsymbol{F}(t)\boldsymbol{X}(t)\boldsymbol{y}(t)+\boldsymbol{G}(t)\boldsymbol{w}(t)+\boldsymbol{L}(t)\boldsymbol{u}(t)$$

得 $\boldsymbol{X}(t)\dot{\boldsymbol{y}}(t)=\boldsymbol{G}(t)\boldsymbol{w}(t)+\boldsymbol{L}(t)\boldsymbol{u}(t)$。假设 $\boldsymbol{X}(t)(t\geqslant 0)$ 为非奇异阵($\boldsymbol{X}^{-1}$ 存在)，则

$$\dot{\boldsymbol{y}}(t)=\boldsymbol{X}^{-1}(t)[\boldsymbol{G}(t)\boldsymbol{w}(t)+\boldsymbol{L}(t)\boldsymbol{u}(t)]$$

对上式积分：

$$\boldsymbol{y}(t)=\int_{t_0}^{t}\boldsymbol{X}^{-1}(\tau)[\boldsymbol{G}(\tau)\boldsymbol{w}(\tau)+\boldsymbol{L}(\tau)\boldsymbol{u}(\tau)]\mathrm{d}\tau \tag{4.10}$$

将式(4.10) 代入式(4.9)，求得非齐次方程(4.6) 的特解为：

$$\boldsymbol{x}(t)=\boldsymbol{X}(t)\int_{t_0}^{t}\boldsymbol{X}^{-1}(\tau)[\boldsymbol{G}(\tau)\boldsymbol{w}(\tau)+\boldsymbol{L}(\tau)\boldsymbol{u}(\tau)]\mathrm{d}\tau$$

则状态方程的通解为

$$\boldsymbol{x}(t)=\boldsymbol{X}(t)x(t_0)+\boldsymbol{X}(t)\int_{t_0}^{t}\boldsymbol{X}^{-1}(\tau)[\boldsymbol{G}(\tau)\boldsymbol{w}(\tau)+\boldsymbol{L}(\tau)\boldsymbol{u}(\tau)]\mathrm{d}\tau$$

式中，$\boldsymbol{x}(t)$ 为非奇异阵，即 $|\boldsymbol{x}(t)|\neq 0$；通常称 $\boldsymbol{X}(t)$ 为状态方程的基础解矩阵，其由 $\boldsymbol{F}(t)$ 决定。

1. 求状态转移矩阵

定义 $n\times n$ 矩阵 $\boldsymbol{\Phi}(t,\ \tau)$ 为系统的状态转移矩阵：

$$\boldsymbol{\Phi}(t,\ \tau)=\boldsymbol{X}(t)\boldsymbol{X}^{-1}(\tau) \tag{4.11}$$

又因为 $\boldsymbol{X}^{-1}(t_0)=\boldsymbol{I}^{-1}=\boldsymbol{I}$，因此有 $\boldsymbol{X}(t_0)=\boldsymbol{I}$，故

$$\boldsymbol{\Phi}(t,\ t_0)=\boldsymbol{X}(t)\boldsymbol{X}^{-1}(t_0)=\boldsymbol{X}(t)$$

可把状态方程通解写为：

$$\boldsymbol{x}(t)=\boldsymbol{\Phi}(t,\ t_0)\boldsymbol{x}(t_0)+\int_{t_0}^{t}\boldsymbol{\Phi}(t,\ \tau)[\boldsymbol{G}(\tau)\boldsymbol{w}(\tau)+\boldsymbol{L}(\tau)\boldsymbol{u}(\tau)]\mathrm{d}\tau,\ t\geqslant t_0 \tag{4.12}$$

将 $\boldsymbol{\Phi}(t,\ \tau)$ 对 t 求导：

$$\frac{\partial}{\partial t}\boldsymbol{\Phi}(t,\tau)=\frac{\partial}{\partial t}\boldsymbol{X}(t)\boldsymbol{X}^{-1}(\tau)=\dot{\boldsymbol{X}}(t)\boldsymbol{X}^{-1}(\tau)=\boldsymbol{F}(t)\boldsymbol{X}(t)\boldsymbol{X}^{-1}(\tau)$$

由此得：

$$\dot{\boldsymbol{\Phi}}(t,\ \tau)=\boldsymbol{F}(t)\boldsymbol{\Phi}(t,\ \tau) \tag{4.13}$$

因此要求 $\boldsymbol{\Phi}(t,\ \tau)$，只需解满足初始条件 $\boldsymbol{\Phi}(t_0,\ t_0)=\boldsymbol{I}$ 的微分方程：

$$\dot{\boldsymbol{\Phi}}(t,\ t_0)=\boldsymbol{F}(t)\boldsymbol{\Phi}(t,\ t_0) \tag{4.14}$$

求得 $\boldsymbol{\Phi}(t,\ t_0)$ 后，将 τ 代替 t_0 即可得 $\boldsymbol{\Phi}(t,\ \tau)$。

[**例 4-1**]：设状态方程为：

$$\begin{bmatrix}\dot{x}_1\\ \dot{x}_2\end{bmatrix}=\begin{bmatrix}0 & \dfrac{1}{(t+1)^2}\\ 0 & 0\end{bmatrix}\begin{bmatrix}x_1\\ x_2\end{bmatrix}$$

求 $\Phi(t,\ \tau)$。

解：$\dot{\boldsymbol{\Phi}}(t,\ t_0)=\begin{bmatrix}0 & \dfrac{1}{(t+1)^2}\\ 0 & 0\end{bmatrix}\boldsymbol{\Phi}(t,\ t_0)$

$$\begin{bmatrix}\dot{\Phi}_{11}(t,\ t_0) & \dot{\Phi}_{12}(t,\ t_0)\\ \dot{\Phi}_{21}(t,\ t_0) & \dot{\Phi}_{22}(t,\ t_0)\end{bmatrix}=\begin{bmatrix}0 & \dfrac{1}{(t+1)^2}\\ 0 & 0\end{bmatrix}\begin{bmatrix}\Phi_{11}(t,\ t_0) & \Phi_{12}(t,\ t_0)\\ \Phi_{21}(t,\ t_0) & \Phi_{22}(t,\ t_0)\end{bmatrix}$$

由此得：

$$\dot{\Phi}_{11}(t,\ t_0)=\frac{1}{(t+1)^2}\Phi_{21}(t,\ t_0),\ \dot{\Phi}_{12}(t,\ t_0)=\frac{1}{(t+1)^2}\Phi_{22}(t,\ t_0)$$

$$\dot{\Phi}_{21}(t,\ t_0)=0,\ \dot{\Phi}_{22}(t,\ t_0)=0$$

$$\boldsymbol{\Phi}(t_0,\ t_0)=\begin{bmatrix}1 & 0\\ 0 & 1\end{bmatrix}$$

由以上可得：$\Phi_{21}(t,\ t_0)=0$，$\Phi_{22}(t,\ t_0)=1$，则有：

$$\dot{\Phi}_{11}(t,\ t_0)=0,\ \dot{\Phi}_{12}(t,\ t_0)=\frac{1}{(t+1)^2}$$

$$\Phi_{11}(t,\ t_0)=1,\ \Phi_{12}(t,\ t_0)=-\frac{1}{(t+1)}+c$$

式中，c 为积分常数，由于 $\Phi_{12}(t_0,\ t_0)=0$，$c=\frac{1}{t_0+1}$，$\Phi_{12}(t,\ t_0)=\frac{t-t_0}{(t_0+1)(t+1)}$。最后可得：

$$\boldsymbol{\Phi}(t,\ z)=\begin{bmatrix}1 & \frac{t-\tau}{(\tau+1)(t+1)}\\ 0 & 1\end{bmatrix}$$

2. $\boldsymbol{\Phi}(t_2,\ t_1)$ 的两个重要性质

$$\boldsymbol{\Phi}(t_2,\ t_1)=\boldsymbol{\Phi}(t_2,\ \tau)\boldsymbol{\Phi}(\tau,\ t_1) \tag{4.15}$$

$$\boldsymbol{\Phi}(t_2,\ t_1)=\boldsymbol{\Phi}^{-1}(t_1,\ t_2) \tag{4.16}$$

另外，齐次微分方程 $\dot{\boldsymbol{\Phi}}(t,\ t_0)=\boldsymbol{F}(t)\boldsymbol{\Phi}(t,\ t_0)$ 的解为：

$$\boldsymbol{\Phi}(t,\ t_0)=\mathrm{e}^{\int_{T_0}^{T}F(\tau)\mathrm{d}\tau} \tag{4.17}$$

4.1.3　常系数系统的状态转移矩阵

如果状态方程的系数矩阵 $\boldsymbol{F}(t)$，$\boldsymbol{G}(t)$，$\boldsymbol{L}(t)$ 均为常数矩阵，则称系统为常系数系统，其状态方程为：

$$\dot{\boldsymbol{x}}(t)=\boldsymbol{F}\boldsymbol{x}(t)+\boldsymbol{G}\boldsymbol{u}(t)+\boldsymbol{L}\boldsymbol{u}(t) \tag{4.18}$$

$\dot{\boldsymbol{x}}(t)=\boldsymbol{F}\boldsymbol{x}(t)$ 的解为：

$$\boldsymbol{x}(t)=\boldsymbol{X}(t)\boldsymbol{x}(t_0)$$

式中，$\boldsymbol{X}(t)=\mathbf{e}^{\boldsymbol{F}t}$；$\boldsymbol{X}(t)$ 满足 $\boldsymbol{X}(0)=\boldsymbol{I}(t_0=0)$ 的初始条件。$\mathbf{e}^{\boldsymbol{F}t}$ 称为指数矩阵，定义式为：

$$\mathbf{e}^{\boldsymbol{F}t}=\boldsymbol{I}+\boldsymbol{F}t+\frac{1}{2}\boldsymbol{F}^2t^2+\cdots+\frac{1}{n!}\boldsymbol{F}^nt^n=\sum_{n=0}^{\infty}\frac{1}{n!}\boldsymbol{F}^nt^n$$

$\mathbf{e}^{\boldsymbol{F}t}$ 具有如下重要关系式：

① $\frac{\mathrm{d}}{\mathrm{d}t}\mathbf{e}^{\boldsymbol{F}t}=F\mathbf{e}^{\boldsymbol{F}t}=\mathbf{e}^{\boldsymbol{F}t}F$；

② $\mathbf{e}^{\boldsymbol{F}(t_1+t_2)}=\mathbf{e}^{\boldsymbol{F}t_1}\mathbf{e}^{\boldsymbol{F}t_2}$；

③ $(\mathbf{e}^{\boldsymbol{F}t})^{-1}=\mathbf{e}^{-\boldsymbol{F}t}$；

④ 如 $\boldsymbol{AB}=\boldsymbol{BA}$，即 $\boldsymbol{A}$ 当与 $\boldsymbol{B}$ 可交换时，$\mathbf{e}^{\boldsymbol{A}t}\mathbf{e}^{\boldsymbol{B}t}=\mathbf{e}^{(\boldsymbol{A}+\boldsymbol{B})t}$；

⑤ $\mathbf{e}^{\boldsymbol{P}^{-1}\boldsymbol{F}t\boldsymbol{P}}=\boldsymbol{P}^{-1}\mathbf{e}^{\boldsymbol{F}t}\boldsymbol{P}$，其中 $\boldsymbol{P}$ 为任一非奇异矩阵。

因此状态转移矩阵有如下关系式：

$$\boldsymbol{\Phi}(t,\ \tau)=\boldsymbol{X}(t)\boldsymbol{X}^{-1}(\tau)=\mathbf{e}^{\boldsymbol{F}t}\cdot\mathbf{e}^{-\boldsymbol{F}\tau}=\mathbf{e}^{\boldsymbol{F}(t-\tau)}$$

在一个时间区间内，$\Delta T=t-\tau$ 取很小值时，有

$$\boldsymbol{\Phi}(t_k,\ t_{k-1})=\mathbf{e}^{\boldsymbol{F}\Delta T}$$

同前，按泰勒级数展开，可得转移矩阵表达式：

$$\boldsymbol{\Phi}(t_k,\ t_{k-1})=\boldsymbol{I}+\boldsymbol{F}\Delta T+\frac{\Delta T^n}{n!}\boldsymbol{F}^n+\cdots=\sum_{n=0}^{\infty}\frac{\Delta T^n}{n!}\boldsymbol{F}^n$$

$$\boldsymbol{\Phi}(t_k,\ t_{k-1}) \approx \boldsymbol{I} + \Delta T\boldsymbol{F}$$

4.2 常用参数估计方法

4.2.1 最小二乘估计

观测向量 $\boldsymbol{Z}$ 与被估计向量 $\boldsymbol{x}$ 之间存在如下线性关系：

$$\boldsymbol{Z} = \boldsymbol{H}\boldsymbol{x} + \boldsymbol{v} \tag{4.19}$$

在 $\boldsymbol{v}^{\mathrm{T}}\boldsymbol{P}\boldsymbol{v} = \min$ 下求 $\boldsymbol{x}$ 的最佳估值 $\hat{\boldsymbol{x}}$，这种求估计量的方法就称为最小二乘估计。

4.2.2 极大验后估计与极大似然估计

1. 极大验后估计

已知实验结果 $\boldsymbol{Z} = z$ 的条件下，被估计量 $\boldsymbol{x}$ 的条件概率密度函数为 $f(\boldsymbol{x} \mid \boldsymbol{Z})$，则 $f(\boldsymbol{x} \mid \boldsymbol{Z})$ 达到极大的那个 $\hat{\boldsymbol{x}}$ 值，即为相应随机向量的最大可能值。将验后概率达到极大作为一种最优准则，并将验后概率达到极大时的 $\hat{\boldsymbol{x}}$ 称之为极大验后估计。

验后方程为：

$$\frac{\partial}{\partial x}\log f(\boldsymbol{x} \mid 2)\Big|_{\hat{x}} = 0 \tag{4.20}$$

2. 极大似然准则

使条件概率密度函数 $f(\boldsymbol{Z})$ 取极大时的 $\hat{\boldsymbol{x}}$ 值,即 $\hat{\boldsymbol{x}}$ 满足下列方程：

$$\frac{\partial}{\partial x}\log f(\boldsymbol{Z} \mid \boldsymbol{x})\Big|_{\hat{x}} = 0 \tag{4.21}$$

则 $\hat{\boldsymbol{x}}$ 为极大似然估计。

4.2.3 最小方差估计

设 $\boldsymbol{x}$ 是被估计随机变量，$\boldsymbol{Z}$ 是 $\boldsymbol{x}$ 的测量矢量，如果估计量 $\hat{\boldsymbol{x}}_{mv}(\boldsymbol{Z})$，对一切估计量 $\hat{\boldsymbol{x}}(z)$，有 $E\{[\boldsymbol{x} - \hat{\boldsymbol{x}}(\boldsymbol{Z})]^{\mathrm{T}}[\boldsymbol{x} - \hat{\boldsymbol{x}}(\boldsymbol{Z})]\}\Big|_{\hat{x}_i = \hat{x}_{mvi}} = \min$，则称 $\hat{\boldsymbol{x}}_{mv}(\boldsymbol{Z})$ 为 $\boldsymbol{x}$ 的最小方差估计量。

当 $\boldsymbol{x} = (x_1,\ x_2,\ \cdots,\ x_n)^{\mathrm{T}}$，$\hat{\boldsymbol{x}} = (\hat{x}_1,\ \hat{x}_2,\ \cdots,\ \hat{x}_n)^{\mathrm{T}}$ 时，

$$E\{[\boldsymbol{x} - \hat{\boldsymbol{x}}(\boldsymbol{Z})]^{\mathrm{T}}[\boldsymbol{x} - \hat{\boldsymbol{x}}(\boldsymbol{Z})]\} = \sum_{i=1}^{n} E\,(x_i - \hat{x}_i)^2\Big|_{\hat{x}_i = \hat{x}_{mvi}} = \min$$

可以证明，$\boldsymbol{x}$ 的最小方差估计 $\hat{\boldsymbol{x}}_{mv}(\boldsymbol{Z})$ 是在测量矢量为 $\boldsymbol{Z}$ 条件下 $\boldsymbol{x}$ 的条件数学期望，即

$$\hat{\boldsymbol{x}}_{mv}(\boldsymbol{Z}) = E\{\boldsymbol{x} \mid \boldsymbol{Z}\} \tag{4.22}$$

即 $\boldsymbol{x}$ 的最小方差估计是在测量矢量为 $\boldsymbol{Z}$ 的条件下，并且 $\boldsymbol{x}$ 的条件数学期望为 $E = \{\boldsymbol{x} \mid \boldsymbol{Z}\}$。

4.2.4 线性最小方差估计

极大似然估计和极大验后估计均需事先知道被估计量 $\boldsymbol{x}$ 与测量值的概率分布，如

$f(\boldsymbol{x}\mid \boldsymbol{z})$、$f(\boldsymbol{z}\mid \boldsymbol{x})$ 等。为了降低对概率分布的要求，需要对估计量的函数类型加以限制。也就是把估计量限制为测量值的线性函数，在线性估计量范围内，寻求估计量的最小方差估计，即线性最小方差估计。

1. 定义

设 $\boldsymbol{x}$ 是被估计量，$\boldsymbol{Z}$ 是 $\boldsymbol{x}$ 的测量值，如果 $\hat{\boldsymbol{x}} = \boldsymbol{a} + \boldsymbol{BZ}$，且

$$E\{(\boldsymbol{x}-\hat{\boldsymbol{x}})^{\mathrm{T}}(\boldsymbol{x}-\hat{\boldsymbol{x}})\}\Big|_{\hat{x}=\hat{x}_L(Z)} = \min \tag{4.23}$$

则称 $\hat{\boldsymbol{x}}_L(\boldsymbol{Z})$ 为 $\boldsymbol{x}$ 在 $\boldsymbol{Z}$ 上的线性最小方差估计，记为 $\hat{\boldsymbol{x}}_L(\boldsymbol{Z})$ 或 $\hat{E}\{\boldsymbol{x}\mid \boldsymbol{Z}\}$。

所谓 $\boldsymbol{x}$ 在 $\boldsymbol{Z}$ 上的线性最小方差估计，指的是在测量矢量 $\boldsymbol{Z}$ 的所有线性函数集合中，对 $\boldsymbol{x}$ 具有最小均方误差的一个线性函数。

2. 定理

$\boldsymbol{x}$ 在 $\boldsymbol{Z}$ 上的线性最小方差估计 $\hat{\boldsymbol{x}}_L(\boldsymbol{Z})$，等于 $\boldsymbol{x}$ 在 $\boldsymbol{Z}$ 上的正交投影，即

$$\hat{\boldsymbol{x}}_L(\boldsymbol{Z}) = \boldsymbol{a}_2 + \boldsymbol{B}_2\boldsymbol{Z}$$

为满足正交条件

$$\begin{cases} E\{(\boldsymbol{x}-\hat{\boldsymbol{x}}_L(\boldsymbol{Z}))\boldsymbol{Z}^{\mathrm{T}}\} = 0 \\ E\{\boldsymbol{x}-\hat{\boldsymbol{x}}_L(\boldsymbol{Z})\} = 0 \end{cases} \tag{4.24}$$

式(4.24) 是线性最小方差估计 $\hat{\boldsymbol{x}}_L(\boldsymbol{Z})$ 的充分必要条件。

3. 线性最小方差估计的表达式

将最小估计加上线性(测量值 $\boldsymbol{Z}$ 的线性函数) 的限制，其目的在于放松对于概率分布的要求，下面的定理表明，通过对被估计量 $\boldsymbol{x}$ 与测量 Z 的一、二阶矩进行简单运算，便可以确定出 $\boldsymbol{x}$ 的线性最小方差估计 $\hat{\boldsymbol{x}}_L(\boldsymbol{Z})$，无需知道 $\boldsymbol{x}$ 和 $\boldsymbol{Z}$ 的全面概率分布。

定理 4.1：$\boldsymbol{x}$ 在 $\boldsymbol{Z}$ 上的线性最小方差估计为：

$$\hat{\boldsymbol{x}}_L(\boldsymbol{Z}) = E(\boldsymbol{x}) + \mathrm{cov}(\boldsymbol{x},\ \boldsymbol{Z})\,(\mathrm{var}\boldsymbol{Z})^{-1}(\boldsymbol{Z}-E(\boldsymbol{Z})) = E\{\boldsymbol{x}\mid \boldsymbol{Z}\} \tag{4.25}$$

当$(\boldsymbol{x},\ \boldsymbol{Z})$ 服从联合高斯分布时，线性估计中的最小方差估计，也是一切估计中的最小方差估计。由式(4.25) 又可给出一个常用的推论如下：

如果 $\boldsymbol{x}$，$\boldsymbol{Z}$ 都是零均值的随机矢量，则 $\boldsymbol{x}$ 在 $\boldsymbol{Z}$ 上的线性最小方差估计为：

$$\hat{\boldsymbol{X}}_L(\boldsymbol{Z}) = E(\boldsymbol{x}\boldsymbol{Z}^{\mathrm{T}})\,[E(\boldsymbol{Z}^{\mathrm{T}})]^{-1}\boldsymbol{Z}$$

4. 线性最小方差估计(正交投影) 的性质

性质 4.1：如果 $\boldsymbol{x}_1$、$\boldsymbol{x}_2$ 是两个随机矢量，$\boldsymbol{A}$、$\boldsymbol{B}$ 是两个非随机的系数阵，$\boldsymbol{r}$ 是非随机矢量，$\boldsymbol{w}$ 是与 $\boldsymbol{Z}$ 正交的零均值随机矢量，则有：

$$\hat{E}(\boldsymbol{A}\boldsymbol{x}_1 + \boldsymbol{B}\boldsymbol{x}_2 + \boldsymbol{r} + \boldsymbol{w}\mid \boldsymbol{Z}) = \boldsymbol{A}\hat{E}\{\boldsymbol{x}_1\mid \boldsymbol{Z}\} + \boldsymbol{B}\hat{E}\{\boldsymbol{x}_2\mid \boldsymbol{Z}\} + \boldsymbol{r} \tag{4.26}$$

$$\tilde{E}(\boldsymbol{A}\boldsymbol{x}_1 + \boldsymbol{B}\boldsymbol{x}_2 + \boldsymbol{r} + \boldsymbol{w}\mid \boldsymbol{Z}) = \boldsymbol{A}\tilde{E}\{\boldsymbol{x}_1\mid \boldsymbol{Z}\} + \boldsymbol{B}\tilde{E}\{\boldsymbol{x}_2\mid \boldsymbol{Z}\} + \boldsymbol{r} \tag{4.27}$$

式中，$\tilde{E}\{\cdot\mid\cdot\}$ 是 $\hat{E}\{\cdot\mid\cdot\}$ 的估计误差。式(4.26) 说明在随机量 $\boldsymbol{Z}$ 的线性函数集中，有限个随机量的线性结合的线性最小方差估计，等于各量在 $\boldsymbol{Z}$ 上的线性最小方差估计的同一线性结合，其任一非随机矢量 $\boldsymbol{r}$ 的线性最小方差估计就是 $\boldsymbol{r}$ 本身，任一与 Z 正交的零均值随

机量 $\boldsymbol{w}$ 在 Z 上的线性最小方差估计为零。

性质 4.2：如果 $\boldsymbol{Y}$，$\boldsymbol{Z}$ 互不相关，则有：

$$\hat{E}\{\boldsymbol{x} \mid \boldsymbol{Y}, \boldsymbol{Z}\} = \hat{E}(\boldsymbol{x} \mid \boldsymbol{Y}) + \hat{E}\{\boldsymbol{x} \mid \boldsymbol{Z}\} - E(\boldsymbol{x}) \tag{4.28}$$

如果 $\boldsymbol{y}_1$，$\boldsymbol{y}_2$，…，$\boldsymbol{y}_k$ 为 k 个互不相关的随机矢量，则

$$\hat{E}\{\boldsymbol{x} \mid \boldsymbol{y}_1, \boldsymbol{y}_2, \cdots, \boldsymbol{y}_k\} = \hat{E}\{\boldsymbol{x} \mid \boldsymbol{y}_1\} + \hat{E}\{\boldsymbol{x} \mid \boldsymbol{y}_2\} + \cdots + \hat{E}\{\boldsymbol{x} \mid \boldsymbol{y}_L\} - (\boldsymbol{k} - 1)E(\boldsymbol{x}) \tag{4.29}$$

当 $E(\boldsymbol{x}) = 0$ 时，

$$\hat{E}(\boldsymbol{x} \mid \boldsymbol{y}_1, \boldsymbol{y}_2, \cdots, \boldsymbol{y}_k) = \hat{E}\{\boldsymbol{x} \mid \boldsymbol{y}_1\} + \hat{E}\{\boldsymbol{x} \mid \boldsymbol{y}_2\} + \cdots + \hat{E}\{\boldsymbol{x} \mid \boldsymbol{y}_k\} \tag{4.30}$$

4.3　离散 Kalman 滤波

Kalman 滤波由 Rudolf Emil Kalman 于 1960 年首次提出，对于具有一、二阶矩的被估计状态和量测值，可以得到系统状态的递推线性最小方差估计。Kalman 滤波使用状态空间模型在时域内设计滤波器，可以处理时变系统、非平稳信号和多维信号。Kalman 滤波器无需贮存过去的量测值，只根据当前的量测值和前一时刻的估计值，利用计算机进行递推计算实现对系统状态的最优估计。随着计算机等技术的发展，Kalman 滤波理论在航空、航天等诸多领域得到了广泛应用，各个领域对该理论的不同需求也促使对其的研究更加深入，理论也日臻完善。

4.3.1　离散线性 Kalman 滤波及其特点

设离散线性状态空间模型的状态方程和量测方程为：

$$\boldsymbol{x}_k = \boldsymbol{\Phi}_{k,\ k-1}\boldsymbol{x}_{k-1} + \boldsymbol{\Gamma}_{k,\ k-1}\boldsymbol{w}_{k-1} \tag{4.31}$$

$$\boldsymbol{z}_k = \boldsymbol{H}_k\boldsymbol{x}_k + \boldsymbol{v}_k \tag{4.32}$$

式中，$\boldsymbol{x}_k$ 为系统的 n 维状态向量，表示 k 时刻的系统状态；$\boldsymbol{z}_k$ 为系统的 m 维量测向量，表示 k 时刻的量测值；$\boldsymbol{\Phi}_{k,\ k-1}$ 为 $n \times n$ 维矩阵，表示状态从 $k-1$ 步到 k 步在没有输入影响时的转移方式；$\boldsymbol{\Gamma}_{k,\ k-1}$ 是 $n \times p$ 维系统过程噪声输入矩阵；$\boldsymbol{H}_k$ 是 $m \times n$ 维量测矩阵，是测量系统的参数；$\boldsymbol{w}_{k-1}$ 为 p 维系统随机过程噪声序列；$\boldsymbol{v}_k$ 为 m 维系统随机量测噪声序列。

关于随机线性离散系统噪声的假设和性质如下：

系统的过程噪声序列 $\boldsymbol{w}_k$ 和量测噪声序列 $\boldsymbol{v}_k$ 为零均值白噪声或高斯白噪声随机过程向量序列，即

$$\left.\begin{aligned} &E[\boldsymbol{w}_k] = \boldsymbol{0} \\ &E[\boldsymbol{w}_k \quad \boldsymbol{w}_j^{\mathrm{T}}] = \boldsymbol{Q}_k\delta_{kj} \end{aligned}\right\} \tag{4.33}$$

$$\left.\begin{aligned} &E[\boldsymbol{v}_k] = 0 \\ &E[\boldsymbol{v}_k \quad \boldsymbol{v}_j^{\mathrm{T}}] = \boldsymbol{R}_k\delta_{kj} \end{aligned}\right\} \tag{4.34}$$

式中，$\boldsymbol{Q}_k$ 是系统的过程噪声向量序列 $\boldsymbol{w}_k$ 的方差阵，为对称非负定矩阵；$\boldsymbol{R}_k$ 是系统的量测噪声向量序列 $\boldsymbol{v}_k$ 的方差阵，为对称正定矩阵；δ_{kj} 为克罗尼克 δ 函数，定义为：

$$\delta_{kj} = \begin{cases} 0, & k \neq j \\ 1, & k = j \end{cases}$$

系统过程噪声序列$\boldsymbol{w}_k$ 和量测噪声序列$\boldsymbol{v}_k$ 不相关，即

$$E[\boldsymbol{w}_k \quad \boldsymbol{v}_j^{\mathrm{T}}] = \boldsymbol{0} \tag{4.35}$$

系统的初始状态$\boldsymbol{x}_0$ 是某种已知分布或正态分布的随机向量，其均值向量和方差阵为：

$$\left.\begin{aligned} E[\boldsymbol{x}_0] &= \boldsymbol{\mu}_{x_0} \\ E[\boldsymbol{x}_0 \quad \boldsymbol{x}_0^{\mathrm{T}}] &= \boldsymbol{P}_0 \end{aligned}\right\} \tag{4.36}$$

系统的过程噪声向量序列$\boldsymbol{w}_k$ 和量测噪声向量序列$\boldsymbol{v}_k$ 都与初始状态$\boldsymbol{x}_0$ 不相关，即

$$\left.\begin{aligned} E[\boldsymbol{x}_0 \quad \boldsymbol{w}_k^{\mathrm{T}}] &= \boldsymbol{0} \\ E[\boldsymbol{x}_0 \quad \boldsymbol{v}_k^{\mathrm{T}}] &= \boldsymbol{0} \end{aligned}\right\} \tag{4.37}$$

考虑到投影法在数学上的严密性，并且也是 Kalman 在其滤波理论中使用的方法，很多文献都采用正交投影法推导了离散 Kalman 滤波基本方程。

定义 4.1：如果存在某矩阵$\boldsymbol{A}^1$ 和某向量$\boldsymbol{b}^1$，对任意矩阵 $\boldsymbol{A}$ 和任意向量 $\boldsymbol{b}$ 都能使下式成立：

$$E\{[\boldsymbol{x} - (\boldsymbol{A}^1\boldsymbol{z} + \boldsymbol{b}^1)](\boldsymbol{A}\boldsymbol{z} + \boldsymbol{b})^{\mathrm{T}}\} = \boldsymbol{0} \tag{4.38}$$

则称之为 $\boldsymbol{x}$ 在 $\boldsymbol{z}$ 上的正交投影，记为 $E^*(\boldsymbol{x} \mid \boldsymbol{z})$ 。

对式(4.38) 展开得

$$E\{[\boldsymbol{x} - (\boldsymbol{A}^1\boldsymbol{z} + \boldsymbol{b}^1)](\boldsymbol{A}\boldsymbol{z} + \boldsymbol{b})^{\mathrm{T}}\} = E\{[\boldsymbol{x} - (\boldsymbol{A}^1\boldsymbol{z} + \boldsymbol{b}^1)]\boldsymbol{z}^{\mathrm{T}}\}\boldsymbol{A}^{\mathrm{T}} + E[\boldsymbol{x} - (\boldsymbol{A}^1\boldsymbol{z} + \boldsymbol{b}^1)]\boldsymbol{b}^{\mathrm{T}} \tag{4.39}$$

由于 $\boldsymbol{A}$ 为任意矩阵，$\boldsymbol{b}$ 为任意向量，要使式(4.38) 恒成立，须有

$$\left.\begin{aligned} E\{[\boldsymbol{x} - (\boldsymbol{A}^1\boldsymbol{z} + \boldsymbol{b}^1)]\boldsymbol{z}^{\mathrm{T}}\} &= \boldsymbol{0} \\ E[\boldsymbol{x} - (\boldsymbol{A}^1\boldsymbol{z} + \boldsymbol{b}^1)] &= \boldsymbol{0} \end{aligned}\right\} \tag{4.40}$$

式(4.40) 是正交投影定义的另一种形式，从该式可以看出：

① 正交投影是量测值$\boldsymbol{z}$ 和向量$\boldsymbol{b}^1$ 的线性组合，位于$\boldsymbol{z}$ 构成的空间内，该空间也称量测空间；

② 若用正交投影作为 $\boldsymbol{x}$ 的估计，则估计误差与量测空间正交；

③ 正交投影是 $\boldsymbol{x}$ 的无偏估计。

关于向量正交投影的一些结论如下：

结论 4.1：$\boldsymbol{x}$ 在 $\boldsymbol{z}$ 上的正交投影即为 $\boldsymbol{x}$ 的线性最小方差估计，反之亦然，即

$$\boldsymbol{A}^1 + \boldsymbol{b}^1 = E^*[\boldsymbol{x} \mid \boldsymbol{z}] \tag{4.41}$$

结论 4.2：若 $\boldsymbol{x}$ 和 $\boldsymbol{z}$ 为具有二阶矩的随机向量，$\boldsymbol{A}$ 为非随机矩阵，其列数等于 $\boldsymbol{x}$ 维数，则

$$E^*[\boldsymbol{A}\boldsymbol{x} \mid \boldsymbol{z}] = \boldsymbol{A}E^*[\boldsymbol{x} \mid \boldsymbol{z}] \tag{4.42}$$

结论 4.3：若$\boldsymbol{x}$、$\boldsymbol{y}$ 和 $\boldsymbol{z}$ 为具有二阶矩的随机变量，$\boldsymbol{A}$ 和 $\boldsymbol{B}$ 为具有相应维数的非随机矩阵，则有

$$E^*[(\boldsymbol{A}\boldsymbol{x} + \boldsymbol{B}\boldsymbol{y}) \mid \boldsymbol{z}] = \boldsymbol{A}E^*[\boldsymbol{x} \mid \boldsymbol{z}] + \boldsymbol{B}E^*[\boldsymbol{y} \mid \boldsymbol{z}] \tag{4.43}$$

结论 4.4：若 $\boldsymbol{x}$、z_1 和 z_2 为三个具有二阶矩的随机向量，且 $z=[z_1 \quad z_2]^{\mathrm{T}}$，则有

$$E^*[\boldsymbol{x} \mid z]=E^*[\boldsymbol{x} \mid z_1]+E^*[\boldsymbol{x} \mid z_2]=E^*[\boldsymbol{x} \mid z_1]+E[\tilde{\boldsymbol{x}}\tilde{z}_2^{\mathrm{T}}]\{E[\tilde{z}_2\tilde{z}_2^{\mathrm{T}}]\}^{-1}\tilde{z}_2 \tag{4.44}$$

式中，$\tilde{\boldsymbol{x}}=\boldsymbol{x}-E^*[\boldsymbol{x} \mid z_1]$，$\tilde{z}_2=z_2-E^*[z_2 \mid z]$。

4.3.2 Kalman 滤波数据处理过程

1. 一步最优线性预测估计

根据正交投影结论 4.1，设基于 $k-1$ 量测向量序列$z_{1:k-1}=\{z_1, z_2, \cdots, z_{k-1}\}$得到的线性最小方差估计为：

$$\hat{\boldsymbol{x}}_{k-1}=E^*[\boldsymbol{x}_{k-1} \mid z_{1:k-1}] \tag{4.45}$$

那么，基于$z_{1:k-1}$估计 $\boldsymbol{x}_k$ 而得到的一步最优线性预测为：

$$\hat{\boldsymbol{x}}_k^-=E^*[\boldsymbol{x}_k \mid z_{1:k-1}] \tag{4.46}$$

而由式(4.45)和向量正交投影的结论 4.2，得

$$\begin{aligned}\hat{\boldsymbol{x}}_k^- &= E^*[(\boldsymbol{\Phi}_{k,k-1}\boldsymbol{x}_{k-1}+\boldsymbol{\Gamma}_{k,k-1}\boldsymbol{w}_{k-1}) \mid z_{1:k-1}] \\ &= \boldsymbol{\Phi}_{k,k-1}\hat{\boldsymbol{x}}_{k-1}+\boldsymbol{\Gamma}_{k,k-1}E^*[\boldsymbol{w}_{k-1} \mid z_{1:k-1}]\end{aligned} \tag{4.47}$$

由于假设$\boldsymbol{w}_{k-1}$与$z_1, z_2, \cdots, z_{k-1}$不相关，即$\boldsymbol{w}_{k-1}$与$z_{1:k-1}$正交(因为$z_{1:k-1}$可由与$\boldsymbol{w}_{k-1}$不相关的$\boldsymbol{x}_0, \boldsymbol{w}_1, \boldsymbol{w}_2, \cdots, \boldsymbol{w}_{k-2}, \boldsymbol{v}_1, \boldsymbol{v}_2, \cdots, \boldsymbol{v}_{k-1}$线性表示)，且有$E[\boldsymbol{w}_{k-1}]=\boldsymbol{0}$，故由正交投影的结论 4.1 知，$E^*[\boldsymbol{w}_{k-1} \mid z_{1:k-1}]=\boldsymbol{0}$，则式(4.47)变成

$$\hat{\boldsymbol{x}}_k^-=\boldsymbol{\Phi}_{k,k-1}\hat{\boldsymbol{x}}_{k-1} \tag{4.48}$$

记$\tilde{\boldsymbol{x}}_k^-=\boldsymbol{x}_k-\hat{\boldsymbol{x}}_k^-$，则$\tilde{\boldsymbol{x}}_k^-$与$z_{1:k}$正交。

2. 一步最优线性预测量测值

基于$z_{1:k-1}$对 z_k 所做的一步最优线性预测应为：

$$\begin{aligned}\hat{z}_k^- &= E^*[z_k \mid z_{1:k-1}]=E^*[(\boldsymbol{H}_k\boldsymbol{x}_k+\boldsymbol{v}_k) \mid z_{1:k-1}] \\ &= \boldsymbol{H}_kE^*[\boldsymbol{x}_k \mid z_{1:k-1}]+E^*[\boldsymbol{v}_k \mid z_{1:k-1}]\end{aligned} \tag{4.49}$$

由于$\boldsymbol{v}_k$与$\boldsymbol{x}_0, \boldsymbol{w}_1, \boldsymbol{w}_2, \cdots, \boldsymbol{w}_{k-2}, \boldsymbol{v}_1, \boldsymbol{v}_2, \cdots, \boldsymbol{v}_{k-1}$不相关，即$\boldsymbol{v}_k$与$z_{1:k-1}$正交，且有$E[\boldsymbol{v}_k]=\boldsymbol{0}$，则有$E^*[\boldsymbol{v}_k \mid z_{1:k-1}]=\boldsymbol{0}$，于是

$$\hat{z}_k^-=\boldsymbol{H}_k\hat{\boldsymbol{x}}_k=\boldsymbol{H}_k\boldsymbol{\Phi}_{k|k-1}\hat{\boldsymbol{x}}_{k-1} \tag{4.50}$$

由于$\hat{z}_k^-$为 z_k 在$z_{1:k-1}$上的正交投影，因此

$$\tilde{z}_k^-=z_k-\hat{z}_k^-=z_k-\boldsymbol{H}_k\hat{\boldsymbol{x}}_k^- \tag{4.51}$$

与$z_{1:k-1}$正交，$\tilde{z}_k^-$为第 k 次量测量 z_k 的预测误差，也称为新息。

3. $\hat{\boldsymbol{x}}_k$ 的递推公式

根据正交投影的结论 4.4，得

$$\hat{\boldsymbol{x}}_k=E^*[\boldsymbol{x}_k \mid z_{1:k}]=E[\boldsymbol{x}_k \mid z_{1:k-1}]+E[\tilde{\boldsymbol{x}}_k^- \mid \tilde{z}_k^-]$$

$$= E^*[\boldsymbol{x}_k \mid z_{1:k-1}] + E[\tilde{\boldsymbol{x}}_k^-(\tilde{z}_k^-)^{\mathrm{T}}]\{E[\tilde{z}_k^-(\tilde{z}_k^-)^{\mathrm{T}}]\}^{-1}\tilde{z}_k^- \tag{4.52}$$

考虑到$\boldsymbol{v}_k$ 与$z_{1:k-1}$ 正交，故$\boldsymbol{v}_k$ 与$\tilde{\boldsymbol{x}}_{k,k-1}$ 不相关，于是有

$$\begin{aligned} E[\tilde{z}_k^-(\tilde{z}_k^-)^{\mathrm{T}}] &= E[(z_k - \boldsymbol{H}_k\hat{\boldsymbol{x}}_k^-)(z_k - \boldsymbol{H}_k\hat{\boldsymbol{x}}_k^-)^{\mathrm{T}}] \\ &= E[(\boldsymbol{H}_k\tilde{\boldsymbol{x}}_k^- + \boldsymbol{v}_k)(\boldsymbol{H}_k\tilde{\boldsymbol{x}}_k^- + \boldsymbol{v}_k)^{\mathrm{T}}] \\ &= \boldsymbol{H}_k\boldsymbol{P}_k^-\boldsymbol{H}_k^{\mathrm{T}} + \boldsymbol{R}_k \end{aligned} \tag{4.53}$$

$$E[\tilde{\boldsymbol{x}}_k^-(\tilde{z}_k^-)^{\mathrm{T}}] = E[\tilde{\boldsymbol{x}}_k^-(\boldsymbol{H}_k\tilde{\boldsymbol{x}}_k^- + \boldsymbol{v}_k)^{\mathrm{T}}] = \boldsymbol{P}_k^-\boldsymbol{H}_k^{\mathrm{T}} \tag{4.54}$$

将式(4.46)、式(4.51)、式(4.53)和式(4.54)代入式(4.52)，得

$$\hat{\boldsymbol{x}}_k = \hat{\boldsymbol{x}}_k^- + \boldsymbol{P}_k^-\boldsymbol{H}_k^{\mathrm{T}}[\boldsymbol{H}_k\boldsymbol{P}_k^-\boldsymbol{H}_k^{\mathrm{T}} + \boldsymbol{R}_k]^{-1}[z_k - \boldsymbol{H}_k\hat{\boldsymbol{x}}_k^-] \tag{4.55}$$

令

$$\boldsymbol{K}_k = \boldsymbol{P}_k^-\boldsymbol{H}_k^{\mathrm{T}}[\boldsymbol{H}_k\boldsymbol{P}_k^-\boldsymbol{H}_k^{\mathrm{T}} + \boldsymbol{R}_k]^{-1} \tag{4.56}$$

则得到滤波的递推公式为

$$\hat{\boldsymbol{x}}_k = \hat{\boldsymbol{x}}_k^- + \boldsymbol{K}_k[z_k - \boldsymbol{H}_k\hat{\boldsymbol{x}}_k^-] \tag{4.57}$$

4. 误差协方差阵递推公式

$$\begin{aligned} \tilde{\boldsymbol{x}}_k^- &= \boldsymbol{x}_k - \hat{\boldsymbol{x}}_k^- = \boldsymbol{\Phi}_{k,k-1}\boldsymbol{x}_{k-1} + \boldsymbol{\Gamma}_{k,k-1}\boldsymbol{w}_{k-1} - \boldsymbol{\Phi}_{k,k-1}\hat{\boldsymbol{x}}_{k-1} \\ &= \boldsymbol{\Phi}_{k,k-1}\tilde{\boldsymbol{x}}_{k-1} + \boldsymbol{\Gamma}_{k,k-1}\boldsymbol{w}_{k-1} \end{aligned} \tag{4.58}$$

故得

$$\begin{aligned} \boldsymbol{P}_k^- &= E[\tilde{\boldsymbol{x}}_k^-(\tilde{\boldsymbol{x}}_k^-)^{\mathrm{T}}] \\ &= E[(\boldsymbol{\Phi}_{k,k-1}\tilde{\boldsymbol{x}}_{k-1} + \boldsymbol{\Gamma}_{k,k-1}\boldsymbol{w}_{k-1})(\boldsymbol{\Phi}_{k,k-1}\tilde{\boldsymbol{x}}_{k-1} + \boldsymbol{\Gamma}_{k,k-1}\boldsymbol{w}_{k-1})^{\mathrm{T}}] \end{aligned} \tag{4.59}$$

考虑到①$\boldsymbol{x}_{k-1}$ 与$\boldsymbol{w}_{k-1}$ 不相关；②$E[\boldsymbol{w}_{k-1}\boldsymbol{w}_{k-1}^{\mathrm{T}}] = \boldsymbol{Q}_{k-1}$，于是

$$\boldsymbol{P}_k^- = \boldsymbol{\Phi}_{k,k-1}\boldsymbol{P}_{k-1}\boldsymbol{\Phi}_{k,k-1}^{\mathrm{T}} + \boldsymbol{\Gamma}_{k,k-1}\boldsymbol{Q}_{k-1}\boldsymbol{\Gamma}_{k,k-1}^{\mathrm{T}} \tag{4.60}$$

$$\begin{aligned} \tilde{\boldsymbol{x}}_k &= \boldsymbol{x}_k - \hat{\boldsymbol{x}}_k = \boldsymbol{x}_k - \hat{\boldsymbol{x}}_k^- - \boldsymbol{K}_k[z_k - \boldsymbol{H}_k\hat{\boldsymbol{x}}_k^-] \\ &= \tilde{\boldsymbol{x}}_k^- - \boldsymbol{K}_k[\boldsymbol{H}_k\boldsymbol{x}_k + \boldsymbol{v}_k - \boldsymbol{H}_k\hat{\boldsymbol{x}}_k^-] \\ &= \tilde{\boldsymbol{x}}_k^- - \boldsymbol{K}_k[\boldsymbol{H}_k\tilde{\boldsymbol{x}}_k^- + \boldsymbol{v}_k] \\ &= [\boldsymbol{I} - \boldsymbol{K}_k\boldsymbol{H}_k]\tilde{\boldsymbol{x}}_k^- - \boldsymbol{K}_k\boldsymbol{v}_k \end{aligned} \tag{4.61}$$

$$\begin{aligned} \boldsymbol{P}_k &= E[\tilde{\boldsymbol{x}}_k\tilde{\boldsymbol{x}}_k^{\mathrm{T}}] \\ &= E[[(\boldsymbol{I} - \boldsymbol{K}_k\boldsymbol{H}_k)\tilde{\boldsymbol{x}}_k^- - \boldsymbol{K}_k\boldsymbol{v}_k][(\boldsymbol{I} - \boldsymbol{K}_k\boldsymbol{H}_k)\tilde{\boldsymbol{x}}_k^- - \boldsymbol{K}_k\boldsymbol{v}_k]^{\mathrm{T}}] \\ &= [\boldsymbol{I} - \boldsymbol{K}_k\boldsymbol{H}_k]\boldsymbol{P}_k^-[\boldsymbol{I} - \boldsymbol{K}_k\boldsymbol{H}_k]^{\mathrm{T}} + \boldsymbol{K}_k\boldsymbol{R}_k\boldsymbol{K}_k^{\mathrm{T}} \end{aligned} \tag{4.62}$$

根据以上过程，表 4-1 给出了 Kalman 滤波过程及基本方程。

表 4-1　　**离散 Kalman 滤波基本方程**

初始化	$\hat{\boldsymbol{x}}_0 = E[\boldsymbol{x}_0]$ $\boldsymbol{P}_0 = E[(\boldsymbol{x}_0 - E[\boldsymbol{x}_0])(\boldsymbol{x}_0 - E[\boldsymbol{x}_0])^{\mathrm{T}}]$

续表

时间更新	$\hat{\boldsymbol{x}}_k^- = \boldsymbol{\Phi}_{k,k-1}\hat{\boldsymbol{x}}_{k-1}$ $\boldsymbol{P}_k^- = \boldsymbol{\Phi}_{k,k-1}\boldsymbol{P}_{k-1}\boldsymbol{\Phi}_{k,k-1}^{\mathrm{T}} + \boldsymbol{\Gamma}_{k,k-1}\boldsymbol{Q}_{k-1}\boldsymbol{\Gamma}_{k,k-1}^{\mathrm{T}}$
量测更新	$\boldsymbol{K}_k = \boldsymbol{P}_k^-\boldsymbol{H}_k^{\mathrm{T}}[\boldsymbol{H}_k\boldsymbol{P}_k^-\boldsymbol{H}_k^{\mathrm{T}} + \boldsymbol{R}_k]^{-1}$ $\hat{\boldsymbol{x}}_k = \hat{\boldsymbol{x}}_k^- + \boldsymbol{K}_k[\boldsymbol{z}_k - \boldsymbol{H}_k\hat{\boldsymbol{x}}_k^-]$ $\boldsymbol{P}_k = [\boldsymbol{I} - \boldsymbol{K}_k\boldsymbol{H}_k]\boldsymbol{P}_k^-[\boldsymbol{I} - \boldsymbol{K}_k\boldsymbol{H}_k]^{\mathrm{T}} + \boldsymbol{K}_k\boldsymbol{R}_k\boldsymbol{K}_k^{\mathrm{T}}$

式(4.56)可以进一步写成

$$\boldsymbol{K}_k = \boldsymbol{P}_k\boldsymbol{H}_k^{\mathrm{T}}R_k^{-1} \tag{4.63}$$

式(4.62)可以进一步写成

$$\boldsymbol{P}_k = [\boldsymbol{I} - \boldsymbol{K}_k\boldsymbol{H}_k]\boldsymbol{P}_k^- \tag{4.64}$$

或

$$\boldsymbol{P}_k^{-1} = (\boldsymbol{P}_k^-)^{-1} + \boldsymbol{H}_k^{\mathrm{T}}R_k^{-1}\boldsymbol{H}_k \tag{4.65}$$

图4-1描述了Kalman滤波的时间更新和量测更新过程。只要给定初值$\hat{\boldsymbol{x}}_0$和$\boldsymbol{P}_0$，根据k时刻的量测值z_k就可以递推计算得k时刻的状态估计$\boldsymbol{x}_k$。在一个滤波周期内，从Kalman滤波在使用系统信息和量测信息的先后次序来看，Kalman滤波具有两个明显的信息更新过程，即时间更新过程和量测更新过程。

(1) 时间更新过程

式(4.48)说明了根据$k-1$时刻的状态估计$\hat{\boldsymbol{x}}_{k-1}$预测$k$时刻状态的方法，式(4.60)对这种预测的质量优劣做了定量描述。两式计算中仅使用了与系统的动态特性相关的信息，如状态一步转移矩阵、噪声输入矩阵、过程噪声方差阵。从时间的推移过程来看，该两式实现了时间从$k-1$时刻至k时刻的推进，描述了Kalman滤波的时间更新过程。

(2) 量测更新过程

式(4.56)、式(4.57)用来计算对时间更新值的修正量，该修正量由时间更新的质量优劣$\boldsymbol{P}_k^-$、量测信息的质量优劣$\boldsymbol{R}_k$、量测与状态的关系$\boldsymbol{H}_k$以及具体的量测信息$\boldsymbol{z}_k$所确定，充分、合理地利用了量测$\boldsymbol{z}_k$，描述了Kalman滤波的量测更新过程。

离散Kalman滤波算法具有如下特点：

① 由于Kalman滤波算法将被估计的信号看作在白噪声作用下一个随机线性系统的输出，并且其状态方程和量测方程是在时间域内给出的，因此这种滤波方法不仅适用于平稳序列的滤波，而且适用于非平稳或平稳马尔可夫序列或高斯-马尔可夫序列的滤波，其应用范围十分广泛。

② 由于Kalman滤波的基本方程是时间域内的递推形式，其计算过程是一个不断的预测—修正过程，在求解时不要求存储大量数据，并且一旦观测到了新的数据，随时可以算得新的滤波值，因此这种滤波方法便于计算机实时处理。

③ 若为定常系统，由于滤波器的增益矩阵与量测无关，因此增益可以预先离线算

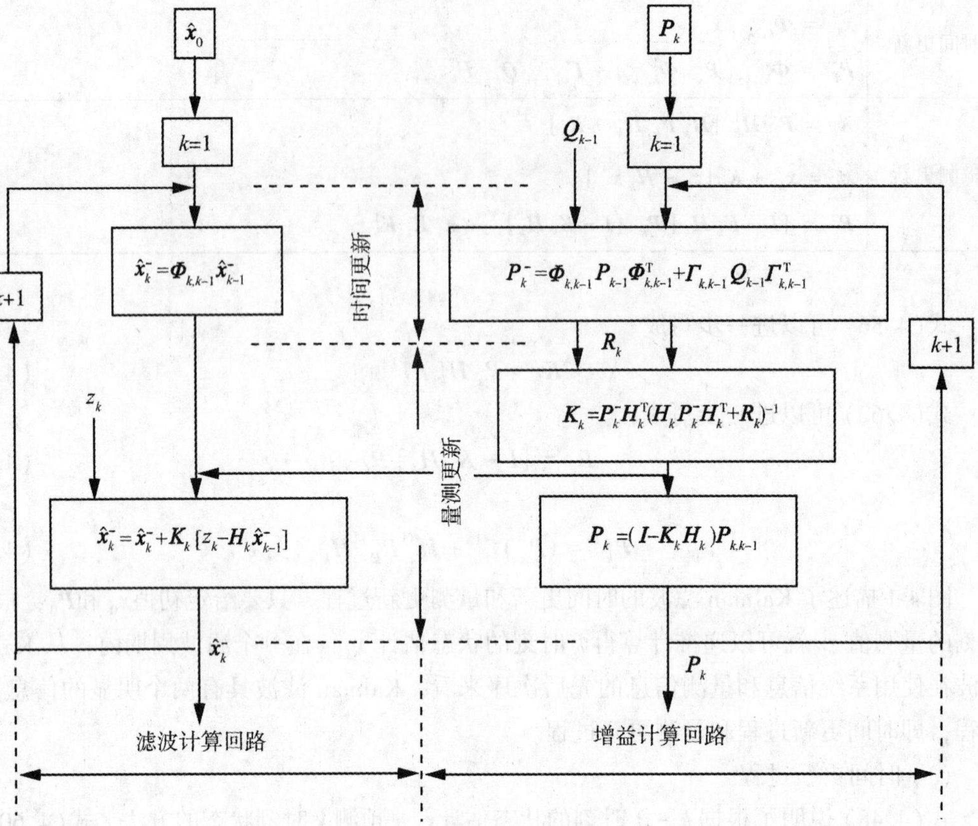

图 4-1　Kalman 滤波流程

出，从而可以减少实时在线计算量；在求滤波器增益矩阵$\boldsymbol{K}_k$时，要求一个矩阵的逆，即要计算$[\boldsymbol{H}_k\boldsymbol{P}_{k,k-1}\boldsymbol{H}_k^{\mathrm{T}}+\boldsymbol{R}_k]^{-1}$，其阶数只取决于量测方程的维数 m，而 m 通常很小，因此求逆运算变得比较方便；另外，在求解滤波器增益的过程中，随时可以算得滤波器的精度指标$\boldsymbol{P}_k$，其对角线上的元素就是滤波误差向量各分量的方差。

④ 增益矩阵$\boldsymbol{K}_k$与初始方差阵$\boldsymbol{P}_0$、系统噪声方差阵$\boldsymbol{Q}_{k-1}$和量测噪声方差阵$\boldsymbol{R}_k$之间具有如下关系：

a. 由 Kalman 滤波的基本方程(4.56)、(4.60)可以看出：$\boldsymbol{P}_0$、$\boldsymbol{Q}_{k-1}$和$\boldsymbol{R}_k$同乘一个相同的标量时，$\boldsymbol{K}_k$不变。

b. 由滤波的基本方程(4.56)可见，当$\boldsymbol{R}_k$增大时，$\boldsymbol{K}_k$就变小，直观上如果量测噪声增大，那么滤波增益就减小，以减弱量测噪声对滤波值的影响。

c. 如果$\boldsymbol{P}_0$变小、$\boldsymbol{Q}_{k-1}$变小，或两者都变小，则由滤波的基本方程(4.60)可以看出，这时$\boldsymbol{P}_k^-$变小；而从滤波的基本方程(4.62)可以看出，这时的$\boldsymbol{P}_k$也变小，从而$\boldsymbol{K}_k$变小。$\boldsymbol{P}_0$变小，表示初始估计较好；$\boldsymbol{Q}_{k-1}$变小，表示过程噪声变小，增益矩阵变小以实现小的修正。

以上表明，增益矩阵$\boldsymbol{K}_k$与$\boldsymbol{Q}_{k-1}$成正比，而与$\boldsymbol{R}_k$成反比。

4.3.3　量测向量的序贯处理

在Kalman滤波中，需要计算$m \times m$维逆阵$[\boldsymbol{H}_k \boldsymbol{P}_{k,k-1} \boldsymbol{H}_k^{\mathrm{T}} + \boldsymbol{R}_k]^{-1}$，逆阵的计算量与维数立方$m^3$成正比，计算量较大，因此当测量向量维数$m$很大时，可采用序贯处理方法来计算。序贯处理方法将量测更新中对z_k的集中处理分散为对z_k各分量的顺序处理，使对高阶矩阵的求逆转变为对低阶矩阵求逆，降低了计算量。特别是当量测噪声方差阵为对角阵时，这种序列化处理后的求逆转化为单纯的除法。

序列处理方法要求测量噪声方差阵为对角阵：

$$E[\boldsymbol{v}_k \boldsymbol{v}_k^{\mathrm{T}}] = \mathrm{diag}(\boldsymbol{r}_k^1, \boldsymbol{r}_k^2, \cdots, \boldsymbol{r}_k^m) \tag{4.66}$$

同样可把量测矩阵$\boldsymbol{H}_k$分块为

$$\boldsymbol{H}_k = [(\boldsymbol{h}_k^1)^{\mathrm{T}}, (\boldsymbol{h}_k^2)^{\mathrm{T}}, \cdots, (\boldsymbol{h}_k^m)^{\mathrm{T}}]^{\mathrm{T}} \tag{4.67}$$

这时每组量测分量的量测方程变为

$$\boldsymbol{z}_k^i = \boldsymbol{h}_k^i \boldsymbol{x}_k + \boldsymbol{v}_k^i \tag{4.68}$$

式中，$E[\boldsymbol{v}_k^i \boldsymbol{v}_k^{i\mathrm{T}}] = \boldsymbol{r}_k^i$；$\boldsymbol{h}_k^i$为$1 \times n$分块量测阵，即行矩阵。

量测向量序列处理只在量测更新中进行，滤波公式为

$$\hat{\boldsymbol{x}}_k^0 = \boldsymbol{\Phi}_{k,k-1} \hat{\boldsymbol{x}}_{k-1} \tag{4.69}$$

$$\boldsymbol{P}_k^0 = \boldsymbol{P}_k^- \tag{4.70}$$

$$\begin{cases} \boldsymbol{x}_k^i = \boldsymbol{x}_k^{i-1} + \boldsymbol{K}_k^i (\boldsymbol{z}_k^i - \boldsymbol{h}_k^i \boldsymbol{x}_k^{i-1}) \\ \boldsymbol{K}_k^i = \boldsymbol{P}_k^{i-1} \boldsymbol{h}_k^i (\boldsymbol{h}_k^i \boldsymbol{P}_k^{i-1} (\boldsymbol{h}_k^i)^{\mathrm{T}} + \boldsymbol{r}_k^i)^{-1} \\ \boldsymbol{P}_k^i = (\boldsymbol{I} - \boldsymbol{K}_k^i \boldsymbol{h}_k^i) \boldsymbol{P}_k^{i-1} \end{cases} \tag{4.71}$$

其中，$i = 1, 2, \cdots, m$。当$\boldsymbol{x}_k = \boldsymbol{x}_k^m$，$\boldsymbol{P}_k = \boldsymbol{P}_k^m$时，序列处理终止。

序列处理算法的另一个优点是，当测量装置中某个或某几个传感器突然中断时，滤波器还可以利用测得的信息继续工作。由于传感器工作时常常互不影响，测量误差方差阵$\boldsymbol{R}$为严格对角阵，即

$$\boldsymbol{R}_k = \mathrm{diag}(\boldsymbol{r}_k^1, \boldsymbol{r}_k^2, \cdots, \boldsymbol{r}_k^m) \tag{4.72}$$

量测向量的维数m接近状态变量的维数n时，序贯处理对于降低计算量作用十分明显，但当$m \leqslant \dfrac{n}{2}$时，效果就不显著了。

当量测噪声方差阵不是对角阵形式时，如果仍进行序贯处理，需对方差阵$\boldsymbol{R}_k$进行相应分解。由于$\boldsymbol{R}_k$为正定矩阵，所以总可以分解为如下形式：

$$\boldsymbol{R}_k = \boldsymbol{U}_k \hat{\boldsymbol{R}}_k \boldsymbol{U}_k^{\mathrm{T}} \tag{4.73}$$

其中，$\hat{\boldsymbol{R}}_k$为一对角阵，对角线上的元素为矩阵$\boldsymbol{R}_k$的特征值；而$\boldsymbol{U}$为正交矩阵，即$\boldsymbol{U}^{-1} = \boldsymbol{U}^{\mathrm{T}}$。以$\boldsymbol{U}^{-1}$左乘量测方程得

$$U_k^{-1}z_k = U_k^{-1}(H_k x_k + v_k) = U_k^{-1} H_k x_k + U_k^{-1} v_k \tag{4.74}$$

令

$$\hat{z}_k = U_k^{-1} z_k$$

$$\hat{H}_k = U_k^{-1} H_k$$

$$\hat{v}_k = U_k^{-1} v_k$$

则重构后的量测方程为

$$\hat{z}_k = \hat{H}_k x_k + \hat{v}_k \tag{4.75}$$

显然，$\hat{v}_k$ 为零均值白噪声，其方差阵为

$$\begin{aligned}\hat{R}_k &= E[\hat{v}_k \hat{v}_k^{\mathrm{T}}] = E[U_k^{-1} v_k v_k^{\mathrm{T}} U_k^{-T}] = E[U_k^{-1} v_k v_k^{\mathrm{T}} U_k] \\ &= U_k^{-1} E[v_k v_k^{\mathrm{T}}] U_k = U_k^{-1} R_k U_k = \hat{R}_k\end{aligned} \tag{4.76}$$

于是，引入量测值 $\hat{z}_k$ 的噪声方差阵 $\hat{R}_k$ 为对角阵，可以采用 $\hat{z}_k$ 和量测矩阵 $\hat{H}_k$ 进行 Kalman 滤波的序贯处理。

4.4　几种改进的 Kalman 滤波

4.4.1　扩展 Kalman 滤波

在处理非线性模型时，Kalman 滤波的线性化主要有两种：一是按系统标称状态线性化，二是按系统状态最优估计线性化。后者被称为扩展 Kalman 滤波。利用标称状态线性化会存在如下缺点：

① 需要事先计算出各个时刻的标称状态，占用较多的存储量；

② 某些情况下实际状态与标称状态可能存在较大的偏差，会引入较大的线性化误差，进而影响滤波精度。

为了与最小二乘估计协同处理，可采用按系统状态最优估计线性化的扩展 Kalman 滤波。

设有如下非线性系统

$$\left.\begin{aligned} x_k &= f(x_{k-1},\ w_{k-1}) \\ z_k &= h(x_k,\ v_k) \end{aligned}\right\} \tag{4.77}$$

状态向量和量测向量的近似值分别为：

$$\hat{x}_k^- = f(\hat{x}_{k-1},\ \mathbf{0}) \tag{4.78}$$

和

$$\hat{z}_k^- = h(\hat{x}_k^-,\ \mathbf{0}) \tag{4.79}$$

其中，$\hat{x}_k$ 是 $k-1$ 时刻的最优滤波值。

为了进行一个非线性系统的状态最优估计，给出如下线性化表示：

$$\left.\begin{aligned} \boldsymbol{x}_k &\approx \hat{\boldsymbol{x}}_k^- + \boldsymbol{\Phi}(\hat{\boldsymbol{x}}_{k-1}, k-1)(\boldsymbol{x}_{k-1} - \hat{\boldsymbol{x}}_{k-1}) + \boldsymbol{\Gamma}(\hat{\boldsymbol{x}}_{k-1}, k-1)\boldsymbol{w}_{k-1} \\ z_k &\approx \hat{z}_k^- + \boldsymbol{H}(\hat{\boldsymbol{x}}_k^-, k)(\boldsymbol{x}_k - \hat{\boldsymbol{x}}_k^-) + \boldsymbol{V}(\hat{\boldsymbol{x}}_k^-, k)\boldsymbol{v}_k \end{aligned}\right\} \tag{4.80}$$

其中，$\boldsymbol{x}_k$ 和 z_k 是状态向量和量测向量的真值；$\hat{\boldsymbol{x}}_k^-$ 和 $\hat{z}_k^-$ 来自式(4.78)和式(4.79)，是状态向量和量测向量的预测值；$\hat{\boldsymbol{x}}_{k-1}$ 是 $k-1$ 时刻状态向量的最优估计；$\boldsymbol{w}_k$ 和 $\boldsymbol{v}_k$ 表示系统过程输入噪声和量测噪声。

$\boldsymbol{\Phi}(\hat{\boldsymbol{x}}_{k-1}, k-1)$ 是 $f(\cdot)$ 对 $\boldsymbol{x}$ 的偏导的雅克比矩阵：

$$\boldsymbol{\Phi}(\hat{\boldsymbol{x}}_{k-1}, k-1)[i, j] = \frac{\partial f_{[i]}}{\partial \boldsymbol{x}_{[j]}}(\hat{\boldsymbol{x}}_{k-1}, 0) \tag{4.81}$$

$\boldsymbol{H}(\hat{\boldsymbol{x}}_k^-, k)$ 是 $h(\cdot)$ 对 $\boldsymbol{x}$ 的偏导的雅克比矩阵：

$$\boldsymbol{H}(\hat{\boldsymbol{x}}_k^-, k)[i, j] = \frac{\partial h_{[i]}}{\partial \boldsymbol{x}_{[j]}}(\hat{\boldsymbol{x}}_k^-, 0) \tag{4.82}$$

$\boldsymbol{\Gamma}(\hat{\boldsymbol{x}}_{k-1}, k-1)$ 是 $f(\cdot)$ 对 $\boldsymbol{w}$ 的偏导的雅克比矩阵：

$$\boldsymbol{\Gamma}(\hat{\boldsymbol{x}}_{k-1}, k-1)[i, j] = \frac{\partial f_{[i]}}{\partial \boldsymbol{w}_{[j]}}(\hat{\boldsymbol{x}}_{k-1}, 0) \tag{4.83}$$

$\boldsymbol{V}(\hat{\boldsymbol{x}}_k^-, k)$ 是 $h(\cdot)$ 对 $\boldsymbol{v}$ 的偏导的雅克比矩阵：

$$\boldsymbol{V}(\hat{\boldsymbol{x}}_k^-, k)[i, j] = \frac{\partial h_{[i]}}{\partial \boldsymbol{v}_{[j]}}(\hat{\boldsymbol{x}}_k^-, 0) \tag{4.84}$$

定义如下新的预测误差和量测向量残差表达式：

$$\delta \boldsymbol{x}_k \triangleq \boldsymbol{x}_k - \hat{\boldsymbol{x}}_k^- \tag{4.85}$$

$$\delta z_k \triangleq z_k - \hat{z}_k^- \tag{4.86}$$

由式(4.85)和式(4.86)写出系统误差过程为：

$$\begin{cases} \delta \boldsymbol{x}_k \approx \boldsymbol{\Phi}(\hat{\boldsymbol{x}}_{k-1}, k-1)(\boldsymbol{x}_{k-1} - \hat{\boldsymbol{x}}_{k-1}) + \boldsymbol{\varepsilon}_{k-1} \\ \delta z_k \approx \boldsymbol{H}(\hat{\boldsymbol{x}}_k^-, k)\delta \boldsymbol{x}_k + \boldsymbol{\eta}_k \end{cases} \tag{4.87}$$

式中，$\boldsymbol{\varepsilon}_{k-1}$ 和 $\boldsymbol{\eta}_k$ 代表具有零均值和协方差矩阵 $\boldsymbol{\Gamma}(\hat{\boldsymbol{x}}_{k-1}, k-1)\boldsymbol{Q}_{k-1}\boldsymbol{\Gamma}^{\mathrm{T}}(\hat{\boldsymbol{x}}_{k-1}, k-1)$ 和 $\boldsymbol{V}(\hat{\boldsymbol{x}}_k^-, k)\boldsymbol{R}_k\boldsymbol{V}^{\mathrm{T}}(\hat{\boldsymbol{x}}_k^-, k)$ 的独立随机变量。

注意到式(4.87)是线性的，与线性离散 Kalman 滤波中的状态方程和量测方程非常相似。采用式(4.86)中的量测残差向量 δz_k 和式(4.85)中的状态预测残差 $\delta \boldsymbol{x}_k$ 估计的结果记为 $\delta \hat{\boldsymbol{x}}_k$，结合(4.85)可以获得非线性过程的后验状态估计：

$$\hat{\boldsymbol{x}}_k = \hat{\boldsymbol{x}}_k^- + \delta \hat{\boldsymbol{x}}_k \tag{4.88}$$

因为对于 $\delta \boldsymbol{x}_k$ 的预测估计为 $\mathbf{0}$，则可得其 Kalman 滤波量测更新为

$$\delta \hat{\boldsymbol{x}}_k = \boldsymbol{K}_k \delta z_k \tag{4.89}$$

因此

$$\hat{\boldsymbol{x}}_k = \hat{\boldsymbol{x}}_k^- + \boldsymbol{K}_k \delta z_k = \hat{\boldsymbol{x}}_k^- + \boldsymbol{K}_k(z_k - \hat{z}_k^-) \tag{4.90}$$

表 4-2 给出了扩展 Kalman 滤波的实现过程及基本方程。

表 4-2　扩展 Kalman 滤波方程

初始化	$\hat{\boldsymbol{x}}_0 = E[\boldsymbol{x}_0]$ $\boldsymbol{P}_0 = E[(\boldsymbol{x}_0 - \hat{\boldsymbol{x}}_0)(\boldsymbol{x}_0 - \hat{\boldsymbol{x}}_0)^{\mathrm{T}}]$
时间更新方程	$\hat{\boldsymbol{x}}_k^- = f(\hat{\boldsymbol{x}}_{k-1}, 0)$ $\boldsymbol{P}_k^- = \boldsymbol{\Phi}(\hat{\boldsymbol{x}}_{k-1}, k-1)\boldsymbol{P}_{k-1}\boldsymbol{\Phi}^{\mathrm{T}}(\hat{\boldsymbol{x}}_{k-1}, k-1) + \boldsymbol{\Gamma}(\hat{\boldsymbol{x}}_{k-1}, k-1)\boldsymbol{Q}_{k-1}\boldsymbol{\Gamma}^{\mathrm{T}}(\hat{\boldsymbol{x}}_{k-1}, k-1)$
量测更新方程	$\boldsymbol{K}_k = \boldsymbol{P}_k^- \boldsymbol{H}^{\mathrm{T}}(\hat{\boldsymbol{x}}_k^-, k)[\boldsymbol{H}(\hat{\boldsymbol{x}}_k^-, k)\boldsymbol{P}_k^- \boldsymbol{H}^{\mathrm{T}}(\hat{\boldsymbol{x}}_k^-, k) + \boldsymbol{V}(\hat{\boldsymbol{x}}_k^-, k)\boldsymbol{R}_k \boldsymbol{V}^{\mathrm{T}}(\hat{\boldsymbol{x}}_k^-, k)]^{-1}$ $\hat{\boldsymbol{x}}_k = \hat{\boldsymbol{x}}_k^- + \boldsymbol{K}_k[z_k - \boldsymbol{h}(\hat{\boldsymbol{x}}_k^-, 0)]$ $\boldsymbol{P}_k = (\boldsymbol{I} - \boldsymbol{K}_k\boldsymbol{H}(\hat{\boldsymbol{x}}_k^-, k))\boldsymbol{P}_k^-$

4.4.2　自适应 Kalman 滤波

随着观测数据的增加，状态估计应愈来愈精确，但实际应用中滤波所得状态估值和实际状态之间的误差，远远超过了理论估值，这种现象称为滤波的发散，从而也使滤波失去了其最佳作用，因此必须予以克服。

自适应滤波通过不断地利用信息，修正滤波的原有设计，降低滤波误差，从而达到抑制发散的目的。假设存在一个偏差 $\boldsymbol{b}$，则滤波模型变为：

$$\left.\begin{aligned} \boldsymbol{X}_k &= \boldsymbol{\Phi}_{k/k-1}\boldsymbol{X}_{k-1} + \boldsymbol{B}_k\boldsymbol{b} + \boldsymbol{\Gamma}_{k-1}\boldsymbol{W}_{k-1},\ \boldsymbol{W}_k \sim N(0, \boldsymbol{Q}_k) \\ \boldsymbol{L}_k &= \boldsymbol{A}_k\boldsymbol{X}_k + \boldsymbol{C}_k\boldsymbol{b} + \boldsymbol{V}_k,\ \boldsymbol{V}_k \sim N(0, \boldsymbol{R}_k) \end{aligned}\right\} \tag{4.91}$$

式中，$\boldsymbol{B}_k$、$\boldsymbol{C}_k$ 为 $\boldsymbol{b}$ 对动态模型和观测模型的影响矩阵，噪声的统计特性不变。

上述模型的处理方法有两种：一种是在原有模型的状态空间中增加一些表示偏差项的元素，利用滤波公式一并对偏差和状态向量做估计，即一步 Kalman 滤波；另一种是直接利用不含偏差项的滤波结果，对每个可能的偏差项作出估计，即两步 Kalman 滤波。下面具体介绍这两种处理方法：

1. 一步滤波法

一步滤波法将偏差 $\boldsymbol{b}$ 看作状态向量的一部分附加到原有状态向量 $\boldsymbol{X}$ 中，一起参与平差计算，合并后的状态向量 $\boldsymbol{Y} = (\boldsymbol{X}, \boldsymbol{b})^{\mathrm{T}}$，则

$$\left.\begin{aligned} \boldsymbol{Y}_k &= \boldsymbol{F}_{k/k-1}\boldsymbol{Y}_{k-1} + \boldsymbol{N}_{k-1}\boldsymbol{W}_{k-1} \\ \boldsymbol{L}_k &= \boldsymbol{G}_k\boldsymbol{Y}_k + \boldsymbol{V}_k \\ \boldsymbol{F}_{k/k-1} &= \begin{bmatrix} \boldsymbol{\Phi}_{k/k-1} & \boldsymbol{B}_k \\ 0 & \boldsymbol{E} \end{bmatrix} \\ \boldsymbol{N}_{k-1} &= \begin{bmatrix} \boldsymbol{\Gamma}_{k-1} \\ 0 \end{bmatrix} \\ \boldsymbol{G}_{k-1} &= \begin{bmatrix} \boldsymbol{A}_k & \boldsymbol{C}_k \end{bmatrix} \end{aligned}\right\} \tag{4.92}$$

一步 Kalman 滤波的模型简单，但对先验统计特征的要求比较严格，并非真正意义上

的自适应滤波。

2. 两步自适应滤波

两步 Kalman 滤波克服了一步滤波的缺陷，适合后续的质量控制和滤波递推。

首先通过一般的Kalman滤波，对 $\hat{\boldsymbol{X}}_{k/k-1}$ 和 $\hat{\boldsymbol{X}}_k$ 进行估计，并检验是否存在偏差 $\boldsymbol{b}$，若存在，则进行第二步滤波。

根据 Frieland 1969 年和 Lgnagni 1981 年的观点，$\boldsymbol{b}$ 对估值的影响是线性的，故有

$$\left.\begin{aligned}\tilde{\boldsymbol{X}}_{k/k-1} &= \hat{\boldsymbol{X}}_{k/k-1} + \boldsymbol{U}_k\boldsymbol{b}\\ \tilde{\boldsymbol{X}}_k &= \hat{\boldsymbol{X}}_k + \boldsymbol{V}_k\boldsymbol{b}\end{aligned}\right\} \tag{4.93}$$

式中，$\tilde{\boldsymbol{X}}_{k/k-1}$ 和 $\tilde{\boldsymbol{X}}_k$ 代表带有偏差的状态预测值和滤波值，$\hat{\boldsymbol{X}}_{k/k-1}$ 和 $\hat{\boldsymbol{X}}_k$ 代表无偏差的状态预测值和滤波值。

无偏和有偏模型所得残差预报之间关系为：

$$\boldsymbol{r}(k) = \tilde{\boldsymbol{r}}(k) + \boldsymbol{S}_k\boldsymbol{b} \tag{4.94}$$

式中，$\boldsymbol{r}(k)$ 和 $\tilde{\boldsymbol{r}}(k)$ 分别代表无偏差模型和有偏差模型的预报残差，$\boldsymbol{U}_k$、$\boldsymbol{V}_k$、$\boldsymbol{S}_k$ 代表敏感矩阵，可由下列递推公式确定：

$$\left.\begin{aligned}\boldsymbol{U}_k &= \boldsymbol{\Phi}_{k/k-1}\boldsymbol{V}_{k-1} + \boldsymbol{B}_k\\ \boldsymbol{S}_k &= \boldsymbol{A}_k\boldsymbol{U}_k + \boldsymbol{C}_k\\ \boldsymbol{V}_k &= \boldsymbol{U}_k - \boldsymbol{K}_k\boldsymbol{S}_k\end{aligned}\right\} \tag{4.95}$$

确定了敏感矩阵后，便可进行第二步 Kalman 滤波，其递推过程为：设 $\hat{\boldsymbol{b}}_{k/k-1} = \hat{\boldsymbol{b}}_{k-1/k-1}(\hat{\boldsymbol{b}}_{0/0} = 0)$，$\boldsymbol{P}_{b_{k/k-1}} = \boldsymbol{P}_{b_{k-1/k-1}}(\boldsymbol{P}_{b_{0/0}}$ 预先给定)，则有：

$$\left.\begin{aligned}\hat{\boldsymbol{b}}_{k/k} &= \hat{\boldsymbol{b}}_{k/k-1} + [\boldsymbol{S}_k^{\mathrm{T}}\boldsymbol{Q}_{r_k}^{-1}\boldsymbol{S}_k + \boldsymbol{p}_{b_{k/k-1}}^{-1}]^{-1}\boldsymbol{S}_k^{\mathrm{T}}\boldsymbol{Q}_{r_k}^{-1}(\boldsymbol{r}(k) - \boldsymbol{S}_k\hat{\boldsymbol{b}}_{k/k-1})\\ \boldsymbol{P}_{b_{k/k}} &= [\boldsymbol{S}_k^{\mathrm{T}}\boldsymbol{Q}_{r_k}^{-1}\boldsymbol{S}_k + \boldsymbol{p}_{b_{k/k-1}}^{-1}]^{-1}\end{aligned}\right\} \tag{4.96}$$

$\hat{\boldsymbol{b}}_{k/k}$ 确定后，对 $\hat{\boldsymbol{X}}_{k/k-1}$ 和 $\hat{\boldsymbol{X}}_k$ 进行修正，则顾及偏差影响的状态最优预测和滤波估值为：

$$\left.\begin{aligned}\tilde{\boldsymbol{X}}_{k/k-1} &= \hat{\boldsymbol{X}}_{k/k-1} + \boldsymbol{U}_k\hat{\boldsymbol{b}}_{k/k-1}\\ \tilde{\boldsymbol{P}}_{k/k-1} &= \boldsymbol{P}_{k/k-1} + \boldsymbol{U}_k\boldsymbol{P}_{b_{k/k-1}}\boldsymbol{U}_k^{\mathrm{T}}\\ \tilde{\boldsymbol{X}}_{k/k} &= \hat{\boldsymbol{X}}_{k/k} + \boldsymbol{V}_k\hat{\boldsymbol{b}}_{k/k}\\ \tilde{\boldsymbol{P}}_{k/k} &= \boldsymbol{P}_{k/k} + \boldsymbol{V}_k\boldsymbol{P}_{b_{k/k}}\boldsymbol{V}_k^{\mathrm{T}}\end{aligned}\right\} \tag{4.97}$$

第 k 个历元的两步滤波完成后，便可进行下一个历元的滤波。

由于测量中不可能每个历元都存在偏差，为了提高滤波效率，需要首先定位偏差，再做自适应滤波。

3. 预测残差 χ^2 检验

该法是根据检验统计量 $\boldsymbol{T}_G$ 确定接受或拒绝法则，设 $\boldsymbol{d}$ 为 χ^2 分布的自由度，则

$$\begin{cases} T_G > \chi_\alpha^2(d,\ 0), \text{存在偏差} \\ T_G \leqslant \chi_\alpha^2(d,\ 0), \text{无偏差} \end{cases} \tag{4.98}$$

设 $\boldsymbol{r}$ 为预报残差，从 l 历元开始，由后续 n 个历元得到残差序列为 $\boldsymbol{r} = (\boldsymbol{r}_l,\ \boldsymbol{r}_{l+1},\ \cdots,\ \boldsymbol{r}_{l+n})$，$\boldsymbol{r} \sim N(0,\ \boldsymbol{Q}_r)$。若 $\boldsymbol{r}$ 无偏，则服从正态分布，为零均值；否则，不为零均值，且偏离量为 $\boldsymbol{S}_r\boldsymbol{b}$，即 $\boldsymbol{r} \sim N(\nabla r,\ \boldsymbol{Q}_r)$，$\nabla \boldsymbol{r} = \boldsymbol{S}_r\boldsymbol{b}$，$\boldsymbol{S}_r = (\boldsymbol{S}_l^{\mathrm{T}},\ \boldsymbol{S}_{l+1}^{\mathrm{T}},\ \cdots,\ \boldsymbol{S}_{l+n}^{\mathrm{T}})^{\mathrm{T}}$，则 $\boldsymbol{T}_G$ 为

$$\boldsymbol{T}_G = \boldsymbol{r}^{\mathrm{T}}\boldsymbol{Q}_r^{-1}\boldsymbol{S}_r(\boldsymbol{S}_r^{\mathrm{T}}\boldsymbol{Q}_r^{-1}\boldsymbol{S}_r)^{-1}\boldsymbol{S}_r^{\mathrm{T}}\boldsymbol{Q}_r^{-1}\boldsymbol{r} \tag{4.99}$$

若 $n = 0$，则有

$$\boldsymbol{T}_G = \boldsymbol{r}_i^{\mathrm{T}}\boldsymbol{Q}_{r_i}^{-1}\boldsymbol{r}_i \tag{4.100}$$

4. 偏差定位和自适应消除

数据探测是对每个假设检验的偏差源分别进行定位检验，直到检验到全部可能的偏差。以上表明，仅利用当前信息进行局部检验，在 H_0 下有：

$$\boldsymbol{T}_g = \frac{(\boldsymbol{S}_i^{\mathrm{T}}\boldsymbol{Q}_{ri}^{-1}\boldsymbol{r}_i)^2}{\boldsymbol{S}_i^{\mathrm{T}}\boldsymbol{Q}_{ri}^{-1}\boldsymbol{S}_i} \sim \chi^2(1,\ 0) \tag{4.101}$$

综上所述，自适应 Kalman 滤波的计算流程可分为四个阶段：

① 第一步滤波。进行一般的 Kalman 滤波。

② 偏差检验。根据外部测量信息和系统输出信息构筑残差序列，并根据该序列构建统计量，在χ^2 分布下执行假设检验，判断是否存在偏差。

③ 偏差定位。若探测到偏差，启动备选假设，利用式(4.98)，逐一进行诊断定位，将最有可能的偏差识别出来。

④ 第二步滤波。若定位了偏差，则根据式(4.94)确定偏差量，根据式(4.97)进行第二步滤波，在第一步滤波的结果中消除偏差对 $\boldsymbol{X}_k$ 及 $\boldsymbol{P}_k$ 的影响，实现对偏差的修正。

4.4.3 抗差 Kalman 滤波

抗差 Kalman 滤波基于贝叶斯统计与抗差估计的原理构造。离散历元动态观测量及其相应的动态模型可能存在异常，若数据处理中不考虑对这些异常的特别处理，动态模型参数估值及其所提供的动态信息将极不可靠。无论观测值或参数预报值是否受到异常污染，抗差 Kalman 滤波都能保证参数解的可靠性。

在抗差 Kalman 滤波中，结合预测值和测量值，可以得到当前 k 时刻的最优化估值 $\boldsymbol{X}_t$ 及其对应的协方差 $\boldsymbol{\Sigma}_{X_t}$：

$$\boldsymbol{X}_t = \boldsymbol{X}_{t|t-1} + \bar{\boldsymbol{K}}_t(\boldsymbol{L}_t - \boldsymbol{H}_t\boldsymbol{X}_{t|t-1}) \tag{4.102}$$

$$\boldsymbol{\Sigma}_{X_t} = (\boldsymbol{I} - \bar{\boldsymbol{K}}_t\boldsymbol{H}_t)\boldsymbol{\Sigma}_{X_{t|t-1}} \tag{4.103}$$

$\bar{\boldsymbol{K}}$ 为基于观测值权阵的卡尔曼增益矩阵，表达式为：

$$\bar{\boldsymbol{K}}_t = \boldsymbol{S}_{X_{t|t-1}}\boldsymbol{H}_t^{\mathrm{T}}(\boldsymbol{H}_t\boldsymbol{\Sigma}_{X_{t|t-1}}\boldsymbol{H}_t^{\mathrm{T}} + \bar{\boldsymbol{P}}_t^{-1})^{-1} \tag{4.104}$$

其中，$\bar{\boldsymbol{P}}_t$ 由观测值的权阵计算得到，其对角元素为：

$$\bar{p}_{t_i}=\begin{cases}p_{t_i}, & |V'_i|\leqslant c\\ p_{t_i}\dfrac{c}{|V'_i|}, & |V'_i|>c\end{cases} \tag{4.105}$$

$\bar{p}_t$ 的非对角元素取值为：

$$(\bar{p}_t)_{ij}=\begin{cases}(\bar{p}_t)_{ij}, & |V'_i|\leqslant c,\ |V'_j|\leqslant c\\ (\bar{p}_t)_{ij}\dfrac{c}{|V'_i|}, & |V'_i|>c \text{ 或 } |V'_j|>c\end{cases} \tag{4.106}$$

其中，c 为常量，取值范围是 $c\in(1.3,\ 2.0)$；V_i 为观测量 L_{t_i} 的残差；$V'_i=\dfrac{V_i}{\sigma_i}$ 为 V_i 对应的标准残差；$p_{t_i}=1/\sigma_{t_i}$ 是关于标准残差的递减函数，因此可以控制观测值 L_{t_i} 中的异常。

随着观测数据的增加，状态估计应越来越精确，但在实际应用中，系统状态模型和参数不一定符合实际，此外干扰噪声等验前统计特性还有一定误差，必然会给跟踪定位结果带来偏差，甚至使 Kalman 滤波发散。为了克服 Kalman 滤波次优甚至发散的缺点，采用抗差 Kalman 滤波不能对补偿模型误差进行很好估计和控制，一般利用抗差自适应 Kalman 滤波来控制动态扰动异常、动态模型误差以及随机误差的影响。

抗差自适应滤波的思想是，当观测值存在异常时，对观测值采用抗差估计原则；而当动力学模型存在异常时，将动力学模型信息作为整体，采用统一的自适应因子来调整动力学模型信息对状态参数的整体贡献。抗差自适应滤波综合考虑了观测误差和动力学模型误差，滤波效果更好。

抗差自适应滤波中，t 时刻状态最优估算值为：

$$\left.\begin{aligned}\boldsymbol{X}_t&=(\boldsymbol{H}_t^{\mathrm{T}}\bar{\boldsymbol{P}}_t\boldsymbol{H}_t+\alpha\boldsymbol{P}_{X_{t|t-1}})^{-1}(\boldsymbol{H}_t^{\mathrm{T}}\bar{\boldsymbol{P}}_t+\alpha\boldsymbol{P}_{X_{t|t-1}}\boldsymbol{X}_{t|t-1})\\ \boldsymbol{\Sigma}_{X_t}&=(\boldsymbol{H}_t^{\mathrm{T}}\bar{\boldsymbol{P}}_t\boldsymbol{H}_t+\alpha\boldsymbol{P}_{X_{t|t-1}})^{-1}\sigma_0^2\end{aligned}\right\} \tag{4.107}$$

其中，$\boldsymbol{\sigma}_0^2$ 为单位权中误差，α 为自适应因子，$\boldsymbol{P}_{X_{t|t-1}}$ 为 $\boldsymbol{X}_{t|t-1}$ 的权阵。

自适应因子由观测信息与状态预测信息不符值确定，具有实时自适应功能，其作用于预测状态向量 $\bar{\boldsymbol{X}}_k$ 的协方差矩阵，一般取值为 0 ~ 1。通过 Huber 函数来确定其取值：

$$\alpha=\begin{cases}1, & |\Delta\tilde{X}_t|\leqslant c_0\\ \dfrac{c_0}{|\Delta\tilde{X}_t|}\left(\dfrac{c_1-|\Delta\tilde{X}_t|}{c_1-c_0}\right)^2, & c_0\leqslant|\Delta\tilde{X}_t|\leqslant c_1\\ 0, & |\Delta\tilde{X}_t|\geqslant c_1\end{cases} \tag{4.108}$$

式中，c_0 和 c_1 为常量，c_0 取值范围为(1.0, 1.5)，c_1 的取值范围为(3.0, 4.5)。

$$\Delta\tilde{X}_t=\frac{\|\boldsymbol{X}_t-\boldsymbol{X}_{t|t-1}\|}{\sqrt{\mathrm{tr}\{\boldsymbol{\Sigma}_{X_{t|t-1}}\}}} \tag{4.109}$$

上式为状态估算值的一般方程，当 $\alpha \neq 0$ 时，状态方程也可以写成

$$X_t = X_{t|t-1} + \Sigma_{X_{t|t-1}} H_t^{\mathrm{T}} (H_t \Sigma_{X_{t|t-1}} H_t^{\mathrm{T}} + \bar{P}_t^{-1})^{-1} (L_t - H_t X_{t|t-1}) \tag{4.110}$$

4.5　Kalman 滤波应用

动态模型难以用精确的数学公式来表达，实用中一般在精度损失较小的前提下对动态模型进行简化。常用的有常速模型和常加速模型，这两种模型的选择依赖于运动载体的运动状态以及数据采样率的高低。在高精度 GPS 动态定位中数据采样率一般为 1Hz 或更高，此时可采用常加速模型。下面以坐标推算系统与 GPS 定位系统形成的组合导航系统为例，说明 Kalman 滤波中状态方程和观测方程的构建过程。

坐标推算系统测定航向和航速，航速可由惯性系统、多普勒声呐、电磁计程仪来测定，航向可由平台罗经、电罗经、磁罗经或测向仪提供。φ_0、λ_0 为初始纬度和经度，α 为航向，V 为航速，$\varphi = \varphi_0 + \Delta\varphi$，$\lambda = \lambda_0 + \Delta\lambda$，$\Delta\varphi$、$\Delta\lambda$ 为计算出的纬度和经度的改正量：

$$\Delta\lambda = \frac{V\Delta t\sin\alpha}{R_0\cos\varphi_0}$$

$$\Delta\varphi = \frac{V\Delta t\cos\alpha}{R_0}$$

式中，Δt 为定位时间间隔，R_0 为地球半径。

坐标推算系统测定了船的速度 V 和航向 α，GPS 观测值为伪距。船的状态(φ，λ，v，α) 随时间变化，并且有一定规律。

1. 状态方程

状态方程的一般形式为：

$$\hat{X}_k = \varphi_{k,\ k-1} X_{k-1} + w_{k-1} \tag{4.111}$$

式中各符号的意义如前面所述。其中，φ、λ 分别为纬度和经度，V 为航速，ρ 为伪距，$\dot{\rho}$ 为伪距误差，α 为航向，状态变量 $\hat{X} = (\varphi,\ \lambda,\ \rho,\ \dot{\rho},\ V,\ \alpha)^{\mathrm{T}}$。

若 R_M 为子午圈曲率半径，R_P 为平行圈曲率半径，由于

$$V_\varphi = \frac{V\cos\alpha}{R_M}$$

$$V_\lambda = \frac{V\sin\alpha}{R_P}$$

则有

$$\delta V_\varphi = \frac{\cos\alpha}{R_M\delta V} - \frac{V\sin\alpha}{R_M\delta\alpha}$$

$$\delta V_\lambda = \frac{\sin\alpha}{R_p\delta V} + \frac{V\cos\alpha}{R_p\delta\alpha}$$

因观测方程是非线性的，在 Kalman 滤波中求状态的改正数 $\delta\hat{X}$：

$$\delta\hat{\boldsymbol{X}} = (\delta\varphi,\ \delta\lambda,\ \delta\rho,\ \delta\dot{\rho},\ \delta V,\ \delta\alpha)^{\mathrm{T}}$$

$$\delta\hat{\boldsymbol{X}}_k = \boldsymbol{\phi}_{k,\ k-1}\delta\hat{\boldsymbol{X}}_{k-1} + \boldsymbol{w}_{k-1}$$

$$\begin{bmatrix}\delta\varphi\\ \delta\lambda\\ \delta\rho\\ \delta\dot{\rho}\\ \delta V\\ \delta\alpha\end{bmatrix}_k = \begin{bmatrix}1 & 0 & 0 & 0 & \cos\alpha/R_M\Delta t & -V\sin\alpha/R_M\Delta t\\ 0 & 1 & 0 & 0 & \cos\alpha/R_M\Delta t & V\cos\alpha/R_p\Delta t\\ 0 & 0 & 1 & \Delta t & 0 & 0\\ 0 & 0 & 0 & 1 & 0 & 0\\ 0 & 0 & 0 & 0 & 1 & 0\\ 0 & 0 & 0 & 0 & 0 & 1\end{bmatrix}\begin{bmatrix}\delta\varphi\\ \delta\lambda\\ \delta\rho\\ \delta\dot{\rho}\\ \delta V\\ \delta\alpha\end{bmatrix}_{k-1} + \boldsymbol{w}_{k-1} \quad (4.112)$$

已知 $E(\boldsymbol{w}_k,\ \boldsymbol{w}_k^{\mathrm{T}}) = \boldsymbol{Q}_k$。

2. 量测方程

GPS 观测值为伪距，对于第 i 颗卫星的伪距观测方程为：

$$V + \rho^i(t) = |\boldsymbol{r}_i(t) + \boldsymbol{R}(t)| + \Delta\rho + \Delta\dot{\rho}\cdot\Delta t \quad (4.113)$$

伪距经过电离层，对流层及卫星钟差改正，$\Delta\rho$、$\Delta\dot{\rho}$ 分别为接收机钟误差引起的伪距误差和其速度。对式(4.113) 线性化得：

$$l_i(t) + V_i(t) = \boldsymbol{A}(i)\delta\hat{\boldsymbol{X}}(t) \quad (i = 1,\ 2,\ \cdots,\ n)\ \text{有}\ n\ \text{颗卫星} \quad (4.114)$$

其中，$\boldsymbol{A}(i)$ 为一行向量：

$$\boldsymbol{A}(i) = \begin{bmatrix}\dfrac{\partial\rho}{\partial\varphi} & \dfrac{\partial\rho}{\partial\lambda} & \dfrac{\partial\rho}{\partial\rho} & \dfrac{\partial\rho}{\partial\dot{\rho}} & \dfrac{\partial\rho}{\partial V} & \dfrac{\partial\rho}{\partial\alpha}\end{bmatrix}$$

$$A(i,1) = \frac{\partial\rho}{\partial\varphi} = \frac{\partial\rho}{\partial\boldsymbol{X}}\frac{\partial\boldsymbol{X}}{\partial\varphi}$$

式中，接收机的大地直角坐标 $\boldsymbol{X} = (x,\ y,\ z)^{\mathrm{T}}$ 为待求量；$\dfrac{\partial\rho}{\partial\boldsymbol{X}} = \boldsymbol{e}^i = \begin{bmatrix}\dfrac{x^0 - x_i}{\rho^0} & \dfrac{y^0 - y_n}{\rho^0} & \dfrac{z^0 - z_n}{\rho^0}\end{bmatrix}^{\mathrm{T}}$ 为接收机至卫星 i 的单位矢量，(x^0, y^0, z^0) 为接收机的近似坐标。根据直角坐标与地理坐标的关系

$$\boldsymbol{X} = \begin{bmatrix}x\\ y\\ z\end{bmatrix} = \begin{bmatrix}(N + H)\cos B\cdot\cos L\\ (N + H)\cos B\cdot\sin L\\ [N(1 - e^2) + H]\sin B\end{bmatrix}$$

式中，$(B,\ L,\ H)$ 为待求点在大地坐标系下的坐标，$(x,\ y,\ z)$ 为其在地球空间直角坐标系统中的坐标，N 为椭球面卯酉圈的曲率半径，e 为椭球的第一偏心率。

求 $\dfrac{\partial\boldsymbol{X}}{\partial\rho}$，得

$$\begin{aligned}A(i,1) &= \frac{\partial\rho}{\partial\varphi} = \frac{\partial\rho}{\partial\boldsymbol{X}}\frac{\partial\boldsymbol{X}}{\partial\varphi}\\ &= [-(N + H)\sin\varphi\cos\lambda \quad -(N + H)\sin\varphi\sin\lambda \quad [(1 - e^2)V + H]\cos\varphi]\cdot\boldsymbol{e}^i\end{aligned}$$

$$A(i,2) = \frac{\partial\rho}{\partial\lambda} = [-(N + H)\cos\varphi\sin\lambda \quad (N + H)\cos\varphi\cos\lambda \quad 0]\cdot\boldsymbol{e}^i$$

$$A(i,3)=\frac{\partial\rho}{\partial\rho}=1, A(i,4)=\frac{\partial\rho}{\partial\dot{\rho}}=\Delta t, A(i,5)=\frac{\partial\rho}{\partial V}=0, A(i,6)=\frac{\partial\rho}{\partial\alpha}=0$$

$$l_i(t)=\rho-\rho^0$$

对于速度观测量 V,

$$l_i(t)+V_i(t)=\boldsymbol{A}(j)\boldsymbol{X}(t) \tag{4.115}$$

其中,$\boldsymbol{A}(j)=\begin{bmatrix}\frac{\partial V}{\partial\varphi} & \frac{\partial V}{\partial\lambda} & \frac{\partial V}{\partial\rho} & \frac{\partial V}{\partial\dot{\rho}} & \frac{\partial V}{\partial V} & \frac{\partial V}{\partial\alpha}\end{bmatrix}=[0\quad 0\quad 0\quad 0\quad 1\quad 0]$,$l_j(t)=V_{观}-V^0$。

对于航向观测量 α：

$$l_k(t)+V_k(t)=\boldsymbol{A}(k)\delta\boldsymbol{A}(t) \tag{4.116}$$

式中,$\boldsymbol{A}(k)=[0\quad 0\quad 0\quad 0\quad 0\quad 1]$。

$$l_k=\alpha_{观}-\alpha_0 \tag{4.117}$$

如观测了 n 颗卫星,把三个方程合起来写成一个矩阵形式

$$\boldsymbol{L}+\boldsymbol{V}=\boldsymbol{A}\delta\dot{\boldsymbol{X}} \tag{4.118}$$

其中,$\boldsymbol{L}=\begin{bmatrix}\underset{n\times1}{l_i}\\ l_j\\ l_k\end{bmatrix}$,$\boldsymbol{A}=\begin{bmatrix}\underset{n\times1}{A(i)}\\ A(j)\\ A(k)\end{bmatrix}$。观测量的协方差阵 $E(\boldsymbol{V}\boldsymbol{V}^{\mathrm{T}})=\boldsymbol{D}_l$。

获得了状态方程和观测方程后,可借助表 4-1 给出的滤波流程实施滤波处理。

第5章 惯性导航

惯性导航系统(Inertial Navigation System，INS)简称惯导系统，通过测量载体加速度，并自动进行积分运算，获得载体的瞬时速度、位置等导航信息。相对其他导航系统，惯性导航系统具有如下优点：

①不依赖于任何外部信息，也不向外部辐射能量，属于自主式导航系统，具有隐蔽性能好，不受外界电磁干扰等特点；

②可全天候、全球地工作于空中、地面乃至水下；

③能够提供位置、速度、航向和姿态角等载体导航信息，连续性好，且噪声低；

④数据更新率高、短期精度和稳定性好。

惯导系统也有其不足之处：

①由于导航信息经过积分产生，定位误差会随时间而累积；

②使用前需要初始对准；

③设备价格较昂贵；

④不能提供时间信息。

随着惯性仪表、计算机、精密机械和电子线路等硬件的不断改进，以及误差补偿与校正、冗余技术等的不断完善，惯导系统的精度和可靠性不断提高。为了更深入地了解惯导系统，并将之很好地应用于海洋导航定位中，本章将对惯导系统的发展及应用、系统组成及分类、结构及工作原理以及系统误差分析等进行介绍。

5.1 发展历史及应用

5.1.1 发展历史

惯性导航技术经历了四代发展，各阶段的技术进步如图5-1所示。

1. 第一代技术(1930年以前)

自1687年牛顿三大定律建立并成为惯性导航的理论基础，到1852年傅科(Leon Foucault)提出陀螺的定义、原理及应用设想，再到1908年由安修茨(Hermann Anschütz - Kaempfe)研制出世界上第一台摆式陀螺罗经以及1910年的舒勒(Maximilian Schuler)调谐原理的提出，第一代惯性技术奠定了整个惯性导航发展的理论基础。

2. 第二代技术(自20世纪40年代开始)

研究内容从惯性仪表技术扩展到惯导系统的应用。首先是在德国V-II火箭上的第一次成功应用。到20世纪50年代中后期，0.5n mile/h的单自由度液浮陀螺平台惯导系统

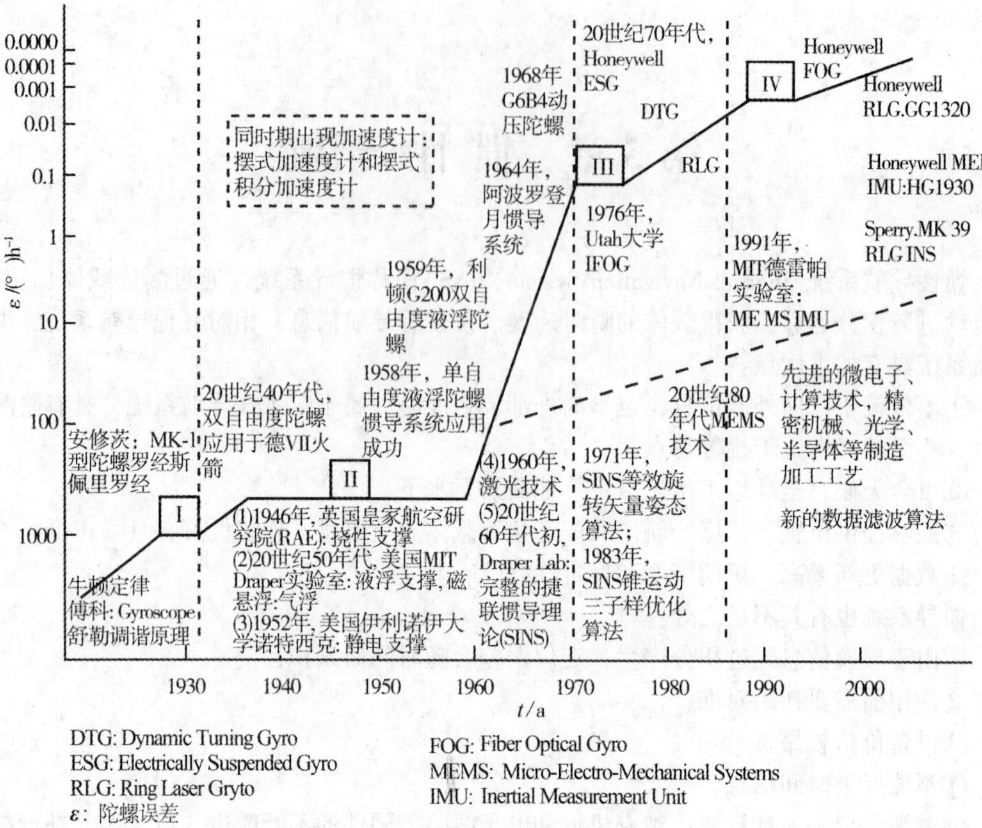

图 5-1　惯性技术发展历史

研制成功并得以应用。1968 年，漂移约为 0.005°/h 的 G6B4 型动压陀螺研制成功。这一时期，还出现了另一种惯性传感器——加速度计。

在技术理论研究方面，为减少陀螺仪表支承的摩擦与干扰，挠性、液浮、气浮、磁悬浮和静电等支承悬浮技术被逐步采用；1960 年，激光技术的出现为今后激光陀螺(RLG)的发展提供了理论支持；捷联式激光陀螺惯导系统(SINS)理论研究也趋于完善。

3. 第三代技术(20 世纪 70 年代初)

出现了新型陀螺、加速度计和惯导系统，研究目标是进一步提高 INS 性能，并推广和应用惯性技术。主要陀螺包括：静电陀螺(ESG)、动力调谐陀螺(DTG)、环形激光陀螺(RLG)、干涉式光纤陀螺 IFOG 等。ESG 的漂移可达 4°~10°/h；DTG 的体积小、结构简单，随机漂移可达 0.01°/h 量级；基于 Sagnac 干涉效应的 RLG 和 SINS 在民航方面得到应用，精度可达 0.1nmile/h。此外，超导体陀螺、粒子陀螺、音叉振动陀螺、流体转子陀螺及固态陀螺等基于不同物理原理的陀螺仪相继设计成功。到了 20 世纪 80 年代，随着半导体工艺的成熟和完善，采用微机械结构和控制电路工艺制造的微机电系统(MEMS)出现。

4. 第四代技术(目前)

研究目标是实现高精度、高可靠性、低成本、小型化、数字化、应用领域更广泛的导航系统。一方面，陀螺精度不断提高，漂移量可达10^{-6}°/h；另一方面，随着RLG、FOG、MEMS等新型固态陀螺仪的成熟以及高速大容量计算机技术的进步，SINS在低成本、短期中精度惯性导航中呈现出取代平台式系统的趋势。其间Draper、Sperry、Honeywell、Kearfott、Rockwell、GE(General Electric)等公司做出了卓越贡献。

图5-1给出了四个阶段的研究成果，第三、第四阶段折线下方到虚线上方为应用新技术制造的新型惯性传感器。

5.1.2 惯导系统的应用

惯导系统在军事和民用方面均具有较广泛的应用。

1. 军事应用

第二次世界大战期间，德国在V2导弹上采用两个双自由度陀螺仪和一个陀螺积分加速度计组成惯导系统，是惯性导航技术在导弹制导上的首次应用。近年来，由于惯性器件性能和制造水平的不断提高，惯导系统在军事上应用更加广泛，主要集中在潜艇导航、导弹制导、复杂条件下战斗机导航、高能激光武器的瞄准、空间飞行器控制等领域。

2. 航海应用

自1908年3月世界上首套陀螺罗经在航海应用以来，至今已百余年，惯性技术在舰船导航方面的应用不断深入，并取得了巨大成功。精密可靠的ESG导航仪是满足潜艇自主式导航能力的一种高级舰船惯导系统，但系统的复杂性和自身的成本限制了其更广泛的应用。由于RLG和FOG在技术水平上取得的实质性进展，基于二者组合的INS正逐步取代转子式陀螺，以满足航海精确导航要求。自20世纪80年代，Sperry Marine公司开始舰用激光陀螺惯导系统(MARIN)的研究，并于1989年选为NATO-SINS标准。Sperry MK49是NATO(北大西洋公约组织)的舰船和潜艇的标准RLG舰用惯导系统。2005—2006年，Sperry为加拿大海军的4艘潜艇装配了MK49。AN/WSN-7 RLGN系统则是美国海军潜艇、航母和其他水面舰船的下一代导航设备。以Sperry Marine第3代RLG技术为基础的MK39 3A型SINS，为舰艇和火力控制系统提供高精度的位置数据、精确的姿态、速

图5-2 Sperry Marine MK39系统

度和方向。MK39 系统(见图 5-2)已被美国海上补给司令部、海岸警备队以及国际上超过 24 个国家的海军应用于各种舰艇平台。现在，在全世界海军应用的 RLG 导航系统中超过 80%来自于 Sperry Marine 公司。MK 39 MOD 3A 激光陀螺舰用 INS 的性能指标如表 5-1 所示。

表 5-1　**MK 39 系统性能参数**

性能指标	参数	指　标
测量精度	航向	3 Arcmin (°/h) Sec (Lat) RMS 7 Arcmin (°/h) Sec (Lat) Peak
	横滚，俯仰	1.7 Arcmin (°/h) RMS
	速度	0.6 kts (nm/h) RMS
	位置	1.0 nmile/8h TRMS
动态运动范围	横滚、俯仰	±40°，±15°,
	偏航、速率	±10°，-10~90 海里
动态稳定性	横滚/俯仰，航向	0.001°/s，0.003°/s

Raytheon Anschütz 的船舶惯导系统 MINS 2(Marine Inertial Navigation System)是基于 SINS RLG 技术的高精度惯性导航系统。无论是作为主系统或备用系统，MINS 2 均能够为各种海军舰艇(水面或水下)提供精确的导航解。MINS 2 主要由三个部分组成(见图 5-3)：

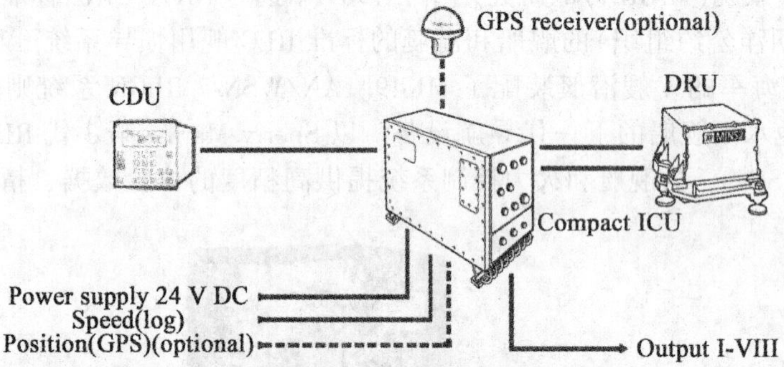

图 5-3　MINS 2 的系统配置

①控制显示单元(CDU)；

②融合了惯性传感器组件和导航处理器的动态参考单元(DRU)；

③接口和连接单元(ICU)。

同时，MINS 2 具有组合导航模式，可配 GPS 接收机。

MINS 2 选用了 Honeywell 的 GG1320 RLG 和 QA2000 加速度计，因此，MINS 2 除了具有良好的导航精度外，还具有使用寿命长、可靠性高、稳定输出时间短、易于维护和操作等特点。MINS 2 数字输出的导航精度指标如表 5-2 所示。

表 5-2 **MK 39 系统性能参数**

性能指标	参数	指　　标
测量精度	航向	3 Arcmin (°/h) Sec (Lat) RMS
	横滚，俯仰	1.4 Arcmin (°/h) RMS
	角速率	0.046 °/s
	位置(三种模式)	0.1 nm CEP(结合 GPS)
		1.2 nmile/8h TRMS(测程仪)
		2.0 nmile/8h TRMS(纯惯导)

3. 其他应用

惯导系统的应用还包括如下领域：

①航天：与星敏传感器结合，实现卫星姿态的控制；

②航空：飞机等通用航空飞行器的定向和定姿；

③移动测图系统(Moving Measure System, MMS)，为定位定姿系统(Positioning and Orientation System, POS)的重要组成部分；

④导航仪(Portable Navigation Device, PND)：与 GPS 和里程计组合形成导航仪；

⑤生活：是现代手机、照相机、易步车、跑步计数器、遥控玩具、电子游戏等设备的重要组成部分。

5.2 惯导系统的分类及精度指标

惯导系统按其性能要求可分为惯性传感器集成系统(Inertial Sensor Assembly, ISA)、惯性测量单元(Inertial Measurement Unit, IMU)和惯导系统(Inertial Navigation System, INS)，三类系统的组成及输出参数如表 5-3 所示。

表 5-3 **不同功能系统的关系**

系　　统	组成及输出
Inertial Sensor Assembly (ISA)	(1)惯性传感器集(阵列) (2)输出原始传感器信号
Inertial Measurement Unit (IMU)	(1)ISA 经传感器误差标定和补偿 (零偏，比例因子误差，交轴耦合误差) (2)输出补偿后的惯性传感器数据
Inertial Navigation System (INS)	(1)IMU+导航算法(惯导机械编排算法) (2)输出位置，速度和姿态

惯导系统按照其应用可划分为战略级、导航级、战术级、姿态航向基准系统和控制系

统。各应用系统采用的技术和设备参数如表 5-4 所示。

表 5-4　　各级别惯导系统的性能参数及应用

性能	战略级（INS）	导航级（INS 或 IMU）	战术级（IMU or ISA）	姿态航向基准系统（AHRS）	控制系统
位置误差	< 30m/h	0.5~2 nmile/h（70~100kUSD）	10~20 nmile/h（10~20kUSD）	NA	NA
陀螺技术	ESG，RLG，FOG	RLG，FOG	RLG，FOG	MEMS，RLG，FOG，Coriolis	Coriolis
陀螺零偏（deg/h）	0.0001	约 1/1000 地球自转角速率 0.015	1~10	1~10	10~1000
加速度计技术	伺服	伺服，振动梁	伺服/振动梁/MEMS	MEMS	MEMS
加速度计零偏	1 μg	50~100 μg	100~1000 μg	1mg	10mg
典型应用	洲际导弹 潜艇	常规导航（如民航） 高精度测图应用	GNSS/INS 组合 应用于移动测图 短时应用（武器）	一般应用	短期导航

5.3　惯导系统组成

惯导系统由基本元件（加速度计和陀螺仪）、系统结构、导航计算机和控制显示器组成。加速度计测量载体的加速度，并在给定初始运动条件下，由导航计算机计算出载体的速度、距离以及位置；陀螺仪测量载体的角运动，并经转换、处理，输出载体的姿态和航向。

5.3.1　基本元件

加速度计和陀螺仪为惯导系统的基本元件。图 5-4 为三轴加速度计和三轴陀螺仪。

加速度计依靠对比力的测量，完成确定载体位置、速度以及产生跟踪信号的任务。载体加速度需在陀螺提供的参考坐标系中准确测量。在不需要进行高度控制的惯导系统中，只需两个加速度计即可完成上述任务。

加速度计除包括敏感加速度的敏感质量外，还有一个与之相联系的力或力矩平衡电路。电路给出的信号可以正比于载体的加速度，也可以正比于单位时间内速度的增量。电路输出信号根据需要可以是模拟量，也可以是数字量，后者称为数字式脉冲力矩再平衡式加速度计。随着惯性导航技术的发展，尽管出现了各种结构和类型的加速度计，但基本工作原理一致，即符合牛顿第二定律。

对于敏感质量按直线形式运动的加速度计，满足：

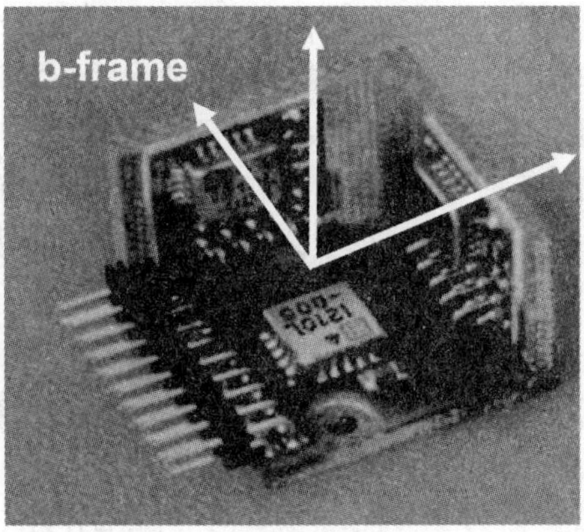

(a) 三轴加速度计

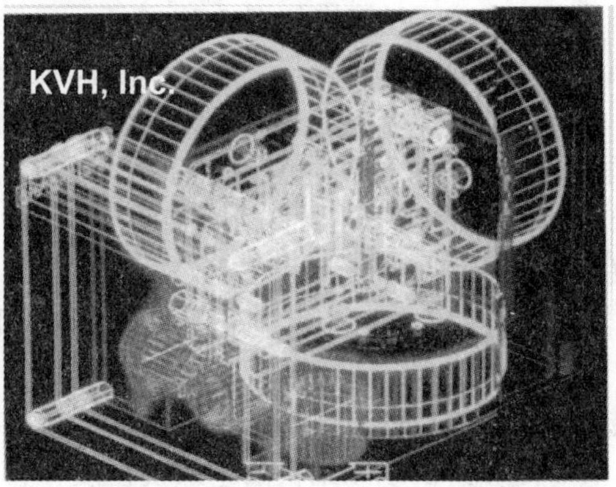

(b) 三轴光纤陀螺仪

图 5-4 惯导系统基本元件

$$F = ma \tag{5.1}$$

式中，m 为加速度的敏感质量；a 为载体的线性加速度；F 为质量 m 所呈现出的总力。

对于敏感质量按摆动形式运动的加速度计，满足：

$$T = Pa \tag{5.2}$$

式中，P 为敏感质量所呈现的摆性，其值为偏心质量和摆臂之积；T 为敏感质量所呈现的绕摆动中心的总力矩。

式(5.1)和式(5.2)中的 F 和 T 则被仪表所附加的电子线路产生的力或力矩平衡，因此这些电路中的电流或电压的大小就代表了载体加速度 a 的大小。

通常将加速度计分成摆式和非摆式两类。摆式加速度计又分为浮子摆式加速度计、挠性支承摆式加速度计和摆式陀螺积分加速度计；非摆式加速度计分为压电式加速度计、压阻式加速度计、弦式加速度计和电式加速度计。

陀螺仪的作用主要有两个，即建立一个参考坐标系和测量运动物体的角速度。与之对应，陀螺仪分别被用作平台式惯导系统和捷联式惯导系统的敏感元件。在平台式惯导系统中，用陀螺构成稳定回路来稳定装有加速度计的平台，而产生平台漂移的主要因素是陀螺的漂移。因此，在使用中对陀螺仪的漂移值的大小提出一定的限制。对于捷联式系统，除上述要求外，还必须对陀螺仪提出速率范围、标度因数的精度、带宽等特殊要求。

由于陀螺仪是应用于各种不同场合，因此对其漂移速度的要求也不尽相同。这与应用的情况，系统对精度的要求，使用时间的长短等因素有关。在同一个系统的应用中，采取了不同的总体设计方案时，也会对陀螺仪的精度提出不同的要求(见表 5-3)。

目前，惯导系统中应用的陀螺仪主要包括机械式陀螺仪、激光陀螺仪和微机电系统三类。

1. 机械式陀螺仪

(1)单自由度陀螺仪

对于一个机械式陀螺仪，除了沿转子轴方向外，陀螺转子相对仪表壳体还有一个自由度的陀螺仪，称为单自由度陀螺仪。

单自由度陀螺仪结构如图 5-5(a)所示。陀螺转子和陀螺内环构成陀螺浮子组合件，内环以密封的圆筒形式给出，内环轴也称为输出轴，输出轴通过精密宝石轴承固装在壳体上，因而转子除了绕自转轴的高速转动之外，相对壳体只能绕输出轴进动，角动量 H 相对惯性空间只有一个自由度。在原理上绕输出轴还有一个阻尼器 C 和相对壳体转动有一个弹簧 K 约束。和转子轴、输出轴正交的轴称为输入轴，也叫敏感轴。在用单自由度陀螺仪组成平台时，单自由度陀螺仪输入轴方向，就是平台稳定轴方向。

单自由度陀螺仪的精度取决于绕输出轴的干扰力矩的大小。为减小绕输出轴的摩擦力矩，采用悬浮技术，即把做成封闭式圆筒的内环放在高密度的浮液中，整个浮子的重量由浮液来承受，轴承只起定位作用，且浮液对浮筒所产生的阻尼作用代替了阻尼器 C。

具有图 5-5(a)所示结构的陀螺仪在没有弹簧时称为积分陀螺仪。而当阻尼作用可以忽略，在输出轴只存在弹性约束，就叫作速率陀螺仪。单自由度陀螺仪相对二自由度陀螺仪，只限于在一根轴上(输出轴)需要确保干扰力矩很小。尽管单自由度陀螺仪具有上述优点，但在使用上却比二自由度陀螺仪复杂。由单自由度陀螺仪构成的伺服系统不是一个简单的位置随动系统，速度积分陀螺仪是伺服系统中的积分环节，其动态特性对伺服系统的性能有较大影响。

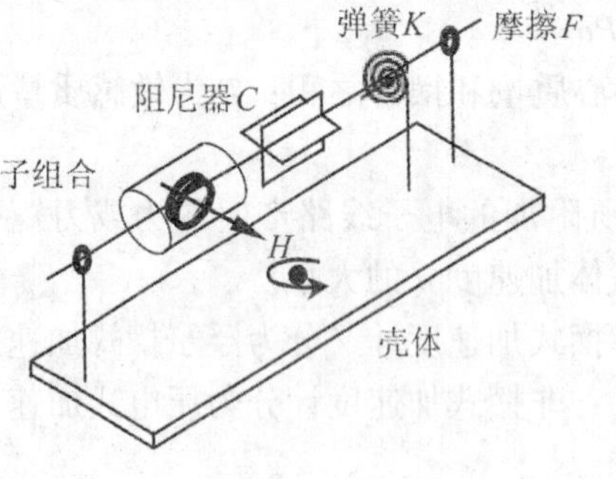

(a)单自由度陀螺仪

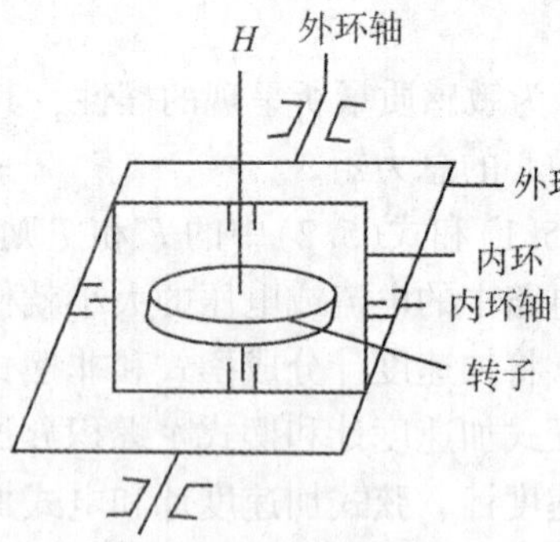

(b)二自由度陀螺仪

图 5-5　陀螺仪结构图

(2)二自由度陀螺仪

理论上的二自由度陀螺仪是陀螺转子相对陀螺壳体有两个自由度，而两个支撑点的摩擦力矩趋于零。按陀螺进动理论，在无外干扰力矩的状态下，角动量 H 相对惯性空间的定轴性使其成为运动体的参照系，运动体绕陀螺内、外环轴的转角，即飞行器姿态角。二自由度陀螺仪的陀螺转子可以相对壳体绕两个轴进动，因此相当于有两个输入轴和两个输出轴，即用一个陀螺转子可以敏感两个轴的角运动，如图 5-5(b)所示。应该注意的是，每一个轴既是输入轴又是输出轴。

为了提高二自由度陀螺仪的定向精度，需同时降低绕内、外环轴上的干扰力矩的数值，才能提高二自由度陀螺仪的性能，为此通常采用悬浮技术。利用框架支承的二自由度陀螺仪有多种形式，在惯性导航中常用的有二自由度液浮陀螺仪和二自由度气浮陀螺仪。二自由度的液浮陀螺仪和单自由度的浮子积分陀螺仪在动态特性上的主要区别是它们对输入的反应不同。单自由度浮子式积分陀螺仪在沿输入轴有角速度输入时，角动量 H 将进动，绕输出轴有一转角，通过信号传感器给出与转角大小成比例的电信号，信号的大小不仅取决于输入角速度，而且还受浮子组合件的转动惯量 J、角动量 H 和阻尼系数 C 的影响。

对于二自由度陀螺仪，角动量 H 相对惯性空间稳定，当沿输入轴方向有角运动时，由于陀螺转子绕输入轴方向相对壳体有自由度存在，所以角动量 H 没有进动过程，其角动量 H 或转动惯量 J 对输出信号没有影响。二自由度陀螺仪在敏感角位移 θ 之后，给出电信号 u：

$$u = K\theta \tag{5.3}$$

其中，K 为信号传感器的比例系数。

在实际应用中，陀螺仪的壳体将和平台固联，角动量 H 将相对惯性空间稳定，在列写绕输入轴的微分方程式时，将和单自由度陀螺的情况不同，沿输入轴的运动方程式可写为：

$$T = J_p \frac{\mathrm{d}^2\theta}{\mathrm{d}t^2} \tag{5.4}$$

其中，T 为干扰力矩；J_p 为陀螺平衡环、壳体和平台相对输入轴的转动惯量；θ 为干扰角输入或输出转角，两者相等。

应用二自由度陀螺仪构成平台时，式(5.4)得到了应用。二自由度陀螺仪的漂移误差模型有两个，分别对应陀螺仪的内环轴和外环轴，每个模型和单自由度陀螺的漂移误差模型相同。

(3)挠性陀螺仪

挠性陀螺仪是一种采用挠性支承的自由转子陀螺仪。挠性支承是一种没有摩擦的高弹性系数的挠性接头，同时又具有一定的强度，以承受冲击和挠动所产生的应力。挠性支承陀螺仪类型较多，使用较多的是一种单平衡环挠性转子动力调谐陀螺仪，其结构原理如图5-6所示。

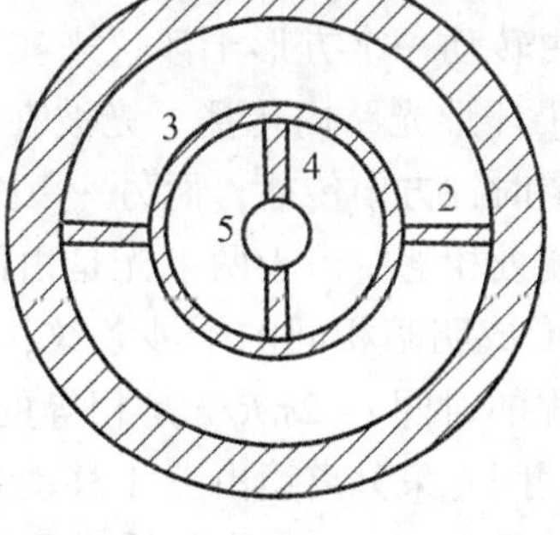

图 5-6　挠性接头配置结构图

1—转子；2—外挠性轴；3—平衡环；4—内挠性轴；5—驱动轴

陀螺转子和驱动轴之间通过挠性接头连接，挠性接头由相互垂直的内外挠性轴和一个平衡环组成。内挠性轴由一对内扭杆组成，外挠性轴由一对外扭杆组成，内挠性轴将驱动轴与平衡环相连接，外挠性轴将平衡环与转子相连。内挠性轴线应垂直于驱动轴线，而外挠性轴线和内挠性轴线应相互垂直，并与驱动轴线交于一点。驱动电机高速旋转时，通过内挠性轴带动平衡环旋转，平衡环再通过外挠性轴带动陀螺转子旋转。无干扰时，陀螺仪的自转轴和驱动轴在一条轴线上；转子受到干扰力矩或当壳体运动时，自转轴和驱动轴不在一条轴线上，在小角度范围内，可认为挠性陀螺转子具有自由陀螺转子的特性。

陀螺转子的自转轴、平衡环、挠性轴和驱动轴的运动学关系如图5-7所示。XYZ 是和壳体固联的坐标系，Z 是驱动轴方向。$x_0y_0z_0$ 是和转子固联的坐标系，z_0 是自转轴方向。图5-7中(a)、(b)、(c)和(d)分别为初始位置、转动90°、180°和270°的状况。

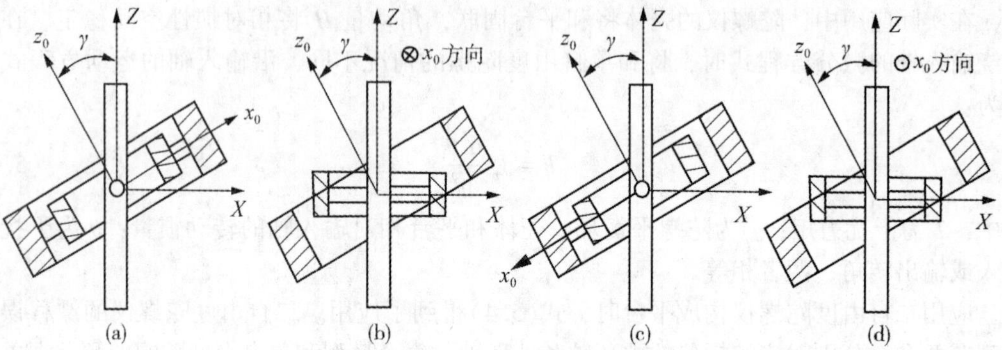

图5-7 驱动轴和自转轴间运动学关系

2. 激光/光纤光学陀螺仪

激光陀螺仪和光纤陀螺仪，统称为光学陀螺仪，是新一代实用惯性元件。常规的旋转质量陀螺仪适合于在平台方式下工作，而在捷联状态工作时性能下降。光学陀螺仪在捷联状态工作时，在误差源、尺寸、质量、功率和可靠性方面具有明显优势。

光学陀螺仪的测量原理如图5-8所示，萨格纳克(Sagnac)效应是光学陀螺仪的理论基础，即认为围绕一个环路干涉仪的两个相向传播的光波有相位差，且与光路垂直轴方向的输入角速度有关。Sagnac试验由转动一个方形干涉仪来实现的。图5-9(a)为一个理想的圆形干涉仪，光波被约束在一个环形光路内传播。光波在干涉仪的点 A 光源产生，并被光束分离镜分成两束，一束按顺时针方向传播，而另一束按逆时针方向传播。绕圆环一周后，两束光在最初的光束分离镜处相遇。由于两束光是由同一个光源发出的单色相干光，在移动到点 B 的检测器上就会形成明暗相间的干涉条纹，反映了两束光的相位差。未旋转运动时，两束光传输整个路程的时间 $t=2\pi R/c$ 是相等的；若干涉仪以常角速度绕垂直于光路的轴线旋转，因为在此期间光束分离镜由点 A 移动到点 B，相对惯性空间顺时针光束比逆时针光束必须移动较长的距离，二者存在传播时间差。

设ΔL 是点 A、B 在惯性空间的光程差，正号(+)表示光束逆时针传播，负号(−)表示光束顺时针传播，对应的传播时间为 t^+ 和 t^-，传播的光程为 L^+ 和 L^-。

$$\left.\begin{aligned}&\Delta L=|L^+-L^-|\\&L^+=2\pi R+R\Omega t^+,\ L^-=2\pi R+R\Omega t^-\end{aligned}\right\}\tag{5.5}$$

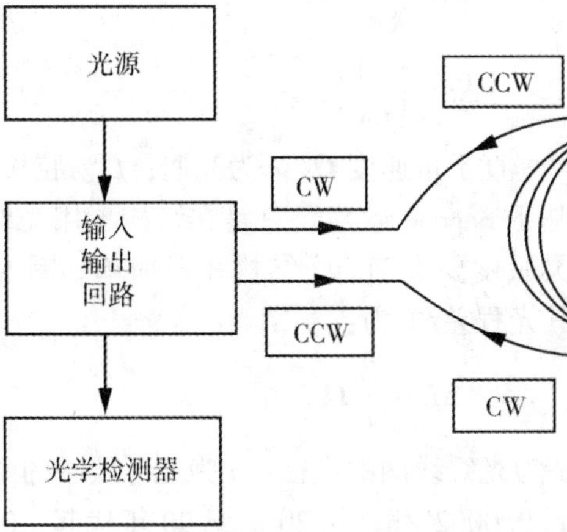

图 5-8 激光/光纤光学陀螺仪测量原理

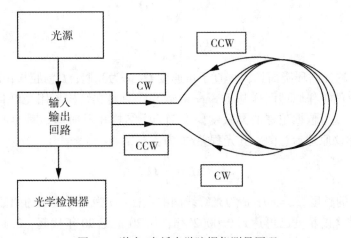

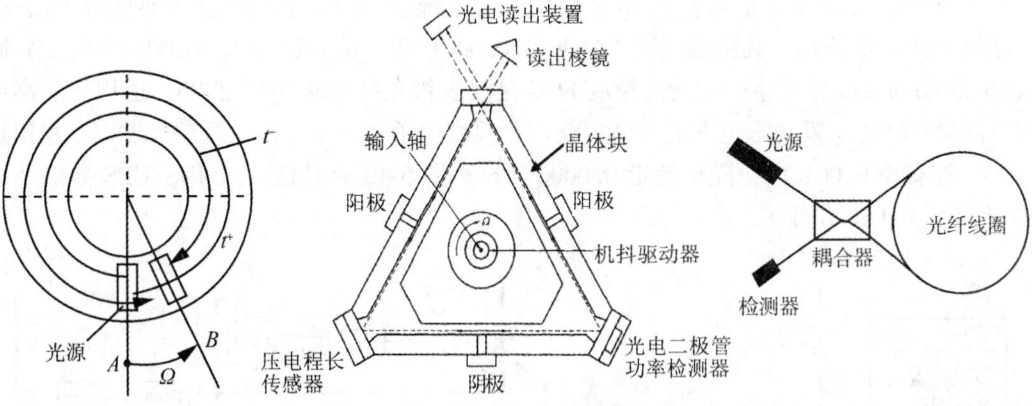

(a)Sagnac干涉仪　(b)三角形环形激光陀螺仪　(c)光纤陀螺仪

图 5-9 光学陀螺仪结构图

传播时间差为

$$\Delta t = t^+ - t^- = 2\pi R\left(\frac{1}{c - R\Omega} - \frac{1}{c + R\Omega}\right) = \frac{4\pi R^2\Omega}{c^2 - R^2\Omega^2} \tag{5.6}$$

式中，L^+、L^-分别为光束逆、顺时针传播光程；R 为圆环半径；c 为光速；Ω 为角速度。

激光陀螺的实体是一个三角形的或正方形的充满气体的腔体，传播相向运动的受激光波，常称其为两状态(Two Mode)、连续波的有源激光陀螺。若激发介质在腔体外，如光纤陀螺，则称其为无源激光陀螺。图 5-9(b)为一个三角形环形激光陀螺仪的结构示意图。主要由环形谐振腔体、反射镜、增益介质和读出机构相关的电子线路组成。在环形腔内充有按一定比例配制的 He-Ne 增益介质，保证连续激光的产生；三个光学平面反射镜形成闭合光路(环形激光谐振器)，由光电二极管组成的光电读出电路可以检测相向运行的两束光的光程差。顺时针和逆时针两束光的光程差ΔL 和旋转光束频率差为：

$$\Delta L = \left(\frac{4A}{c}\right)\Omega \tag{5.7}$$

$$\Delta f = \left(\frac{4A}{L\lambda}\right)\Omega \tag{5.8}$$

式中，A 为设计的光路环绕面积，垂直于角速度 Ω；c 为光速；L 为腔长；λ 为波长。

光纤陀螺仪的工作原理同样基于 Sagnac 效应，只是在结构上用光纤代替干涉仪的环状光路，光纤长度可依据陀螺的灵敏度要求确定，结构相对简单。图 5-9(c)为一个简单的开环光纤陀螺仪原理示意图，其光程差ΔL 为：

$$\Delta L = \frac{Ld}{c}\Omega \tag{5.9}$$

式中，L 为光纤的长度，$L=nd$；d 为光纤线圈的直径；n 为光纤线圈的圈数。

目前光纤陀螺的精度已可达到 0.0002°/h，从 20 世纪 90 年代起，0.1°/h 的中精度干涉型光纤陀螺 IFOG 已投入批量生产。德、日等国也研制成功偏置稳定性优于 0.01 °/h 的惯性级 IFOG，俄罗斯、英国、中国、韩国、新加坡、意大利、瑞士等国也有相关报道。2003 年 9 月，Honeywell 的高性能 IRS(惯性参考系统)所采用的 FOG 是当时能够产品化、性能最好的光纤陀螺，其随机游走(ARW)<0.0001°/h，偏差稳定性<0.0003°/h。当前，Northrop Grumman 公司生产的最高精度 FOG 是仪表级光纤陀螺 FOG 2500，适用于超高精度或低噪声环境。其动态范围最大值 100°/s，尺度因子 0.01arc sec，短期尺度因子稳定性 1ppm，漂移率 0.001°/h，随机游走 0.0006 °/h 。图 5-10 为其嵌入式 INS/GPS 导航系统 LN251 内部 FOG 结构。

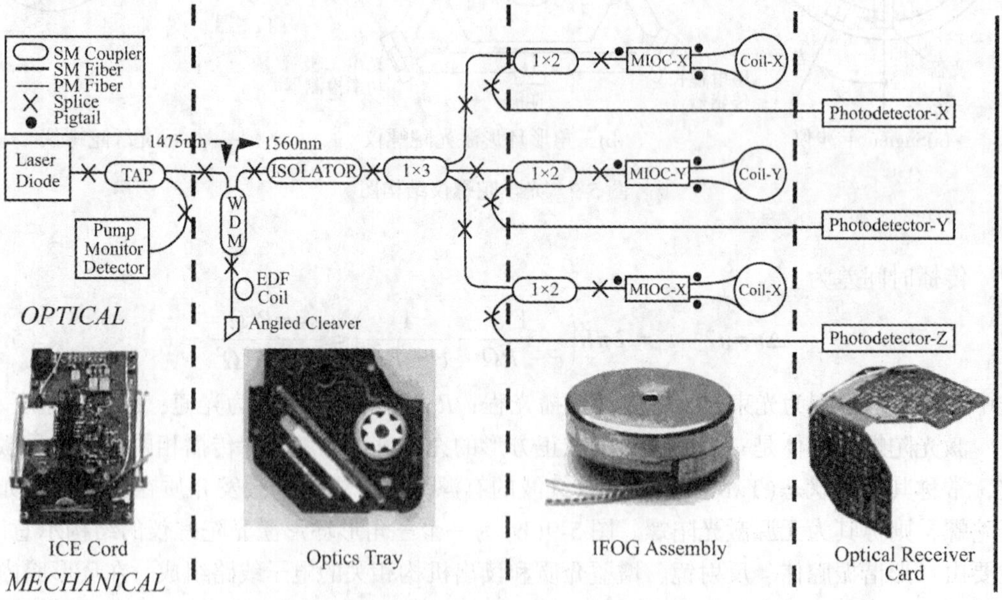

图 5-10　Northrop Grumman LN251 内部的 FOG 结构

3. 微机电系统(MEMS)

基于 MEMS(Micro Electro Mechanical System)器件的测量系统与传统惯性测量系统主要区别在于微惯性测量单元。微惯性测量单元是传统惯性测量组合系统的一次重大革命，利用了 MEMS 技术和微电子技术等，从根本上改变了传统惯性测量单元的设计思想和制造方法，将微机械陀螺仪、微机械加速度计及监测、处理电路一体化集成，实现了微型惯性测量单元，具有体积小、重量轻、成本低、可靠性高、能承受恶劣环境、便于大量生产和精度适中等优点，如图 5-11 所示。在某些应用中，MEMS 可取代传统的惯性测量单元，市场应用前景广阔。

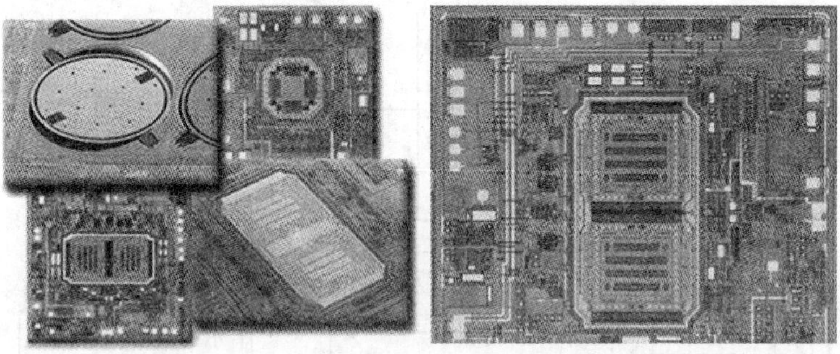

图 5-11 便宜、小巧、低精度的 MEMS

基于 MEMS 器件的测量系统实则是微型惯性测量系统，其三轴陀螺由 3 个单轴 MEMS 角速度传感器组成，三轴加速度计采用 3 个 MEMS 单轴加速度传感器，所选陀螺及加速度计均采用微机械技术。根据惯性传感器信号特点及 A/D 输入范围，系统的信号调理模块主要包括信号的放大和低通滤波处理，选择具有高精度、零漂移、轨对轨特点的运算放大器作为信号放大及缓冲器来满足设计需要。

MEMS 工作原理如图 5-12 所示。

5.3.2 系统结构

就结构而言，惯导系统有平台式惯导系统(Platform Inertial Navigation System，PINS)和捷联式惯导系统(Strapdown Inertial Navigation System，SINS)两类。二者的主要区别在于平台的构建方式上，前者采用物理方式构建平台，后者采用的是数学方式。

1. 平台式惯导系统

平台式惯导系统的惯性元件即陀螺和加速度计，都安装在一个物理平台上，利用陀螺通过伺服电机驱动稳定平台，使其始终仿真一个空间直角坐标系，即导航坐标系。而敏感轴则始终位于该坐标系的三轴方向上的三个加速度计上，可以测得三轴方向的运动加速度值。

2. 捷联式惯导系统

捷联式惯导系统没有实体平台，加速度计和陀螺仪是直接固定在载体上的，惯导平台

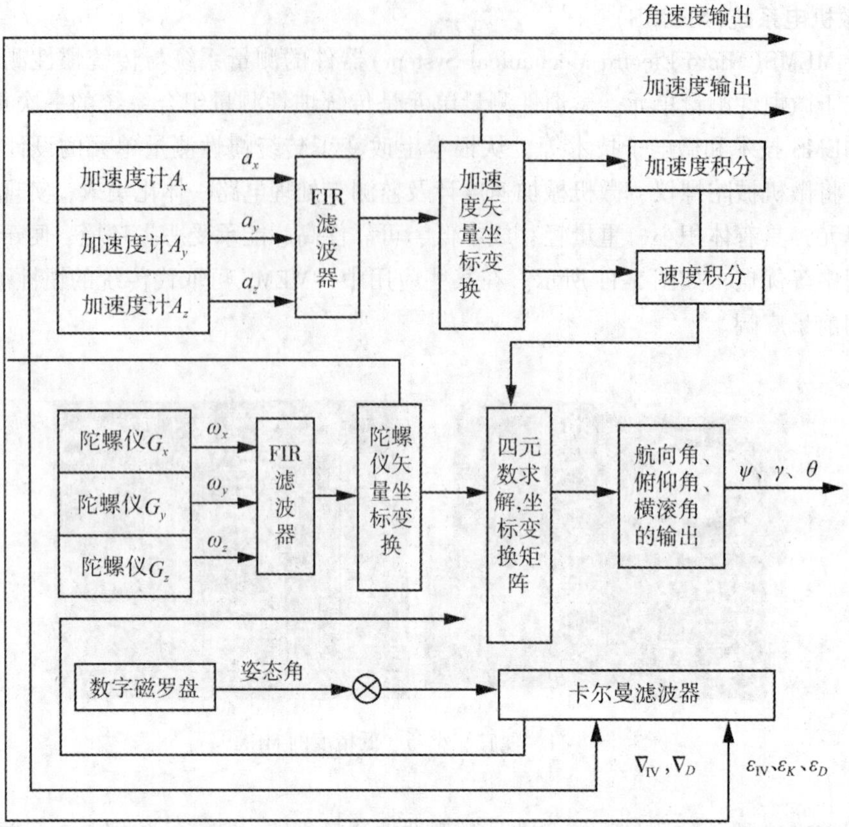

图 5-12 MEMS 测量系统工作原理图

的功能由计算机来完成，故称为数学平台。

平台式惯导系统中仪表工作条件较好，平台能够直接建立导航坐标系，计算量小，容易补偿和修正仪表的输出，但其尺寸较大，结构较复杂，可靠性低，维护费用高。捷联式惯导系统由于省去了平台，结构较为简单，体积小，重量轻，成本低，维护方便且具有较高的可靠性，但由于加速度计和陀螺仪直接装在载体上，工作条件不佳，会降低仪表精度，且计算量较大。现代电子和计算机技术的飞速发展，为捷联惯性技术的发展创造了有利条件。新一代低成本中等精度的惯性仪表如激光陀螺、光纤陀螺、硅微惯性器件的研制成功，为捷联式惯性系统奠定了基础。捷联技术的研究，如算法编排、误差模型、测试技术等也迅速得到了发展。因此，发展捷联惯导系统以及以捷联惯导系统为基础的各种组合导航系统，成为今后惯导系统发展的总趋势。平台式惯导系统和捷联式惯导系统将在下面详细介绍。

5.3.3 辅助单元

惯导系统还包括导航计算机和显示器两个辅助系统。导航计算机主要完成导航参数计算和平台跟踪回路中指令角速度信号的计算。控制显示器给定初始参数和系统需要的其他参数，显示各种导航信息。

5.4 平台式惯导系统

平台式惯导系统(Platform Inertial Navigation System，PINS)工作原理如图 5-13 所示。在平台式惯导系统中，加速度计和陀螺仪都安装在导航平台上，加速度计输出的信息送到导航计算机，导航计算机除计算载体位置、速度等导航信息外，还计算对陀螺的施矩信息。陀螺仪在施矩信息作用下，通过平台稳定回路控制平台跟踪导航坐标系在惯性空间的角速度。而载体姿态和方位信息则从平台的框架轴上直接测量得到。

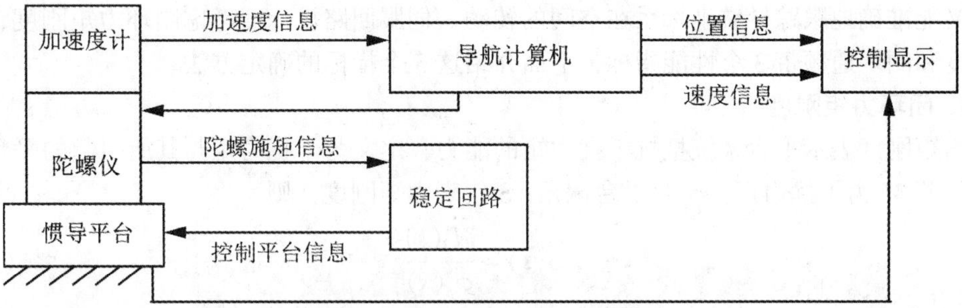

图 5-13　平台式惯导系统工作原理

5.4.1 惯性导航平台

惯性导航平台又称陀螺稳定平台，是利用陀螺仪在惯性空间使台体保持方位不变的装置，由台体、陀螺仪、内外框架、力矩电机、角度传感器以及伺服回路等组成。台体通过内框架和外框架支承在与航行器固连的基座上。加速度计装在惯性平台的台体上，台体隔离了航行器角运动对测量加速度的影响。平台需保持水平和对准北向。利用台体上的加速度计和惯性平台构成的回路可使平台跟踪地垂线。

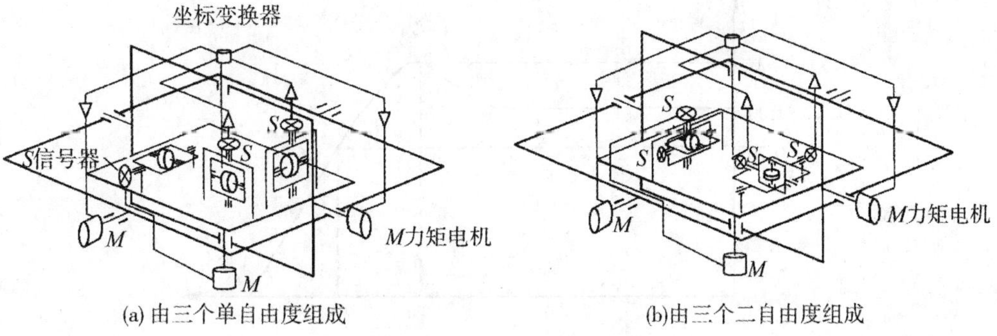

(a) 由三个单自由度组成　　(b)由三个二自由度组成

图 5-14　三轴陀螺稳定平台

当台体有倾角时，加速度计测出重力分量并输出信号，经电子线路(积分器)和单轴积分陀螺加给力矩电机，使台体反向转动，恢复水平。航行器的加速度对台体水平位置的影响可利用舒拉摆原理加以排除。

惯性平台采用的方位对准方式一般有两种，即引入式对准和自主式对准。前者是将外部基准引入平台并与台体的方位进行比较，得到偏差信号，经放大后输出到方位陀螺力矩器，驱使台体绕方位轴转动，直至偏差信号为零，从而使台体方位与外部基准方位一致；而后者则是利用陀螺仪感受地球角速度的效应，驱使平台自主地找到地球北向。

5.4.2　平台伺服回路性能指标

伺服回路的设计要能保证惯导平台高精度的动静态特性，既能准确地稳定在惯性空间，又能准确地跟踪导航坐标系在空间的转动。伺服回路设计需考虑闭环力矩刚度、闭环振荡度和闭环通频带 3 个性能指标，下面介绍这 3 个指标的确定方法。

1. 闭环力矩刚度

力矩刚度表示平台系统抵抗干扰力矩的能力，定义为干扰力矩与其所引起的平台偏角之比。若 M_d 为干扰力矩，ϕ_p 为平台偏角，S 代表力矩刚度，则

$$S(s)=\frac{M_d(s)}{\phi_p(s)} \tag{5.10}$$

用 $j\omega$ 代替 s，则有

$$S(j\omega)=\frac{M_d(j\omega)}{\phi_p(j\omega)} \tag{5.11}$$

$S(j\omega)$ 为力矩刚度的频率特性，表示平台抵抗周期性干扰力矩的能力，亦称动态力矩刚度。当 $\omega=0$ 时，$S(0)$ 表示平台抵抗常值干扰力矩的能力，常称为静态力矩刚度。

2. 闭环振荡度 M_r

平台系统的闭环幅频特性用式(5.12)表示，相应的幅频特性曲线如图 5-15 所示。

$$M_r=\left|\frac{Y(j\omega_M)}{1+Y(j\omega_M)}\right| \tag{5.12}$$

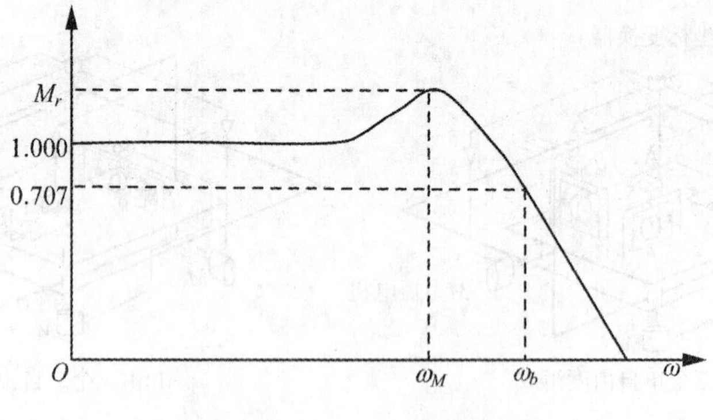

图 5-15　闭环幅频特性曲线

在图 5-15 中，ω_M 为谐振频率，M_r 为谐振峰值，称为振荡度。振荡度是反映系统动态

性能的指标，与时域设计中的超调量指标相对应。振荡度越大，力矩电机的力矩谐振峰值就越大，力矩电机就可能出现力矩饱和，造成系统非线性振荡，致使系统不稳定。即使力矩未达到饱和，也会使它的功耗增大。此外，力矩谐振也会使平台系统动态误差角和陀螺仪动态误差角增大，所以必须校正 ω_M 处陀螺的动态误差角，看其是否超过了允许值。为了获得好的系统动态性能，M_r 通常取 1.1~1.5。对闭环振荡度 M 的要求，可以转换为对开环相位储备的要求，M_r 为 1.1~1.5，对应于相位储备 λ 为 54°10′~38°55′。

3. 闭环通频带 ω_b

在图 5-15 中，ω_b 表示系统的闭环通频带，即系统频率范围的宽窄，也反映了系统对输入响应速度的快慢。ω_b 大可使响应速度增快，但也会使系统容易受干扰影响。ω_b 的选择应考虑平台系统对低频的干扰力矩，如载体的姿态变化等引起的干扰力矩（ω_b 一般为 0~5Hz），应有足够大的力矩刚度，使平台在上述干扰力矩作用下有足够小的动态误差。即要有足够宽的通频带，才能快速抵消干扰力矩的作用。而对一些高频干扰，如发动机振动以及电子系统的干扰等，应具有很好的抑制作用。总之，平台系统的通频带要选择恰当，不能太大，也不能太小，一般选 50~200Hz。

5.4.3 三轴平台伺服回路的耦合与隔离

三轴平台系统中各环路都处于中立位置，轴相互垂直，各稳定回路相互独立。当载体存在三个方向的姿态变化时，如横摇、纵摇和偏航，三个环的轴不再独立，伺服回路相互耦合。

若三轴平台纵向安装，坐标系 $O\text{-}x_py_pz_p$（p 系）、$O\text{-}x_ay_az_a$（a 系）、$O\text{-}x_ry_rz_r$（r 系）、$O\text{-}x_by_bz_b$（b 系）分别代表方位环、俯仰环、横滚环和基座（载体）。平台处于中立位置时，各坐标系重合。当各环绕本身的轴分别转动角度 θ_p、θ_a、θ_r 时，坐标系间关系可用图 5-16 表示。

由于沿 Ox_r，Oy_a，Oz_p 轴各安装有力矩电机，故将 $O\text{-}x_ry_az_p$ 称为力矩电机坐标系，记为 $O\text{-}x_my_mz_m$（m 系）。通常，m 系不是正交系，由 m 系到 p 系的转换矩阵为：

$$\boldsymbol{C}_m^p = \begin{bmatrix} \cos\theta_p\cos\theta_a & \sin\theta_p & 0 \\ -\sin\theta_p\cos\theta_a & \cos\theta_p & 0 \\ 0 & 0 & 1 \end{bmatrix} \tag{5.13}$$

由于力矩电机坐标系的不正交，使伺服回路之间产生耦合。为克服这种耦合作用，须对陀螺输出信号 $\boldsymbol{u}_g^p$ 进行变换，使

$$\boldsymbol{u}_g^m = \boldsymbol{C}_p^m\boldsymbol{u}_g^p \tag{5.14}$$

设平台各环伺服回路开环传递函数分别为 $W_r(s)$、$W_a(s)$、$W_p(s)$，则有

$$\boldsymbol{\omega}_{ia}^p = \boldsymbol{C}_m^p\begin{bmatrix} W_r(s) & 0 & 0 \\ 0 & W_a(s) & 0 \\ 0 & 0 & W_p(s) \end{bmatrix}\boldsymbol{u}_g^m = \boldsymbol{C}_m^p\boldsymbol{W}(s)\boldsymbol{C}_p^m\boldsymbol{u}_g^p \tag{5.15}$$

即系统实现了解耦。

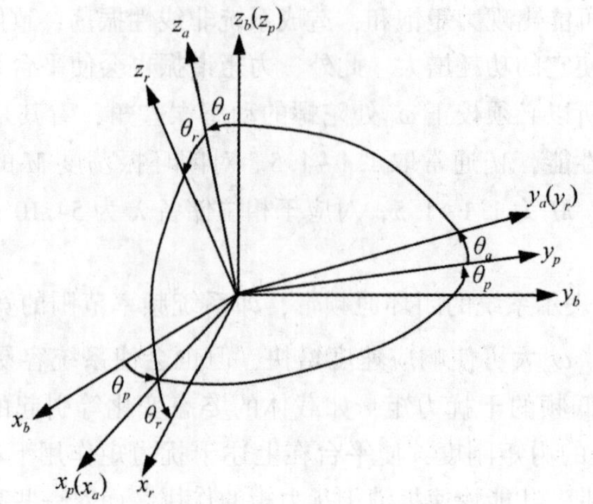

图 5-16　坐标系间的关系

5.4.4　游动方位惯导系统导航参数的计算

当地水平坐标系通常包括地理坐标系 $O\text{-}x_g y_g z_g$(东北天)和自由方位坐标系即游动方位坐标系 $O\text{-}x_w y_w z_w$，如图 5-17 所示。

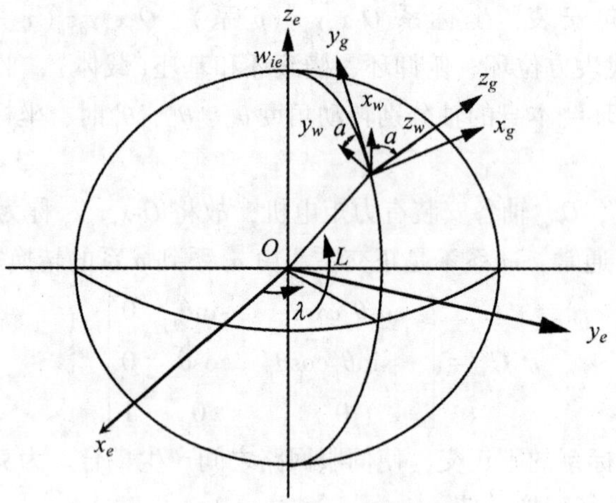

图 5-17　地平坐标系

地理坐标系在惯性空间既跟踪地球的自转，也跟踪载体运动所形成的绕地心的转动，即在惯性空间转动的角速度为：

$$\boldsymbol{\omega}_{ig}^g = \boldsymbol{\omega}_{ie}^g + \boldsymbol{\omega}_{eg}^g \tag{5.16}$$

式中，$\boldsymbol{\omega}_{ig}^g$ 为地理坐标系相对于惯性坐标系的转动角速度在地理坐标系的投影；$\boldsymbol{\omega}_{ie}^g$ 为地球的自转角速度在地理系上的分量；$\boldsymbol{\omega}_{eg}^g$ 为地理坐标系相对于地球坐标系的转动角速度在地理坐标系上的投影。

在不考虑地球为椭球的情况下，有

$$\boldsymbol{\omega}_{ig}^{g}=\begin{bmatrix}-\dfrac{v_{y}^{g}}{R}\\ \omega_{ie}\cos L+\dfrac{v_{x}^{g}}{R}\\ \omega_{ie}\sin L+\dfrac{v_{x}^{g}}{R}\tan L\end{bmatrix}\tag{5.17}$$

式中，L 为载体的纬度；ω_{ie} 为地球自转角速度；R 为地球的半径；v_x^g，v_y^g 分别表示地理坐标系下北方向、东方向的速度。

在指北方位惯导系统中，需按式(5.17)给平台施加指令角速度，使平台跟踪地理坐标系在惯性空间的转动。由于 $\tan L$ 的发散性，在高纬度地区，沿垂直轴的施矩速度很大，物理上难以实现，为避免这一困难，常采用自由方位或游动方位坐标系。

自由方位坐标系在方位上稳定在惯性空间，该坐标系相对地球有一方位角 α_f：

$$\alpha_f=\alpha_{f0}-\int_0^t\left(\omega_{ie}\sin L+\frac{v_x^g}{R}\tan L\right)\mathrm{d}t\tag{5.18}$$

游动方位坐标系沿垂直轴只跟踪地球自转角速度 $\omega_{ie}\sin L$。类似于自由方位坐标系情况，该坐标系相对地球有一游动方位角 α：

$$\alpha=\alpha_0-\int_0^t\frac{v_x^g}{R}\tan L\mathrm{d}t\tag{5.19}$$

载体航向角 ψ 和平台航向角 ψ_p 的关系为：

$$\psi=\psi_p-\alpha\tag{5.20}$$

由于在垂直方向去掉了跟踪速度 $\dfrac{v_x^g}{R}\tan L$，因此克服了指北方位惯导系统中施矩太大的困难。

以下介绍游动方位惯导系统各导航参数的计算方法。

(1)位置计算

若以地球坐标系 $O\text{-}x_ey_ez_e$ 为初始位置，则

①绕 z_e 轴转动 $\lambda+90°$ 角，得到 $O\text{-}x'y'z'$；

②再绕 x' 轴转动 $90°-L$ 角，得到 $O\text{-}x_gy_gz_g$；

③再绕 z_g 轴转动 α 角，则可得到游动方位坐标系 $O\text{-}x_wy_wz_w$。

根据以上变换，可以求得游动方位坐标系 ω 到地球坐标系 e 之间的转换矩阵。

$$\boldsymbol{C}_{\omega}^{e}=\begin{bmatrix}c_{11}&c_{12}&c_{13}\\c_{21}&c_{22}&c_{23}\\c_{31}&c_{32}&c_{33}\end{bmatrix}\tag{5.21}$$

其中，

$$\left.\begin{array}{l}c_{11}=-\cos\alpha\sin\lambda-\sin\alpha\sin L\cos\lambda,\ c_{12}=\sin\alpha\sin\lambda-\cos\alpha\sin L\cos\lambda,\ c_{13}=\cos L\cos\lambda\\ c_{21}=\cos\alpha\cos\lambda-\sin\alpha\sin L\sin\lambda,\ c_{22}=-\sin\alpha\cos\lambda-\cos\alpha\sin L\sin\lambda,\ c_{23}=\cos L\sin\lambda\\ c_{31}=\sin\alpha\cos L,\ c_{32}=\cos\alpha\cos L,\ c_{31}=\sin L\end{array}\right\} \tag{5.22}$$

根据 c_{ij} 可得到：

$$\left.\begin{array}{l}\alpha_{主}=\arctan^{-1}\dfrac{c_{31}}{c_{32}}\\ \lambda_{主}=\arctan^{-1}\dfrac{c_{23}}{c_{13}}\\ L=\arctan^{-1}\dfrac{c_{33}}{\sqrt{c_{13}^2+c_{23}^2}}\end{array}\right\} \tag{5.23}$$

纬度 L 的定义域为 $(-90°,\ +90°)$，所以 L 的主值即真值。由于 λ 的定义域为 $(-180°,\ +180°)$，α 的定义域为 $(0,\ 360°)$，故还需根据 c_{13} 符号、$\lambda_{主}$ 符号以及 c_{32} 符号、$\alpha_{主}$ 符号来分别判断 λ 和 α 所存在的象限，并得到 λ 真值和 α 真值。

在式(5.21)中，位置矩阵的元素可通过解矩阵微分方程来得到。矩阵微分方程为：

$$\dot{\boldsymbol{C}}_{\omega}^{e}=\boldsymbol{C}_{\omega}^{e}\boldsymbol{C}_{e\omega}^{\omega} \tag{5.24}$$

考虑到游动方位 $C_{e\omega z}^{\omega}=0$，则矩阵微分方程展开得：

$$\left.\begin{array}{l}\dot{c}_{11}=-c_{13}\omega_{e\omega y}^{\omega}\\ \dot{c}_{12}=c_{13}\omega_{e\omega x}^{\omega}\\ \dot{c}_{13}=c_{11}\omega_{e\omega y}^{\omega}-c_{12}\omega_{e\omega x}^{\omega}\\ \dot{c}_{21}=-c_{23}\omega_{e\omega y}^{\omega}\\ \dot{c}_{22}=c_{23}\omega_{e\omega x}^{\omega}\\ \dot{c}_{23}=c_{21}\omega_{e\omega y}^{\omega}-c_{22}\omega_{e\omega x}^{\omega}\\ \dot{c}_{31}=-c_{33}\omega_{e\omega y}^{\omega}\\ \dot{c}_{32}=c_{33}\omega_{e\omega x}^{\omega}\\ \dot{c}_{33}=c_{13}\omega_{e\omega y}^{\omega}-c_{32}\omega_{e\omega x}^{\omega}\end{array}\right\} \tag{5.25}$$

前三个方程和后六个方程无关，故可独立求解后六个方程。再利用矩阵正交约束条件求解前三个方程。由于位置计算只用到 c_{13}，故只求 c_{13} 即可。

按正交条件则有

$$c_{13}=c_{21}c_{32}-c_{22}c_{31} \tag{5.26}$$

初始条件由 L_0、λ_0 和 α_0 确定。

(2)角速度 $\omega_{e\omega x}^{\omega}$，$\omega_{e\omega y}^{\omega}$ 的计算

游动方位坐标系 $C_{e\omega z}^{\omega}=0$，

$$\begin{bmatrix}\omega_{e\omega x}^{\omega}\\ \omega_{e\omega y}^{\omega}\end{bmatrix}=\begin{bmatrix}\cos\alpha & \sin\alpha\\ -\sin\alpha & \cos\alpha\end{bmatrix}\begin{bmatrix}-\dfrac{v_y^g}{R_M}\\ \dfrac{v_x^g}{R_N}\end{bmatrix}\tag{5.27}$$

而

$$\begin{bmatrix}v_x^g\\ v_y^g\end{bmatrix}=\begin{bmatrix}\cos\alpha & -\sin\alpha\\ \sin\alpha & \cos\alpha\end{bmatrix}\begin{bmatrix}v_x^{\omega}\\ v_y^{\omega}\end{bmatrix}\tag{5.28}$$

式中子午圈内的曲率为

$$\frac{1}{R_M}=\frac{1+2f-3f\sin^2L}{R_e}\tag{5.29}$$

而卯酉圈内的曲率为

$$\frac{1}{R_N}=\frac{1-f\sin^2L}{R_e}\tag{5.30}$$

将式(5.28)~式(5.30)代入式(5.27)得：

$$\begin{bmatrix}\omega_{e\omega x}^{\omega}\\ \omega_{e\omega y}^{\omega}\end{bmatrix}=\begin{bmatrix}-\left(\dfrac{1}{R_M}-\dfrac{1}{R_N}\right)\sin\alpha\cos\alpha & -\left(\dfrac{\cos^2\alpha}{R_M}+\dfrac{\sin^2\alpha}{R_N}\right)\\ \dfrac{\sin^2\alpha}{R_M}+\dfrac{\cos^2\alpha}{R_N} & \left(\dfrac{1}{R_M}-\dfrac{1}{R_N}\right)\sin\alpha\cos\alpha\end{bmatrix}\begin{bmatrix}v_x^{\omega}\\ v_y^{\omega}\end{bmatrix}\tag{5.31}$$

若设

$$\frac{\sin^2\alpha}{R_M}+\frac{\cos^2\alpha}{R_N}=\frac{1}{R_{x\omega}}$$

$$\frac{\cos^2\alpha}{R_M}+\frac{\sin^2\alpha}{R_N}=\frac{1}{R_{y\omega}}$$

$$\left(\frac{1}{R_M}-\frac{1}{R_N}\right)\sin\alpha\cos\alpha=\frac{1}{\tau}$$

则有

$$\begin{bmatrix}\omega_{e\omega x}^{\omega}\\ \omega_{e\omega y}^{\omega}\end{bmatrix}=\begin{bmatrix}-\dfrac{1}{\tau} & -\dfrac{1}{R_{y\omega}}\\ \dfrac{1}{R_{x\omega}} & \dfrac{1}{\tau}\end{bmatrix}\begin{bmatrix}v_x^{\omega}\\ v_y^{\omega}\end{bmatrix}\tag{5.32}$$

式中，$R_{x\omega}$、$R_{y\omega}$ 分别为游动方位坐标系 $O\text{-}x_{\omega}z_{\omega}$ 和 $O\text{-}y_{\omega}z_{\omega}$ 平面的等效曲率半径；τ 为扭曲率。

自此，实现了角速度 ω_{ewx}^{ω}、ω_{ewy}^{ω} 的计算。

(3)速度 v 计算

由比力方程可得速度微分方程：

$$\dot{\boldsymbol{v}}_{e\omega}^{\omega}=\boldsymbol{f}^{\omega}-(2\boldsymbol{\omega}_{ie}^{\omega}+\boldsymbol{\omega}_{e\omega}^{\omega})\times\boldsymbol{v}_{e\omega}^{\omega}+\boldsymbol{g}^{\omega}\tag{5.33}$$

式中，$\boldsymbol{\omega}_{ie}^{\omega}=\boldsymbol{C}_e^{\omega}\boldsymbol{\omega}_{ie}^{e}$ 。分解形式为

$$\begin{bmatrix} \omega_{iex}^{\omega} \\ \omega_{iey}^{\omega} \\ \omega_{iez}^{\omega} \end{bmatrix} = \begin{bmatrix} c_{11} & c_{21} & c_{31} \\ c_{12} & c_{22} & c_{32} \\ c_{13} & c_{23} & c_{33} \end{bmatrix} \begin{bmatrix} 0 \\ 0 \\ \omega_{ie} \end{bmatrix} \tag{5.34}$$

考虑到游动方位坐标系 $C_{e\omega z}^{\omega}=0$，则式(5.33)展开式为

$$\begin{cases} \dot{v}_x^{\omega} = f_x^{\omega} - (2\omega_{ie}c_{32} + \omega_{e\omega y}^{\omega})v_z^{\omega} + \omega_{ie}c_{33}v_y^{\omega} \\ \dot{v}_y^{\omega} = f_y^{\omega} + (2\omega_{ie}c_{31} + \omega_{e\omega x}^{\omega})v_z^{\omega} - \omega_{ie}c_{33}v_x^{\omega} \\ \dot{v}_z^{\omega} = f_z^{\omega} + (2\omega_{ie}c_{32} + \omega_{e\omega x}^{\omega})v_x^{\omega} - (2\omega_{ie}c_{31} + \omega_{e\omega x}^{\omega})v_y^{\omega} - g \end{cases} \tag{5.35}$$

由于惯导系统的垂直通道不稳定，因此 v_z^{ω} 不能按式(5.35)单独积分计算，通常需要引入外部高度信息进行组合。如果载体垂直速度不大，可略去 v_z^{ω}，只考虑平面导航，则式(5.35)可简化为

$$\begin{cases} \dot{v}_x^{\omega} = f_x^{\omega} + \omega_{ie}c_{33}v_y^{\omega} \\ \dot{v}_y^{\omega} = f_y^{\omega} + \omega_{ie}c_{33}v_x^{\omega} \end{cases} \tag{5.36}$$

(4)平台指令角速度 $\omega_{i\omega}^{\omega}$ 计算

平台指令角速度 $\omega_{i\omega}^{\omega}$ 为

$$\boldsymbol{\omega}_{i\omega}^{\omega} = \boldsymbol{\omega}_{ie}^{\omega} + \boldsymbol{\omega}_{e\omega}^{\omega}$$

分解式为

$$\begin{cases} \omega_{i\omega x}^{\omega} = \omega_{iex}^{\omega} + \omega_{e\omega x}^{\omega} \\ \omega_{i\omega y}^{\omega} = \omega_{iey}^{\omega} + \omega_{e\omega y}^{\omega} \\ \omega_{i\omega z}^{\omega} = \omega_{iez}^{\omega} \end{cases} \tag{5.37}$$

或

$$\begin{cases} \omega_{i\omega x}^{\omega} = \omega_{ie}c_{31} + \omega_{e\omega x}^{\omega} \\ \omega_{i\omega y}^{\omega} = \omega_{ie}c_{32} + \omega_{e\omega y}^{\omega} \\ \omega_{i\omega z}^{\omega} = \omega_{ie}c_{33} \end{cases} \tag{5.38}$$

5.5 捷联式惯导系统

5.5.1 工作原理及流程

捷联式惯导系统(Strapdown Inertial Navigation System，SINS)是将惯性仪表直接固联在载体上，利用计算机完成导航平台功能的惯导系统，工作原理如图 5-18 所示。加速度计和陀螺直接安装在航行器上，用陀螺测量的角速度减去计算的导航坐标系相对惯性空间的角速度，得到载体坐标系相对导航坐标系的角速度，并据此计算姿态矩阵；然后将载体坐标系轴向的加速度转换到导航坐标系，进行导航计算。

图 5-19 给出了捷联式惯导系统的工作流程。

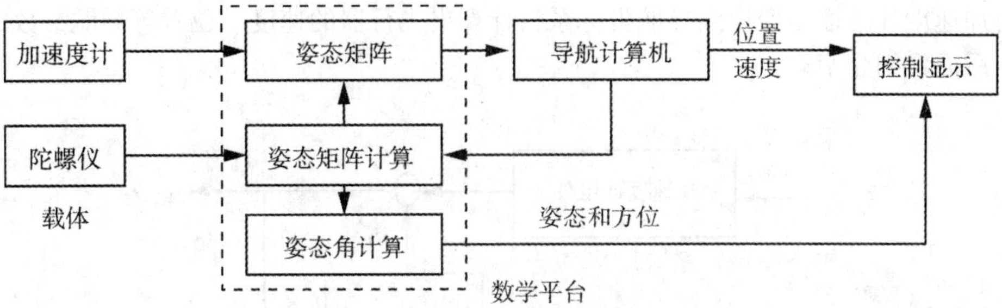

图 5-18 捷联式惯导系统工作原理

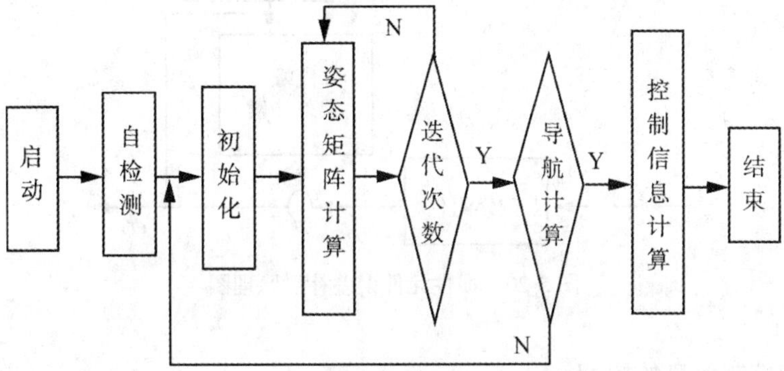

图 5-19 捷联式惯导系统工作流程

1. 系统的初始化

系统的初始化包括 3 项任务：

①给定飞行器的初始位置和初始速度等初始信息。

②数学平台的初始对准：确定姿态矩阵的初始值是在计算机中用对准程序来完成的。在物理概念上是把数学平台的平台坐标系和导航坐标系相重合，称为对准。

③惯性仪表的校准：包括对陀螺的标度因数标定、对陀螺漂移标定和对加速度计的标度因数标定。

2. 惯性仪表的误差补偿

对于捷联式惯导系统，惯性元件的输出首先必须经过误差补偿后，才能将其输出值作为姿态和导航计算信息。其补偿原理如图 5-20 所示，图中 ω_{ib}、a_{ib} 为飞行器相对惯性空间运动的角速度及加速度矢量；$\omega^{b\prime}_{ib}$、$a^{b\prime}_{ib}$ 为沿飞行器坐标系表示的陀螺及加速度计输出的原始测量值；ω^{b}_{ib}、a^{b}_{ib} 为沿飞行器坐标系表示的误差补偿后的陀螺及加速度计的输出值；$\delta\omega^{b}_{ib}$、δa^{b}_{ib} 为由误差模型给出的陀螺及加速度计的估计误差(包括静态和动态误差项)。

3. 姿态矩阵计算

姿态矩阵计算在捷联式惯导系统中必不可少，为飞行器姿态和导航参数计算提供必要的数据，是系统算法中的一个重要部分。该部分将在后面详细介绍。

4. 导航参数计算

将加速度计的输出变换到导航坐标系，计算出飞行器的速度、位置等导航参数。该部分将在后面详细介绍。

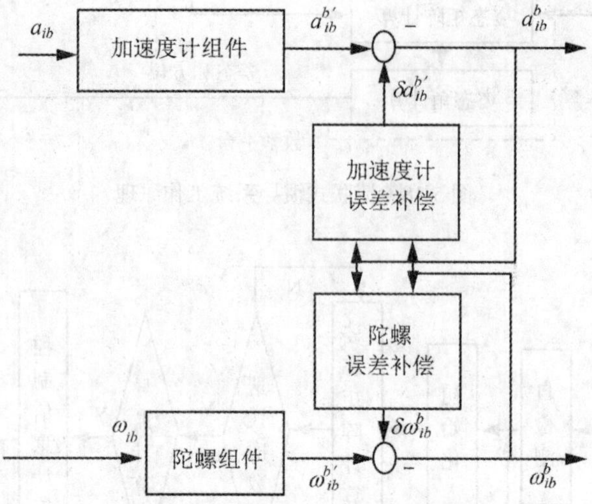

图 5-20　惯性元件误差补偿原理图

5. 导航和控制信息的提取

导航信息包括载体的姿态信息、飞行器的角速度和线加速度等信息。通过对姿态矩阵计算、加速度的坐标变换、姿态与航向角的计算，构成所谓的“数学平台”。

5.5.2　姿态计算

捷联式惯导系统的主要特征是用计算机来完成导航平台的功能。用捷联陀螺测量的载体角速度计算姿态矩阵，进而提取出载体的姿态和航向信息，并用姿态矩阵将加速度计的输出从载体坐标系变换到导航坐标系，然后进行导航计算。因此，姿态计算在捷联式惯导系统中至关重要。载体姿态和航向是载体坐标系和地理坐标系之间的方位关系，确定该关系可借助力学中的刚体定点转动理论。描述该关系的方法可简单地分为三类：三参数法、四参数法和九参数法。考虑到转动的不可交换性，有时用等效转动矢量加以辅助。

1. 三参数法

一个动坐标系相对参考坐标系的方位可以由动坐标系依次绕三个不同的轴转动的三个角度来确定。如把载体坐标系 $O\text{-}x_b y_b z_b$ 作为动坐标系，把地理坐标系 $O\text{-}x_g y_g z_g$ 作为参考坐标系，则姿态角 θ、γ 和航向角 ψ 为描述两套坐标系间关系的一组欧拉角。

若 ω_{gb}^{b} 为载体坐标系 b 相对地理坐标系 g 的角速度在 b 系轴向的分量构成的列矢量，则 ω_{gb}^{b} 和姿态航向角速度 $\dot{\theta}$、$\dot{\gamma}$ 和航向角 $\dot{\psi}$ 的关系可表示为：

$$\begin{bmatrix}\omega_{gbx}^{b}\\ \omega_{gby}^{b}\\ \omega_{gbz}^{b}\end{bmatrix}=\begin{bmatrix}\cos\gamma & 0 & \sin\gamma\cos\theta\\ 0 & 1 & -\sin\theta\\ \sin\gamma & 0 & -\cos\theta\cos\gamma\end{bmatrix}\begin{bmatrix}\dot{\theta}\\ \dot{\gamma}\\ \dot{\psi}\end{bmatrix} \tag{5.39}$$

或

$$\begin{bmatrix}\dot{\theta}\\ \dot{\gamma}\\ \dot{\psi}\end{bmatrix}=\frac{1}{\cos\theta}\begin{bmatrix}\cos\theta\cos\gamma & 0 & \sin\gamma\cos\theta\\ \sin\gamma\cos\theta & \cos\theta & -\cos\gamma\cos\theta\\ \sin\gamma & 0 & -\cos\gamma\end{bmatrix}\begin{bmatrix}\omega_{gbx}^{b}\\ \omega_{gby}^{b}\\ \omega_{gbz}^{b}\end{bmatrix} \tag{5.40}$$

式(5.40)即为欧拉角微分方程。根据角速度 ω_{gb}^{b} 可以求解 θ、γ 和 ψ。

以上三参数求解存在如下问题：方程个数少(只有 3 个)；均为三角函数运算，计算工作量较大；当 $\theta=90°$时，方程出现“奇点”，系统不能全姿态工作；算法漂移误差较大，多应用于平台式惯性导航计算机软件中，捷联式姿态运算中则较少运用。

2. 四参数法

四参数法由 Hamilton 于 1943 年提出，其思想类似平面问题使用复数解的方式，即先求解姿态四参数微分方程，再由姿态四参数确定航向角和姿态角。虽然需要 4 个微分方程，较欧拉角微分方程(三参数法)多一个方程，但进行数值计算求解时只需要进行加减乘除运算，求解过程的计算量较欧拉角法减少很多。其形式为：

$$\boldsymbol{Q}=(q_0,\ q_1,\ q_2,\ q_3)=q_0+q_1\boldsymbol{i}+q_2\boldsymbol{j}+q_3\boldsymbol{k}=q_0+\boldsymbol{q} \tag{5.41}$$

式中，q_0为标量；$\boldsymbol{q}$ 为矢量；$\boldsymbol{i}$，$\boldsymbol{j}$，$\boldsymbol{k}$ 遵守下列相乘规则：

$$\left.\begin{aligned}&\boldsymbol{i}\circ\boldsymbol{i}=\boldsymbol{j}\circ\boldsymbol{j}=\boldsymbol{k}\circ\boldsymbol{k}=-1\\ &\boldsymbol{i}\circ\boldsymbol{j}=-\boldsymbol{j}\circ\boldsymbol{i}=\boldsymbol{k}\\ &\boldsymbol{j}\circ\boldsymbol{k}=-\boldsymbol{k}\circ\boldsymbol{j}=\boldsymbol{i}\\ &\boldsymbol{k}\circ\boldsymbol{i}=-\boldsymbol{i}\circ\boldsymbol{k}=\boldsymbol{j}\end{aligned}\right\} \tag{5.42}$$

式中，“$\circ$”表示四参数相乘。

由理论力学知识可知，绕定点转动的刚体的角位置可以通过依次转过 3 个欧拉角的三次转动而获得，并且通过采用方向余弦法解决刚体的定位，也可以通过绕某一瞬时轴(等效转动轴)转过某个角度 θ 的一次转动而获得，且采用四参数法来解决定位问题。

如果用 u 表示等效转轴方向的单位向量，则动坐标系的方位可完全由 u 和 θ 来确定。用 u 和 θ 可构造一个四参数 Q，该四参数称为“规范化”四参数或变换四参数：

$$Q=\cos\frac{\theta}{2}+u\sin\frac{\theta}{2} \tag{5.43}$$

其范数为：

$$\|Q\|=q_0^2+q_1^2+q_2^2+q_3^2=1 \tag{5.44}$$

据此可将三维空间和四维空间联系起来，从而可用四维空间中四参数的性质和运算规则来研究三维空间中的刚体定点转动问题。

四参数法计算量小，存储容量少，仅需简单的四参数规范化处理便可保证姿态矩阵的正交性，为捷联姿态计算中一种普遍采用的方法。但引入了有限转动的不可交换性误差，特别是当运载体姿态变化较剧烈时或伴有角振动时，应用四参数法会产生严重的姿态漂移误差。因此，该法适用于工作环境平缓和变化缓慢的运载体。

3. 九参数法

九参数又称方向余弦法，该法是用矢量的方向余弦来表示姿态矩阵，即绕定点转动的两个坐标系之间的关系可以用方向余弦矩阵来表示。方向余弦矩阵是随时间变化的，其变换规律可用数学微分方程来描述，通过求解微分方程可得到即时值。方向余弦法求解姿态矩阵避免了欧拉角法的方程退化，可以全姿态工作。然而，方向余弦矩阵具有9个元素，所以解算矩阵微分方程时，实际上是解算9个联立微分方程，计算工作量较大。

4. 等效转动矢量法

等效转动矢量法是先进捷联式惯导系统普遍采用的方法，建立在刚体矢量旋转基础上，在姿态更新周期内使用了陀螺的角增量信息，角增量进一步微小化，使有限转动尽量接近无限转动。与四参数的根本区别是：求解的是姿态变化四参数微分方程，而不是姿态四参数微分方程。

在方向余弦法和四参数法中都用到了角速度矢量的积分

$$\Delta\boldsymbol{\theta} = \int_t^{t+\Delta t} \boldsymbol{\omega}\mathrm{d}t \tag{5.45}$$

当不是定轴转动时，即 $\boldsymbol{\omega}$ 矢量的方向在空间变化时，上式不成立，即角速度不是矢量。故采用角速度矢量积分时，使计算产生了误差，称为转动不可交换性误差。只有积分区间很小时，上式才近似成立。显然，采样周期必须很小，否则计算结果中会有较大的不可交换误差，而采样周期过小，计算机的工作量会增大。为消除不可交换性误差，1971年 John E. bortz 提出了等效旋转矢量的概念。

为使式(5.45)成立，给 $\boldsymbol{\omega}$ 加一修正量，使下式成立：

$$\boldsymbol{\phi} = \int (\boldsymbol{\omega} + \boldsymbol{\sigma})\mathrm{d}t \tag{5.46}$$

把 $\boldsymbol{\phi}$ 称为等效转动矢量。用等效转动矢量 $\boldsymbol{\phi}$ 代替方向余弦法或四参数法中的$\Delta\boldsymbol{\theta}$，则可避免转动不可交换性误差。修正量的表达式为：

$$\boldsymbol{\sigma} = \frac{1}{2}\boldsymbol{\phi} \cdot \boldsymbol{\omega} + F(\boldsymbol{\phi})\boldsymbol{\phi} \cdot (\boldsymbol{\phi} \cdot \boldsymbol{\omega})$$

式中，$F(\boldsymbol{\phi}) \approx 1/12$，因此有

$$\dot{\boldsymbol{\phi}} = \boldsymbol{\omega} + \frac{1}{2}\boldsymbol{\phi} \cdot \boldsymbol{\omega} + \frac{1}{12}\boldsymbol{\phi} \cdot (\boldsymbol{\phi} \cdot \boldsymbol{\omega}) \tag{5.47}$$

实际中，常取前两项：

$$\dot{\boldsymbol{\phi}} = \boldsymbol{\omega} + \frac{1}{2}\boldsymbol{\phi} \cdot \boldsymbol{\omega} \tag{5.48}$$

如果在一个姿态更新周期内，陀螺角速度输出用一次函数近似，即

$$\boldsymbol{\omega} = \boldsymbol{A} + \boldsymbol{B}t \tag{5.49}$$

定义

$$\Delta\boldsymbol{\theta}(n)=\int_{t_n}^{t_{n+1}}(\boldsymbol{A}+\boldsymbol{B}t)\mathrm{d}t$$

$$\Delta\boldsymbol{\theta}(n-1)=\int_{t_{n-1}}^{t_n}(\boldsymbol{A}-\boldsymbol{B}t)\mathrm{d}t$$

则可求得：

$$\boldsymbol{\phi}=\Delta\boldsymbol{\theta}(n)+\frac{1}{12}\Delta\boldsymbol{\theta}(n-1)\cdot\Delta\boldsymbol{\theta}(n) \tag{5.50}$$

式中，

$$\frac{1}{12}\Delta\boldsymbol{\theta}(n-1)\cdot\Delta\boldsymbol{\theta}(n)\leqslant(\Delta\boldsymbol{\theta})^2$$

在方向余弦或四参数的一阶或二阶算法中，该修正量可略去不计；而在三阶算法中则需加以考虑。

如果在一个迭代周期内，对陀螺仪采样两次，即

$$\Delta\boldsymbol{\theta}_{n1}+\Delta\boldsymbol{\theta}_{n2}=\Delta\boldsymbol{\theta}(n)$$

则等效旋转矢量二子样算法为

$$\boldsymbol{\phi}=\Delta\boldsymbol{\theta}(n)+\frac{2}{3}\Delta\boldsymbol{\theta}_{n1}\cdot\Delta\boldsymbol{\theta}_{n2} \tag{5.51}$$

如果在一个姿态更新周期内，陀螺角速度输出用二次函数近似，即

$$\boldsymbol{\omega}=\boldsymbol{A}+\boldsymbol{B}t+\boldsymbol{C}t^2$$

则等效旋转矢量三子样算法为

$$\boldsymbol{\phi}=\Delta\boldsymbol{\theta}(n)+\frac{33}{80}\Delta\boldsymbol{\theta}_{n1}\cdot\Delta\boldsymbol{\theta}_{n3}+\frac{57}{80}\Delta\boldsymbol{\theta}_{n2}(\Delta\boldsymbol{\theta}_{n1}-\Delta\boldsymbol{\theta}_{n3}) \tag{5.52}$$

式中，$\Delta\boldsymbol{\theta}(n)=\Delta\boldsymbol{\theta}_{n1}+\Delta\boldsymbol{\theta}_{n2}+\Delta\boldsymbol{\theta}_{n3}$ 为姿态更新周期内陀螺三次等间隔采样的角增量。

类似地，可以得到更高阶的旋转矢量算法。

载体角运动有很大随意性，加之角速度变化复杂，在姿态更新周期内用某一曲线来拟合角速度这种方法本身就是近似的。载体的角运动越剧烈，用于拟合的曲线阶次应越高，这样才能较真实地反映载体的角运动，所以子样数越高，算法的精度也越高。得到等效旋转矢量后，可以用 $\boldsymbol{\phi}$ 替换四参数解中的 $\Delta\boldsymbol{\theta}$，然后得到实时更新矩阵，也可以用 $\boldsymbol{\phi}=[\phi_x,\ \phi_y,\ \phi_z]$ 构造一个变换四参数，进而进行实时姿态矩阵的解算。

等效转动矢量的迭代计算采用较高的频率如 100Hz，常称为快速回路。而用了等效转动矢量后的四参数或方向余弦阵的计算，则可用较低的迭代频率如 20Hz，常称为慢速回路。两种回路的结合构成了捷联姿态阵的计算。等效转动矢量法在解四参数微分方程时要用到等效旋转矢量概念，其计算量与四参数法接近，但因能够对不可交换性误差做有效补偿，所以算法漂移比四参数小，是先进捷联式惯导系统中应用较为普遍的算法。

5.5.3 导航参数解算

捷联式惯导和平台式惯导的主要区别是捷联系统用计算机来完成导航平台的功能，下面以游动方位坐标系的导航系统为例，说明导航参数的解算。

1. 比力的坐标变换

在导航坐标系上表达的比力 f^n 与在载体坐标系上表达的比力 f^b 存在如下关系：

$$f^n = C_b^n f^b$$

简写为：

$$f^n = Cf^b \tag{5.53}$$

式中，C_b^n 为方向余弦矩阵，也称为坐标变换矩阵。

顾及 $C(n+1) = C(n) \cdot \Delta C(n)$，则比力的积分表达式为：

$$u^n = \int_{t_n}^{t_{n+1}} Cf^b \mathrm{d}t = C(n)\int_{t_n}^{t_{n+1}} \Delta C(t) f^b \mathrm{d}t \tag{5.54}$$

ΔC 取一阶，采用等效转动矢量，则有

$$u^n = C(n)\int_{t_n}^{t_{n+1}} [I + \beta(t) \times f^b] \mathrm{d}t = C(n)\left[\int_{t_n}^{t_{n+1}} f^b \mathrm{d}t + \int_{t_n}^{t_{n+1}} (\beta(t) \times f^b) \mathrm{d}t\right]$$

设

$$u \equiv \int_{t_n}^{t_{n+1}} f^b \mathrm{d}t\ ,\ u(t) \equiv \int_{t_n}^{t} f^b \mathrm{d}t\ ,\ \beta \equiv \int_{t_n}^{t_{n+1}} \omega \mathrm{d}t\ ,\ \beta(t) \equiv \int_{t_n}^{t} \omega \mathrm{d}t\ ,$$

则有

$$u^n = C(n)\left[u + \frac{1}{2}\beta \cdot u + \frac{1}{2}\int_{t_n}^{t_{n+1}} [\beta(t) \times f^b + u(t) \cdot \omega] \mathrm{d}t\right]$$

设

$$s_1 \equiv \int_{t_n}^{t_{n+1}} [\beta(t) \cdot f^b] \mathrm{d}t\ ,\ s_2 \equiv \frac{1}{2}\int_{t_n}^{t_{n+1}} [\beta(t) \times f^b + u(t) \cdot \omega] \mathrm{d}t\ ,$$

则有

$$u^n = C(n)\left[u + \frac{1}{2}\beta \cdot u + s_2\right] \tag{5.55}$$

或

$$u^n = C(n)[u + s_1] \tag{5.56}$$

通过迭代计算，求得 s_1 和 s_2 后，即可计算得到 u^n。

以上变换计算中，如果 ω 只考虑陀螺仪的输出，则只是载体系转动的坐标变换。若再考虑导航坐标系的转动，则需再加一修正项：

$$\left.\begin{aligned} u^n &= u^n - \frac{1}{2}\theta \cdot u^n(n) \\ \theta &= \int_{t_n}^{t_{n+1}} \omega_{in}^n \mathrm{d}t \end{aligned}\right\} \tag{5.57}$$

式中，ω_{in}^n 为地球自转角速度在地理坐标系上的分量。

2. 姿态和航向的计算

姿态阵的计算常用等效转动矢量和四元数相结合的方法。将计算得到的四参数转换成姿态阵，则可从姿态阵的元素中提取出姿态和航向角。姿态阵为：

$$C_n^b = \begin{bmatrix} \cos\gamma\cos\psi_G + \sin\gamma\sin\theta\sin\psi_G & -\cos\gamma\sin\psi_G + \sin\gamma\sin\theta\cos\psi_G & -\sin\gamma\cos\theta \\ \cos\theta\sin\psi_G & \cos\theta\cos\psi_G & \sin\theta \\ \sin\gamma\cos\psi_G - \cos\gamma\sin\theta\sin\psi_G & -\sin\gamma\sin\psi_G - \cos\gamma\sin\theta\cos\psi_G & \cos\gamma\cos\theta \end{bmatrix} \tag{5.58}$$

简写为

$$C_n^b = \begin{bmatrix} T_{11} & T_{12} & T_{13} \\ T_{21} & T_{22} & T_{23} \\ T_{31} & T_{32} & T_{33} \end{bmatrix}$$

则

$$\left.\begin{aligned} \theta &= \arcsin(T_{23}) \\ \gamma &= \arctan\left(-\frac{T_{13}}{T_{33}}\right) \\ \psi_G &= \arctan\left(\frac{T_{21}}{T_{22}}\right) \\ \psi &= \psi_G - \alpha \end{aligned}\right\} \tag{5.59}$$

式中，γ 变化范围为 0°～±180°，ψ_G变化范围为 0°～360°，故在计算时存在象限判断问题，判断方法类似于平台式惯导系统中 λ 和 α 象限的判断。姿态阵的计算、比力变换和姿态航向角的提取等效于导航平台的功能。其他导航计算部分则与平台式惯导系统相同。

5.6 惯性系统的初始对准

惯导系统在工作前需对系统进行调整，以使系统所描述的坐标系与导航坐标系相重合，使导航计算机正式工作时有正确的初始条件，如给定初始速度、位置等，这些工作统称为初始对准。初始对准的主要任务是如何使平台坐标系(含捷联惯导的数学平台)按导航坐标系定向，为加速度计提供一个高精度的测量基准，并为载体运动提供精确的姿态信息。

初始对准有对准精度和所需要的对准时间两个技术指标，二者是一对矛盾体，因此需采用折中方案给出具体指标。初始对准方法因使用条件和要求的不同而异。按照提供的参考基准形式不同，初始对准方法可分为以下两种：①利用外部提供的参考信息进行对准；②自对准。前者借助外部设备为惯导系统提供真实的水平和方位信息；后者先进行粗调水平和方位，而后进行精调水平和方位，在精调之前陀螺漂移应得到补偿，在精调水平和方位之后，系统方可转入正常工作。

对平台式惯导系统，光学自动准直技术可利用外部提供的参考信息进行对准。其方法是在惯导平台上附加光学多面体，使光学反射面与被调整的轴线垂直，这样可以通过自动准直光管的观测，发现偏差角，人为地给相应轴陀螺加矩，使平台转到给定方位；或者借光电自动准直光管的观测，自动地给相应轴的陀螺加矩，使平台转到给定位置，实现平台初始对准的自动化。自动准直光管的方位基准是星体或事先定好的方向靶标。平台的水平对准如果借助光学办法实现，光学对准的水平基准是水银池。光学对准可以达到角秒级的精度，但对准所需时间较长。

全球导航卫星系统(Global Navigation Satellite System，GNSS)可实时提供当地的经纬度参数，因此是初始对准的极好的外部基准，在使用条件允许的时候应该应用。

自对准技术是一种自主式对准技术，通过惯导系统自身功能来实现。

地球上的重力加速度矢量和地球自转角速度矢量是两个特殊的矢量，它们相对地球的方位是一定的，自对准的基本原理是基于加速度计输入轴和陀螺敏感轴与这些矢量的特殊关系来实现的。如前述的半解析式惯导系统，在理想情况下，其东向和北向加速度计对当地重力加速度 g 不敏感，可认为平台位于当地水平面内，而东向陀螺则不敏感地球自转角速度分量。满足上述两个约束条件下，则可说平台坐标系和地理坐标系重合。

自对准过程可以自主完成，具有灵活、方便等特点，在计算机参与控制下，可达到很高的精度，因此在军事上得到了广泛应用。同时，在方位对准过程中，东向陀螺不敏感地球自转角速度分量的现象称为陀螺罗经效应。

5.7　惯性导航系统误差

惯导系统的误差源主要包括惯性仪表本身的误差、惯性仪表的安装误差和标度误差、系统的初始条件误差、计算误差以及各种干扰引起的误差等。下面首先介绍各基本要素的误差方程，在此基础上分析各基本误差的特性。

5.7.1　惯导系统的误差方程

惯导系统的误差方程包括平台角误差方程、速度误差方程以及位置误差方程。

1. 平台角误差方程

在平台式惯导中，惯导平台应模拟导航坐标系，但由于平台有误差，导致平台坐标系(p 系)和导航坐标系(n 系)间存在着误差角，其列向量形式为：

$$\boldsymbol{\phi}^n = (\phi_x,\ \phi_y,\ \phi_z)^{\mathrm{T}} \tag{5.60}$$

两坐标系间的转换阵为：

$$\boldsymbol{C}_n^p = \begin{bmatrix} 1 & \phi_x & -\phi_y \\ -\phi_z & 1 & \phi_x \\ \phi_y & -\phi_x & 1 \end{bmatrix} \tag{5.61}$$

对于捷联式系统，计算的姿态阵为

$$\hat{\boldsymbol{C}}_b^n = \boldsymbol{C}_b^{n'} = \boldsymbol{C}_b^n \boldsymbol{C}_n^{n'}$$

式中，n' 为数学平台坐标系，即 $\boldsymbol{C}_n^{n'} = \boldsymbol{C}_n^p$，与式(5.61)相同。

平台对惯性空间的转动角速度可表示为：

$$\boldsymbol{\omega}_{ip}^{p}=\boldsymbol{C}_{n}^{p}\boldsymbol{\omega}_{in}^{n}+\dot{\boldsymbol{\phi}}^{n}=[\boldsymbol{I}-\boldsymbol{\phi}^{n}]\boldsymbol{\omega}_{in}^{n}+\dot{\boldsymbol{\phi}}^{n}=\boldsymbol{\omega}_{in}^{n}-\boldsymbol{\phi}^{n}\times\boldsymbol{\omega}_{in}^{n}+\dot{\boldsymbol{\phi}}^{n}$$

则有

$$\dot{\boldsymbol{\phi}}^{n}=\boldsymbol{\omega}_{ip}^{p}-\boldsymbol{\omega}_{in}^{n}+\boldsymbol{\phi}^{n}\times\boldsymbol{\omega}_{in}^{n}$$

顾及

$$\boldsymbol{\omega}_{ip}^{p}=\boldsymbol{\omega}_{ic}^{p}+\boldsymbol{\varepsilon}^{p}$$

其中，$\boldsymbol{\omega}_{ic}^{p}$ 为平台在施矩角速度信号作用下的转动；$\boldsymbol{\varepsilon}^{p}$ 为等效陀螺漂移。则

$$\dot{\boldsymbol{\phi}}^{n}=\boldsymbol{\omega}_{ic}^{p}-\boldsymbol{\omega}_{in}^{n}+\boldsymbol{\phi}^{n}\times\boldsymbol{\omega}_{in}^{n}+\boldsymbol{\varepsilon}^{p}$$

其中，$\boldsymbol{\omega}_{ic}^{p}-\boldsymbol{\omega}_{in}^{n}=\delta\boldsymbol{\omega}_{ie}^{n}+\delta\boldsymbol{\omega}_{en}^{n}$，$\boldsymbol{\omega}_{in}^{n}=\boldsymbol{\omega}_{ie}^{n}+\boldsymbol{\omega}_{en}^{n}$。则

$$\dot{\boldsymbol{\phi}}_{n}=\delta\boldsymbol{\omega}_{ie}^{n}+\delta\boldsymbol{\omega}_{en}^{n}-(\boldsymbol{\omega}_{ie}^{n}+\boldsymbol{\omega}_{en}^{n})\times\boldsymbol{\phi}^{n}+\boldsymbol{\varepsilon}^{p} \tag{5.62}$$

考虑到

$$\boldsymbol{\omega}_{ie}^{n}=\begin{bmatrix}0\\ \omega_{ie}\cos L\\ \omega_{ie}\sin L\end{bmatrix},\ \delta\boldsymbol{\omega}_{ie}^{n}=\begin{bmatrix}0\\ -\omega_{ie}\sin L\delta L\\ \omega_{ie}\cos L\delta L\end{bmatrix};\ \boldsymbol{\omega}_{en}^{n}=\begin{bmatrix}-\dfrac{v_y}{R}\\ \dfrac{v_x}{R}\\ \dfrac{v_x}{R}\tan L\end{bmatrix},\ \delta\boldsymbol{\omega}_{en}^{n}=\begin{bmatrix}-\dfrac{\delta v_y}{R}\\ \dfrac{\delta v_x}{R}\\ \dfrac{\delta v_x}{R}\tan L+\dfrac{v_x}{R}\sec^2 L\delta L\end{bmatrix}$$

则由式(5.62)可得：

$$\begin{cases}\dot{\varphi}_x=-\dfrac{\delta v_y}{R}+\left(\omega_{ie}\sin L+\dfrac{v_x}{R}\tan L\right)\varphi_y-\left(\omega_{ie}\cos L+\dfrac{v_x}{R}\right)\varphi_z+\varepsilon_x\\ \dot{\varphi}_y=-\dfrac{\delta v_x}{R}-\omega_{ie}\sin L\delta L-\left(\omega_{ie}\sin L+\dfrac{v_x}{R}\tan L\right)\varphi_x-\dfrac{v_y}{R}\varphi_z+\varepsilon_y\\ \dot{\varphi}_z=-\dfrac{\delta v_x}{R}\tan L+\left(\omega_{ie}\cos L+\dfrac{v_x}{R}\sec^2 L\right)\delta L+\left(\omega_{ie}\cos L+\dfrac{v_x}{R}\right)\varphi_x+\dfrac{v_y}{R}\varphi_y+\varepsilon_z\end{cases} \tag{5.63}$$

2. 速度误差方程

由速度微分方程 $\dot{\boldsymbol{v}}^{n}=\boldsymbol{f}^{n}-(2\boldsymbol{\omega}_{ie}^{n}+\boldsymbol{\omega}_{en}^{n})\times\boldsymbol{v}^{n}+\boldsymbol{g}^{n}$ 可得

$$\delta\dot{\boldsymbol{v}}^{n}=\delta\boldsymbol{f}^{n}-(2\delta\boldsymbol{\omega}_{ie}^{n}+\delta\boldsymbol{\omega}_{en}^{n})\times\boldsymbol{v}^{n}-(2\boldsymbol{\omega}_{ie}^{n}+\boldsymbol{\omega}_{en}^{n})\times\delta\boldsymbol{v}^{n}+\delta\boldsymbol{g}^{n}$$

又顾及 $\delta\boldsymbol{g}^{n}=0$，$\delta\boldsymbol{f}^{n}=\boldsymbol{f}^{p}+\boldsymbol{f}^{n}$，其中 $\boldsymbol{f}^{p}$ 为加速度计的实际输出。

设加速度计的测量误差为 ∇_p，则有 $\boldsymbol{f}^{p}=C_n^p\boldsymbol{f}^{n}+\nabla_p=[I-\boldsymbol{\phi}^{n}]\boldsymbol{f}^{n}+\nabla_p$，因此有 $\delta\boldsymbol{f}^{n}=\boldsymbol{f}^{n}\times\boldsymbol{\phi}^{n}+\nabla_p$。则得速度误差的矢量方程为：

$$\delta\dot{\boldsymbol{v}}^{n}=\boldsymbol{f}^{n}\times\boldsymbol{\phi}^{n}+\nabla_p-(2\delta\boldsymbol{\omega}_{ie}^{n}+\delta\boldsymbol{\omega}_{en}^{n})\times\boldsymbol{v}^{n}-(2\boldsymbol{\omega}_{ie}^{n}+\boldsymbol{\omega}_{en}^{n})\times\delta\boldsymbol{v}^{n} \tag{5.64}$$

即

$$
\begin{cases}
\delta\dot{v}_x = f_y\phi_z - f_z\phi_y + \left(\dfrac{v_y}{R}\tan L - \dfrac{v_z}{R}\right)\delta v_x + \left(2\omega_{ie}\sin L + \dfrac{v_x}{R}\tan L\right)\delta v_y \\
\quad - \left(2\omega_{ie}\cos L + \dfrac{v_x}{R}\right)\delta v_x + \left(2\omega_{ie}\cos L v_y + \dfrac{v_x v_y}{R}\sec^2 L + 2\omega_{ie}\sin L v_z\right)\delta L + \nabla_x \\
\delta\dot{v}_y = f_z\phi_x - f_x\phi_z - 2\left(\omega_{ie}\sin L + \dfrac{v_x}{R}\tan L\right)\delta v_x - \dfrac{v_z}{R}\delta v_y - \dfrac{v_y}{R}\delta v_z \\
\quad - \left(2\omega_{ie}\cos L + \dfrac{v_x}{R}\sec^2 L\right)v_x\delta L + \nabla_y \\
\delta\dot{v}_z = f_x\phi_y - f_y\phi_x + 2\left(\omega_{ie}\cos L + \dfrac{v_x}{R}\right)\delta v_x + 2\dfrac{v_y}{R}\delta v_y - 2\omega_{ie}\sin L v_x\delta L + \nabla_z
\end{cases}
\tag{5.65}
$$

3. 位置误差方程

由位置微分方程

$$
\dot{L} = \frac{v_y}{R},\ \dot{\lambda} = \frac{v_x}{R}\sec L
$$

可得

$$
\begin{cases}
\delta\dot{L} = \dfrac{\delta v_y}{R} \\
\delta\dot{\lambda} = \dfrac{\delta v_x}{R}\sec L + \dfrac{\delta v_x}{R}\sec L\tan L\delta L \\
\delta\dot{h} = \delta v_z
\end{cases}
\tag{5.66}
$$

以上三类误差方程，如式(5.63)、式(5.65)和式(5.66)，综合反映了惯导系统的误差。

5.7.2　惯导系统的基本误差特性

惯导系统的误差源归纳起来可分确定性的和随机性的两类，二者表现的特性不同。

1. 确定性误差源引起的系统误差特性

简单起见，仅考虑静基座情况。由于惯性系统的垂直通道不稳定，可不考虑。经度误差在系统回路之外，不影响系统的动态特性，也不考虑。则系统的误差方程简化为：

$$
\begin{bmatrix} \delta\dot{v}_x \\ \delta\dot{v}_y \\ \delta\dot{L} \\ \dot{\phi}_x \\ \dot{\phi}_y \\ \dot{\phi}_z \end{bmatrix}
=
\begin{bmatrix}
0 & 2\omega_{ie}\sin L & 0 & 0 & -g & 0 \\
-2\omega_{ie}\sin L & 0 & 0 & g & 0 & 0 \\
0 & \dfrac{1}{R} & 0 & 0 & 0 & 0 \\
0 & -\dfrac{1}{R} & 0 & 0 & \omega_{ie}\sin L & -\omega_{ie}\cos L \\
\dfrac{1}{R} & 0 & -\omega_{ie}\sin L & -\omega_{ie}\sin L & 0 & 0 \\
\dfrac{\tan L}{R} & 0 & \omega_{ie}\cos L & \omega_{ie}\cos L & 0 & 0
\end{bmatrix}
\begin{bmatrix} \delta v_x \\ \delta v_y \\ \delta L \\ \phi_x \\ \phi_y \\ \phi_z \end{bmatrix}
+
\begin{bmatrix} \nabla_x \\ \nabla_y \\ 0 \\ \varepsilon_x \\ \varepsilon_y \\ \varepsilon_z \end{bmatrix}
$$

(5.67)

矩阵形式为：

$$\dot{X}(t) = FX(t) + W(t) \tag{5.68}$$

取拉氏变换得

$$\left.\begin{aligned} sX(s) - X(0) &= FX(s) + W(s) \\ X(s) &= (sI - F)^{-1}[X(0) + W(s)] \end{aligned}\right\} \tag{5.69}$$

则系统特征方程为：

$$\Delta(s) = |sI - F| = (s^2 + \omega_{ie}^2)[(s^2 + \omega_s^2)^2 + 4s^2\omega_{ie}^2\sin^2 L] = 0$$

式中，$\omega_s^2 = g/R$，ω_s 为舒勒角频率。

解特征方程，并考虑到 $\omega_s \gg \omega_{ie}$，则有：

$$\left.\begin{aligned} s_{1,2} &= \pm j\omega_{ie} \\ s_{3,4} &= \pm j(\omega_s + \omega_{ie}\sin L) \\ s_{5,6} &= \pm j(\omega_s - \omega_{ie}\sin L) \end{aligned}\right\} \tag{5.70}$$

式(5.70)第一式对应一个等幅振荡，其振荡周期 $T_e = 2\pi/\omega_{ie} = 24\text{h}$，即为地球自转周期。第二、第三式表明系统中还包括有角频率为 $\omega_s \pm \omega_{ie}\sin L$ 两种振荡运动。对应角频率为 ω_s 的振荡称为舒勒振荡，周期为 84.4min。对应角频率 $\omega_f = \omega_{ie}\sin L$ 的振荡叫傅科振荡，周期为 $T_f = 2\pi/(\omega_{ie}\sin L)$。当 $L = 45°$ 时，$T_f = 34\text{h}$。

以上表明惯导系统的误差特征包括三种振荡：舒勒周期振荡、地球周期振荡和傅科周期振荡。这些基本特性，捷联式系统和平台式系统都是相同的。傅科周期由有害加速度未能全部补偿带来的交叉耦合速度误差产生，若忽略速度的交叉耦合影响，系统误差方程变为

$$\Delta(s) = (s^2 + \omega_{ie}^2)(s^2 + \omega_s^2)^2 = 0$$

即误差只有舒勒周期振荡和地球周期振荡。系统的误差传播特性可按式(5.69)求解。确定性误差可以通过补偿加以消除。

2. 随机误差源引起的系统误差特性

在补偿了确定性误差之后，随机误差源就成为影响系统精度的主要误差源，主要包括陀螺漂移和加速度计的零位偏置。

(1)陀螺随机漂移

除白噪声外，主要包括随机常数、随机斜坡、随机游动和马尔可夫过程。

随机常数由陀螺仪的逐次启动漂移产生。一个连续的随机常数可表示为：

$$\dot{x} = 0 \tag{5.71}$$

相应的离散模型为：

$$x_{k+1} = x_k \tag{5.72}$$

随机常数相当于一个没有输入但有随机初值的积分器的输出。

随机斜坡即为随机过程随时间线性增长的斜率，是一个具有一定概率分布的随机量。

$$\begin{cases} \dot{x}_1 = x_2 \\ \dot{x}_2 = 0 \end{cases} \tag{5.73}$$

其离散形式为：

$$\begin{cases} x_1(k+1) = x_1(k) + x_2(k)(t_{k+1} - t_k) \\ x_2(k+1) = x_2(k) \end{cases} \tag{5.74}$$

当一个白噪声过程通过一个积分器，则积分器的输出是一个有色噪声过程，称为随机游动。如白噪声具有零均值且呈正态分布，则积分器的输出称为维纳过程。

随机游动可表示为：

$$\dot{x} = w \tag{5.75}$$

其离散形式为：

$$x(k+1) = w(k) \tag{5.76}$$

一阶马尔可夫过程是指数相关的随机过程，其相关函数为：

$$R(\tau) = \sigma^2 e^{-\beta\tau}$$

式中，σ^2 为随机过程的方差；$1/\beta$ 为过程的相关时间。这种指数相关的随机过程可以用由白噪声输入的线性系统输出来表示。

一阶马尔可夫过程可表示为：

$$\dot{x} = -\beta x + w \tag{5.77}$$

其离散形式为：

$$x(k+1) = e^{-\beta T} x(k) + w(k) \tag{5.78}$$

陀螺漂移的随机模型通常是由几种随机过程组合而成。陀螺类型不同，其随机漂移的模型也不同。陀螺随机漂移的建模是惯性技术领域中的一个重要问题。在进行一般分析时，对刚体转子陀螺仪，可以认为其随机漂移模型由白噪声、随机常数和一阶马尔可夫过程组成。

(2) 加速度计的随机误差模型

对摆式加速度计，其随机误差模型和刚体转子陀螺仪随机漂移模型类似，常考虑为随机常数和一阶马尔可夫过程组合。

综上所述，惯导系统的误差来源较多，不同来源的误差也有着不同的特点，因此深入分析惯导系统的误差来源及特性，对提高系统的导航精度、稳定性和可靠性等有着重要的意义。虽然平台式惯导和捷联式惯导存在较大的差别，但二者的基本误差特性近似相同，以上介绍的误差分析方法和基本误差特性，对两种惯导系统也均适用。不同的是误差大小各异，如相对平台式系统，捷联式系统的计算误差、环境条件等对惯性仪表的影响要大。

第6章 卫星导航与定位

全球导航卫星系统(Global Navigation Satellite System, GNSS)具有全天候、全球覆盖、连续实时、高精度定位等特点，是目前海上定位的主要手段。为此，本章重点介绍 GNSS 的发展历史、系统组成、定位误差及各种适合海上导航定位的原理和方法。

6.1 卫星导航定位技术的发展历史

6.1.1 子午卫星系统及其局限性

子午卫星系统(Transit)是美国海军研制、开发、管理的第一代卫星导航定位系统，又称海军导航卫星系统(Navy Navigation Satellite System, NNSS)。NNSS 采用多普勒测量方法来进行导航和定位。1957 年 10 月，苏联成功地发射了第一颗人造地球卫星。美国约翰·霍普金斯大学应用物理实验室的吉尔博士和魏芬巴哈博士对该卫星发射的无线电信号的多普勒频移产生了浓厚的兴趣，发现利用地面跟踪站上的多普勒测量资料可以精确确定卫星轨道。实验室工作的另外两位科学家麦克卢尔博士和克什纳博士则指出，对一颗轨道已被准确确定的卫星进行多普勒测量，可以确定用户的位置。上述工作为子午卫星系统的诞生奠定了基础。1958 年 12 月，在克什纳博士的领导下开展了三项工作：研制子午卫星，建立地球重力场模型以便能准确确定和预报卫星轨道，研制多普勒接收机。1964 年 1 月，子午卫星系统正式建成并投入军用。1967 年 7 月，该系统解密，同时供民用，用户数激增至 95000 个，而军方用户只有 650 家，不足总数的 1%。

子午卫星在几乎是圆形的极轨道(轨道倾角 $i \approx 90°$)上运行，离地面高度约为 1075km，运行周期为 107min。子午卫星星座一般由 6 颗卫星组成，均匀地分布在地球四周，即相邻的卫星轨道平面之间的夹角均为 30°。但由于各卫星轨道面的倾角 i 不严格为 90°，故进动大小和符号各不相同。这样，经过一段时间后，各轨道面的分布就会变得疏密不一。位于中纬度地区的用户平均 1.5h 左右可观测到一颗卫星，最不利时需等 10h 才能进行下次观测。

子午卫星系统采用多普勒测量方法实施导航定位。当子午卫星以 f_s 的频率发射信号时，由于多普勒效应，接收机接收到的信号频率将变为 f_R，二者存在如下关系：

$$f_R = \left(1 - \frac{1}{c}\frac{\mathrm{d}D}{\mathrm{d}t}\right)f_s \tag{6.1}$$

式中，D 为信号源与接收机间的距离，c 为真空中的光速。

若接收机产生一个频率为 f_0 的本振信号并与接收到的频率为 f_R 的卫星信号混频，然后将差频信号在时间段$[t_1, t_2]$间进行积分，则积分值N和距离差D_2-D_1间有下列关系：

$$\begin{aligned} N &= \int_{t_1}^{t_2}(f_0 - f_R)\,\mathrm{d}t = \int_{t_1}^{t_2}(f_0 - f_s)\,\mathrm{d}t + \int_{t_1}^{t_2}(f_s - f_R)\,\mathrm{d}t \\ &= (f_0 - f_s)(t_2 - t_1) + \int_{t_1}^{t_2}\frac{f_s}{c}\frac{\mathrm{d}D}{\mathrm{d}t}\mathrm{d}t = (f_0 - f_s)(t_2 - t_1) + \frac{f_s}{c}(D_2 - D_1) \end{aligned} \tag{6.2}$$

式中，N称为多普勒计数，是多普勒测量中的观测值，积分间隔$t_2 - t_1$一般可取4.6s、30s或2min，作业人员可自行选择，D_1和D_2分别为t_1和t_2时刻卫星至接收机间距离。根据式(6.2)进行多普勒测量后，即可根据多普勒计数N求得t_1、t_2时刻卫星至接收机的距离差D_2-D_1：

$$D_2 - D_1 = \frac{c}{f_s}[N - (f_0 - f_s)(t_2 - t_1)] = \lambda_s[N - (f_0 - f_s)(t_2 - t_1)] \tag{6.3}$$

式中，λ_s为发射信号的波长。若该卫星的轨道已被确定，t_1、t_2时刻卫星在空间的位置s_1和s_2已知，则以s_1和s_2为焦点作一个旋转双曲面，双曲面上的任意点至这两个焦点的距离之差恒等于D_2-D_1。显然，用户必位于该旋转双曲面上。如果我们继续在时间段$[t_2, t_3]$和$[t_3, t_4]$内进行多普勒测量，求得距离差$D_3 - D_2$和$D_4 - D_3$，则可以得到第二个旋转双曲面和第三个旋转双曲面，从而交会出用户在空间的位置。

子午卫星系统存在如下局限性：

①一次定位所需时间过长，定位效率低，无法为飞机、导弹等高动态用户服务；

②不是一个连续的、独立的卫星导航系统；

③定位精度偏低，一般只能获得分米级至米级定位精度，限制了其应用范围。

6.1.2　GNSS系统的产生和发展

鉴于子午卫星系统存在局限性以及对全球高精度定位、实时快速导航、精确动态测速和精密授时等方面的需求，新一代的全球导航卫星系统得以建立和发展 。目前GNSS主要包括美国的全球定位系统(Global Positioning System，GPS)、俄罗斯的全球导航卫星系统(Global Navigation Satellite System，GLONASS)、欧盟的伽利略卫星导航定位系统(Galileo Satellite Navigation System，Galileo)以及中国的北斗卫星导航系统(BeiDou Satellite Navigation System，BDS)。

1. GPS

美国国防部于1973年成立了由空军、海军、陆军、国防制图局、海岸警卫队、交通部及北约和澳大利亚等各方代表组成的联合工作办公室(Joint Program Office，JPO)负责新的卫星导航定位系统的设计、组建、管理等项工作，同年JPO提出了NAVSTAR/GPS方案，简称GPS，并于同年获美国国防系统采购办和评审委员会(DSARC)批准。

GPS是第一座具有全球导航功能的卫星系统，是美国继阿波罗登月计划和航天飞机计划后的又一重大空间计划。整个系统的研制组建工作分方案论证、大规模工程研制和生产作业三个阶段进行。1993年7月进入轨道可正常工作的Block Ⅰ试验卫星和Block Ⅱ、Block ⅡA型工作卫星总和达24颗，系统初步具备全球连续导航定位能力，美国国防部于1993年12月8日正式宣布全球定位系统具备工作能力IOC(Initial Operational Capability)，这是系统研制组建过程中具有重要意义的事件，标志着研制组建试验阶段已结束，系统进入了正常运行阶段。除非常时期外，美国政府应该以公开承诺的精度向全世界的用户提供连续的导航定位服务，且不能未经通知而擅自修改、变更卫星信号。1995 年 4 月 27 日，美国空军空间部宣布全球定位系统已具有完全的工作能力 FOC（Full Operational Capability）。目前，GPS 系统已在军事、交通运输、测绘、高精度时间比对及资源调查等领域中得到了广泛的应用。

2. GLONASS

GLONASS 是苏联研制、组建的第二代卫星导航定位系统，现由俄罗斯负责管理和维持。该系统和 GPS 一样，也采用距离交会原理进行工作，可为地球上任何地方及近地空间的用户提供连续的、精确的三维坐标、三维速度及时间信息。

从 1982 年 10 月 12 日发射第一颗 GLONASS 卫星起至 1995 年 12 月 14 日，先后共发射了 73 颗 GLONASS 卫星，最终建成了由 24 颗工作卫星组成的卫星星座。GLONASS 卫星虽然已于 1996 年初组网成功并正式投入运行，但由于卫星的平均寿命过短，一般仅为 2~3 年，加之俄罗斯经济状况欠佳，没有足够资金来及时补发新卫星，因此至 2000 年年底卫星数已减少至 6 颗，系统已无法正常工作。此后，随着经济情况的好转，俄罗斯政府制定了“拯救 GLONASS 的补星计划”，并着手对系统进行现代化改造，主要措施为：

①2003 年前发射 M1 卫星，设计寿命 5 年，在轨重量为 1480kg。

②2003 年后发射 M2 卫星，设计寿命 7 年，在轨重量为 2000kg，增设第二民用频率。

③2009 年开始研制第三代的 GLONASS-K 卫星，设计寿命为 10 年，增设第三个频率（1201.74~1208.51MHz）。2010 年后重新建成由 24 颗 GLONASS-M 卫星和 GLONASS-K 卫星组成的卫星星座。

④2015 年发射新型 KM 卫星，改进地面控制系统及坐标系统，使其与 ITRF 框架保持一致，提高卫星钟的稳定度，以进一步改善系统性能。至 2009 年 12 月 29 日，星座中共有 22 颗卫星，其中 15 颗处于正常工作状态，3 颗卫星处于维修状态，3 颗新发射的卫星处于启动调整状态，有 1 颗卫星从 2009 年 6 月起就停止工作，无法启动。

与 GPS 不同，GLONASS 采用了频分多址技术 FDMA。这种方法的优点是敌对方发出的某一干扰信号只会影响与其频率相仿的卫星信号，而对其他卫星信号不会产生显著的影响；不同卫星信号间也不会产生严重的干扰；测距码的结构比码分多址要简单得多。FDMA 的缺点是接收机体积大、价格贵，因为处理不同频率的卫星信号需配备更多的前端部件。此外，系统占用的频率资源较多，其中有一部分与 VLBI 所用频谱重叠，所以 GLONASS 决定将位于地球两侧的两个卫星共用一个频率，把所占用的频率压缩一半。同时也在考虑今后是否改用码分多址技术。

另一差异是 GPS 的地面监测站是较均匀地分布在全球范围内的，而 GLONASS 的监测站则布设在国内。为弥补国内布站的缺陷，在卫星上配备了后向激光反射棱镜，通过激光测卫观测值（精度优于 2cm）来校正无线电测距的结果，以提高测距精度。此外，又将卫星高度降低至 19100 km，相应的卫星运行周期减少为 11h15min。一天内卫星运行 17/8 圈，而同一轨道上相邻卫星间的间隔正好为 1/8 圈。也就是说，一天后同一时间，同一方向出现的是一颗相邻卫星，每 8 天循环一次。这种安排有助于对所有卫星较均匀地进行跟踪观测。此外，由于俄罗斯处于高纬度地区，因此把 GLONASS 的轨道倾角也提高了大约 10°，以便对高纬度地区有更好的覆盖率。

3. Galileo

2002 年 3 月，欧盟不顾美国政府的阻挠，决定启动伽利略(Galileo)系统的组建计划，以便使欧洲拥有自己的卫星导航定位系统。这是一项具有战略意义的计划，不仅能使欧洲在安全防务和军事方面保持主动，在航天领域内继续充当重要角色，而且可获得很好的社会效益和经济效益。研究结果表明，伽利略计划能为欧洲创造 14 万个就业岗位，年创经济效益 90 亿欧元。

Galileo 计划预计投资为 36 亿欧元。整个卫星星座将由 30 颗卫星组成(27 颗工作卫星加 3 颗在轨的备用卫星)，其主要发展过程为：

2005.12，首颗试验卫星发射成功(GIOVE-A)；

2008.04，发射了第二颗试验卫星(GIOVE-B)；

2011.10.21，发射了第一、第二颗卫星，在轨验证卫星(Galileo-IOV)；

2012.10.12，发射了第三、第四颗卫星，在轨验证卫星(Galileo-IOV)；

2014.08.22，发射了第五、第六颗卫星，组网卫星(Galileo-FOC)，但未能进入预定轨道，宣告失败；

2015.03.27，发射了第七、第八颗卫星，组网卫星(Galileo-FOC)；

2015.09.11，发射了第九、第十颗卫星，组网卫星(Galileo-FOC)；

2015.12.17，发射了第十一、第十二颗卫星；

有望于 2018 年发射 30 颗卫星(27+3)，具有完全服务能力。

Galileo 系统除具有全球导航定位功能外，还具有全球搜索救援等功能，并向用户提供公开服务、安全服务、商业服务、政府服务等不同模式的服务。其中公开服务和安全服务是供全体用户自由使用的，而其他服务模式则需经过特许，有控制地使用。

Galileo 系统具有下列特点：

①系统在研制和组建过程中，军方未直接参与，是一个具有商业性质的民用卫星导航定位系统，非军方用户在使用该系统时受到政治因素的影响较少。

②鉴于 GPS 在可靠性方面存在的缺陷(用户在无任何先兆和预警的情况下，可能面临系统失效、出错情况)，伽利略系统从系统的结构设计方面进行了改造，以最大限度地保证系统的可靠性，及时向指定用户提供系统的完备性信息。

③采取措施进一步提高精度，如在卫星上采用了性能更好的原子钟；地面监测站的数量达 30 个左右，数量更多，分布更好；在接收机中采用了噪声抑制技术等，因而用户能获得更好的导航定位精度，系统的服务面及应用领域也更为宽广。

④与 GPS 既保持相互独立，又互相兼容，具有互操作性。相互独立可防止或减少两个系统同时出现故障的可能性。为此，Galileo 采用了独立的卫星星座和地面控制系统，采用了不同的信号设计方案和基本独立的信号频率。兼容性意味着两个系统都不会影响对方的独立工作，干扰对方的正常运行。互操作性是指可以方便地用一台接收机来同时使用两个导航系统进行工作，以提高导航定位的精度、可用性和完好性。

4. 北斗卫星导航系统

北斗卫星导航系统(BeiDou Satellite Navigation System)，早期曾简称为COMPASS，目前通常简称BeiDou或BDS，是我国正在实施的自主发展、独立运行的全球卫星导航系统。

BDS“三步走”发展路线为：

第一步，2000—2003年，建成由3颗卫星组成的北斗卫星导航试验系统。

第二步，建设BDS卫星导航系统，于2012年前形成我国及周边地区的覆盖能力。

在BDS卫星导航试验系统的基础上，我国已经开始了北斗卫星导航系统的组建工作，从导航体制、测距方法、卫星星座和信号结构等方面进行全面改进，使其达到与GPS、GLONASS相当的水平并具有通信能力。

2011年12月27日开始，北斗卫星导航试验系统提供局域基本服务，开始向我国及周边部分地区提供连续无源定位、导航、授时等试运行服务。

2012年建成了亚太区域无源导航定位服务系统，“5+5+4”星座的一般服务区为55°S~55°N、55°E~180°E范围。其中，10°N~55°N、75°E~135°E范围为重点服务区。

第三步，于2020年左右，北斗卫星导航系统将形成全球覆盖能力。

至2020年形成由5颗静止轨道卫星(GEO)、3颗倾斜同步轨道卫星(IGSO)和27颗中轨地球卫星(MEO)组成的卫星星座，为全球用户提供实时的三维导航、定位及授时服务。预计二维定位精度优于5m，三维定位精度优于8m，授时精度达到20ns。

截至2016年4月，我国已发射了26颗北斗卫星，其发射时间、运载火箭、卫星轨道及工作状态如表6-1所示。

表6-1 **北斗卫星发射时间、运载火箭、卫星轨道及工作状态**

北斗卫星	发射日期	运载火箭	轨道	完好性
第1颗导航试验卫星	2000.10.31	CZ-3A	GEO	停止工作
第2颗导航试验卫星	2000.12.21	CZ-3A	GEO	停止工作
第3颗导航试验卫星	2003.05.25	CZ-3A	GEO	正常
第4颗导航试验卫星	2007.02.03	CZ-3A	GEO	不可用
第1颗导航卫星	2007.04.14	CZ-3A	MEO	正常
第2颗导航卫星	2009.04.15	CZ-3C	GEO	不可用
第3颗导航卫星	2010.01.17	CZ-3C	GEO	正常
第4颗导航卫星	2010.06.02	CZ-3C	GEO	正常
第5颗导航卫星	2010.08.01	CZ-3A	IGSO	正常
第6颗导航卫星	2010.11.01	CZ-3C	GEO	正常
第7颗导航卫星	2010.12.18	CZ-3A	IGSO	正常
第8颗导航卫星	2011.04.10	CZ-3A	IGSO	正常
第9颗导航卫星	2011.07.27	CZ-3A	IGSO	正常

续表

北斗卫星	发射日期	运载火箭	轨道	完好性
第 10 颗导航卫星	2011. 12. 02	CZ-3A	IGSO	正常
第 11 颗导航卫星	2012. 02. 25	CZ-3C	GEO	正常
第 12、13 颗导航卫星	2012. 04. 30	CZ-3B	MEO	正常
第 14、15 颗导航卫星	2012. 09. 19	CZ-3B	MEO	正常、维护中
第 16 颗导航卫星	2012. 10. 25	CZ-3C	GEO	正常
第 17 颗导航卫星	2015. 03. 30	CZ-3C	IGSO	正常
第 18、19 颗导航卫星	2015. 07. 25	CZ-3B	MEO	正常
第 20 颗导航卫星	2015. 09. 30	CZ-3B	IGSO	正常
第 21 颗导航卫星	2016. 02. 01	CZ-3C	MEO	正常
第 22 颗导航卫星	2016. 03. 30	CZ-3A	IGSO	正常

根据 2007 年 MEO-1 卫星发射后国外技术人员对信号的测定，BDS 在 B1 频段比 GPS 高 7 个 dB，充分体现了后发优势，在新的 GPS III 系统部署前，BDS 的性能要更加优异。

6. 2　全球导航卫星系统的组成及信号结构

6. 2. 1　GNSS 的组成

全球导航卫星系统由以下三个部分组成：空间部分(GNSS 卫星)、地面监控部分和用户部分。GNSS 卫星可连续向用户播发用于进行导航定位的测距信号和导航电文，并接收来自地面监控系统的各种信息和命令以维持正常运转。地面监控系统的主要功能是：跟踪 GNSS 卫星，确定卫星的运行轨道及卫星钟改正数，进行预报后再按规定格式编制成导航电文，并通过注入站送往卫星。地面监控系统还能通过注入站向卫星发布各种指令，调整卫星的轨道及时钟读数，修复故障或启用备用件等。用户则用 GNSS 接收机来测定从接收机至 GNSS 卫星的距离，并根据卫星星历所给出的观测瞬间卫星在空间的位置等信息求出自己的三维位置、三维运动速度和钟差等参数。

1. 空间部分

(1)GNSS 卫星

GNSS 卫星两侧有太阳能帆板，可自动对日定向。太阳能电池为卫星提供工作用电。每颗卫星都配备有原子钟，可为卫星提供高精度时间。卫星上带有燃料和喷管，可在地面控制系统的控制下调整自己的运行轨道。

GNSS 卫星的基本功能是：接收并存储来自地面控制系统的导航电文；在原子钟的控制下自动生成测距码和载波；采用二进制相位调制法将测距码和导航电文调制在载波上播发给用户；按照地面控制系统的命令调整轨道，调整卫星钟，修复故障或启用备用件以维护整个系统的正常工作。图 6-1 为四类 GNSS 卫星的外形图。

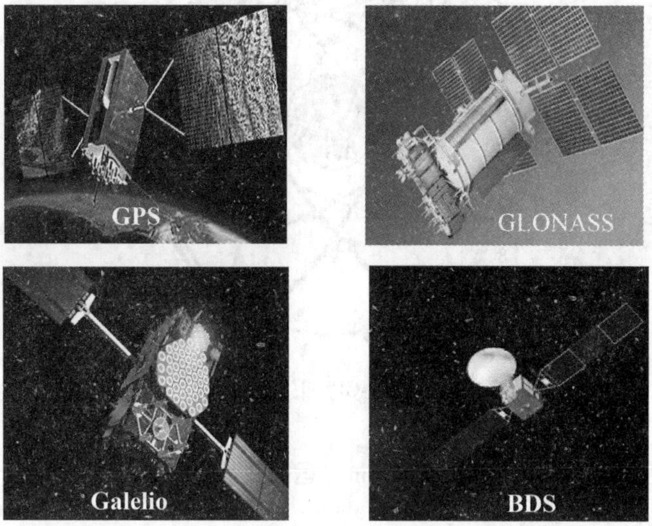

图 6-1 GNSS 卫星

(2)GNSS 卫星星座

发射入轨能正常工作的 GNSS 卫星的集合称为 GNSS 卫星星座。不同的卫星导航系统具有不同的卫星星座。

①GPS 卫星星座。最初的 GPS 卫星星座计划由 24 颗 GPS 卫星组成。这些卫星将分布在三个倾角为 63°几乎为圆形的轨道上。相邻轨道的升交点赤经之差为 120°，每个轨道上均匀地分布 8 颗卫星。轨道的长半径为 26560km，卫星的运行周期为 12h(恒星时)。美国国防部将 GPS 卫星的总数削减为 18 颗。卫星星座也相应修改为轨道倾角 55°，轨道 6 个，每个轨道上均匀分布 3 颗卫星，相邻轨道的升交点赤经之差为 60°，其余参数则保持不变。采用上述卫星星座后，某些地区在短时间内虽能同时观测到 4 颗 GPS 卫星，但由于卫星与用户间的几何图形太差，从而使定位精度降低至用户无法接受的程度，致使导航定位工作实际中断。这种改变大大损害了整个系统的性能和可靠性，影响到全球定位系统在民航等领域内应用的可能性。为解决上述问题，经反复研究和修改后，最终又将卫星总数恢复为 24 颗。这 24 颗卫星分布在 6 个轨道面上，每个轨道均匀地分布 4 颗卫星(见图 6-2)。当截止高度角取 15°时，上述卫星星座能保证位于任一地点的用户在任一时刻可同时观测到 4~8 颗卫星；当截止高度角取 10°时，最多可同时观测到 10 颗 GPS 卫星；当截止高度角取 5°时，最多可同时观测到 12 颗 GPS 卫星；2000 年底 GPS 卫星星座由 23 颗 Block Ⅱ 卫星、Block ⅡA 卫星以及 5 颗 Block ⅡR 卫星组成。一般情况下，用户能同时观测到 6~8 颗卫星。

②GLONASS 卫星星座。从 1982 年 10 月 12 日发射第一颗 GLONASS 卫星起到 1995 年 12 月 14 日止，先后共发射了 73 颗 GLONASS 卫星，最终建成了由 24 颗工作卫星组成的卫星星座。这 24 颗卫星均匀分布在三个轨道倾角为 64.8°的轨道上，如图 6-3 所示。相邻轨道面的升交点赤经之差为 120°，每个轨道面上均匀分布 8 颗卫星。卫星在近似为圆形

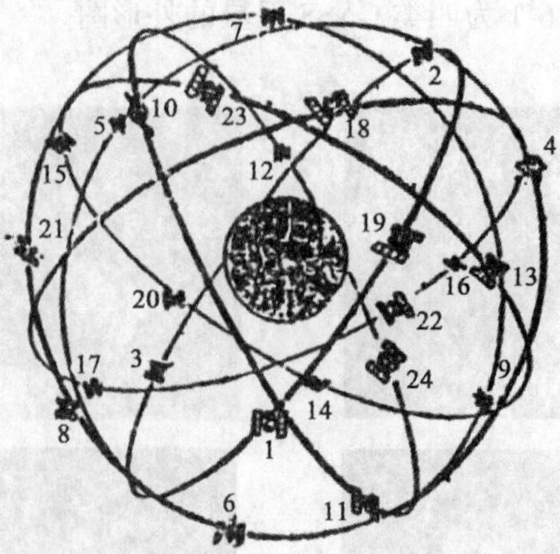

图6-2　GPS 卫星星座

的轨道上飞行。卫星的平均高度为 19100km，运行周期为 11h 15min 44 s。

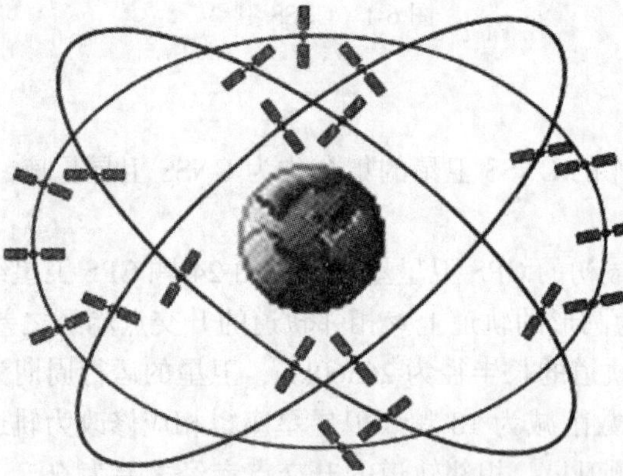

图6-3　GLONASS 卫星星座

GLONASS 所用时间系统是苏联自己维持的 UTC 时间，除了存在跳秒外，与 GPS 时间还存在数十纳秒差异。GLONASS 采用 PZ-90 坐标系，与 GPS 的 WGS-84 坐标系存在如下关系：

$$\begin{bmatrix} X \\ Y \\ Z \end{bmatrix}_{\text{ITRF94}} = \begin{bmatrix} -0.49 \\ -0.50 \\ -1.57 \end{bmatrix} + (1 + 31 \times 10^{-9}) \begin{bmatrix} 1 & -1.745 \times 10^{-6} & -0.020 \times 10^{-6} \\ -1.745 \times 10^{-6} & 1 & 0.091 \times 10^{-6} \\ -0.020 \times 10^{-6} & 0.091 \times 10^{-6} & 1 \end{bmatrix} \begin{bmatrix} u \\ v \\ w \end{bmatrix}_{\text{PZ-90}}$$

式中，u、v、w 和 X、Y、Z 分别为同一点在 PZ-90 和 WGS-84 坐标系下的地心坐标。

③Galileo 卫星星座。Galileo 星座将由 30 颗卫星组成（27 颗工作，3 颗备用），如图6-4

所示。卫星将均匀地分布在三个倾角为56°的轨道面上，每个轨道面上均分布有9颗工作卫星和1颗备用卫星。卫星轨道半径29600km，运行周期14h7min，地面跟踪的重复时间为10天，10天中卫星运行17圈。卫星设计寿命20年，质量为680kg，功耗为1.6kW。每颗卫星配2台氢原子钟和2台铷原子钟。

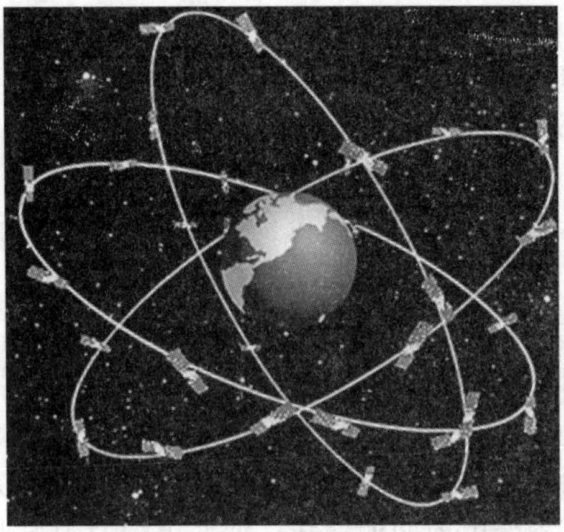

图6-4 Galileo 卫星星座

④BDS卫星星座。2003年建成的北斗一号卫星导航系统由3颗同步静止卫星组成(其中1颗在轨备用)，轨道倾角0°，公转周期24 h，轨道高度约为36000 km。计划在2020年建成具有全球覆盖的BDS，BDS将由5颗静止轨道卫星和30颗非静止轨道卫星组成，采用东方红3号卫星平台，如图6-5所示。30颗非静止轨道卫星又细分为27颗中轨道(MEO)卫星和3颗倾斜同步轨道(IGSO)卫星组成，27颗MEO卫星平均分布在倾角55°的三个平面，轨道高度21500公里，运行周期约12h43min。

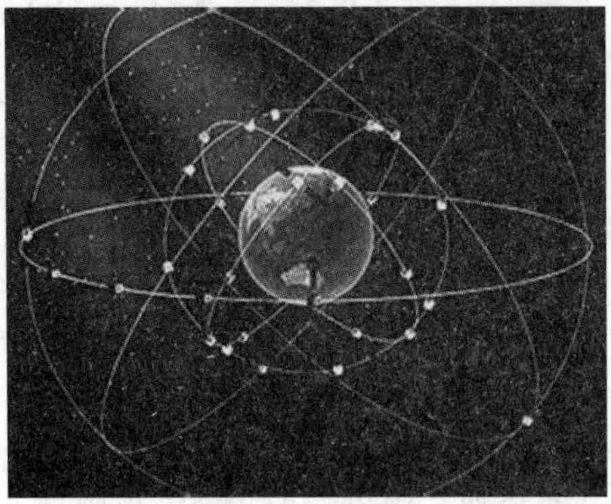

图6-5 北斗卫星星座

2. 地面监控部分

(1)主控站

主控站是整个地面监控系统的行政管理中心和技术中心，作用是：

①负责管理、协调地面监控系统中各部分的工作。

②根据各监测站送来的资料，计算、预报卫星轨道和卫星钟改正数，并按规定格式编制成导航电文送往地面注入站。

③调整卫星轨道和卫星钟读数，当卫星出现故障时负责修复或启用备用件以维持其正常工作。无法修复时调用备用卫星去顶替，维持整个系统正常可靠运行。

(2)监测站

监测站是无人值守的数据自动采集中心，其主要功能是：

①对视场中的各 GNSS 卫星进行伪距测量。

②通过气象传感器自动测定并记录气温、气压、相对湿度(水汽压)等气象元素。

③对伪距观测值进行改正后再进行编辑、平滑和压缩，然后传送给主控站。

(3)注入站

注入站是向 GNSS 卫星输入导航电文和其他命令的地面设施。能将接收到的电文存储在微机中，当卫星通过上空时再用大口径发射天线将这些导航电文和其他命令“注入”卫星。

(4)通信和辅助系统

通信和辅助系统是指地面监控系统中负责数据传输以及提供其他辅助服务的机构和设施。全球定位系统的通信系统由地面通信线、海底电缆及卫星通信等联合组成。

GPS 地面监控系统的地理分布如图 6-6 所示。

图 6-6　地面监控系统的地理分布图

3. 用户部分

用户部分由用户及 GNSS 接收机等仪器设备组成。虽然用户设备的含义较广，除 GNSS 接收机外还可包括气象仪器、微机、钢卷尺、指南针等。下面重点介绍 GNSS 接收机。

(1)GNSS 接收机

能接收、处理、量测 GNSS 卫星信号以进行导航、定位、定轨、授时等项工作的仪器设备叫作 GNSS 接收机。GNSS 接收机由带前置放大器的接收天线、信号处理设备、输入输出设备、电源和微处理器等部件组成。根据用途的不同，GNSS 接收机可分为导航型接收机、测量型接收机、授时型接收机等。按接收的卫星信号频率数可分为单频接收机和双频接收机。

(2)天线单元

天线单元由天线和前置放大器组成。接收天线是把卫星发射的电磁波信号中的能量转换为电流的一种装置。由于卫星信号十分微弱，因而产生的电流通常需通过前置放大器放大后才进入 GNSS 接收机。GNSS 接收天线可采用单极天线、微带天线、锥形天线等。微带天线的结构简单、坚固，既可用于单频，也可用于双频，天线的高度很低，故被广泛采用。这种天线也是安装在飞机上的理想天线。

①天线平均相位中心的偏差。天线对中时是以其几何中心(位于天线纵轴的中心线)为参考的，而测量的却是平均相位中心的位置。由于天线结构方面的原因，平均相位中心和几何中心往往不重合，两者之差称为平均相位中心偏差，其值由生产厂商给出。

②消除天线平均相位中心偏差的影响。由于天线平均相位中心偏差的存在，GNSS 测量所测得的位置并非标石中心位置。解决上述问题可采用归心改正法或天线高消去法。

归心改正法：进行 GNSS 测量时若将天线指标线指北，则有

$$\begin{aligned} X_{\text{标石中心}} &= X_{\text{平均相位中心}} - r\cos\theta \\ Y_{\text{标石中心}} &= Y_{\text{平均相位中心}} - r\sin\theta \end{aligned} \tag{6.4}$$

式中，X，Y 为地理坐标系下的坐标；r 为标石中心至平均相位中心的水平距离；θ 为标石中心至平均相位中心的水平方位角。

当基线两端使用不同类型的 GNSS 接收机天线时，可用上述方法分别进行改正，将成果归算至标石中心。

天线高消去法：进行 GNSS 测量时，若各站均已将指标线指北，且各站使用的均是同一类型的 GNSS 接收天线，由于目前的制造工艺已能保证同类天线的平均相位中心偏差均相同，因而在进行相对定位时这些偏差的影响可自行消去，而不会影响基线向量的质量，故无需另加改正。

(3)天线高

如图 6-7 所示，天线平均相位中心至标石中心的垂直距离 H 称为天线高。

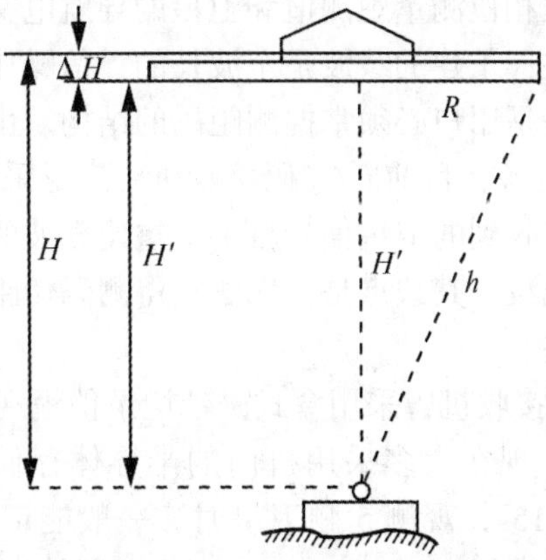

图 6-7 天线高

由于天线平均相位中心并无明显标志，所以有的接收机要求用户量测从标石中心至某一明显标志面(如天线抑径板下底面)的垂直距离 H'，而从该标志面至天线平均相位中心的垂直距离 ΔH 则由厂方提供。然后用式(6.5)计算天线高：

$$H = H' + \Delta H \tag{6.5}$$

另有一些接收机没有配备量测垂直距离 H' 的专用设备，往往要求用户量测从标石中心至抑径板外围下(或上，由厂方规定)边缘的斜距 h，然后按式(6.6)计算天线高：

$$H = \sqrt{h^2 - R^2} + \Delta H \tag{6.6}$$

(4)接收单元

接收单元由接收通道、存储器、微处理器、输入输出设备及电源等部件组成。

①接收通道。接收机中用来跟踪、处理、量测卫星信号的部件，由无线电元器件、数字电路等硬件和专用软件所组成，简称通道。一个通道在一个时刻只能跟踪一个卫星某一频率的信号。根据跟踪卫星信号方式的不同，可分为序贯通道(Sequencing Channel)、多路复用通道(Multiplexing Channel)和多通道(Multi Channel)等。

一个序贯通道或一个多路复用通道能在软件控制下依次对多个卫星信号进行观测。序贯通道的循环周期大于20ms；多路复用通道的循环周期小于或等于20ms。由于导航电文中每个比特持续的时间为20ms，故多路复用通道可同时采集到各卫星的导航电文，而序贯通道则不能(必须通过其他渠道获得导航电文)。这两种通道的优点是用一个通道即可观测多个卫星，故接收机的结构较为简单、轻便、价廉；缺点是信噪比较差，接收机钟的钟差难以完全消除。多通道接收机中，每个通道都连续跟踪一个卫星信号。其优点是信噪比好，通过在卫星间求差即可消除接收机钟差；缺点是接收机需配备许多通道。随着超大规模集成电路的出现和发展，通道数的多少已不再成为影响接收机体积、重量、耗电量及价格的决定因素，因而多通道接收机已被广泛采用。目前测量型接收机一般都有8~12个通道，有些GPS和GLONASS兼容的接收机则有48个通道。

根据工作原理的不同，又有码相关通道、平方律通道之分。码相关通道主要由码跟踪环路和载波跟踪环路组成。码跟踪环路是通过移动由接收机所产生的本地码使之与接收到的来自卫星的测距码“对齐”来进行伪距测量的。载波跟踪环路则能通过压控振荡器来实现相位锁定，进而求得载波相位测量观测值和卫星的导航电文。码相关通道的优点是：可以获得测码伪距和导航电文，重建的载波是全波长的，信噪比较好。

采用码相关通道的前提是用户必须掌握测距码的结构。由于C/A码的结构是公开的，为了充分利用宝贵的GPS资源，目前C/A码接收机中广泛采用码相关通道。

平方律通道是通过将接收到的卫星信号自乘来重建载波的。这种方法的优点是无需掌握测距码的结构即可重建载波。其缺点是：无法获得测码伪距观测值和导航电文，重建载波是半波长的，信噪比较差。

②存储器。早期GNSS接收机曾采用盒式磁带记录伪距观测值、载波相位观测值及卫星导航电文等资料和数据，现在大多采用机内的半导体存储器来存储这些资料和数据。1Mbit的内存，当采样率为15s，观测5颗卫星时，一般能记录16h的双频观测资料。接收机的内存可根据用户的要求扩充至4M、8M、16M，存储在内存中的数据可通过专用软件卸载到微机中。

③微处理器。微处理器的作用主要有两个：一是计算观测瞬间用户的三维坐标、三维运动速度、接收机钟改正数以及其他一些导航信息，以满足导航及实时定位的需要；二是对接收机内的各个部分进行管理、控制及自检核。

④输入、输出设备。GNSS 接收机中的输入设备大多采用键盘。用户可输入各种命令，设置各种参数(如采样率、截止高度角等)，记录必要的资料(如测站名、气象元素、仪器高等)。输出设备大多为显示屏。通过输出设备用户可了解接收机的工作状态(如正在观测的是哪些卫星，卫星的高度角、方位角及信噪比，余下的内存容量有多少)以及导航定位的结果等。接收机大多设有 RS232 接口，用户也可通过该接口用微机来进行输入、输出操作。

⑤电源。GNSS 接收机一般采用由接收机生产厂商配备的专用电池作为电源。一块电池一般能供接收机连续观测 5~8h。长期连续观测时可采用交流电经整流器整流后供电，也可采用汽车电瓶等大容量电池供电。除外接电源外，接收机内部一般还配备有机内电池，在关机后为接收机钟和 RAM 存储器供电。

6.2.2 GNSS 卫星的信号结构

GNSS 卫星发射的信号由载波、测距码和导航电文三部分组成。

1. 载波

可运载调制信号的高频振荡波称为载波。四个系统的载波频段分布如图 6-8 所示。

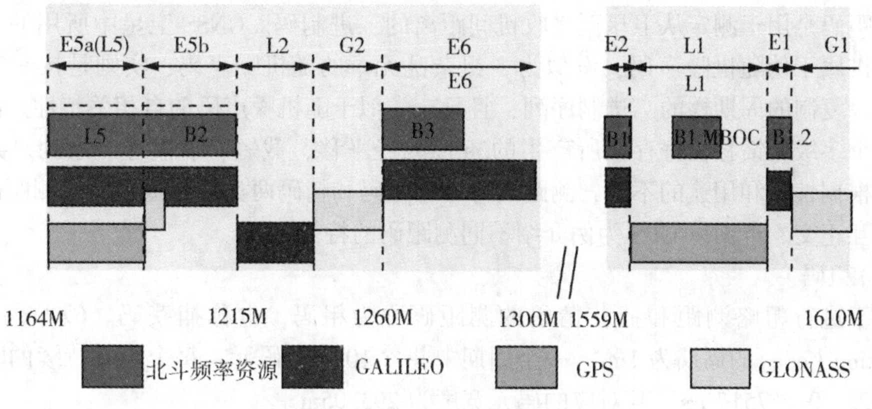

图 6-8 四个系统的载波频段分布

GPS 卫星所用的载波有两个，由于均位于微波的 L 波段，故分别称为 L_1 载波和 L_2 载波。其中 L_1 载波是由卫星上的原子钟所产生的基准频率 f_0(f_0 = 10.23MHz)倍频 154 倍后形成的，即 $f_1 = 154f_0 = 1575.42$ MHz，其波长 λ_1 为 19.03cm；L_2 载波是由基准频率 f_0 倍频 120 倍后形成的，即 $f_2 = 120f_0 = 1227.60$ MHz，其波长 λ_2 为 24.42cm。现有的 GPS 增加了 L5C 载波，其中心频率为 176.42MHz。

GLONASS 卫星也采用 L_1 载波和 L_2 载波。L_1 载波的频率介于 1602~1615 MHz，频道间隔为 0.5625MHz；L_2 载波的频率介于 1246~1256 MHz，频道间隔为 0.4375 MHz。采用频

分多址技术确定第 i 颗卫星的信号频率：

$$\begin{cases}(f_1)_i = 1602.5625\text{MHz} + (i-1) \times 0.5625\text{MHz} \\ (f_2)_i = 1246.4375\text{MHz} + (i-1) \times 0.4375\text{MHz}\end{cases} \quad (i = 2,\ 3,\ \cdots,\ 24)$$

Galileo 卫星采用四个载波：E2-L1-E1、E6、E5b 和 E5a。E2-L1-E1 载波的中心频率为 1575. 42MHz，波长 0. 1903m，带宽 16. 368 MHz；E6 载波的中心频率为 1278. 75 MHz，波长 0. 2343m，带宽 12. 276MHz；E5b 载波的中心频率为 127. 14MHz，波长 0. 2483m，带宽 24. 552MHz；E5a 载波的中心频率为 1176. 45MHz，波长 0. 2548m，带宽 24. 552MHz。

北斗卫星采用三个载波：B1、B2、B3。B1 载波的中心频率为 1561. 098MHz，B2 载波的中心频率为 1207. 140MHz，B3 载波的中心频率为 1268. 520MHz。

采用两个或多个不同频率载波的主要目的是为了较完善地消除电离层延迟。采用高频率载波的目的是为了更精确地测定多普勒频移和载波相位，从而提高测速和定位的精度，减少信号的电离层延迟，因为电离层延迟与信号频率 f 的平方成反比。

在无线电通信中，为了更好地传送信息，往往将这些信息调制在高频载波上，然后再将这些调制波播发出去。在一般的通信中，当调制波到达用户接收机解调出有用信息后，载波的作用便告完成。但在全球定位系统中情况有所不同，载波除了能更好地传送测距码和导航电文等有用信息外，在载波相位测量中又被当做一种测距信号来使用。其测距精度比伪距测量的精度高 2~3 个数量级。因此，载波相位测量在高精度定位中得到了广泛的应用。

2. 测距码

测距码是用于测定从卫星至接收机间距离的二进制码。GNSS 卫星中所用的测距码从性质上讲属于伪随机噪声码，看似为一组杂乱无章的随机噪声码，实则是按一定规律编排、可以复制的周期性的二进制序列，且具有类似于随机噪声码的自相关特性。测距码是由若干个多级反馈移位寄存器所产生的 m 序列经平移、截短、求模等一系列复杂处理后形成。根据性质和用途的不同，测距码可分为粗码和精码两类，各卫星所用测距码互不相同且相互正交。下面以 GPS 为例介绍不同测距码的特征。

(1)粗码

用于进行粗略测距和捕获精码的测距码称为粗码，也称捕获码。C/A 码(Coarse/Acquisition Code)的周期为 1ms，一个周期中共含 1023 个码元。每个码元持续的时间均为 1ms/1023=0. 977517 μs，其对应的码元宽度为 293. 05m。

(2)精码

用于精确测定从 GNSS 卫星至接收机距离的测距码称为精码。精码(Precision Code)也是一种周期性的二进制序列，其实际周期为一星期。一个周期中约含 6. 2 万亿个码元。每个码元所持续的时间为 C/A 码的 1/10，对应的码元宽度为 29. 3m。

3. 导航电文

导航电文是由 GNSS 卫星向用户播发的一组反映卫星在空间的运行轨道、卫星钟修正参数、电离层延迟修正参数、工作状态等重要数据的二进制代码，也称为数据码(D 码)，是用户利用 GNSS 进行导航定位时一组必不可少的数据。GPS 导航电文的传输速率为 50bit/s，以“帧”为单位向外发送。每帧的长度为 1500bit，播发完一个主帧需 30s。一个主帧包括 5 个子帧。每个子帧均包含 300bit，播发时间为 6s。每个子帧又可分为 10 个字，每个字都由 30bit 组成。其中第四、第五两个子帧各有 25 个页面，需要 750s 才能将 25 个页面全部播发完。第一、第二、第三子帧每 30s 重复一次，其内容每隔 1h 更新一次。第四、第五子帧每 30s 翻转一页。12. 5min 完整地播发一次，然后再重复。其内容仅在卫星注入新的导航数据后才得以更新。卫星导航电文的基本构成如图 6-9 所示。

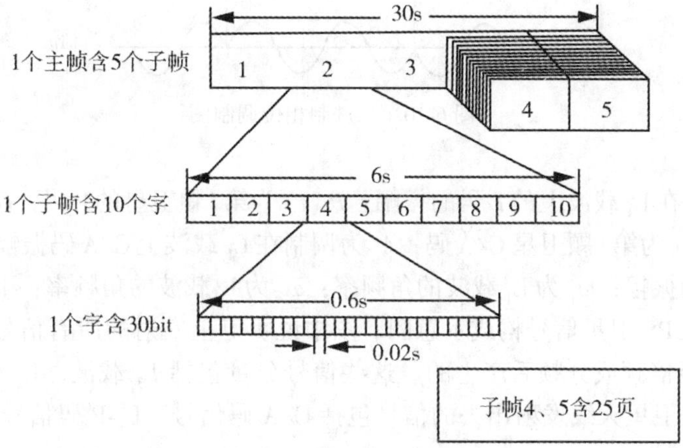

图 6-9　卫星导航电文的基本构成图

4. 卫星信号调制

调制前的载波一般表示为如下形式：

$$A\cos(\omega t+\varphi_0)$$

式中，A 为振幅，ω 为角频率，φ_0 为初相。

信号调制一般可采用下列几种方式：

调幅：让载波的振幅 A 随着调制信号的变化而相应变化；

调频：让载波的频率 f(角频率 ω)随着调制信号的变化而变化；

调相：让载波的相位 $(\omega t+\varphi_0)$ 随着调制信号的变化而变化。

GPS 卫星信号采用的是二进制相位调制法。先将导航电文调制在测距码上，然后再将组合码调制到载波上。由于调制信号是二进制码，只有“0”和“1” 两种状态，故相位调制十分简单，只要有两种状态与之对应即可。GPS 卫星采用如下调制方式：

①当调制信号为 0 时，载波相位不变化，即载波仍为 $A\cos(\omega t+\varphi_0)$；

②当调制信号为 1 时，载波相位变 180°(或称倒相)，此时的载波表达式 $A\cos(\omega t+\varphi_0\pm 180°)=-A\cos(\omega t+\varphi_0)$。

因此二进制相位调制也可表示为码状态和载波相乘，如图 6-10 所示。

若以 $S_{L_1}(t)$ 和 $S_{L_2}(t)$ 分别表示载波 L_1 和 L_2 经测距码和数据码进行二进制相位调制后所得到的调制波，则 GPS 卫星发射的信号可分别表示为：

$$\begin{cases}S_{L_1}(t)=A_P P_i(t)D_i(t)\cos(\omega_1 t+\phi_1)+A_c C_i(t)D_i(t)\sin(\omega_1 t+\phi_1)\\ S_{L_2}(t)=B_P P_i(t)D_i(t)\cos(\omega_2 t+\phi_2)\end{cases}\tag{6.7}$$

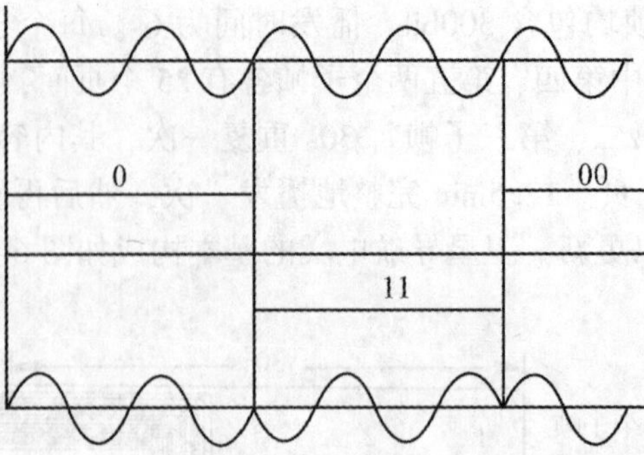

图 6-10　二进制相位调制图

式中，A_p 为调制在 L_1 载波上的 P 码的振幅；$P_i(t)$ 为第 i 颗卫星的 P 码；$D_i(t)$ 为第 i 颗卫星的数据码；$C_i(t)$ 为第 i 颗卫星 C/A 码；A_c 为调制在 L_1 载波上 C/A 码振幅；B_P 为调制在 L_2 载波上的 P 码的振幅；ω_1 为 L_1 载波的角频率；ω_2 为 L_2 载波的角频率；下标 i 为卫星编号。

图 6-11 为 GPS 卫星信号构成示意图。图中说明卫星发射的所有信号分量都是根据同一基准频率 F 经倍频或分频后产生的。这些信号分量包括 L_1 载波、L_2 载波、C/A 码、P 码和数据码。经卫星天线发射出去的信号包括 C/A 码信号、L_1-P 码信号和 L_2-P 码信号。

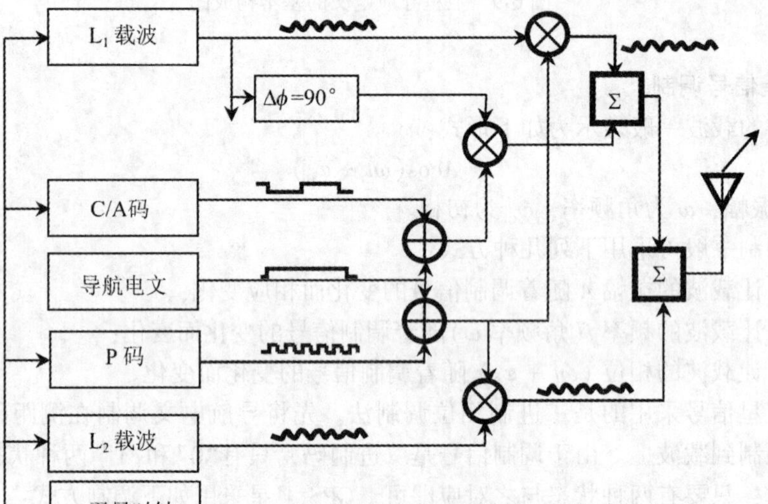

图 6-11　GPS 卫星信号构成示意图

6.2.3　GNSS 卫星位置的计算

1. 用广播星历计算卫星位置

(1) 计算卫星运动的平均角速度 n

首先，根据广播星历中给出的参数 $\sqrt{A}$ 计算出参考时刻 TOE 的平均角速度 n_0：

$$n_0 = \frac{\sqrt{GM}}{(\sqrt{A})^3} \tag{6.8}$$

式中，GM 为万有引力常数 G 与地球总质量 M 之乘积，$GM=3.9860047\times10^{14}\text{m}^3/\text{s}^2$。

然后，根据广播星历中给定的摄动参数 Δn 计算观测时刻卫星的平均角速度 n：

$$n = n_0 + \Delta n \tag{6.9}$$

(2)计算观测瞬间卫星的平均近点角 M：

$$M = M_0 + n(t - \text{TOE}) \tag{6.10}$$

式中，M_0为参考时刻 TOE 时的平近点角，由广播星历给出。

为什么要用参考时刻 TOE 来替代卫星过近地点时刻 t_0来计算呢？原因很简单，因为广播星历每 2h 更新一次，将参考时刻设在中央时刻时，外推间隔≤1h。而卫星的运行周期为 12h 左右，采用卫星过近地点时刻 t_0来计算时，外推间隔最大有可能达 6h。用 TOE 来取代卫星过近地点时刻 t_0后，外推间隔将大大减小，用较简单的模型也能获得精度较高的结果。

(3)计算偏近点角

用弧度表示的开普勒方程为：

$$E = M + e\sin E \tag{6.11}$$

用角度表示的开普勒方程为：

$$E^\circ = M^\circ + \rho^\circ e\sin E^\circ \tag{6.12}$$

解上述方程可用迭代法或微分改正法。

(4)计算真近点角 f

$$\begin{cases} \cos f = \dfrac{\cos E - e}{1 - e\cos E} \\ \sin f = \dfrac{\sqrt{1 - e^2}\sin E}{1 - e\cos E} \end{cases} \tag{6.13}$$

式中，e 为卫星轨道的偏心率，由广播星历给出。所以

$$f = \arctan\frac{\sqrt{1 - e^2}\sin E}{\cos E - e} \tag{6.14}$$

(5)计算升交距角 u'

$$u' = \omega + f \tag{6.15}$$

式中，ω 为近地点角距，由广播星历给出。

(6) 计算摄动改正项 δu、δr、δi

广播星历中给出了下列 6 个摄动参数：C_{uc}、C_{us}、C_{rc}、C_{rs}、C_{ic}、C_{is}，据此可求出由于 J_2项而引起的升交距角 u 的摄动改正项 δu、卫星矢径 r 的摄动改正项 δr 和卫星轨道倾角 i 的摄动改正项 δi。计算公式如下：

$$\begin{cases} \delta_u = C_{uc}\cos 2u' + C_{us}\sin 2u' \\ \delta_r = C_{rc}\cos 2u' + C_{rs}\sin 2u' \\ \delta_r = C_{ic}\cos 2u' + C_{is}\sin 2u' \end{cases} \tag{6.16}$$

(7) 对 u'、r'、i_0 进行摄动改正

$$\begin{cases} u = u' + \delta_u \\ r = r' + \delta_r = a(1 - e\cos E) + \delta_t \\ i = i_0 + \delta_i + \dfrac{\mathrm{d}i}{\mathrm{d}t}(t - \mathrm{TOE}) \end{cases} \tag{6.17}$$

式中，a 为卫星轨道的长半径，$a=(\sqrt{A})^2$，$\sqrt{A}$ 由广播星历给出；i_0 为 TOE 时刻轨道倾角，由广播星历中开普勒六参数给出；$\mathrm{d}i/\mathrm{d}t$ 为 i 的变化率，由广播星历中摄动参数给出。

(8) 计算卫星在轨道面坐标系中的位置

在轨道平面直角坐标系中（坐标原点位于地心，X 轴指向升交点）卫星的平面直角坐标为：

$$\begin{cases} x = r\cos u \\ y = r\sin u \end{cases} \tag{6.18}$$

(9) 计算观测瞬间升交点的经度 L

若参考时刻 TOE 时升交点的赤经为 Ω_{TOE}，升交点对时间的变化率为 Ω，那么观测瞬间 t 的升交点赤经 Ω 应为：

$$\Omega = \Omega_{\mathrm{TOE}} + \dot{\Omega}(t - \mathrm{TOE}) \tag{6.19}$$

式中，$\dot{\Omega}$ 可从广播星历的摄动参数中给出。

设本周开始时刻（星期日 0 时）格林尼治恒星时为 $\mathrm{GAST_{week}}$，则观测瞬间的格林尼治恒星时为：

$$\mathrm{GAST} = \mathrm{GAST_{week}} + \omega_e t \tag{6.20}$$

式中，ω_e 为地球自转角速度，其值为 $\omega_e = 7.292115 \times 10^{-5}\,\mathrm{rad/s}$；$t$ 为本周内的时间（单位：s）。则观测瞬间升交点的经度值为：

$$L = \Omega - \mathrm{GAST} = \Omega_{\mathrm{TOE}} - \mathrm{GAST_{week}} + \dot{\Omega}(t - \mathrm{TOE}) - \omega_e t \tag{6.21}$$

令 $\Omega_0 = \Omega_{\mathrm{TOE}} - \mathrm{GAST_{week}}$，则有：

$$L = \Omega_0 + \dot{\Omega}(t - \mathrm{TOE}) - \omega_e t = \Omega_0 + (\dot{\Omega} - \omega_e)t - \dot{\Omega}\mathrm{OTE} \tag{6.22}$$

广播星历中给出的 Ω_0 并不是参考时刻 TOE 的升交点赤经 Ω_{TOE}，而是该值与本周起始时刻的格林尼治恒星时 $\mathrm{GAST_{week}}$ 之差。

(10) 计算卫星在瞬时地球坐标系中的位置

已知升交点大地经度 L 和轨道平面倾角 i 后，两次旋转求得卫星在地固坐标系中位置：

$$\begin{bmatrix} X \\ Y \\ Z \end{bmatrix} = R_Z(-L)\,R_X(-i)\begin{bmatrix} x \\ y \\ 0 \end{bmatrix} = \begin{bmatrix} x\cos L - y\cos i\sin L \\ x\cos L + y\cos i\sin L \\ y\sin L \end{bmatrix} \tag{6.23}$$

(11) 计算卫星在协议地球坐标系中的位置

观测瞬间卫星在协议地球坐标系中的位置为

$$\begin{bmatrix} x \\ y \\ z \end{bmatrix}_{CTS} = R_Y(-x_P)R_X(-y_P)\begin{bmatrix} X \\ Y \\ Z \end{bmatrix} = \begin{bmatrix} 1 & 0 & x_P \\ 0 & 1 & -y_P \\ -x_P & y_P & 1 \end{bmatrix}\begin{bmatrix} X \\ Y \\ Z \end{bmatrix} \tag{6.24}$$

在 GNSS 定位中，常常需要多次计算卫星的位置和速度，如用上述方法计算需占用较多的内存空间和计算时间。为此常将卫星星历用一个时间多项式来表示，在内存中仅保存该多项式的系数，供计算时调用。在各种多项式中切比雪夫多项式的拟合效果最佳，即使在该时间段的两端近似性也很好。用 n 阶切比雪夫多项式来逼近时间段$[t_0,\ t_0+\Delta t]$ 中的卫星星历时，先将变量 $t\in[t_0,\ t_0+\Delta t]$ 变换为变量 $\tau\in[-1,\ 1]$：

$$\tau = \frac{2}{\Delta t}(t-t_0)-1 \tag{6.25}$$

于是卫星坐标可表示为：

$$X(t)=\sum_{i=0}^{n} C_{x_i}T_i(t) \tag{6.26}$$

式中，n 为多项式的阶数，C_{xi}为切比雪夫多项式的系数。根据已知的卫星坐标，用最小二乘法拟合出多项式系数 C_{xi}后，就可用式(6.26)计算出该时段中任一时刻的卫星位置。切比雪夫多项式的递推公式如下：

$$\begin{cases} T_0(\tau)=1 \\ T_1(\tau)=\tau \\ T_n(\tau)=2\tau T_{n-1}(\tau)-T_{n-2}(\tau),\quad |\tau|\leqslant 1,\ n\geqslant 2 \end{cases} \tag{6.27}$$

卫星的运动速度和加速度也可用类似方法计算。

2. 用精密星历计算卫星位置

精密星历是按一定的时间间隔(通常为 15min)来给出卫星在空间的三维坐标、三维运动速度及卫星钟改正数等信息。著名的 IGS 综合精密星历需 1~2 周后才能获得。由 IGS 提出的格式被广泛采用，其中 ASCII 格式的 SPI 和二进制格式的 E(F)格式不仅给出了卫星的三维位置信息(单位：km)，也给出了卫星的三维运动速度信息(单位：km/s)。SP2(ASCII 格式)和 ECF2(二进制格式)则仅给出了卫星的三维位置信息。速度信息需通过位置信息用数值微分的方法来求出。采用这种格式时存储量可减少一半左右。在 SP3(ASCII 格式)和 ECF3(二进制格式)中增加了卫星钟的改正数信息。观测瞬间的卫星位置及运动速度可采用内插法求得。其中拉格朗日(Lagrange)多项式内插法被广泛采用，因为这种内插法速度快且易于编程。拉格朗日插值公式十分简单：已知函数 $y=f(x)$ 的 $n+1$ 个节点 $x_0,\ x_1,\ x_2,\ \cdots,\ x_n$ 及其对应的函数值 $y_0,\ y_1,\ y_2,\ \cdots,\ y_n$，对插值区间内任一点 x，可用下面的拉格朗日插值多项式来计算函数值：

$$f(x)=\sum_{k=0}^{n}\prod_{i=0,\ i\neq k}^{n}\left(\frac{x-x_i}{x_k-x_i}\right) \tag{6.28}$$

精密星历可采用切比雪夫多项式来拟合。对 GPS 轨道，多项式的阶数 n 可由下式确定：

$$n = 10 + n_h$$

式中，n_h为拟合时段的长度，单位为小时。24h 的精密轨道用 34 阶切比雪夫多项式来拟合后，轨道精度可达厘米级至毫米级，精密卫星钟差的拟合精度为 0.5ns，个别情况下可达 1~2ns，拟合效果较差，这是由卫星钟钟差的变化不太规则引起的。

6.3　GNSS 定位的误差源

6.3.1　误差类型

GNSS 定位中出现的各种误差从误差源来讲大体可分为下列三类：

1. 与卫星有关的误差

(1)卫星星历误差

由卫星星历所给出的卫星位置与卫星的实际位置之差称为卫星星历误差。星历误差的大小主要取决于卫星定轨系统的质量，如定轨站的数量及其地理分布、观测值的数量及精度、定轨时所用的数学力学模型和定轨软件的完善程度等。此外与星历的外推时间间隔(实测星历的外推时间间隔可视为零)也有直接关系。

(2)卫星钟的钟误差

卫星上虽然使用了高精度的原子钟，但也不可避免地存在误差，这种误差既包含着系统性的误差(如钟差、钟速、频漂等偏差)，也包含着随机误差。系统误差远较随机误差值大，而且可以通过检验和比对来确定，并通过模型来加以改正；而随机误差只能通过钟的稳定度来描述其统计特性，无法确定其符号和大小。

(3)相对论效应

相对论效应是指由于卫星钟和接收机钟所处的状态(运动速度和重力位)不同而引起两台钟之间产生相对钟误差的现象，所以将它归入与卫星有关的误差类中并不准确。但是由于相对论效应主要取决于卫星的运动速度和所处位置的重力位，而且以卫星钟的钟误差形式出现，暂时将其归入与卫星有关的误差。上述误差对测码伪距和载波相位观测值影响相同。

2. 与信号传播有关的误差

(1)电离层延迟

电离层是高度为 60~1000km 的大气层。在太阳紫外线、X 射线、γ 射线和高能粒子的作用下，该区域内的气体分子和原子将产生电离，形成自由电子和正离子。带电粒子的存在将影响无线电信号的传播，使传播速度发生变化，传播路径产生弯曲，从而使得信号传播时间 Δt 与真空中光速 c 的乘积 $\rho = \Delta t \cdot c$ 不等于卫星至接收机的几何距离，产生电离层延迟。

(2)对流层延迟

对流层是高度在 50km 以下的大气层。整个大气层中的绝大部分质量集中在对流层中。GNSS 卫星信号在对流层中的传播速度 $V=cn$。c 为真空中的光速，n 为大气折射率，其值取决于气温、气压和相对湿度等因子。此外，信号的传播路径也会产生弯曲。由于上述原因使距离测量值产生的系统性偏差称为对流层延迟。对流层延迟对测码伪距和载波相位观测值的影响是相同的。

(3)多路径误差

经某些物体表面反射后到达接收机的信号如果与直接来自卫星的信号叠加干扰后进入接收机，会给测量值带来系统误差，即多路径误差。多路径误差对测码伪距观测值的影响要比对载波相位观测值的影响大得多。多路径误差取决于测站周围的环境、接收机的性能以及观测时间的长短。

3. 与接收机有关的误差

(1)接收机钟的钟误差

与卫星钟一样，接收机钟也有误差。而且由于接收机中大多采用的是石英钟，因而其钟误差较卫星钟误差更为显著。该项误差主要取决于钟的质量，与使用时的环境也有一定关系。钟误差对测码伪距观测值和载波相位观测值的影响是相同的。

(2)接收机的位置误差

在进行授时和定轨时，接收机的位置是已知的，其误差将使授时和定轨的结果产生系统误差。该项误差对测码伪距观测值和载波相位观测值的影响是相同的。

(3)接收机的测量噪声

使用接收机进行 GNSS 测量时，由于仪器设备及外界环境影响而引起的随机测量误差，其值取决于仪器性能及作业环境的优劣。一般而言，测量噪声值远小于上述的各种偏差值。观测足够长的时间后，测量噪声的影响通常可以忽略不计。

6.3.2 消除或削弱误差的方法和措施

以上 GNSS 各项误差对测距的影响可达数十米，有时甚至可超过百米，比观测噪声大几个数量级。因此，必须设法加以消除，否则将会对定位精度造成极大的损害。消除或大幅度削弱这些误差所造成的影响的主要方法有：

1. 建立误差改正模型

GNSS 误差改正模型既可以是通过对误差的特性、机制以及产生的原因进行研究分析、推导而建立起来的理论公式，也可以是通过对大量观测数据的分析、拟合而建立起来的经验公式，有时则是同时采用两种方法建立的综合模型。

利用电离层折射的大小与信号频率有关这一特性而建立起来的双频电离层折射改正模型基本属于理论公式；而各种对流层折射模型则大体上属于综合模型。

误差改正模型的精度好坏不等。有的误差改正模型效果较好，例如双频电离层折射改正模型的残余误差约为总量的 1%或更小；有的效果一般，如多数对流层折射改正公式的残余误差为总量的 1%~5%；有的改正模型效果较差，如由广播星历所提供的单频电离层折射改正模型，残余误差高达 30%~40%。

2. 求差法

分析误差对观测值或平差结果的影响，安排适当的观测纲要和数据处理方法(如同步观测、相对定位等)，利用误差在观测值之间的相关性或在定位结果之间的相关性，通过求差来消除或大幅度地削弱其影响的方法称为求差法。例如，当两站对同一卫星进行同步观测时，观测值中都包含了共同的卫星钟误差，将观测值在接收机间求差后即可消除此项误差。同样，一台接收机对多颗卫星进行同步观测，将观测值在卫星间求差即可消除接收机钟误差的影响。

3. 选择较好的硬件和较好的观测条件

有的误差，如多路径误差，既不能采用求差的方法来抵消，也难以建立改正模型。削弱该项误差简单而有效的办法是选用较好的天线，仔细选择测站，使之远离反射物和干扰源。

6.4　动态绝对定位

绝对定位是以地球质心为参考点，确定接收机天线在地心地固空间直角坐标系中的绝对位置。由于定位作业仅需一台接收机工作，因此又称为单点定位。由于单点定位结果受卫星星历误差、信号传播误差及卫星几何分布影响显著，定位精度相对较低，一般适用于低精度导航。

GPS 绝对定位的基本原理是以 GPS 卫星和用户接收机天线之间的距离观测量为基准，根据已知的卫星瞬时坐标来确定用户接收天线所对应的位置。绝对定位的实质是空间距离后方交会。因此，在一个测站上只需 3 个独立距离观测量。由于 GPS 采用的是单程测距原理，同时卫星钟与用户接收机钟又难以保持严格同步，实际上观测的是测站至卫星之间的距离，由于受卫星钟和接收机钟同步差的共同影响，故又称伪距离测量。当然，卫星钟钟差是可以通过卫星导航电文中所提供的相应钟差参数加以修正的，而接收机的钟差，一般难以预先准确测定，所以可将其作为一个未知参数与观测站坐标在数据处理中一并解出。因此，在一个测站上，为了实时求解 4 个未知参数(3 个点位坐标分量及 1 个钟差参数)，至少应有 4 个同步伪距观测量，即必须同步观测至少 4 颗卫星，如图 6-12 所示。

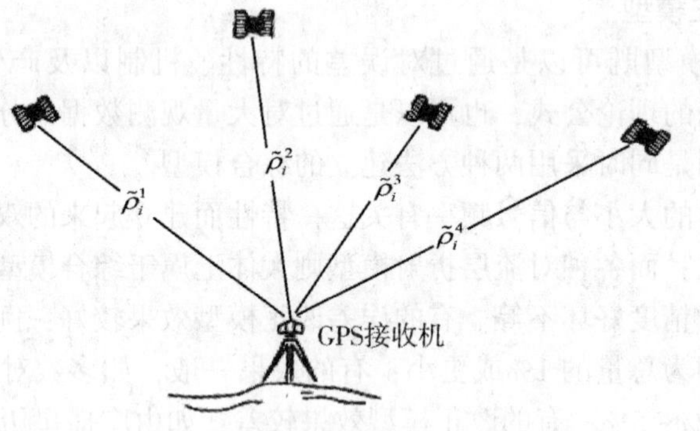

图 6-12　GPS 动态绝对定位原理图

GPS 绝对定位，根据用户接收机天线所处的状态不同，又可分为动态绝对定位和静态绝对定位。当用户接收设备安置在运动的载体上，确定载体瞬时绝对位置的定位方法，称为动态绝对定位。动态绝对定位，一般只能得到没有多余观测量的实时解，被广泛地应用于船舶等运动载体的导航中。另外，在航空物探和海洋卫星遥感等领域也有广泛的应用。

GPS 绝对定位主要是以卫星和用户接收机天线之间的距离为基本观测量，并利用已知的卫星瞬时坐标来确定接收机天线在协议地球坐标系中的位置。动态绝对定位是确定处于运动载体的接收机在运动的每一瞬间的位置，由于接收机天线处于运动状态，故天线点位的坐标是一个变化的量，因此确定每一瞬间坐标的观测方程只有极少的多余观测(甚至没有多余观测)，精度较低，一般仅有几十米的精度。

如果在历元 t 时刻，观测了测站至卫星之间的伪距，则有：

$$\tilde{\rho}_i^j(t)=\rho_i^j(t)+\delta I_i^j+\delta T_i^j+C\cdot\delta t_i-C\delta t^j \tag{6.29}$$

式中，$\tilde{\rho}_i^j(t)$ 为伪距观测量；$\rho_i^j(t)$ 为卫星天线的相位中心到测站接收机天线的相位中心的几何距离；δI_i^j 为电离层延迟改正；δT_i^j 为对流层延迟改正；δt_i 为接收机钟差；δt^j 为卫星钟差；C 为电磁波传播速度。

如果利用导航电文提供的改正量以及改正模型，对伪距观测量 $\tilde{\rho}_i^j(t)$ 进行修正，并取

$$\rho_i^{j'}(t)=\tilde{\rho}_i^j(t)-\delta I_i^j-\delta T_i^j+C\cdot\delta t^j \tag{6.30}$$

则式(6.29)的观测方程可写为：

$$\begin{cases}\rho_i^{j'}(t)=\rho_i^j(t)+C\cdot\delta t_i\\ \rho_i^j(t)=\sqrt{(x^j-x_i)^2+(y^j-y_i)^2+(z^j-z_i)^2}\end{cases} \tag{6.31}$$

式中，$(x^j,\ y^j,\ z^j)$ 为卫星在相应系统坐标系下的瞬时空间坐标；$(x_i,\ y_i,\ z_i)$ 为接收机天线相位中心近似坐标。

线性化后可得：

$$\bar{\gamma}_i^j(t)=\rho_{i0}^j(t)-l_i^j(t)\delta X_i-m_i^j(t)\delta Y_i-n_i^j(t)\delta Z_i+C\cdot\delta t_i \tag{6.32}$$

式中，δX_i，δY_i，δZ_i 分别为天线相位中心近似坐标的改正数。

假设在历元 t 时由测站 i 同步观测 j 颗卫星，$j=1,\ 2,\ \cdots,\ n$，则可组成 n 个方程：

$$\begin{cases}\bar{\gamma}_i^1(t)=\rho_{i0}^1(t)-l_i^1(t)\delta X_i-m_i^1(t)\delta Y_i-n_i^1(t)\delta Z_i+C\delta t_i\\ \bar{\gamma}_i^2(t)=\rho_{i0}^2(t)-l_i^2(t)\delta X_i-m_i^2(t)\delta Y_i-n_i^2(t)\delta Z_i+C\delta t_i\\ \cdots\\ \bar{\gamma}_i^n(t)=\rho_{i0}^n(t)-l_i^n(t)\delta X_i-m_i^n(t)\delta Y_i-n_i^n(t)\delta Z_i+C\delta t_i\end{cases} \tag{6.33}$$

当观测的卫星数大于 4 时，可列误差方程，按最小二乘原理求解位置的三维坐标，即

$$\begin{bmatrix}V_i^1(t)\\ V_i^2(t)\\ \vdots\\ V_i^n(t)\end{bmatrix}=\begin{bmatrix}l_i^1(t)m_i^1(t)n_i^1(t)C\\ l_i^2(t)m_i^2(t)n_i^2(t)C\\ \cdots\\ l_i^n(t)m_i^n(t)n_i^n(t)C\end{bmatrix}\begin{bmatrix}\delta X_i\\ \delta Y_i\\ \delta Z_i\\ \delta t_i\end{bmatrix}+\begin{bmatrix}\rho_{i0}^1(t)-\bar{\gamma}_i^1(t)\\ \rho_{i0}^2(t)-\bar{\gamma}_i^2(t)\\ \cdots\\ \rho_{i0}^n(t)-\bar{\gamma}_i^n(t)\end{bmatrix} \tag{6.34}$$

用矩阵符号可表示为：

$$V_i(t) = A(t)\delta X + L(t) \tag{6.35}$$

由最小二乘法可得：

$$\delta X = -\left[A(t)^{\mathrm{T}} \cdot A(t)\right]^{-1} \cdot A(t)^{\mathrm{T}} \cdot L(t) \tag{6.36}$$

由此可得该位置的三维坐标：

$$\begin{bmatrix} X_i \\ Y_i \\ Z_i \end{bmatrix} = \begin{bmatrix} X_{i0} \\ Y_{i0} \\ Z_{i0} \end{bmatrix} + \begin{bmatrix} \delta X_i \\ \delta Y_i \\ \delta Z_i \end{bmatrix} \tag{6.37}$$

式中，(X_{i0}, Y_{i0}, Z_{i0})为该点位置的近似坐标。在动态定位中，一般可将前一时刻的点位坐标作为此时点位的初始坐标。因此，确保定位精度关键是确定第一个点位坐标的精确值。由于该点坐标的初始值难以较精确地求得，因此需要通过一定的算法，经过多次迭代求得第一点精确的三维坐标，并为后续点位的解算提供初始坐标值，这个迭代计算第一点位坐标值的过程也称为动态定位的初始化过程。

GPS 动态绝对定位一般常采用测距码伪距定位方法，主要是因为该方法无论是在作业上，还是在计算上均简单易行。当然动态绝对定位也可采用载波相位伪距定位方法。载波相位观测方程为：

$$\begin{aligned} \lambda \varphi_i^j(t) = \rho_{i0}^j(t) - \left[l_i^j(t) \quad m_i^j(t) \quad n_i^j(t) \right] \begin{bmatrix} \delta X_i \\ \delta Y_i \\ \delta Z_i \end{bmatrix} - \lambda N_i^j(t_0) \\ + C(\delta t_i - \delta t^j) + \delta I_i^j(t) + \delta T_i^j(t) \end{aligned} \tag{6.38}$$

式中，$\varphi_i^j(t)$ 为载波相位观测量；$\rho_{i0}^j(t)$ 为卫星天线的相位中心到测站接收机天线的相位中心的几何距离；δI_i^j 为电离层延迟改正；δT_i^j 为对流层延迟改正；δt_i 为接收机钟差；δt^j 为卫星钟差；$N_i^j(t_0)$ 为整周未知数；λ 为载波的波长；C 为电磁波传播速度。

如果设 $\bar{\rho}_i^{j'}$ 为经过电离层、对流层和卫星钟差改正后的观测值，即

$$\bar{\rho}_i^{j'}(t) = \lambda \varphi_i^j(t) - \delta I_i^j(t) - \delta T_i^j(t) + c \cdot \delta t^j \tag{6.39}$$

则式(6.39)可写为：

$$\bar{\rho}_i^{j'}(t) = \rho_{i0}^j(t) - l_i^j(t)\delta X_i - m_i^j(t)\delta Y_i - n_i^j(t)\delta Z_i + c \cdot \delta t_i - \lambda N_i^j(t_0) \tag{6.40}$$

相应的误差方程为：

$$V_i^j(t) = -\left[l_i^j(t) \quad m_i^j(t) \quad n_i^j(t) c \right] \begin{bmatrix} \delta X_i \\ \delta Y_i \\ \delta Z_i \\ \delta t_i \end{bmatrix} - \lambda N_i^j(t_0) + L_i^j(t) \tag{6.41}$$

式中，$L_i^j(t) = \rho_{i0}^j(t) - \tilde{\rho}_{i0}^{j'}(t)$ 。

与测距码伪距观测方程相比，载波相位观测方程仅多了一个整周未知数，其余各项均完全相同。然而，正是由于观测方程中存在整周未知数，t 刻在 i 测站同步观测 n^j 颗卫星，

则可列 n^j 个观测方程，方程存在 $4+n^j$ 个未知数，因而难以利用载波相位进行实时定位。不过只要接收机保持对 j 卫星的连续跟踪，则整周未知数 $N_i^j(t_0)$ 是一个不变的值。因此，只要通过一个初始化过程求出整周未知数 $N_i^j(t_0)$，且 GPS 接收机在载体运动过程中保持对卫星信号的连续跟踪，则仍可用于 GPS 动态绝对定位，且精度优于测距码伪距动态定位。然而，在实际情况下，要在载体运动过程中保持对卫星的连续跟踪是较为困难的。因此，目前动态绝对定位中主要采用测距码伪距定位法。

6.5　局域差分定位

差分 GPS 根据其系统构成的基准站个数可分为单基准差分、多基准的局部区域差分和广域差分。而根据信息的发送方式又可分为伪距差分、相位差分及位置差分等。无论何种差分，其工作原理基本相同，都是由用户接收来自基准站的改正数，并对其测量结果进行改正以获得精密的定位结果。它们的区别在于提供的改正数内容不同。

局域差分 GPS 按照基准站的不同，又可分为单站差分和多站差分。

单基准站差分 GPS 是根据一个基准站所提供的差分改正信息对用户站进行改正的差分 GPS 系统。该系统由基准站、无线电数据通信链、用户站三部分组成。基准站一般安放在已知点上，并配备能同步跟踪视场内所有 GPS 卫星信号的接收机一台，还应具备计算差分改正和编码功能的软件。无线电数据链将编码后的差分改正信息传送给用户，它由基准站上的信号调制器、无线电发射机和发射天线以及用户站的差分信号接收机和信号解调器组成。用户站即流动台站，根据各用户站不同的定位精度及要求选择接收机，同时用户站还应配有用于接收差分改正数的无线电接收机、信号解调器、计算软件及相应接口设备等。

单站差分 GPS 系统的优点是结构和算法都较为简单。但是该方法的前提是要求用户站误差和基准站误差具有较强的相关性，因此定位精度将随着用户站与基准站之间的距离增加而迅速降低。此外，由于用户站只是根据单个基准站所提供的改正信息来进行定位改正，所以精度和可靠性均较差。当基准站出现故障，用户站便无法进行差分定位，如果基准站给出的改正信号出错，则用户站的定位结果就不正确。解决这一问题的方法是为长期工作的公用差分服务系统设置热备份，并在系统内设置监控站对改正信号进行检核，从而提高系统的可靠性。

在一个较大的区域布设多个基准站构成基准站网，其中常包含一个或数个监控站，用户根据多个基准站所提供的改工信息经平差计算后求得用户站定位改正数，这种差分 GPS 定位系统称为具有多个基准站的局部区域差分 GPS 系统，简称局域差分 GPS（LADGPS）。

区域差分 GPS 提供改正量主要有以下两种方法：

①各基准站以标准化的格式发射各自改正信息，而用户接收机接收各基准站的改正量，并取其加权平均，作为用户站的改正数。其中改正数的权，可根据用户站与基准站的相对位置来确定。由于应用了多个高速差分 GPS 数据流，因此要求多倍的通信带宽，效率较低。

②根据各基准站的分布，预先在网中构成以用户站与基准站的相对位置为函数的改正

数的加权平均值模型，并将其统一发送给用户。这种方式不需要增加通信带宽，是一种较为有效的方法。区域差分 GPS 系统较单站差分 GPS 系统的可靠性和精度均有所提高。但数据处理是把各种误差的影响综合在一起进行改正的，而实际上不同误差对定位的影响特征是不同的，将各种误差综合在一起，用一个统一的模式进行改正，就必然存在不合理的因素影响定位精度，且这种影响会随着用户站到基准站的距离的增加而变得越大，导致差分定位的精度迅速下降。所以在区域差分 GPS 系统中，只有在用户站距基准站不太远时，才能获得较好的精度。因而基准站必须保持一定的密度(小于 30 km)和均匀度。

GPS 动态相对定位原理如图 6-13 所示。下面根据基准站提供的差分改正信息的不同，将局域差分 GPS 分为伪距差分、位置差分和载波相位差分，并分别给予介绍。

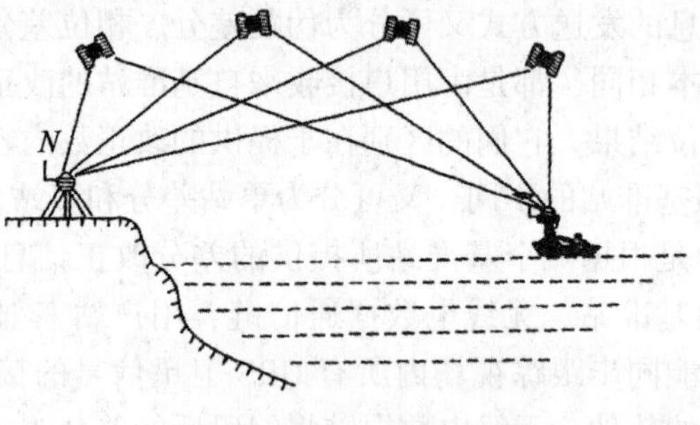

图 6-13　GPS 动态相对定位

1. 伪距差分原理

伪距差分是通过在基准站上利用已知坐标求出测站至卫星的距离，并将其与含有误差的测量距离比较，然后利用一个滤波器将此差值滤波并求出其偏差，并将所有卫星的测距误差传输给用户，用户利用此测距误差来改正测量的伪距，并解算出用户自身的坐标。

测站 i 与卫星 j 之间在 t 时刻的伪距为：

$$\tilde{\rho}_i^j = \rho_i^j + c(\delta t_i - \delta t^j) + \delta I_i^j + \delta T_i^j + \mathrm{d}\rho_i^j \tag{6.42}$$

式中，$\mathrm{d}\rho_i^j$ 为 GPS 卫星星历误差引起的距离偏差 $\tilde{\rho}_i^j(t)$ 为伪距观测量；$\rho_i^j(t)$ 为卫星天线的相位中心到测站接收机天线的相位中心的几何距离；δI_i^j 为电离层延迟改正；δT_i^j 为对流层延迟改正；δt_i 为接收机钟差；δt^j 为卫星钟差；C 为电磁波传播速度。

根据基准站的三维已知坐标和 GPS 卫星星历，可以算得该时刻两者之间的几何距离：

$$\rho_i^j = \sqrt{(X^j - X_i)^2 + (Y^j - Y_i)^2 + (Z^j - Z_i)^2}$$

式中，$(X^j,\ Y^j,\ Z^j)$ 为卫星在相应系统坐标系下的瞬时空间坐标；$(X_i,\ Y_i,\ Z_i)$ 为接收机天线相位中心近似坐标。

故由基准站接收机测得的包含各种误差的伪距与几何距离之间存在差值：

$$\delta\rho_i^j = \tilde{\rho}_i^j - \rho_i^j \tag{6.43}$$

$\delta\rho_i^j$ 即为伪距的改正值。将此值发送给用户的接收机，用户接收机 k 将测量的伪距加上此项距离改正，便求得经过改正的伪距：

$$\tilde{\rho}'^{j}_{k} = \tilde{\rho}^{j}_{k} - \delta\rho^{j}_{i} \tag{6.44}$$

如果考虑信号传送的伪距改正数的时间变化率，则有：

$$\tilde{\rho}'^{j}_{k} = \tilde{\rho}^{j}_{k} - \delta\rho^{j}_{i} - \frac{\mathrm{d}\delta\rho^{j}_{i}}{\mathrm{d}t}(t - t_0) \tag{6.45}$$

当用户运动站与基准站之间的距离小于 100km，则有 $\mathrm{d}\rho_k^{\ j} = \mathrm{d}\rho_i^{\ j}$，$\delta I_k^j = \delta I_i^j$，$\mathrm{d}T_k^{\ j} = \mathrm{d}T_i^{\ j}$，且 $\delta t^j = \delta t^j$。因此改正后的伪距 $\tilde{\rho}'^{j}_{k}$ 为：

$$\tilde{\rho}'^{j}_{k} = \sqrt{(X^j - X_k)^2 + (Y^j - Y_k)^2 + (Z^j - Z_k)^2} + C \cdot \delta V_t \tag{6.46}$$

式中，δV_t 为两测站接收机钟差之差；(X_k, Y_k, Z_k)为用户站的位置。

当基准站和用户站同步观测 4 颗或 4 颗以上的卫星时，即可实现用户站的定位。由于伪距差分可提供单颗卫星的距离改正数 $\delta\rho_i^{\ j}$，用户站可选择其中任意 4 颗相同卫星的伪距改正数进行改正，此外伪距改正数是在 WGS-84 坐标系上进行的，故无需进行坐标变换。

由于差分定位是利用两观测站间的空间相关性来消除公共误差。从而提高定位精度，而其误差的公共性与两站距离有关，随着两站距离的增加，其误差公共性逐渐减弱。因此，用户站同基准站的距离对定位精度的影响起着决定性作用。

2. 位置差分原理

位置差分是一种最简单的差分方法。安置在已知点基准站上的 GPS 接收机通过对 4 颗或 4 颗以上的卫星观测，便可求出基准站的坐标(X', Y', Z')。由于存在着卫星星历、时钟误差、大气折射等误差的影响，该坐标与已知坐标(X, Y, Z)不一样，存在误差。即

$$\Delta X = X - X', \quad \Delta Y = Y - Y', \quad \Delta Z = Z - Z' \tag{6.47}$$

式中，ΔX、ΔY、ΔZ 为坐标改正数，基准站利用数据链将坐标改正数发送给用户站，用户站用接收到的坐标改正数对其坐标进行改正：

$$X_k = X'_k + \Delta X, \quad Y_k = Y'_k + \Delta Y, \quad Z_k = Z'_k + \Delta Z \tag{6.48}$$

式中，(X'_k, Y'_k, Z'_k) 为用户站初始定位坐标；(X_k, Y_k, Z_k) 为经过改正后的坐标。

如果考虑数据传送时间差而引起的用户站位置的瞬间变化，则可写为：

$$\begin{cases} X_k = X'_k + \Delta X + \dfrac{\mathrm{d}(\Delta X + X'_k)}{\mathrm{d}t}(t - t_0) \\ Y_k = Y'_k + \Delta Y + \dfrac{\mathrm{d}(\Delta Y + Y'_k)}{\mathrm{d}t}(t - t_0) \\ Z_k = Z'_k + \Delta Z + \dfrac{\mathrm{d}(\Delta Z + Z'_k)}{\mathrm{d}t}(t - t_0) \end{cases} \tag{6.49}$$

式中，t 为用户站时刻；t_0为基准站校正时刻。

经坐标改正后的用户坐标消除了基准站与用户站的共同误差，如卫星星历误差、大气折射误差、卫星钟差、SA 政策影响等，提高了定位精度。坐标差分的优点是需要传输的差分改正数较少，计算方法较简单，任何一种 GPS 接收机均可改装成这种差分系统，适用范围较广。其缺点为：

①对用户站和基准站的距离有一定的限制。要求基准站与用户站必须保持观测同一组卫星，由于基准站与用户站接收机配备不完全相同，且两个站观测环境也不完全相同，因

此难以保证两个站观测同一组卫星，将导致定位误差的不匹配，从而影响定位精度；

②坐标差分定位效果不如伪距差分好。

3. 载波相位差分原理

载波相位差分 GPS 定位与伪距差分 GPS 定位原理相类似。在基准站上安置一台 GPS 接收机，对卫星进行连续观测，并通过无线电设备实时地将观测数据及测站坐标信息传送给用户站；用户站一方面通过接收机接收 GPS 卫星信号，同时通过无线电接收设备接收基准站传送信息，根据相对定位原理进行数据处理，实时地以厘米级的精度给出用户站三维坐标。载波相位差分 GPS 有两种定位方法，一种与伪距差分相同，基准站将载波相位的改正量发送给用户站，以对用户站的载波相位进行改正实现定位，该方法称为改正法；另一种是将基准站的载波相位发送给用户站，并由用户站将观测值求差进行坐标解算，该方法称为求差法。

下面首先介绍改正法的定位原理。

在载波相位测量中，卫星到测站点之间的相位差值主要由三部分组成：

$$\Phi_i^j = N_i^j(t_0) + N_i^j(t - t_0) + \delta\varphi_i^j \tag{6.50}$$

式中，$N_i^j(t_0)$ 为起始整周模糊度；$N_i^j(t-t_0)$ 为从起始时刻至观测时刻的整周变化值；$\delta\varphi_i^j$ 为测量相位的小数部分。将式(6.50)乘以载波波长 λ，则可得卫星至测站点之间的距离：

$$\tilde{\rho}_i^j = \lambda\left(N_i^j(t_0) + N_i^j(t - t_0) + \delta\varphi_i^j\right) \tag{6.51}$$

在基准站利用已知坐标和卫星星历可求得基准站到卫星之间的真实距离 ρ_i^j，则测量得到的伪距可表示为：

$$\tilde{\rho}_i^j = \rho_i^j + c(\delta t_i - \delta t^j) + \delta I_i^j + \delta T_i^j + \delta M_i + V_i \tag{6.52}$$

式中，δt_i 为接收机钟差；δt^j 为卫星钟差；δI_i^j 为电离层误差；δT_i^j 为对流层误差；δM_i 为多路径效应；V_i 为 GPS 接收机噪声。在基准站求出的伪距改正数为：

$$\begin{aligned}\delta\rho_i^j &= \tilde{\rho}_i^j - \rho_i^j \\ &= c(\delta t_i - \delta t^j) + \delta I_i^j + \delta T_i^j + \delta M_i + V_i\end{aligned} \tag{6.53}$$

如果用 $\delta\rho_i^j$ 对用户站伪距观测值进行修正，则

$$\tilde{\rho}_k^j - \delta\rho_i^j = \rho_k^j + c(\delta t_k - \delta t_i) + (\delta I_k^j - \delta I_i^j) + (\delta T_k^j - \delta T_i^j) + (\delta M_k - \delta M_i) + (V_k - V_i) \tag{6.54}$$

当基准站与用户站间距离小于 30km，则有 $\delta I_k^j = \delta I_i^j$，$\delta T_k^j = \delta T_i^j$，因此式(6.54)为：

$$\begin{aligned}\tilde{\rho}_k^j - \delta\rho_i^j &= \rho_k^j + c(\delta t_k - \delta t_i) + (\delta M_k - \delta M_i) + (V_k - V_i) \\ &= \sqrt{(X^j - X_k)^2 + (Y^j - Y_k)^2 + (Z^j - Z_k)^2} + \Delta\delta\rho\end{aligned} \tag{6.55}$$

式中，$\Delta\delta\rho = c\cdot(\delta t_k - \delta t_i) + (\delta M_k - \delta M_i) + (V_k - V_i)$。

将载波相位伪距值式(6.53)代入观测方程(6.55)，则可得：

$$\begin{aligned}\tilde{\rho}_k^j - \delta\rho_k^j &= \tilde{\rho}_k^j - \tilde{\rho}_i^j + \rho_i^j \\ &= \rho_i^j + \lambda\left(N_k^j(t_0) - N_i^j(t_0)\right) + \lambda\left(N_k^j(t - t_0) - N_i^j(t - t_0)\right) + \lambda\left(\delta\varphi_k^j - \delta\varphi_i^j\right)\end{aligned}$$

$$= \sqrt{(X^j - X_k)^2 + (Y^j - Y_k)^2 + (Z^j - Z_k)^2} + \Delta\delta\rho \tag{6.56}$$

令 $N^j(t_0) = N_k^j(t_0) - N_i^j(t_0)$ 为起始整周数之差。在整个测量过程中，只要保持卫星不失锁，则 $N^j(t_0)$ 为常数。同时令 $\Delta\varphi = \lambda(N_k^j(t - t_0) - N_i^j(t - t_0)) + \lambda(\delta\varphi_k^j - \delta\varphi_i^j)$ 为载波相位测量差值，则式(6.56)可表示为：

$$\rho_i^j + \lambda N^j(t_0) + \Delta\varphi = \sqrt{(X^j - X_k)^2 + (Y^j - Y_k)^2 + (Z^j - Z_k)^2} + \Delta\delta\rho$$

或

$$\rho_i^j + \Delta\varphi = \sqrt{(X^j - X_k)^2 + (Y^j - Y_k)^2 + (Z^j - Z_k)^2} - \lambda N^j(t_0) + \Delta\delta\rho \tag{6.57}$$

式中，$N^j(t_0)$，X_k，Y_k，Z_k 及 $\Delta\varphi$ 为未知数；$N^j(t_0)$ 为起始整周数之差，只要不失锁即为常数；而用户坐标值为变化量，$\Delta\delta\rho$ 也为一个变化量。由于接收机钟差之差、两站间多路径效应之差及两个 GPS 接收机的噪声之差在两历元之间的变化量均小于厘米级动态定位允许的误差，因此在求解过程中可以视为常数。

由式(6.57)可知，如果起始整周未知数一旦被确定，就可通过在基准站和用户站同时观测相同的 4 颗卫星，求解出用户站的坐标(X_k，Y_k，Z_k)和 $\Delta\delta\rho$ 来实现定位。因此，如何快速求解起始整周未知数是实现载波相位差分动态定位的关键。

所谓求差法就是将基准站观测的载波相位观测值实时地发送给用户观测站，在用户站对载波相位观测值求差，获得诸如静态相对定位的单差、双差、三差求解模型，并采用与静态相对定位类似的求解方法进行求解。解算过程为：首先用户站在保持不动的情况下，静态观测若干历元，并将基准站上的观测数据通过数据链传送给用户站，按静态相对定位法求出整周未知数，即初始化；其次，将求出的整周未知数代入双差模型，此时双差只包括 ΔX、ΔY、ΔZ 三个位置分量，只要 4 颗以上卫星的一个历元的观测值，就可实时地求解出三个位置分量；然后，将求出的 ΔX、ΔY、ΔZ 坐标增量加上已输入的基准站的 WGS-84 地心坐标 X_i、Y_i、Z_i，就可求得此时用户站的地心坐标，即

$$\begin{bmatrix} X_k \\ Y_k \\ Z_k \end{bmatrix}_{\text{WGS-84}} = \begin{bmatrix} X_i \\ Y_i \\ Z_i \end{bmatrix}_{\text{WGS-84}} + \begin{bmatrix} \Delta X \\ \Delta Y \\ \Delta Z \end{bmatrix} \tag{6.58}$$

利用已获得的坐标转换参数，将用户站的坐标转换到当地的空间直角坐标系。

由于求差模型可以消除或削弱多项卫星观测误差，如消除了卫星钟差、接收机钟差，大大削弱了卫星星历误差、大气折射误差，因此可以显著提高实时定位的精度。而在实时动态定位(Real Time Kinematic，RTK)中，关键是整周未知数的快速确定，它决定着定位成果的可靠性以及速度。

6.6 广域差分定位

广域差分 GPS 定位是针对局域差分 GPS 定位中存在的问题，将观测误差按误差的不同来源划分成星历误差、卫星钟差及大气折射误差来改正，以提高差分定位的精度和可靠性。

广域差分 GPS 定位的基本思想是在一个相当大的区域中用相对较少的基准站组成差

分 GPS 网，各基准站将求得的距离改正数发送给数据处理中心，由数据处理中心统一处理，将各种 GPS 观测误差源加以区分，然后再传送给用户。这种系统称为广域差分 GPS 系统。

广域差分 GPS 通过对星历误差、卫星钟差及大气折射误差三种误差源加以分离，并进行"模型化"来实现对用户站的误差源改正，达到削弱用户站的误差源，改善用户定位精度的目的。

1. 星历误差

广播星历是一种外推星历，精度较低，其误差影响与基准站和用户站之间的距离成正比，是 GPS 定位的主要误差来源之一。广域差分 GPS 依赖区域中基准站对卫星的连续跟踪，对卫星进行区域精密定轨，确定精度星历，并以之取代广播星历。

2. 大气延时误差(包括电离层和对流层延时)

普通差分 GPS 提供的综合改正值，包含基准站处的大气延时改正，当用户站的大气电子密度和水汽密度与基准站不同时，对 GPS 信号的延时也不一样，使用基准站的大气延时量来代替用户站的大气延时必然会引起误差。广域差分 GPS 技术通过建立精确的区域大气延时模型，能够精确地计算出其对区域内不同地方的大气延时量。

3. 卫星钟差误差

普通差分 GPS 利用广播星历提供的卫星钟差改正数，这种改正数近似反映卫星钟与标准 GPS 时间的物理差异，残留的随机钟误差约有±30ns，等效伪距为±9m。广域差分 GPS 可以计算出卫星钟各时刻的精确钟差值。

广域差分 GPS 主要由主站、监测站、数据通信链和用户设备组成，如图 6-14 所示。

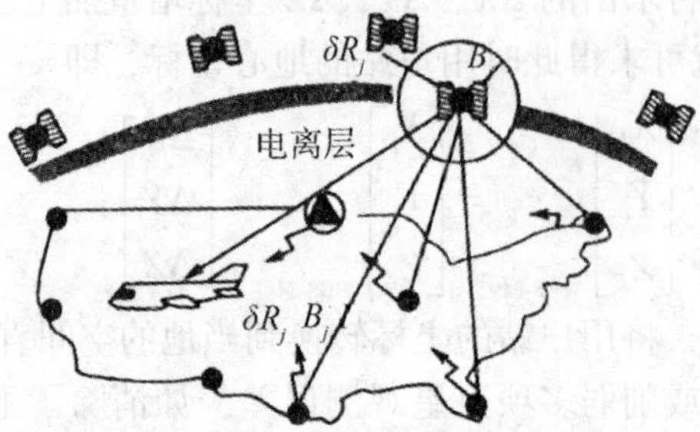

δR_j—星历参数修正量；B_j—卫星时钟偏差修正量；
I—电离层参数；▲主站；●监测站；✈用户

图 6-14　广域差分 GPS 的系统组成

主站：根据各监测站 GPS 观测量以及各监测站已知坐标，计算 GPS 卫星星历并外推 12h 星历；建立区域电离层延迟改正模型，拟合出改正模型中的 8 个参数；计算出卫星钟差改正值及其外推值，并将这些改正信息和参数传送到各发射台站。

监测站：设有一台铯钟和一台双频 GPS 接收机。将伪距观侧值、相位观测值、气象数据等通过数据链发射到主站。测站的三维地心坐标精确已知，监测站数量不应少于 4 个。

数据链：广域差分 GPS 的数据通信包括两部分，即监测站与主站之间的数据传递和广域差分 GPS 网与用户之间进行的数据通信。数据通信可采用数据通信网，如 Internet 或其他数据通信专用网，或选用通信卫星。

用户设备：一般包括单站 GPS 接收机和数据链的用户端，以便用户在接收 GPS 卫星信号的同时，还能接收主站发射的差分改正数，并据此修正原始 GPS 观测数据，最后解出用户站的位置。

广域差分 GPS 提供给用户的改正量是每颗可见 GPS 卫星星历的改正量、时钟偏差修正量和电离层时延改正模型，其目的就是最大限度地降低监控站与用户站间定位误差的时空相关性和对时空的强依赖性，改善和提高实时差分定位的精度。与一般的差分 GPS 相比，广域差分 GPS 具有如下特点：

①主站、监测站与用户站的站间距离从 100km 增加到 200km，定位精度不会出现明显的下降，即定位精度与用户和基准站(监测站)之间的距离无关。

②在大区域内建立广域差分 GPS 网比区域 GPS 网需要的监测站数量少，投资小。例如，在美国大陆的任意地方要达到 5m 的差分定位精度，使用区域差分 GPS 方式需要建立 500 个基准站，而使用广域差分 GPS 方式的监测站个数将不超过 15 个。

③具有较均匀的精度分布，在其覆盖范围内任意地区定位精度大致相当，而且定位精度较局域差分 GPS 系统高。

④可扩展到区域差分 GPS 不易发挥作用的地域，如海洋、沙漠、森林等。

⑤广域差分 GPS 系统使用的硬件设备及通信工具昂贵，软件技术复杂，运行和维持费用较局域差分 GPS 高得多。

美国联邦航空局(FAA)在广域差分 GPS 的基础上，提出利用地球同步卫星(GEO)，采用 L1 波段转发差分 GPS 修正信号，同时发射调制在 L1 上的 C/A 码伪距的思想，称之为广域增强 GPS 系统(WAAS)，如图 6-15 所示。这一系统完全抛弃了附加的差分数据通信链系统，直接利用 GPS 接收机天线识别、接收、解调由地球同步卫星发送的差分数据

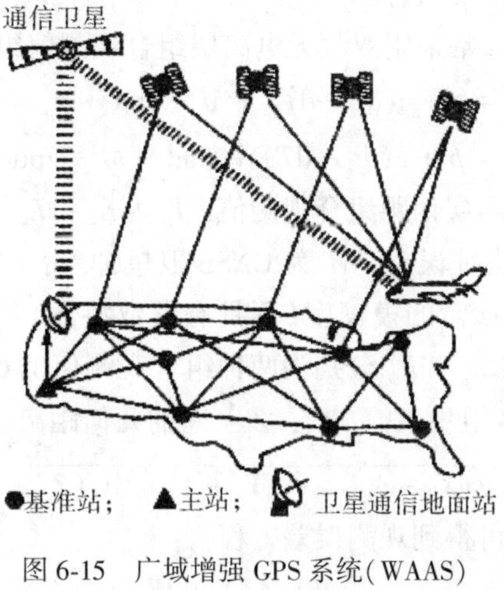

图 6-15　广域增强 GPS 系统(WAAS)

链。而且该系统利用地球同步卫星发射的C/A码测距信号，以增加测距卫星源，提高该系统导航的可靠性和精度。

6.7 精密单点定位

单点定位是卫星定位系统中最简单、最直接的定位方式。传统的单点定位(Single Point Positioning，SPP)采用测量伪距观测值(C/A码或P码)进行定位，一般只能达到十几米或几十米甚至更差的精度，因此并不被认为是一种高精度的定位方法。为了提高单点定位的精度，美国喷气推动实验室(JPL)的Zumbeger等人提出精密单点定位(Precise Point Positioning，PPP)的概念，利用精密卫星轨道、精密卫星钟差改正以及单台卫星接收机的非差分载波相位观测数据进行单点定位，可以获得厘米级的定位精度。

PPP定位采用非差模式，不考虑测站间相关性。待估参数有测站三维坐标、接收机钟差、对流层参数、电离层参数(可以采用合适的观测值组合(LC、PC)消除一阶项影响)、模糊度等，因此需要精确的卫星轨道和卫星钟差，并在解算中将其当作固定值。同时，在数据预处理阶段，要用到广播星历来探测周跳、粗差以及确定模糊度等。

PPP的主要优势体现在如下两个方面：

①用户端系统更加简化，仅需要单个接收机；

②定位精度保持全球一致，平面定位精度可以达到厘米级，垂直定位精度可达到十几个厘米。

6.7.1 定位原理

在GNSS定位中，主要的误差来源于轨道误差、卫星钟差和电离层延迟等。采用双频接收机，可利用LC相位组合消除电离层延迟的影响，定位误差仅包含轨道误差和卫星钟差两类。再利用IGS提供的精密星历、卫星钟差以及观测得到的相位值，即可精确地计算出接收机位置和对流层延迟等信息。

在精密单点定位中，通常采用双频无电离层组合观测值组成观测方程：

$$\begin{cases} l_p = \rho + c(\mathrm{d}t - \mathrm{d}T) + M - \mathrm{zpd} + \varepsilon_p \\ l_\phi = \rho + c(\mathrm{d}t - \mathrm{d}T) + \mathrm{amd} + M - \mathrm{zpd} + \varepsilon_\phi \end{cases} \tag{6.59}$$

式中：l_p 为 P_1 和 P_2 的无电离层伪距组合观测值；l_ϕ 为 L_1 和 L_2 无电离层相位组合观测值(距离)；$\mathrm{d}t$ 为地面GPS接收机钟误差；$\mathrm{d}T$ 为GNSS卫星钟差；c 为真空中的光速；amd为无电离层组合相位观测值(距离)的模糊度(不具有整数特性)；M 为投影函数；zpd为天顶方向对流层延迟改正参数；ε_p 和 ε_ϕ 分别为两种组合观测值的观测噪声和多路径误差；ρ 为测站 $(X_r,\ Y_r,\ Z_r)$ 和GPS卫星 $(X_S,\ Y_S,\ Z_S)$ 间的几何距离：

$$\rho = \sqrt{(X_r - X_S)^2 + (Y_r - Y_S)^2 + (Z_r - Z_S)^2} \tag{6.60}$$

将式(6.60)线性化后可得到观测误差方程：

$$\boldsymbol{V} = \boldsymbol{A}\delta X + \boldsymbol{W} \tag{6.61}$$

式中，$\boldsymbol{A}$ 为设计矩阵；δX 为待估计参数，包括测站坐标、接收机钟差、无电离层组合相位观测值的模糊度及对流层天顶延迟改正参数。

在解算时，位置参数在静态情况下可以作为常未知数处理；在未发生周跳或修复周跳的情况下，整周未知数当作常数处理；在发生周跳的情况下，整周未知数当作一个新的常数参数进行处理。由于接收机钟较不稳定，且存在着明显的随机抖动，因此将接收机钟差参数当作白噪声处理；而对流层影响变化较为平缓，可以先利用萨斯塔莫宁(Saastamoinen)模型或其他模型改正，再利用随机游走的方法估计其残余影响。单历元数据可以采用最小二乘法解算得到最后结果，多个历元数据可以采用序贯最小二乘法或卡尔曼滤波的方法进行解算。

在 GNSS 相对定位中，特别在基线比较短的情况下，差分组合观测值可以消除许多的共同误差。在精密单点定位中，必须顾及所有误差来源，如固体潮影响、海潮影响、天线相位中心改正、相对论改正、弯曲改正等都需要用精确的数学模型加以改正，从而得到精确的接收机位置。精密单点定位要达到厘米级的定位精度有两个前提：①卫星轨道精度需达到厘米级水平；②卫星钟差改正精度需达到亚纳秒量级。

目前 IGS 提供的后处理精密星历精度已经达到 2~5cm，精密卫星钟差精度达到了 0.1~0.2ns，从而保证了精密单点解算可以获得厘米级精度。

一般来讲，PPP 数据处理流程如图 6-16 所示。

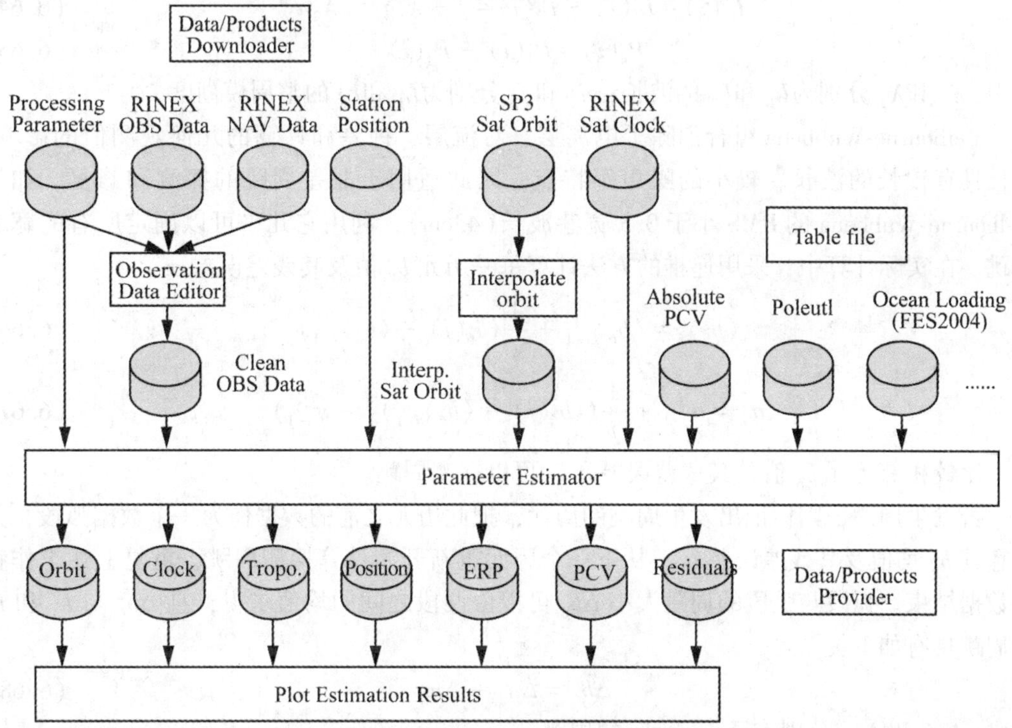

图 6-16　PANDA PPP 数据处理流程

6.7.2　数据预处理

在精密单点定位中，必须先进行修复周跳和相位平滑伪距等数据预处理工作，以得到高质量的非差相位和伪距观测值。

1. 组合观测值修复周跳

在精密单点定位中，修复非差 GPS 观测数据中的周跳是一项重要的工作。由于非差单点定位只有单站数据能利用，无法组成双差或三差观测值，因此一般修复周跳的方法如三差法、多项式拟合法并不适用。利用双频双 P 码组合观测值修复周跳的方法对非差周跳的修复非常有效。

用于修复非差周跳的 GPS 观测值线性组合有以下几种。

(1) Melbourne-Wubbena 组合

$$L_6(i) = \frac{1}{f_1 - f_2}(f_1 L_1(i) - f_2 L_2(i)) - \frac{1}{f_1 + f_2}(f_1 P_1(i) + f_2 P_2(i)) \tag{6.62}$$

$$b_6(i) = \frac{L_6(i)(f_1 - f_2)}{c} \tag{6.63}$$

式中，L_1 和 L_2 为载波相位观测值，$L_1 = \lambda_1 \varnothing_1$，$L_2 = \lambda_2 \varnothing_2$；$i$ 为历元序号；f_1 和 f_2 分别为 L_1 和 L_2 的频率；P_1 和 P_2 分别为 P_1 和 P_2 码伪距观测值；b_6 为宽巷整周模糊度。

(2) Geometry-free 组合

$$L_4(i) = L_1(i) - L_2(i) = I + \lambda_1 n_1 - \lambda_2 n_2 \tag{6.64}$$

$$P_4(i) = P_1(i) - P_1(i) \tag{6.65}$$

式中，λ_1 和 λ_2 分别为 L_1 和 L_2 的波长；n_1 和 n_2 分别为 L_1 和 L_2 的整周模糊度。

Melbourne-Wubbena 组合消除了电离层、对流层、钟差和计算的几何观测值的影响，而且具有较长的波长、较小的噪声等特点，因此适用于非差周跳的探测和修复。如果 Melbourne-Wubbena 的 RMS 小于 0.5 宽巷波长(43cm)，利用它几乎可以确定所有的宽巷周跳。在实际计算中，采用递推的方法计算每一历元 b_6 值及其残差误差 σ：

$$\langle b_6 \rangle_i = \langle b_6 \rangle_{i-1} + \frac{1}{i}(b_6(i) - \langle b_6 \rangle_{i-1}) \tag{6.66}$$

$$\sigma_i^2 = \sigma_{i-1}^2 + \frac{1}{i}((b_6(i) - \langle b_6 \rangle_{i-1})^2 - \sigma_{i-1}^2) \tag{6.67}$$

比较相邻历元 b_6 值及其残差误差 σ，可以探测周跳。

若发生周跳，则标记出发生周跳的历元，把此历元之前的数据作为一个数据弧段，并计算其 b_6 均值及其残差误差 σ，从下一个历元重新开始计算探测周跳，重复上述工作直到数据结束。弧段与弧段的周跳大小 Δb_6 可以由两段之间的均值求得，且 Δb_6 与 L_1 和 L_2 的周跳具有如下关系：

$$\Delta b_6 = \Delta n_1 - \Delta n_2 \tag{6.68}$$

式中，Δn_1 和 Δn_2 分别表示 L_1 和 L_2 的周跳。

在完成利用 Melbourne-Wubbena 组合观测值确定所有宽巷周跳 Δb_6 后，可以利用电离层变化的平滑性特点，采用 Geometry-free 组合修复窄巷周跳的大小。

一般是取宽巷周跳发生前、后的 N 个历元数据分别拟合一个多项式，两个多项式在周跳发生历元时刻的差值可认为是窄巷周跳的大小，即可确定 $\lambda_1 \Delta n_1 - \lambda_2 \Delta n_2$ 大小。再利用式(6.9)求出 Δn_1 和 Δn_2 的值。

2. 利用双频观测值消除电离层延迟

一般的电离层模型改正精度只有分米级，不能满足非差精密定位的要求。另外，利用站间差分消除或减弱电离层影响的方法也不适用于非差定位。由于进行精密单点定位作业一般都采用双 P 码双频接收机，故可利用双频观测值消除电离层延迟，其改正精度可达厘米级。

3. 相位平滑伪距观测值

伪距作为辅助观测值，在精密单点定位初始阶段仍然起主要作用，伪距观测值质量的好坏将对初始化时间、非差整周模糊度的确定产生影响。因此，为提高伪距观测的精度，一般利用已修复周跳以及消除电离层延迟影响的相位观测数据对伪距进行平滑。

6.7.3 误差改正

在精密单点定位中，除了考虑电离层、对流层等误差影响外，还要考虑卫星天线相位中心偏差、固体潮、海洋负荷的影响。

1. 卫星天线相位中心偏差改正

由于 GPS 卫星定轨时利用的力模型都是对应卫星质心的，因此在 IGS 精密星历中卫星坐标及卫星钟差都是相对于卫星质心而不是相对于卫星天线相位中心的，而 GNSS 观测值是相对于卫星天线相位中心和接收机天线相位中心的。卫星天线相位中心与卫星质心并不重合，在精密单点定位中，不能利用差分的方法消除或削弱其影响，因此必须考虑其改正模型。在星固系中，卫星相位中心相对于卫星质心的偏差如表 6-2 所示。

表 6-2 **星固系中卫星天线相位偏差** （单位：m）

卫星类型	δ_X	δ_Y	δ_Z
Block II/IIA	0.279	0.000	1.023
Block IIR	0.000	0.000	0.000

2. 固体潮改正

固体潮与海洋潮汐产生的原因相同。天体（太阳、月球）对弹性地球的引力作用，使地球固体表面产生周期性的涨落，且使地球在地心与天体的连线方向上拉长，在与连线垂直方向上趋于扁平，由和纬度相关的长期项与周期分别为 0.5d 和 1d 的周期项组成。在 GNSS 双差相对定位中，对于短基线(<100km)影响可以不考虑，但是对于数千米的长基线，有几厘米的误差，精密处理中需要考虑。对于精密非差单点定位，由于不能利用站间差分的方法消除，其影响在纵向大约有 30cm，在水平方向约有 5cm，必须利用模型加以

改正。

3. 海洋负荷改正

海洋负荷对精密单点定位的影响结果与固体潮的一致，但比固体潮小一个量级。海洋负荷主要由日周期与半日周期部分组成。对于单历元，定位精度要求亚米级或 24h 观测时间的厘米级静态定位，可以不考虑海洋负荷的影响。对于亚米级动态定位或观测时间短于 24h 的厘米级静态定位，必须顾及海洋负荷的影响，除非测站远离海岸线(>1000km)。

第 7 章　水下声学导航与定位

海水具有良好的导电性，电磁波在海水中传播衰减迅速，从而也限制了基于无线电的导航系统如罗兰 C、OMEGA、卫星导航和雷达等常规导航技术在水下定位和导航中的应用。相对无线电信号，声信号在海水中传播衰减较小，可以传播较远的距离。在非常低的频率(200Hz 以下)，声波在海水中可以传播至几百公里，即使 20kHz 的声波在水中的传输衰减也只有 2~3dB/km，所以海洋中探测、导航、定位和通信主要采用声波。

短基线 SBL(Short Baseline)、超短基线 USBL(Ultra-Short Baseline)和长基线 LBL(Long Baseline)声学位置指示系统，是近年来发展较快并得到广泛应用的水下声学定位和导航系统。以上声学系统的特点是采用在海底安装能够发射声学信号的信标(Beacon)、应答器(Responder)、响应器(Transponder)单元或阵列，以之为参考点来确定水面船只和水体中目标的相对位置。这类声学导航定位系统与以岸台无线电信标为基准参考点的无线电导航系统有很大的相似性，通过测量参考点与运动载体间相位差或时延值，实现二者距离的确定，进而解算运动载体的位置，实现导航定位。

7.1　系统组成及导航定位方式

水声导航定位系统通常由船台/载体设备和水下设备组成。对于 USBL/SBL，船台部分包括收发处理单元、换能器和水听器组成的声学阵列或单元、显示及控制单元等，水下部分包括定位信标或应答器；对于 LBL，水下/海底部分包括应答器阵列，而需定位的载体部分包括收发处理单元、换能器、显示及控制单元等。不同仪器厂商的载体和海底声学单元如图 7-1 所示。下面介绍各单元基本工作原理。

1. 换能器

换能器是一种声电转换器，它能根据需要使声振荡和电振荡相互转换，为发射(或接收)信号服务起着水声天线的作用。通常使用的是磁致伸缩换能器和电致伸缩换能器。磁致伸缩换能器的基本原理是当绕有线圈的镍棒通电后在交变磁场作用下通过形变或振动而产生声波，将电能转换成声能(发射模式)。磁化了的镍棒，在声波作用下产生振动，从而使棒内的磁场也相应变化，而产生电振荡，将声能转变为电能(接收模式)。

2. 水听器

水听器本身不发射声信号，只接收声信号。通过换能器将接收到的声信号转换成电信号，再输入到船台或岸台的接收机中。

3. 应答器

应答器既能接收声信号，又能发射不同于所接收声信号频率的应答信号，是水声定位系统的主要水下设备，也能作为海底控制点的照准标志，即水声声标。

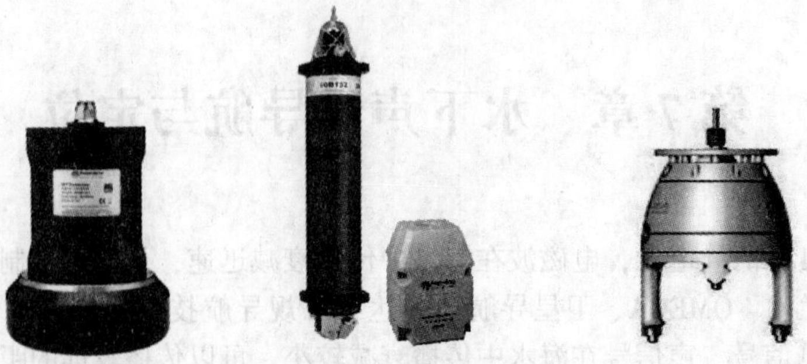

(a) Sonardye 船载换能器　(b) Sonardye 海底应答器　(3)法国 LXsea USBL Gap

图 7-1　不同仪器厂商的载体和海底声学单元

水声导航定位系统通常有测距和测向两种定位方式。

(1)测距定位

水声测距定位原理如图 7-2 所示。船台/载体通过换能器 M 向水下应答器 P(位置已知)发射声脉冲信号(询问信号)，应答器接收信号后即发回应答声脉冲，接收机记录发射询问信号和接收应答信号的时间间隔，通过式(7.1)即可算出船至水下应答器之间的距离 S。

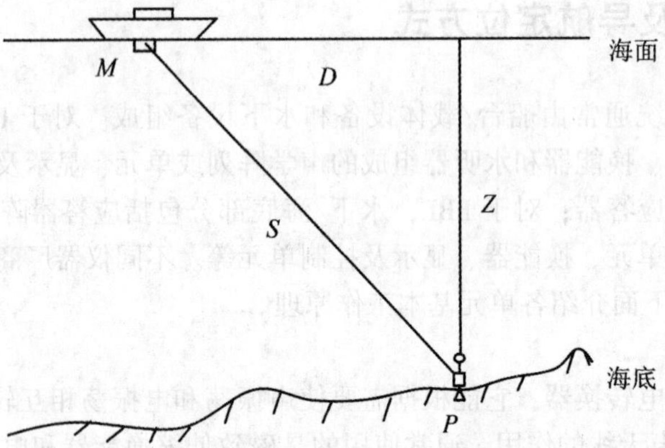

图 7-2　水声测距定位原理

$$S = \frac{1}{2}C \cdot t \tag{7.1}$$

应答器到换能器 M 的深度差 Z 可借助压力传感器获得，则船台/载体至应答器之间的水平距离 D 为：

$$D = \sqrt{S^2 - Z^2} \tag{7.2}$$

当有两个或两个以上水下应答器时，则可获得两条或两条以上距离，交会确定船位。

(2)测向定位

测向定位的工作原理如图 7-3 所示。船台/载体上除安置换能器外，还在换能器两侧各安置一个水听器 a 和 b。P 为水下应答器。设 PM 方向与水听器 a、b 连线之间的夹角为 θ，a、b 之间距离为 d，且 $aM=bM=d/2$。

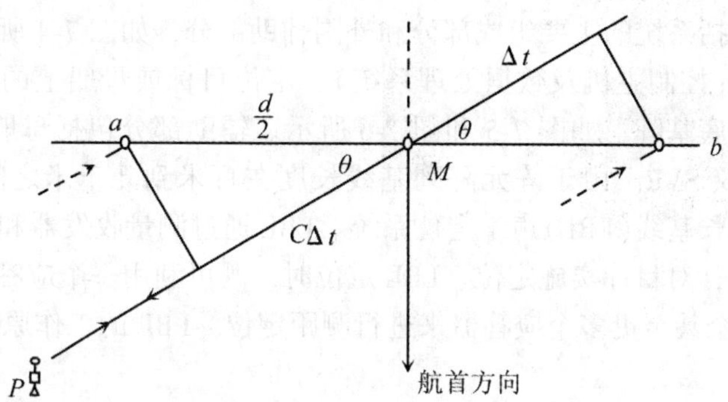

图 7-3　测向方式工作原理

换能器 M 首先发射询问信号，水下应答器 P 接收到信号后，发射应答信号；水听器 a、b 和换能器 M 均可接收到应答信号。由于 a 和 b 间距离与 P 和 M 间距离相比甚小，可认为发射与接收的声信号方向相互平行。但由于 a、M、b 距 P 的距离并不相等，若以 M 为中心，显然 a 接收到信号相位比 M 的要超前，而 b 接收到的信号相位比 M 的要滞后。设 Δt 和 $\Delta t'$ 分别为 a 和 b 相位超前和滞后的时延，那么由图 7-3 可写出 a 和 b 接收信号的相位分别为：

$$\begin{cases}\phi_a = \omega\Delta t = -\dfrac{\pi d}{\lambda}\cos\theta \\ \phi_b = \omega\Delta t' = \dfrac{\pi d}{\lambda}\cos\theta\end{cases} \tag{7.3}$$

则水听器 a 和 b 的相位差为：

$$\Delta\phi = \phi_b - \phi_a = \frac{2\pi d}{\lambda}\cos\theta \tag{7.4}$$

显然当 $\theta = 90°$ 时，a 和 b 的相位差为零，即船首在 P 的正上方。只要在航行中使水听器 a 和 b 接收到的信号相位差为零，就能引导船至水下应答器的正上方。这种定位方式在海底控制点(网)的布设以及诸如钻井平台的复位等作业中经常会用到。

7.2　水声导航定位系统及其工作原理

水声定位系统可采取不同的工作方式，如直接工作方式、中继工作方式、长基线工作方式、拖鱼工作方式、短基线工作方式、超短基线工作方式和双短基线工作方式等。不同的水声定位系统可以具有其中一种或多种工作方式。下面主要介绍长基线定位系统 LBL、短基线定位系统 SBL 以及超短基线定位系统 USBL。长基线和短基线通常用声基线的距离或激发的声学单元的距离来对声学定位系统进行分类。在短基线定位系统基础上，缩短水听器阵列间距离，构成超短基线 USBL 定位系统。

7.2.1　长基线(LBL)声学定位系统

长基线系统包括系统的主要组成部分和外围辅助部分，如图 7-4 所示。系统主要组成部分包括甲板单元(控制主机及数据处理系统)、定位目标或母船上的收发器、由多个收发应答器组成的海底基阵，如图 7-5 和图 7-6 所示。辅助部分包括母船上的 Gyro、MRU、GNSS 和声速剖面仪 SVP。由于阵元阵列基线长度在百米到几千米之间，相对(超)短基线，该系统被称为长基线(LBL)声学定位系统。LBL 通过测量收发器和应答器间距离，采用前方或后方交会，对目标实施定位。LBL 定位时，既可利用一个应答器进行定位，也可同时利用 2 个、3 个甚至更多个应答器来进行测距定位。LBL 的工作原理如图 7-7 所示。

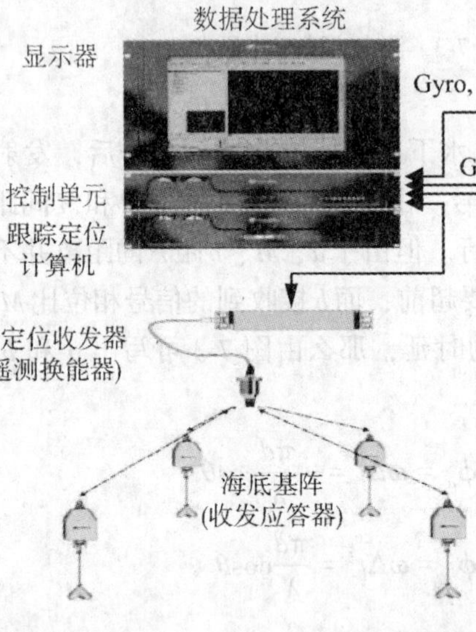

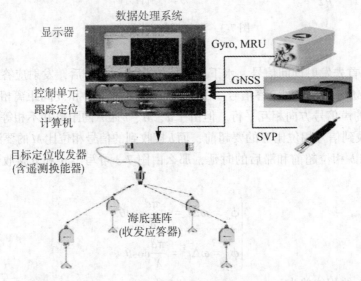

图 7-4　长基线系统组成

(a) 座底　　(b) 悬挂

图 7-5　水下应答器布放方法

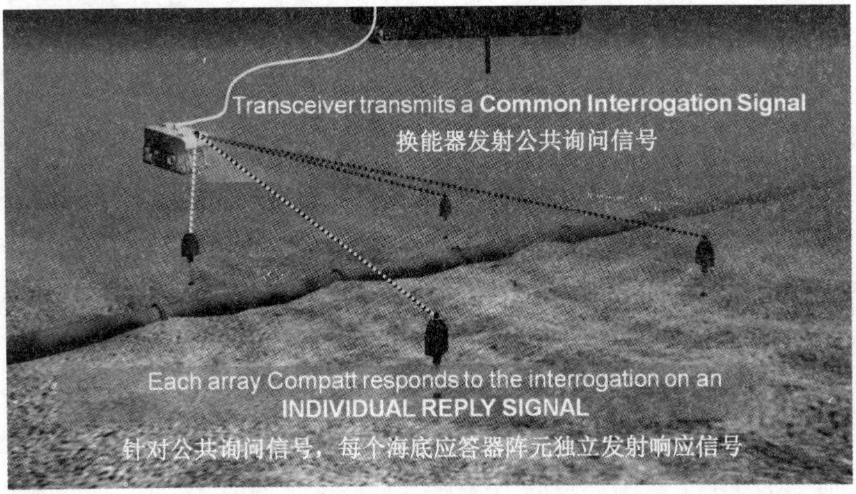

图 7-6　水下应答器阵列布网

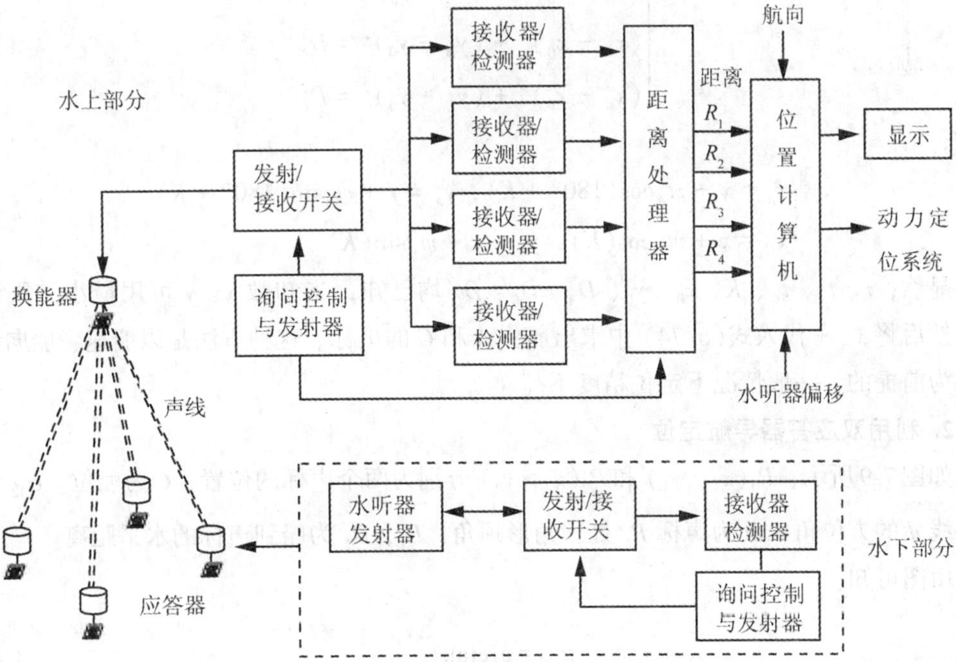

图 7-7　长基线系统组成及其工作原理

1. 利用一个应答器导航定位

如图 7-8 所示，$P(x_0,\ y_0)$ 代表应答器；A、B 和 C 分别代表具有航向 K 的航线上的三个船位；D_A、D_B、D_C 分别表示应答器到 A、B、C 的水平距离。

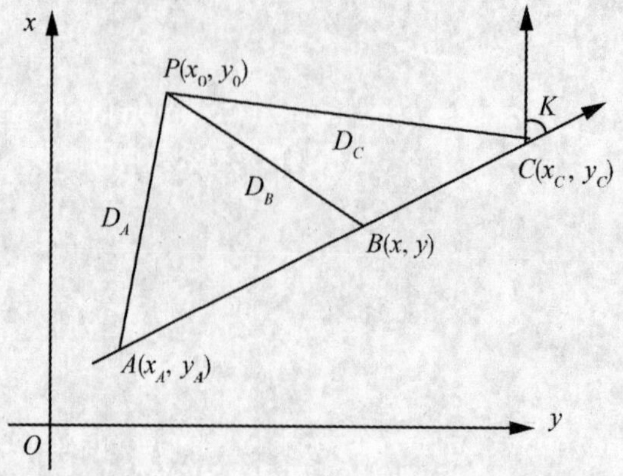

图 7-8　长基线系统中单应答器定位方式

设该船的航速为 v，由 A 到 B 的航行时间为 t_A，由 B 到 C 的航行时间为 t_c，于是有：

$$\begin{cases}(x_A - x_0)^2 + (y_A - y_0)^2 = D_A^2 \\ (x_B - x_0)^2 + (y_B - y_0)^2 = D_B^2 \\ (x_C - x_0)^2 + (y_C - y_0)^2 = D_C^2\end{cases} \tag{7.5}$$

式中，

$$\begin{cases}x_A = x + vt_A\cos(180° + K),\ y_A = y + vt_A\sin(180° + K) \\ x_C = x + vt_C\cos(K),\ y_C = y + vt_C\sin(K)\end{cases} \tag{7.6}$$

显然，v、t_A、t_C、K、x_0，y_0、D_A、D_B、D_C 均已知，未知数 x、y 可用最小二乘法求出。然后将 x、y 代入式(6.74) 中求出船位 A 和 C 的坐标。这种方法是以船速、船向误差较小为前提的，一般情况下定位精度不高。

2. 利用双应答器导航定位

如图 7-9 所示，$P_1(x_1,\ y_1)$ 和 $P_2(x_2,\ y_2)$ 分别为两个声标的位置，C 为船位。α_{12} 为声标基线 d 的方位角，Φ 为声标 P_1 处三角形顶角，D_l、D_2 为船到声标的水平距离。

由图可知：

$$\alpha_{12} = \arctan\frac{\Delta y_{12}}{\Delta x_{12}} \tag{7.7}$$

$$\Phi = \arccos\frac{{D_1}^2 + d^2 - {D_2}^2}{2dD_1} \tag{7.8}$$

$$\begin{cases}x = x_1 + D_1\cos(\alpha_{12} - \Phi) \\ y = y_1 + D_1\sin(\alpha_{12} - \Phi)\end{cases} \tag{7.9}$$

如果 C 在声标 P_1、P_2 连线的另一侧，则式(7.9) 应为：

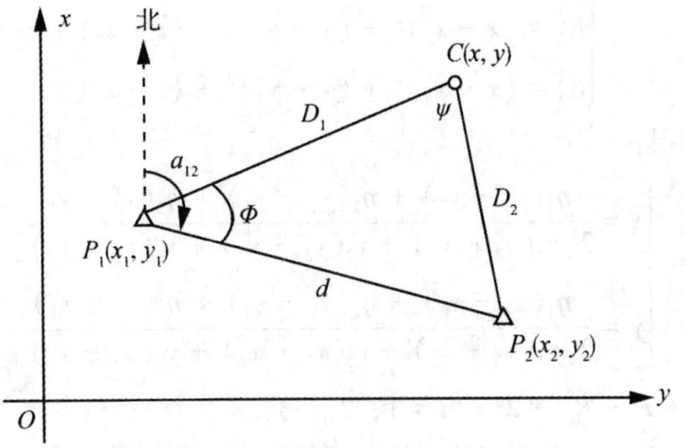

图 7-9 双应答器定位方式

$$\begin{cases}x = x_1 + D_1\cos(\alpha_{12} + \Phi)\\ y = y_1 + D_1\sin(\alpha_{12} + \Phi)\end{cases} \tag{7.10}$$

3. 利用三个和三个以上应答器导航定位

如图 7-10 所示，以 x、y 表示目标(船或水下潜航器) 的平面坐标，z 为其吃水深度；以(x_i, y_i, z_i)，$i=1, 2, 3$，表示已知的水下声标(应答器)P的坐标，$R_i(i=1, 2, 3)$为测量船至水下声标间的距离。

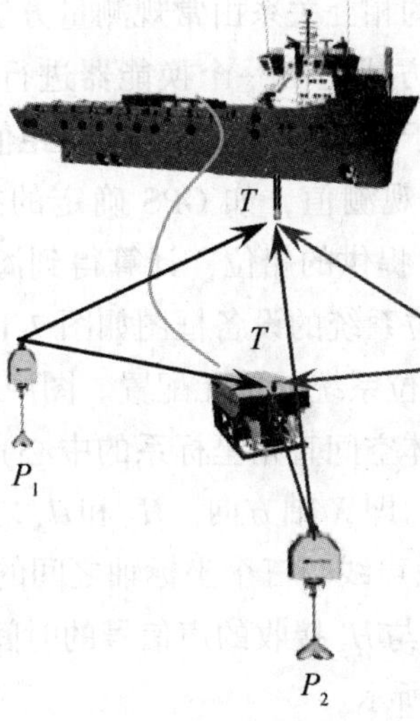

图 7-10 长基线系统的工作原理

以三个应答器为例，根据船到水下三个应答器的空间交会距离可得：

$$\begin{cases}R_1^2=(x-x_1)^2+(y-y_1)^2+(z-z_1)^2\\R_2^2=(x-x_2)^2+(y-y_2)^2+(z-z_2)^2\\R_3^2=(x-x_3)^2+(y-y_3)^2+(z-z_3)^2\end{cases}\tag{7.11}$$

解式(7.11)可得：

$$\begin{cases}x=\dfrac{\eta_1(y_3-y_2)+\eta_2(y_1-y_3)+\eta_3(y_2-y_1)}{2[x_1(y_3-y_2)+x_2(y_3-y_2)+x_3(y_3-y_2)]}\\ y=\dfrac{\eta_1(x_3-x_2)+\eta_2(x_1-x_3)+\eta_3(x_2-x_1)}{2[y_1(x_3-x_2)+y_2(x_3-x_2)+y_3(x_3-x_2)]}\end{cases}\tag{7.12}$$

式中，$\eta_i=x_i^2+y_i^2+z_i^2-R_i^2-2z_iz\ (i=1,\ 2,\ 3)$。

显然，对于 3 个和 3 个以上应答器情况下的导航定位，其精度取决于测距精度。

由于存在较多的多余观测值，因而可以得到非常高的相对定位精度；此外，长基线定位系统的换能器非常小，实际作业中，易于安装和拆卸。长基线系统的缺点是系统过于复杂，操作繁琐。数量较多的水下声学基阵的布设和回收需要较长的时间，并且还需要对这些海底声基阵进行详细的校准测量。长基线定位系统的设备一般比较昂贵。

7.2.2　短基线(SBL)声学定位系统

短基线系统的水下部分仅为一个水声应答器，而船台部分则为安置于船底的一个水听器基阵和一个换能器。水听器及与换能器之间的相互关系精确测定，并组成声基阵坐标系。

基阵坐标系与船体坐标系间的相互关系由常规测量方法确定。

短基线声学定位系统的测量方式是由一个换能器进行发射，船台换能器和水听器接收，得到一个斜距观测值和不同于这个观测值的多个斜距值。系统根据基阵相对船体坐标系的固定关系，结合外部传感器观测值，如 GPS 确定的换能器位置、动态传感器单元 MRU 测量的船体姿态、罗经 Gyro 提供的船位，计算得到海底点的大地坐标。系统的工作方式是距离测量。短基线声学定位系统的设备框图如图 7-11 所示。

图 7-12 显示了短基线声学定位系统的单元配置。图中 H_1、H_2 和 H_3 为水听器(接收换能器)，O 为换能器(同时也是船体空间直角坐标系的中心)，水听器成正交布设，H_l 和 H_2 之间的基线长度为 b_x，指向船首，即 X 轴方向。H_2 和 H_3 之间的基线长度为 b_y，平行于指向船右的 Y 轴，Z 轴指向海底。设声线与三个坐标轴之间的夹角分别为 θ_{m_x}、θ_{m_y} 与 θ_{m_z}，而 Δt_1 和 Δt_2 分别为 H_1 与 H_2 以及 H_2 与 H_3 接收的声信号的时间差(图中仅以 H_1 和 H_2 为例)。短基线定位的几何意义如图 7-12 所示。

短基线定位既可按测向方式定位，称为方位 - 方位法，又可按测向与测距的混合方式定位，称为方位 - 距离法。

1. 方位 - 方位法

由图 7-12 得：

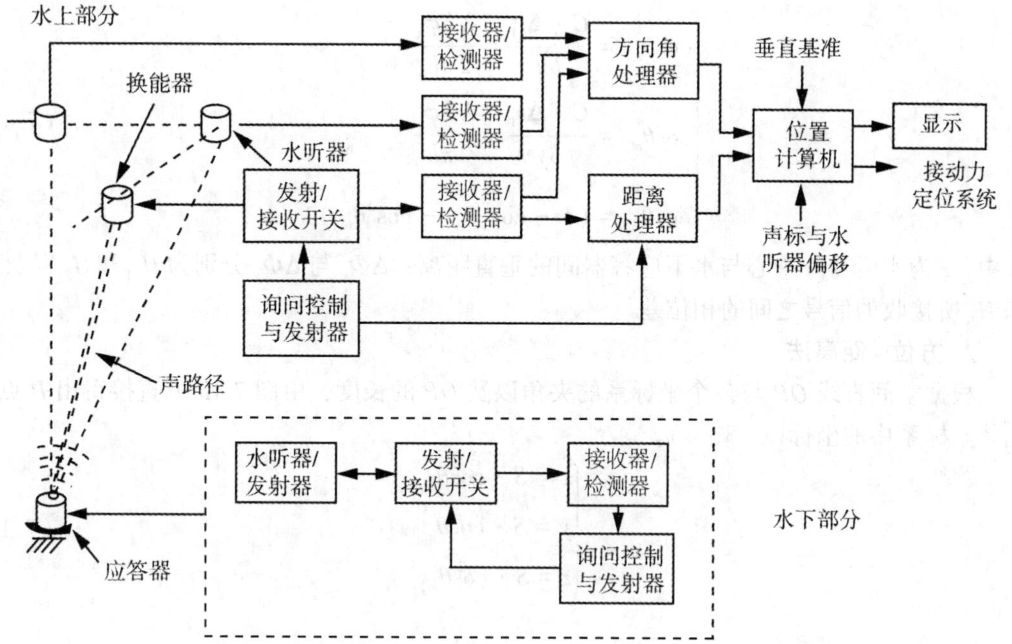

图 7-11　短基线设备框图

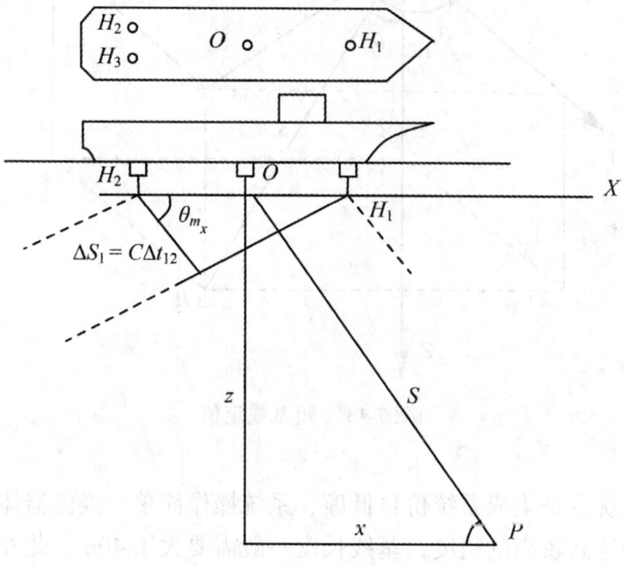

图 7-12　短基线的配置

$$
\begin{cases}
x = \dfrac{\cos\theta_{m_x}}{\cos\theta_{m_z}} \cdot z \\
y = \dfrac{\cos\theta_{m_y}}{\cos\theta_{m_z}} \cdot z
\end{cases}
$$

$$\begin{cases}\cos\theta_{m_x}=\dfrac{C\cdot\Delta t_1}{bx}=\dfrac{\lambda\Delta\varphi_x}{2\pi b_x}\\ \cos\theta_{m_y}=\dfrac{C\cdot\Delta t_1}{by}=\dfrac{\lambda\Delta\varphi_y}{2\pi b_y}\\ \cos\theta_{m_z}=(1-\cos^2\theta_{m_x}-\cos^2\theta_{m_y})^{\frac{1}{2}}\end{cases}\tag{7.13}$$

式中，z 为水听器阵中心与水下应答器间的垂直距离；$\Delta\Phi_x$ 与 $\Delta\Phi_y$ 分别为 H_1 和 H_2 以及 H_2 和 H_3 所接收的信号之间的相位差。

2. 方位 - 距离法

根据空间直线 OP 与各个坐标系的夹角以及 OP 的长度，由图 7-13 可直接得出 P 点在船体坐标系中的坐标(x, y, z)。

$$\begin{cases}x=S\cdot\cos\theta_{m_x}\\ y=S\cdot\cos\theta_{m_y}\\ z=S\cdot\cos\theta_{m_z}\end{cases}\tag{7.14}$$

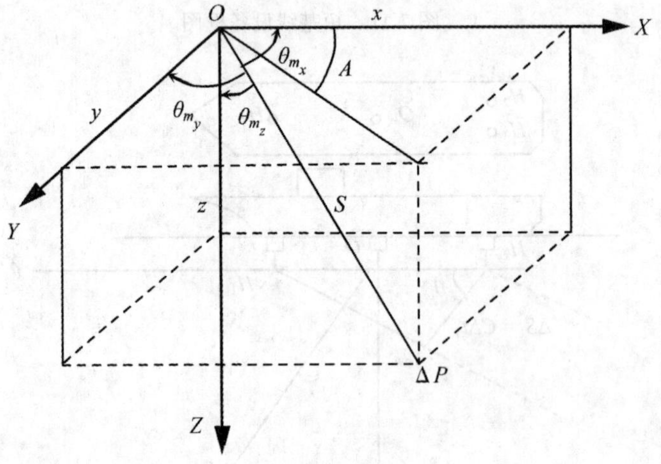

图 7-13　短基线定位

短基线系统的优点是集成系统价格低廉、系统操作简单、换能器体积小，易于安装。缺点是深水测量要达到较高的精度，基线长度一般需要大于 40m。此外，系统安装时，换能器需在船坞上严格校准。目前短基线声学定位系统较少应用。

7.2.3　超短基线(USBL) 声学定位系统

USBL 与 SBL 的区别仅在于，船底的水听器阵和换能器，以彼此很短的距离(小于半个波长，仅几厘米)，按直角等边三角形布设在一个很小的壳体内，并构成声基阵坐标系。声基阵坐标系与船体坐标系之间的关系要在基阵安装时精确测定，即需测定相对船体坐标系的位置偏差和声基阵的安装偏差角度(横摇角、纵摇角和水平旋转角)。系统通过测定声单元的相位差来确定换能器到目标的方位(垂直和水平角度)。换能器与目标的距离通过测定声波传播的时间，再用声速剖面修正，确定距离。以上参数测定中，垂直角和距离的测定受声速的影响特别大，其中垂直角的测量尤为重要，直接影响定位精度。所以，多数超短基线定位系统建议在应答器中安装深度传感器，借以提高垂直角的测量精度。

USBL 系统的组成如图 7-14 所示。

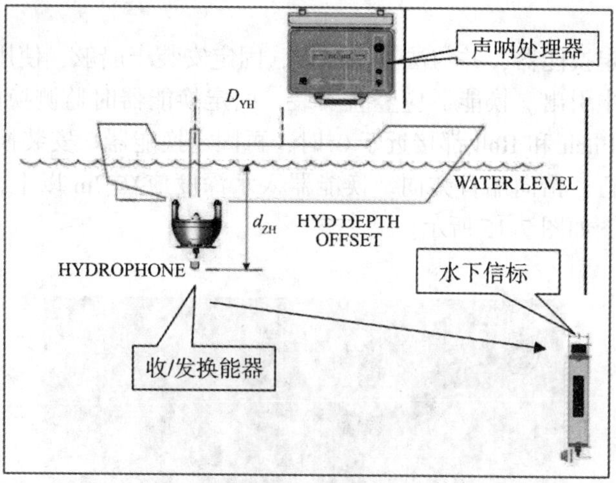

图 7-14 短基线定位系统组成

USBL 要确定目标的绝对位置，必须知道声基阵的位置、姿态以及船艏方向，这些参数可由 GPS、运动传感器 MRU 和电罗经提供。系统的工作方式为方位 - 距离法。

由于 $b_x = b_y = b$，结合式(6.81) 和式(6.82) 有：

$$\begin{cases} x = S \cdot \cos\theta_{m_x} = \dfrac{1}{2}ct\dfrac{\lambda\Delta\phi_x}{2\pi b} = \dfrac{c \cdot t \cdot \lambda \cdot \Delta\phi_x}{4\pi b} \\ y = S \cdot \cos\theta_{m_y} = \dfrac{1}{2}ct\dfrac{\lambda\Delta\phi_y}{2\pi b} = \dfrac{c \cdot t \cdot \lambda \cdot \Delta\phi_y}{4\pi b} \end{cases} \tag{7.15}$$

根据式(7.15)，还可求出声线方向和船首方向之间的夹角 A，

$$\tan A = \frac{y}{x} = \frac{\Delta\phi_y}{\Delta\phi_x} \tag{7.16}$$

则在海平面直角坐标系中的载体位置，可根据下式确定。

$$\begin{cases} x = x_p - D\cos(A + K) \\ y = y_p - D\sin(A + K) \end{cases} \tag{7.17}$$

式中，x_p，y_p 为应答器在海面直角坐标系中的坐标，为已知；K 为船航向角；D 为应答器至船台水听器基阵中心的水平距离。

SBL 和 USBL 都仅需要一个水下应答器，这较之 LBL 需布设多个应答器阵要简便得多，所受到的误差影响也要少，但作用距离较短。USBL 较 SBL 更为突出的优点是船底水听器阵

受船体动态影响小，因此定位精度更高些，而且船大船小均可使用，更为方便灵活。

7.3 USBL导航定位

7.3.1 设备安装及校准

USBL在实施水下导航定位之前，需要完成如下准备工作：

1. 换能器安装

首先用钢管固定换能器，并与法兰盘连接，固定安装于船舷，使用时将换能器放入水中。将电缆从钢管中引出。换能器应竖直安装。固定换能器时监测换能器的纵倾角Pitch和横滚角Roll，当Pitch和Roll都接近于0°时，再固定换能器。安装换能器时，换能器轴向应与船的龙骨平行，指向船首方向。换能器入水深度应在2m以上，且下方不被遮挡。换能器的安装示意图如图7-15所示。

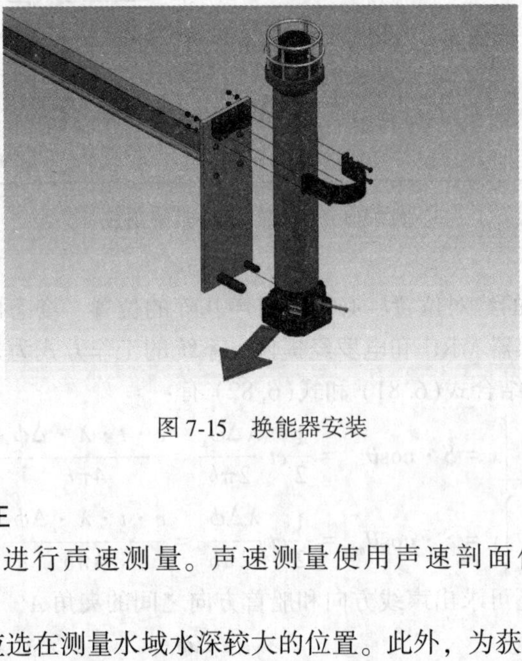

图7-15　换能器安装

2. 声速测量及改正

USBL测量时，应进行声速测量。声速测量使用声速剖面仪SVP(Sound Velocity Profiler)。

声速测量的位置应选在测量水域水深较大的位置。此外，为获得具有较强代表性的声速剖面，声速测量时应考虑测量水域的水文特征，在特征位置施测声速剖面。

不同位置和时间施测的声速剖面应以文件形式存储，用于对测距观测值实施声速改正。

3. 安装误差校准

安装误差校准的目的在于获得船体坐标系下USBL换能器与GNSS接收机的安装偏差、姿态传感器的安装偏差和罗经的安装偏差，以用于后续数据处理和改正。

(1)换能器安装偏差

换能器安装偏差包括相对GNSS接收机的位移偏差和换能器的轴向安装偏差。

设备安装时，GNSS 天线与 USBL 船载换能器中心不重合，在船体坐标系(见图 7-16)下存在位移量 ΔX、ΔY、ΔZ，这些位移量可在船坞或船泊于码头、船处于平静或相对平静下，借助外部测量设备(如经纬仪、全站仪等)进行测定。

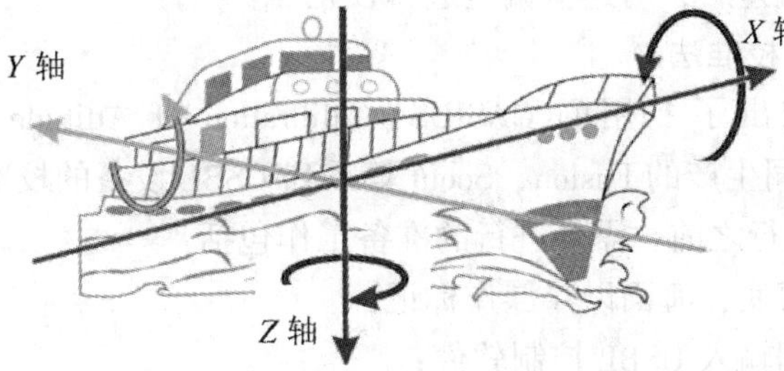

图 7-16 船体坐标系

换能器安装时，要求换能器的轴向方向应与船的龙骨方向平行且指向船首，但实际安装时很难实现。换能器的轴向安装偏角可借助电罗经来直接测定。

为提高校准精度，下面介绍一种基于 GNSS RTK 的校准方法，实施过程如下：

①换能器固定安装于测量船上，应答器安装在另一艘船上，将 2 台 GNSS RTK 流动站分别安装在换能器和应答器的正上方；

②应答器绕换能器一周，观测 12 组点位数据，同时记录 GNSS RTK 换能器和应答器的平面坐标；

③根据各自 GNSS RTK 坐标，计算换能器与应答器之间的角度；

④USBL 可以同时观测记录换能器与应答器之间的角度；

⑤比较每个方向上的两个角度，并求差；

⑥求取所有方向上差值的平均值，即为换能器安装方向的偏差值。

根据获得的参数，对换能器安装方向进行校准。

(2)姿态传感器安装偏差

姿态传感器安装时要求水平，各轴向应与船体坐标系的轴向一致，但实际安装时会存在小角度偏差，称为姿态传感器安装偏差。姿态传感器安装偏差主要包括两个角度：纵向(Pitch)角偏差和横向(Roll)角偏差。纵向角偏差为姿态传感器纵轴与船体坐标系 Y 轴的夹角，而横向角偏差为其横轴与船体坐标系 X 轴的夹角。

姿态安装偏差可通过如下两种方法获得：

①测量船置于船坞时，采用外部测量设备(如经纬仪、全站仪、倾斜仪)进行测定，获得这些偏差角；

②在船泊于码头时，船处于相对平静状态，观测 10~15 分钟姿态数据，对姿态数据取平均，各个方向的平均值即为姿态传感器的安装偏差。这种方法主要基于安装偏差表现为系统性，而波浪引起的姿态变化表现为随机性这一特点而建立的。

(3)罗经安装偏差

罗经安装时应与测量船的龙骨或船体坐标系的 Y 轴平行，这样罗经提供的方位即为测量船的方位。实际安装时，会存在一个小的方位(Yaw)偏角，称为罗经的安装偏差。

罗经的安装偏差可借助 GNSS RTK 来测定。沿龙骨方向在测量船的首尾各布设一台 RTK 接收机，分别进行 RTK 定位，并用同时刻的位置计算测量船的方位；将该方位与同时刻罗经提供的方位较差，并将多次测量所得差值平均，即为罗经的安装偏差。

探测出这些安装偏差后，对这些偏差进行校正。

4. Sonardyne 综合校准法

Sonardyne 公司推出了专用的 CASIUS (Calibration of Attitude Sensors in the USBL System) 软件进行本公司生产的 Fusion、Scout 等系列 USBL 设备的校准。

在 CASIUS 软件运行之前，需要进行的准备工作包括：

①将应答器放入海底，海面以浮漂作标记；

②将声速剖面数据输入 USBL 控制软件；

③通过平移进行换能器位置偏差校准。

在数据采集时，一般遵循下列原则：

①数据采集时，要求船体高于或稍高于应答器，以便使纵摇和横摇偏移量的影响最大；

②船体要距应答器有一定距离，以便使电罗经偏移量的影响最大，但距应答器的距离应该不远于水深，或者最大距离在 500m 以内；

③沿设计测量线往返测量，以便使 GPS 天线偏移量的影响最大；

④要想获得理想数据，需要对应答器进行全方位观测。

以应答器为圆心做圆来确定数据采集范围。圆的半径通常为水深的一半，或最大不超过 500m。动态数据采集需沿 12 条测线进行，其中 8 条为相邻近重要点之间的连接线(两个方向，包括北-西、西-南，南-东，东-北，北-东，东-南，南-西，西-北)，另外 4 条为沿着不同方向穿过应答器顶端的直线，如图 7-17 所示。

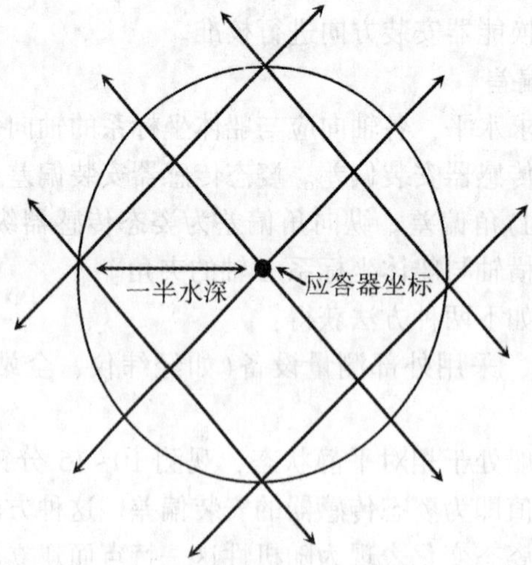

图 7-17　CASIUS 动态数据采集测线分布图

在数据开始采集之前，所有测线要延伸一个适当的距离，以确保船体有足够的时间稳定艏向，且时间应超过一分钟。尽管在进入测线前保持稳定的航速，但每次穿过应答器顶部时船体要尽可能放慢速度，以便获取更多数据。

CASIUS 软件对采集的数据进行计算后，输出的结果包括位移偏差校准的更正值、平均声速的更正值和 Roll、Pitch 和 Yaw 的校准值。

7.3.2 水下导航定位

下面以法国 Ixsea 公司研制的新型 USBL 定位系统 Gaps 为例，说明水下导航定位过程。

1. 系统连接

GPS 将定位数据传输给导航软件如 Hypack，Hypack 将 GGA 格式的定位数据传输给 Gaps 控制盒 ECB 的 GPS 端口，控制盒 ECB 从 MMI 端口传输数据给导航机 Gaps 控制软件。控制盒 ECB 从 Output 端口传输信标的 GGA 数据给导航机 Hypack 作为设备 Beacon。

系统连接和数据链如图 7-18 所示。

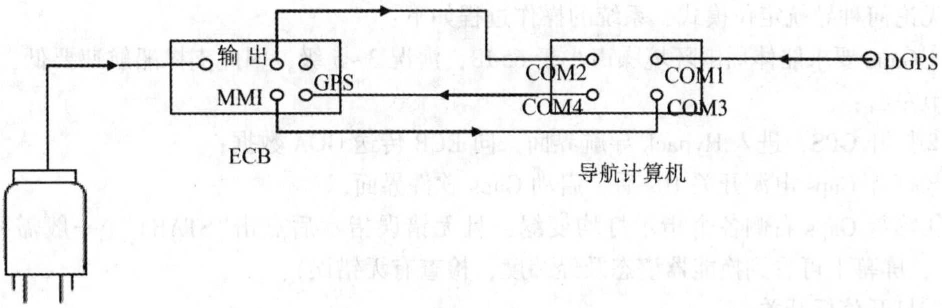

图 7-18 Gaps 定位系统连接

2. 系统设置

进入 Gaps 软件界面，进行以下设置：

①换能器安装位置和入水深度；

②调入声速文件；

③设置 ECB 各个端口数据格式波特率，一般仅设置 GPS 端口和 output 端口为 GGA 格式，9600 Baud/s；

④添加 Beacon 型号 MT8，MFSK code 22；

⑤Blanking Time 为 1800ms；

⑥Turn Around Time (TAT) 90ms；IIF 19500Hz；选择 Transponder。将 serial Id（序列号）改为 040，并选中"In use"单选项即可。

3. 系统使用

USBL 导航定位可采用如下两种模式（见图 7-19）：

模式一：测量船携带换能器，目标携带应答器，以测量船为基准，确定目标位置；

模式二：目标携带换能器，以已知位置的海底应答器为基准，确定目标位置。

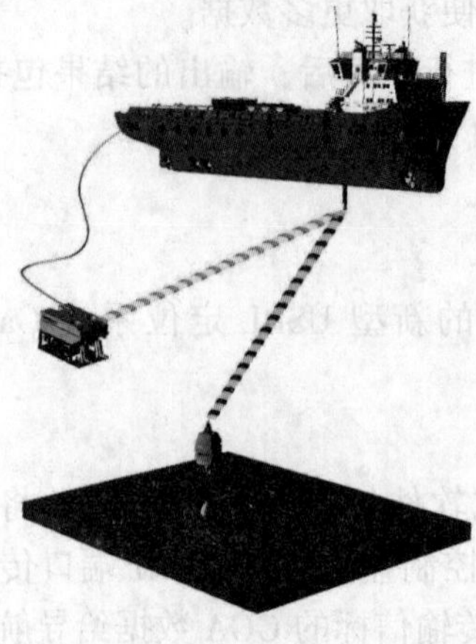

图 7-19　USBL 跟踪定位

无论何种导航定位模式，系统的操作过程如下：

①Gaps 要求船体周围环境噪声小于 65dB，海况 3~5 级，因此支撑船航速要低，一般为 4 节左右；

②打开 GPS，进入 Hypack 导航界面，向 ECB 传送 GGA 数据；

③打开 Gaps 电源开关 10s 后，启动 Gaps 软件界面；

④等待 Gaps 右侧各个指示灯均变绿，且无错误指示后点击“START”(一般需要 5~10min，屏幕上可看到换能器姿态及经纬度，检查有无错误)；

⑤打开信标开关；

⑥将信标置入水中，Gaps 跟踪到目标后，导航软件中会出现拖体图标；

⑦测量完毕后，将信标开关关闭，在 Gaps 跟踪软件中点击“STOP”停止键，水下导航定位数据采集工作结束。

7.3.3　USBL 导航数据处理

1. 质量控制

USBL 数据质量控制可采用中值或均值滤波来实现，而对于动态导航定位数据，可以采用 Kalman 滤波来消除粗差，改善和提高导航定位结果的质量。

(1)定点测量数据质量控制

USBL 采集的数据包括 GNSS RTK 提供的船位坐标(x，y)，应答器相对换能器的距离和方位，换能器的三个姿态角 Row、Pitch、Yaw，并通过计算得到海底应答器的三维坐标(x，y，z)。这些数据具有同步性、离散性、确定性、有限性等特点。由于目标(潜航器、潜航员)携带应答器为其进行定点定位时，应答器在一段时间内静止，以保证所采集数据的质量。因此，通过对期间观测量采用数理统计分析方法，提取出均值、特征量等信息，并据此实现观测数据中粗差的剔除。

①观测量或然值的确定。

每一个待测数据，可以假想存在一个"真值"。假设测量所得位置解中只存在随机误差，那么增加测量次数，使随机误差的分布符合正态分布，则所有测量值 $x_i(i=1,2,3,\cdots,n)$ 的平均值将随着测量次数增加而越接近"真值"。

$$\bar{x}=\frac{1}{n}\sum_{i=1}^{n}x_i \tag{7.18}$$

②特征量的计算。

每一个数据与算术平均值的差值，称为偏差。其标准偏差 σ_n 可借助下式计算：

$$\sigma_n=\sqrt{\frac{\sum_{i=1}^{n}(x_i-\bar{x})^2}{n}} \tag{7.19}$$

而当测量个数有限多时，借助下式计算中误差。

$$m=\sigma_{n-1}=\sqrt{\frac{\sum_{i=1}^{n}(x_i-\bar{x})^2}{n-1}}$$

③粗差的剔除。

在测量数据中，如果其误差超过了极限误差，则认为是粗差，采用如下原则剔除：

$$\begin{cases}(x-\bar{x})\leqslant k\sigma, & \text{接受}\\(x-\bar{x})>k\sigma, & \text{拒绝}\end{cases}\quad(k=2\text{ 或 }3) \tag{7.20}$$

(2)动态测量数据质量控制

动态导航情况下，数据质量控制多采用 Kalman 滤波来实现。Kalman 滤波模型在第 4 章已给予介绍，这里不再赘述。

2. 声速改正

声速改正可采用基于层追加的常声速声线跟踪法，如图 7-20 所示。

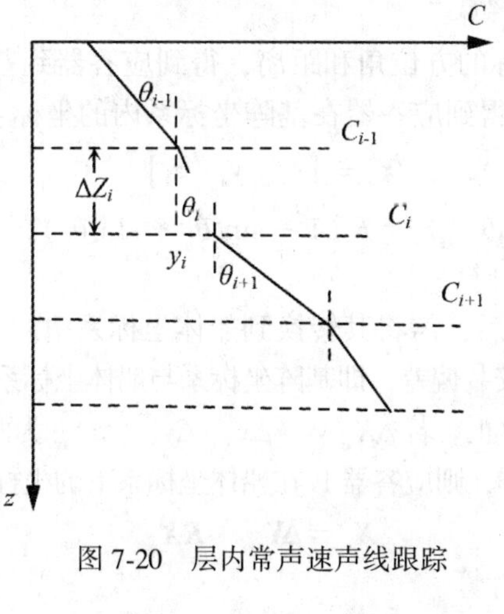

图 7-20　层内常声速声线跟踪

假设波束经历由 N 层组成的水柱，声速在层内以常速传播，根据 Snell 法则有：

$$\sin\theta_i = pC_i \tag{7.21}$$

式中，p 为 Snell 常数，C 为各层的声速。设层厚度为 $z_i(z_i = z_{i+1} - z_i)$，则波束在层 i 内的水平位移 y_i 和传播时间 t_i 为：

$$\left.\begin{aligned} y_i &= \Delta z_i \tan\theta_i = \frac{\sin\theta_i \Delta z_i}{\cos\theta_i} = \frac{pC_i\Delta z_i}{(1-(pC_i)^2)^{1/2}} \\ t_i &= \frac{y_i/\sin\theta_i}{C_i} = \frac{y_i}{pC_iC_i} = \frac{\Delta z_i}{C_i(1-(pC_i)^2)^{1/2}} \end{aligned}\right\} \tag{7.22}$$

则波束经历整个水柱的水平距离和传播时间为：

$$y = \sum_{i=1}^{N} \frac{pC_i\Delta z_i}{(1-(pC_i)^2)^{1/2}} \tag{7.23}$$

$$t = \sum_{i=1}^{N} \frac{\Delta z_i}{C_i(1-(pC_i)^2)^{1/2}} \tag{7.24}$$

获得了总跟踪时间 t 后，还应将 t 与实际观测时间 T 比较。若 $t>T$，则意味着实施了多追踪，否则出现少追踪问题。对于多追踪问题，需扣除多余的追踪层；对于少追踪问题，则需增加追踪层。最终确保追踪层的耗时 t 等于实际观测时间 T。若有效的跟踪层为 N_0 层，则应答器在换能器坐标系下的坐标$(0, y, z)$为：

$$x = 0,\ y = \sum_{i=1}^{N_0} y_i,\ z = \sum_{i=1}^{N_0} z_i \tag{7.25}$$

则应答器和换能器间的直线测量距离 S 为：

$$S = \sqrt{y^2 + z^2} \tag{7.26}$$

3. 坐标转换

USBL 导航定位数据处理中涉及的坐标系有地理坐标系(g 系)、基阵坐标系(a 系)和船体坐标系(v 系)。要实现最终导航定位结果在地理坐标系的表达，就必须实现坐标系间的转换。下面介绍导航定位坐标转换的过程。

(1)应答器的基阵坐标解算

USBL 基阵通过测量目标的方位角和距离，得到应答器到基阵中心的斜距 R 和两个方位角 θ_x、θ_y。通过计算可以得到应答器在基阵坐标系内的坐标：

$$\boldsymbol{X}_a = [x_a \quad y_a \quad z_a]^T \tag{7.27}$$

式中，$x_a = R\sin\theta_x$，$y_a = R\sin\theta_y$，$z_a = R(1-\sin^2\theta_x - \sin^2\theta_y)^{1/2}$。

(2)应答器的船体坐标计算

得到应答器的基阵坐标后，需将其转换到船体坐标系中。

如上所述，换能器存在安装偏差，即基阵坐标系与船体坐标系存在原点和轴向偏移，需要进行平移改正和欧拉角旋转改正。若 $\Delta\boldsymbol{X}_{av} = (\Delta x,\ \Delta y,\ \Delta z)_{av}$ 为两个原点的偏移量，$\boldsymbol{R}$ 为两坐标系轴向偏角构成的旋转矩阵，则应答器 P 在船体坐标系下的坐标 $\boldsymbol{X}_v = (x,\ y,\ z)_v$ 为：

$$\boldsymbol{X}_v = \Delta\boldsymbol{X}_{av} + \boldsymbol{R}\boldsymbol{X}_a \tag{7.28}$$

(3)应答器的地理坐标计算

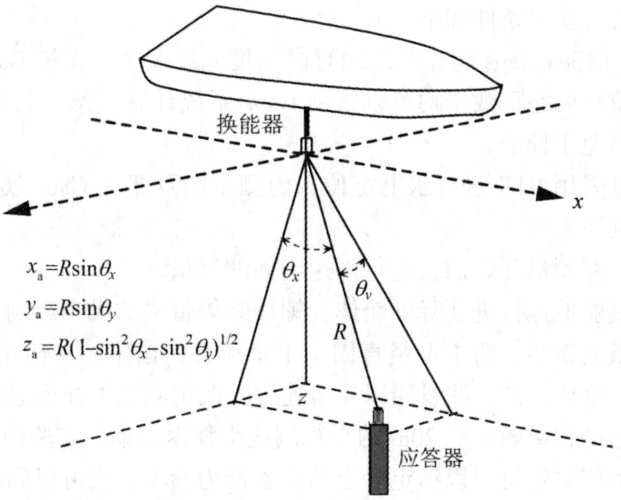

图 7-21 基阵坐标系示意图

应答器在地理坐标系下坐标 $(X, Y, Z)_g^P$ 需借助瞬时 GNSS 提供的绝对位置 $(X, Y, Z)_g^{GPS}$、姿态角 Pitch(p)、Roll(r) 以及方位 A 来综合确定。图 7-22 是船姿和方位发生变化后瞬时船体坐标系与理想船体坐标系之间的关系示意图。

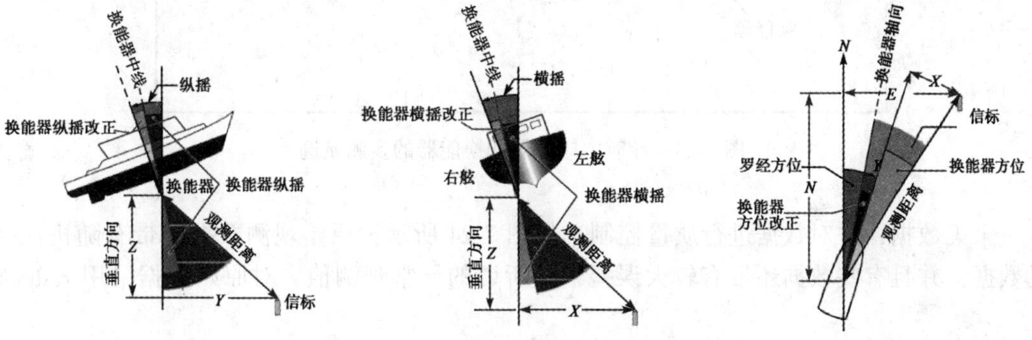

(a) Pitch 改正　(b) Roll 改正　(c)方位改正

图 7-22 姿态改正的几何关系图

若船体坐标系下 GNSS 天线与应答器的坐标差为 (dx, dy, dz)，则 g 系下应答器的坐标为：

$$\begin{bmatrix} X \\ Y \\ Z \end{bmatrix}_g^P = \begin{bmatrix} X \\ Y \\ Z \end{bmatrix}_g^{GPS} + \boldsymbol{R}_z(A+\varepsilon_A)\boldsymbol{R}_y(-(p+\varepsilon_p))\boldsymbol{R}_x(r+\varepsilon_r)\begin{bmatrix} dx \\ dy \\ dz \end{bmatrix}_v^{GPS-P} \tag{7.29}$$

式中，$(dx, dy, dz)^{GPS-P}=(x, y, z)^{GPS}-(x, y, z)^P$；$\varepsilon_A$、$\varepsilon_p$ 和 ε_r 分别为罗经和姿态传感器的安装偏差。

7.3.4 USBL 导航定位实例

仍应用 IXSea Gaps USBL，测试当换能器和应答器同处于运动状态时，Gaps 水下导航定位的性能和精度。实验条件如下：

①校准误差：IXSea Gaps 超短基线内置高精度光纤罗经，无论 Gaps 换能器姿态如何，高速率输出的方位、姿态等数据均可以帮助 Gaps 系统计算出水下目标的准确位置，因此罗经和姿态传感器免于校准。

②GPS 定位：采用 RTK 进行水上定位，为测量船及船上 Gaps 换能器提供平面位置，平面位置精度达到厘米级。

③声速误差：在测量开始前，进行声速剖面的测量。

④噪声：测量船低速行进，降低船体、螺旋桨等带来的噪声影响。

实验采用三条测量船，船 1 上竖直固定 1 个应答，锚定，并使用 RTK 精确测量其位置；船 2 上固定一个应答器，测量船以 4 节速度在既定测线上往返运动。船 3 上竖直固定换能器，以 4 节速度在距船 2 约 20m 的平行测线上往返运动。实验历时 1 小时。

由于系统采用相对定位，以锚定船上的应答器为参考，则可以确定另外两条船上的应答器和换能器的运动轨迹，如图 7-23 所示。

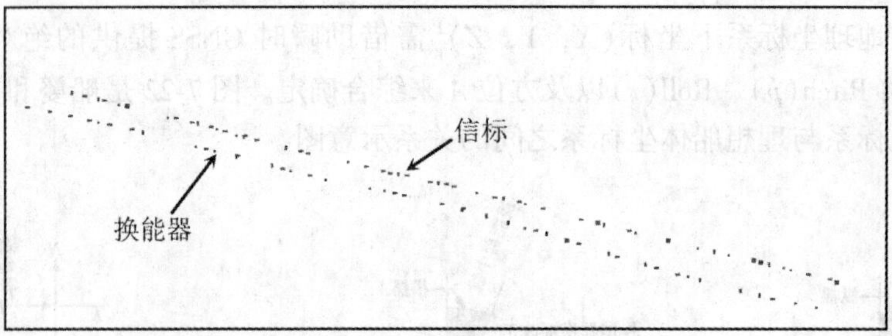

图 7-23　导航中应答器和换能器的实测航迹

采集数据，并对数据进行质量控制。如图 7-24 所示，原始观测数据是带有随机误差的数据，并且有些数据还带有较大误差，即所谓的异常观测值。对原始数据采用 Kalman

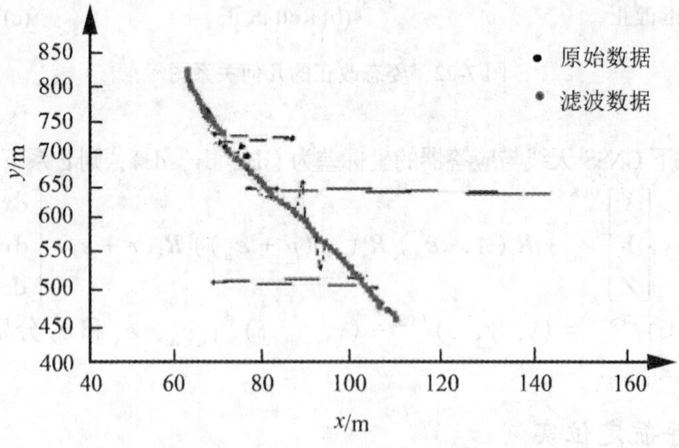

图 7-24　滤波前、后 USBL 导航定位数据

滤波，消除奇异定位解，结果如图 7-24 所示。可以看出滤波后结果变得光滑连续，与船 2 和船 3 上的 RTK 定位结果比较，导航定位中误差为 1.43m。

7.4 LBL 导航定位

运动载体携载的收发换能器不断地与水下控制网中各点上的应答器通过“询问-应答”测距，并以控制点为参考，采用空间交会获得目标的三维位置，如图 7-30 所示。上述即为 LBL 导航定位的基本原理。下面介绍 LBL 导航定位流程及原理。

7.4.1 水下控制网(点)建设

以上工作原理表明，水下控制网(点)是长基线(LBL)、短基线(SBL)和超短基线(USBL)声学定位系统实现水面和水体中目标导航定位的基础，其建设主要包括控制网(点)的布设、测量及点位绝对坐标的计算三大部分。就测量和数据处理方法而言，目前主要有双三角锥测量法和组合测量法两种。

1. 水下控制网的布设

水下控制网(点)的分布决定着定位的空间几何图形强度，进而影响着 LBL/SBL/USBL 跟踪定位的精度。一般情况下，四个阵元是能够实现可靠定位的最小数值，增加阵元的个数可以提高定位的精度，同样也增加了工作量和成本，因此基阵网设计时应综合考虑上述因素。

海底基阵网设计及布放一般考虑以下几个因素：

①工作范围；

②定位精度；

③海底地形地貌特征；

④区域声速场变化；

⑤工作海域水深、海流、潮汐等。

要了解工作海域的水深及海底地形地貌特征、声速剖面以及海流情况，一般采用测深系统、声速剖面仪、声学多普勒海流计(Acoustic Doppler Current Profiler，ADCP)对工作海域进行调查。这些信息可以给控制网布放和定位带来极大的益处。

为实现声波的最大面积覆盖和导航定位的高精度，可以证明，当海底控制网的基本单元布设为正三角形或正四边形时，可满足上述两个条件。

如图 7-25 所示，控制网点布放主要有钢架式、锚系式和超长锚系线三种布放方式。

①选用钢架式海底固定时，阵元布放一般由快速绞车实施，结束后用 ROV 回收，适用于阵元频繁移动或重新布放情况。阵元的收发应答器布放高度一般距海底 2~3m。

②选用锚系式海底固定时，阵元布放时，一般将重块、收发应答器、连接声学释放器一起经过快速绞车投放到预定位置。应注意的是应答器与重块之间的连接长度不小于 1.5m，目的是保护应答器不受损伤。全部工作结束后，经声学释放器将阵元回收。阵元布放高度一般距海底 3m 左右。

③选用超长锚系线海底固定时，方法同锚系式海底固定，但锚系线需加长。阵元布放

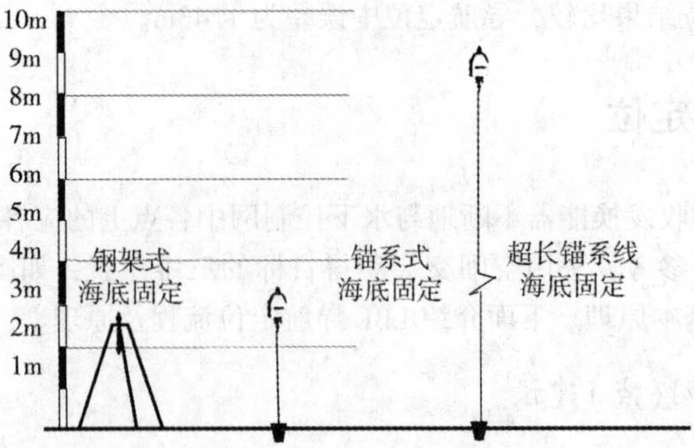

图 7-25　海底控制网点 3 种布放形式

高度距海底一般超过 8m，布放在深海海底地形复杂区域。

2. 双三角锥测量及其数据处理

双三角锥测量方法是以测量船为中继，利用一组已知控制点如 GNSS 卫星，采用卫星定位方法测定船位，同时通过船上的水声测距仪器(如船载换能器和海底控制点上的应答器)对水下控制点进行同步测距；测量船移动过程中多次测量，完成对所有水下控制点的测量；然后借助最小二乘方法，求解测量船和海底控制点在统一坐标系统中的坐标。这种水下控制点测量方法称为双三角锥法(见图 7-26)。其中，倒三角锥采用 GNSS 交会测量，正三角锥采用水下声学交会测量。

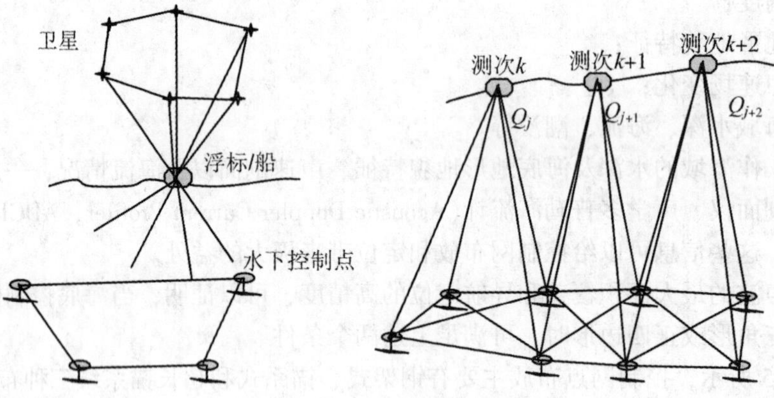

图 7-26　双三角锥测量定位原理

设有 m 颗卫星(或已知点)G_i，需解算 R 个海底控制点 P_j 的坐标。已知船在 n 个位置 B_k 进行了观测，得到卫星 G_i 和测量船 B_k 之间的距离观测值(或距离差观测值)共 $m \cdot n$ 个，测量船 B_k 到海底控制点 P_j 的距离观测值共 $n \cdot R$ 个。根据这些观测值，建立误差方程，确定测量船和海底控制点的坐标。

(1) 误差方程式

① 船到卫星(或已知点) 观测距离的误差方程式为：

$$v_{ik} = a_{ik}\delta x_k + b_{ik}\delta y_k + c_{ik}\delta z_k - l_{ik} \quad (1 \leqslant i \leqslant m,\ 1 \leqslant k \leqslant n) \tag{7.30}$$

式中，$a_{ik}=(x_{k0}-x_i)/D_{ik}$，$b_{ik}=(y_{k0}-y_i)/D_{ik}$，$c_{ik}=(z_{k0}-z_i)/D_{ik}$，$l_{ik}=d_{ik}-D_{ik}$，$d_{ik}$ 为观测的距离值，D_{ik} 为通过近似坐标计算的距离。

距离差观测的误差方程式为：

$$v_{ik} = a_{ik}\delta x_k + b_{ik}\delta y_k + c_{ik}\delta z_k - l_{ik} \tag{7.31}$$

式中，$a_{ik}=(x_{k0}-x_i)/D_{i.k}-(x_{k0}-x_{i+1})/D_{i+1.k}$，$b_{ik}=(y_{k0}-y_i)/D_{i.k}-(y_{k0}-y_{i+1})/D_{i+1.k}$，$c_{i.k}=(z_{k0}-z_i)/D_{i.k}-(z_{k0}-z_{i+1})/D_{i+1.k}$，$l_{i.k}=d_{i.k}-(D_{i.k}-D_{i+1.k})$，$d_{ik}$ 为观测的距离差，D_{ik}、D_{i+1k} 为通过近似坐标计算的距离值。

式(7.30) 和式(7.31) 表明，距离与距离差的误差方程式形式一样，只是系数和自由项的计算不同。故对卫星(已知点) 到船位的观测，在下面平差计算中，不再区别距离还是距离差。一般情况下，各船位点的观测误差方程式是互相独立的。将上述误差方程式写成矩阵形式，对于任一船位点 B_k 的误差式为：

$$\boldsymbol{V}_k = \boldsymbol{A}_k \boldsymbol{X}_k - \boldsymbol{L}_k \quad (k = 1, 2, \cdots, n) \tag{7.32}$$

式中，

$$V_k = \begin{bmatrix} v_{1k} \\ v_{2k} \\ \vdots \\ v_{mk} \end{bmatrix},\ X_k = \begin{bmatrix} \delta x_k \\ \delta y_k \\ \delta z_k \end{bmatrix},\ A_k = \begin{bmatrix} a_{1k} & b_{1k} & c_{1k} \\ a_{2k} & b_{2k} & c_{2k} \\ \vdots & \vdots & \vdots \\ a_{mk} & b_{mk} & c_{mk} \end{bmatrix},\ L_k = \begin{bmatrix} l_{1k} \\ l_{2k} \\ \vdots \\ l_{mk} \end{bmatrix}$$

由此，n 个船位点的 n 组误差方程式为：

$$\boldsymbol{V}'_{\mathrm{I}} = \boldsymbol{A}'_{\mathrm{I}}\boldsymbol{X}_{\mathrm{I}} - \boldsymbol{L}'_{\mathrm{I}} \tag{7.33}$$

式中，

$$V_{\mathrm{I}} = \begin{bmatrix} v_1 \\ v_2 \\ \vdots \\ v_n \end{bmatrix},\ X_{\mathrm{I}} = \begin{bmatrix} x_1 \\ x_2 \\ \vdots \\ x_n \end{bmatrix},\ A'_{\mathrm{I}} = \begin{bmatrix} A_1 & & 0 \\ & A_2 & \\ & & \ddots \\ 0 & & A_n \end{bmatrix},\ L'_{\mathrm{I}} = \begin{bmatrix} L_1 \\ L_2 \\ \vdots \\ L_n \end{bmatrix}$$

借助船上的航向、航速仪等设备也可获得推算船位，并设推算船位的误差方程式：

$$\boldsymbol{V}''_{\mathrm{I}} = \boldsymbol{A}''_{\mathrm{I}}\boldsymbol{X}_{\mathrm{I}} - \boldsymbol{L}''_{\mathrm{I}} \tag{7.34}$$

综合式(7.33) 与式(7.34)，则有：

$$\boldsymbol{V}_{\mathrm{I}} = \boldsymbol{A}_{\mathrm{I}} \boldsymbol{X}_{\mathrm{I}} - \boldsymbol{L}_{\mathrm{I}} \tag{7.35}$$

② 船位到海底控制点观测距离的误差式。

由于船位和海底控制点都是未知数，故有：

$$v_{jk} = -a_{jk}\delta x_k - b_{jk}\delta y_k - c_{jk}\delta z_k + a_{jk}\delta x_j + b_{jk}\delta y_j + c_{jk}\delta z_j - l_{jk} \tag{7.36}$$

式中，$a_{jk}=(x_{j0}-x_{k0})/D_{jk}$，$b_{jk}=(y_{j0}-y_{k0})/D_{jk}$，$c_{jk}=(z_{j0}-z_{k0})/D_{jk}$，$l_{jk}=d_{jk}-D_{jk}$。

将上面误差式写成矩阵形式为：

$$\boldsymbol{V}_{\mathrm{II}} = \boldsymbol{A}_{\mathrm{I\,II}} \boldsymbol{X}_{\mathrm{I}} + \boldsymbol{A}_{\mathrm{II}} \boldsymbol{X}_{\mathrm{II}} - \boldsymbol{L}_{\mathrm{II}} \tag{7.37}$$

式中，X_{I} 为船位点未知数，X_{II} 为水下控制点未知数。

③ 总的误差方程式。

将船位点到已知点的误差方程式与船位点到水下控制点的误差方程式写在一起，即为双三角锥水下控制点测量的总误差方程式：

$$\begin{cases} V_{\mathrm{I}} = A_{\mathrm{I}} X_{\mathrm{I}} - L_{\mathrm{I}} \\ V_{\mathrm{II}} = A_{\mathrm{I\,II}} X_{\mathrm{I}} + A_{\mathrm{II}} X_{\mathrm{II}} - L_{\mathrm{II}} \end{cases} \tag{7.38}$$

(2) 法方程式及平差解算

如果船位点到已知点的观测精度远高于船位点到海底控制点的观测精度，则船位点到已知点的误差方程式可以单独平差计算，即根据式(7.35) 求解，得出 X_{I} 的平差值。

$$X'_{\mathrm{I}} = (A_{\mathrm{I}}^{\mathrm{T}} P_{\mathrm{I}} A_{\mathrm{I}})^{-1} A_{\mathrm{I}}^{\mathrm{T}} P_{\mathrm{I}} L_{\mathrm{I}} \tag{7.39}$$

然后，再进行船位到水下控制点的误差方程式平差，此时将 X'_{I}看为已知量，只平差求出 X_{II}。将 X'_{I}写入常数项，则式(7.37) 化为：

$$V'_{\mathrm{II}} = A_{\mathrm{II}} X'_{\mathrm{II}} - L'_{\mathrm{II}}$$

平差得：

$$X'_{\mathrm{II}} = (A_{\mathrm{II}}^{\mathrm{T}} P_{\mathrm{II}} A_{\mathrm{II}})^{-1} A_{\mathrm{II}}^{\mathrm{T}} P_{\mathrm{II}} L'_{\mathrm{II}}$$

另外，如果在单独平差船位到已知点的误差方程式时，若只有观测误差方程式而且各点的观测是互相独立的，则船位点每点又可以单独平差。

下面讨论式(7.38) 的整体平差问题。由于船位点到已知点的观测和船位点到水下控制点的观测是不相关的，故式(7.38) 权阵设为：

$$P = \begin{bmatrix} P_{\mathrm{I}} & 0 \\ 0 & P_{\mathrm{II}} \end{bmatrix}$$

由式(7.38) 组成法方程式为：

$$\begin{bmatrix} A_{\mathrm{I}}^{\mathrm{T}} & A_{\mathrm{I\,II}}^{\mathrm{T}} \\ 0 & A_{\mathrm{II}}^{\mathrm{T}} \end{bmatrix} \begin{bmatrix} P_{\mathrm{I}} & 0 \\ 0 & P_{\mathrm{II}} \end{bmatrix} \begin{bmatrix} A_{\mathrm{I}} & 0 \\ A_{\mathrm{I\,II}} & A_{\mathrm{II}} \end{bmatrix} \begin{bmatrix} X_{\mathrm{I}} \\ X_{\mathrm{II}} \end{bmatrix} = \begin{bmatrix} A_{\mathrm{I}}^{\mathrm{T}} & A_{\mathrm{I\,II}}^{\mathrm{T}} \\ 0 & A_{\mathrm{II}}^{\mathrm{T}} \end{bmatrix} \begin{bmatrix} P_{\mathrm{I}} & 0 \\ 0 & P_{\mathrm{II}} \end{bmatrix} \begin{bmatrix} L_{\mathrm{I}} \\ L_{\mathrm{II}} \end{bmatrix} \tag{7.40}$$

即有

$$\left.\begin{aligned} (A_{\mathrm{I}}^{\mathrm{T}} P_{\mathrm{I}} A_{\mathrm{I}} + A_{\mathrm{I\,II}}^{\mathrm{T}} P_{\mathrm{II}} A_{\mathrm{I\,II}}) X_{\mathrm{I}} + (A_{\mathrm{I\,II}}^{\mathrm{T}} P_{\mathrm{II}} A_{\mathrm{II}}) X_{\mathrm{II}} &= A_{\mathrm{I}}^{\mathrm{T}} P_{\mathrm{I}} L_{\mathrm{I}} + A_{\mathrm{I\,II}}^{\mathrm{T}} P_{\mathrm{II}} L_{\mathrm{I}} \\ (A_{\mathrm{II}}^{\mathrm{T}} P_{\mathrm{II}} A_{\mathrm{I\,II}}) X_{\mathrm{I}} + (A_{\mathrm{II}}^{\mathrm{T}} P_{\mathrm{II}} A_{\mathrm{II}}) X_{\mathrm{II}} &= A_{\mathrm{II}}^{\mathrm{T}} P_{\mathrm{II}} L_{\mathrm{II}} \end{aligned}\right\}$$

设$B_{11} = A_{\mathrm{I}}^{\mathrm{T}} P_{\mathrm{I}} A_{\mathrm{I}} + A_{\mathrm{I\,II}}^{\mathrm{T}} P_{\mathrm{II}} A_{\mathrm{I\,II}}$，$B_{12} = A_{\mathrm{I\,II}}^{\mathrm{T}} P_{\mathrm{II}} A_{\mathrm{II}}$，$B_{22} = A_{\mathrm{II}}^{\mathrm{T}} P_{\mathrm{II}} A_{\mathrm{II}}$，$U_1 = A_{\mathrm{I}}^{\mathrm{T}} P_{\mathrm{I}} L_{\mathrm{I}} + A_{\mathrm{I\,II}}^{\mathrm{T}} P_{\mathrm{II}} L_{\mathrm{II}}$，$U_{\mathrm{II}} = A_{\mathrm{II}}^{\mathrm{T}} P_{\mathrm{II}} L_{\mathrm{II}}$，则法方程式写为：

$$\begin{cases} B_{11} X_{\mathrm{I}} + B_{12} X_{\mathrm{II}} = U_{\mathrm{I}} \\ B_{12}^{\mathrm{T}} X_{\mathrm{I}} + B_{22} X_{\mathrm{II}} = U_{\mathrm{II}} \end{cases} \tag{7.41}$$

上式解答即可求出 X_{I}、X_{II}。求出 X_{I}、X_{II}的协方差阵为：

$$D_X = \sigma_0^2 \begin{bmatrix} B_{11} & B_{12} \\ B_{12}^{\mathrm{T}} & B_{22} \end{bmatrix}^{-1} \tag{7.42}$$

单位权中误差按下式计算：

$$\sigma_0^2 = \frac{\boldsymbol{V}^{\mathrm{T}}\boldsymbol{P}\boldsymbol{V}}{N - t} \tag{7.43}$$

式中，N 为观测值总数；t 为船位点和水下控制点未知量的总个数。

下面介绍式(7.41) 的分组平差法。由式(7.40) 的第一式，解出

$$\boldsymbol{X}_{\mathrm{I}} = \boldsymbol{B}_{11}^{-1}(\boldsymbol{U}_1 - \boldsymbol{B}_{12}\boldsymbol{X}_{\mathrm{II}}) \tag{7.44}$$

将上式代入(7.41) 的第二式，得

$$\boldsymbol{B}_{12}^{\mathrm{T}}(\boldsymbol{B}_{11}^{-1}\boldsymbol{U}_1 - \boldsymbol{B}_{11}^{-1}\boldsymbol{B}_{12}\boldsymbol{X}_{\mathrm{II}}) + \boldsymbol{B}_{22}\boldsymbol{X}_{\mathrm{II}} = \boldsymbol{U}_2$$

化简得：

$$\boldsymbol{X}_{\mathrm{II}} = (\boldsymbol{B}_{22} - \boldsymbol{B}_{12}^{\mathrm{T}}\boldsymbol{B}_{11}^{-1}\boldsymbol{B}_{12})^{-1}(\boldsymbol{U}_2 - \boldsymbol{B}_{12}^{\mathrm{T}}\boldsymbol{B}_{11}^{-1}\boldsymbol{U}_1) \tag{7.45}$$

由上式解出 $\boldsymbol{X}_{\mathrm{II}}$，代入式(7.44) 再解出 $\boldsymbol{X}_{\mathrm{I}}$。

对于 $\boldsymbol{X}_{\mathrm{II}}$、$\boldsymbol{X}_{\mathrm{I}}$ 的协方差阵可以按下式计算。根据分块矩阵求逆公式和(7.42) 式得：

$$\begin{aligned}\boldsymbol{D}_X &= \sigma_0^2\begin{bmatrix}\boldsymbol{B}_{11} & \boldsymbol{B}_{12}\\ \boldsymbol{B}_{21} & \boldsymbol{B}_{22}\end{bmatrix}^{-1}\\ &= \sigma_0^2\begin{bmatrix}\boldsymbol{B}_{11}^{-1} + \boldsymbol{B}_{11}^{-1}\boldsymbol{B}_{12}\widetilde{\boldsymbol{B}}_{22}^{-1}\boldsymbol{B}_{12}^{\mathrm{T}}\boldsymbol{B}_{11}^{-1} & -\boldsymbol{B}_{11}^{-1}\boldsymbol{B}_{12}\widetilde{\boldsymbol{B}}_{22}^{-1}\\ -\widetilde{\boldsymbol{B}}_{22}^{-1}\boldsymbol{B}_{12}^{\mathrm{T}}\boldsymbol{B}_{11}^{-1} & \widetilde{\boldsymbol{B}}_{22}^{-1}\end{bmatrix}\end{aligned} \tag{7.46}$$

其中，

$$\widetilde{\boldsymbol{B}}_{22}^{-1} = (\boldsymbol{B}_{22} - \boldsymbol{B}_{12}^{\mathrm{T}}\boldsymbol{B}_{11}^{-1}\boldsymbol{B}_{12})^{-1} \tag{7.47}$$

由此得 $\boldsymbol{X}_{\mathrm{II}}$、$\boldsymbol{X}_{\mathrm{I}}$ 的协方差阵为：

$$\boldsymbol{D}_{X_{\mathrm{II}}} = \sigma_0^2(\boldsymbol{B}_{22} - \boldsymbol{B}_{12}^{\mathrm{T}}\boldsymbol{B}_{11}^{-1}\boldsymbol{B}_{12})^{-1} \tag{7.48}$$

$$\boldsymbol{D}_{X_{\mathrm{I}}} = \sigma_0^2(\boldsymbol{B}_{11}^{-1} + \boldsymbol{B}_{11}^{-1}\boldsymbol{B}_{12}\widetilde{\boldsymbol{B}}_{22}^{-1}\boldsymbol{B}_{12}^{\mathrm{T}}\boldsymbol{B}_{11}^{-1}) \tag{7.49}$$

以上未考虑坐标转换问题。若船位和水下控制点坐标采取分开平差的方法，则应在平差后按需要转换为统一坐标系下坐标；若采取整体平差，应考虑平差时将转换参数一并解出。

7.4.2 组合测量及其数据处理

1. 组合测量

水下控制网(点)测量也可采用圆校准绝对定位方法与水下控制网点间相对测量方法组合来实现，即组合测量方法。圆校准绝对定位法可实现水面绝对坐标向水下控制点的传递，相对测量方法则可以实现水下控制网点间基线的测量。综合二者测量成果，通过网平差，则可获得所有水下控制网(点)的绝对坐标。

(1)圆校准绝对定位

由图 7-27 可知，水面船只围绕水下控制点实施距离测量，所有空间观测距离具有很好的对称性，交会确定水下控制点的点位精度也必然具有较高的精度。据此，将安装换能器的测量船以一定半径 R 围绕控制点进行圆周走航，并在走航过程中连续测量船载换能器到水下控制点上应答器间空间距离。结合不同时刻 GNSS 确定的测量船位置，便可确定水下控制点的绝对坐标。上述即为圆校准绝对定位方法。

测量中，走航半径 R 会对水下控制点定位精度产生一定的影响。可以证明，其他影响因素一定的情况下，R 等于水深时，圆校准测量定位精度最高。

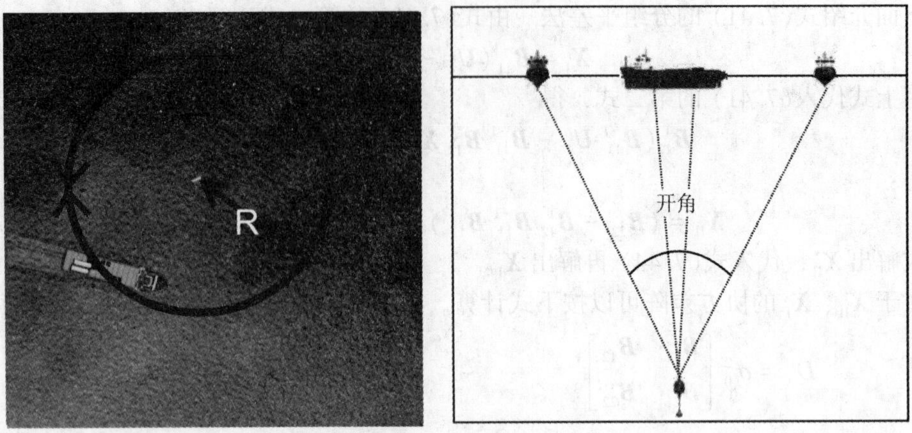

图 7-27　圆校准绝对定位

圆校准绝对定位方法，实现了水面绝对坐标向水下控制点的传递。

(2)相对测量

完成圆校准绝对定位后，借助布设在水下控制网点上的应答器，通过相互测距，获得应答器或水下控制网点间的空间距离，完成控制网点间基线测量的工作称为相对测量。相对测量原理如图 7-28 所示。

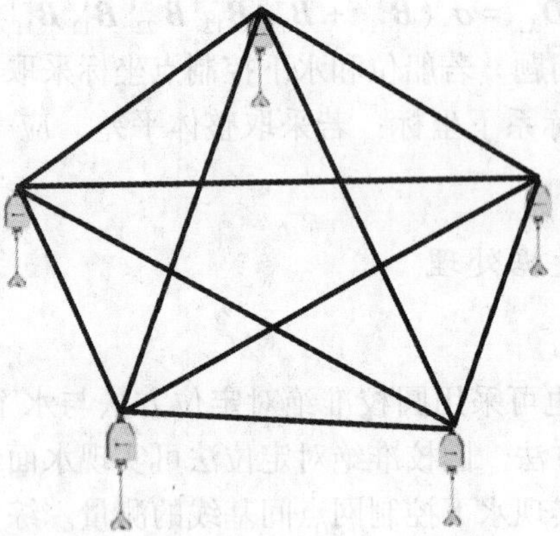

图 7-28　水下控制网点间相对测量

2. 数据处理

组合测量法的数据处理包括如下两步：

①圆校准绝对定位数据处理：目的在于获得通过圆校准测量法测量的水下控制点的绝对坐标。

②水下控制网平差：借助获得的部分水下控制点的绝对坐标，结合通过相对测量法获得的水下控制网点间基线长度，联合平差获得水下所有控制网点的绝对坐标。

下面介绍这两步数据处理的原理和方法。

(1)圆校准绝对定位

借助船载 GNSS 天线绝对坐标、船体姿态、GNSS 天线和船载换能器在船体坐标系下的坐标，结合测量船的方位，可以计算得到第 i 次测距中船载换能器的绝对坐标(X_i，Y_i，Z_i)。若通过圆校准绝对定位法测量的水下控制点绝对坐标为(X_0，Y_0，Z_0)，船载换能器到水下控制点间实测距离为 L，测量误差为Δl，二者距离的真值为$f(x)$，则 L 可表达为：

$$L = f(x) + \Delta l \tag{7.50}$$

线性化得：

$$L = f(x)^0 + \begin{bmatrix} \dfrac{\partial f}{\partial x} & \dfrac{\partial f}{\partial y} & \dfrac{\partial f}{\partial z} \end{bmatrix} \begin{bmatrix} \mathrm{d}x \\ \mathrm{d}y \\ \mathrm{d}z \end{bmatrix} + \Delta l \tag{7.51}$$

则误差方程为：

$$\begin{aligned} \boldsymbol{v} &= \begin{bmatrix} \dfrac{\partial f}{\partial x} & \dfrac{\partial f}{\partial y} & \dfrac{\partial f}{\partial z} \end{bmatrix} \begin{bmatrix} \mathrm{d}x \\ \mathrm{d}y \\ \mathrm{d}z \end{bmatrix} + L - f(x)^0 + \Delta l \\ &= \begin{bmatrix} \dfrac{\partial f}{\partial x} & \dfrac{\partial f}{\partial y} & \dfrac{\partial f}{\partial z} \end{bmatrix} \begin{bmatrix} \mathrm{d}x \\ \mathrm{d}y \\ \mathrm{d}z \end{bmatrix} + \Delta L \end{aligned} \tag{7.52}$$

由 n 条测量距离构建如下矩阵形式：

$$\boldsymbol{l} = \boldsymbol{BX} \tag{7.53}$$

则有：

$$\boldsymbol{X} = (\boldsymbol{B}^{\mathrm{T}}\boldsymbol{B})^{-1}\boldsymbol{B}^{\mathrm{T}}\boldsymbol{l}$$

$$f(x)_i^0 = \sqrt{(X_i - X_0)^2 + (Y_i - Y_0)^2 + (Z_i - Z_0)^2}，\Delta L_i = \Delta l_i + L_i - f(x)_i^0$$

$$\boldsymbol{B} = \begin{bmatrix} \dfrac{-(x_1 - x_0)}{f(x)_1^0} & \dfrac{-(y_1 - y_0)}{f(x)_1^0} & \dfrac{-(z_1 - z_0)}{f(x)_1^0} \\ \vdots & \vdots & \vdots \\ \dfrac{-(x_n - x_0)}{f(x)_n^0} & \dfrac{-(y_n - y_0)}{f(x)_n^0} & \dfrac{-(z_n - z_0)}{f(x)_n^0} \end{bmatrix}，\boldsymbol{l} = \begin{bmatrix} \Delta L_1 \\ \vdots \\ \Delta L_n \end{bmatrix}，\boldsymbol{X} = \begin{bmatrix} \hat{x} \\ \hat{y} \\ \hat{z} \end{bmatrix}$$

则水下控制点的绝对坐标(X，Y，Z)为：

$$(X, Y, Z)^{\mathrm{T}} = (X_0, Y_0, Z_0)^{\mathrm{T}} + (\hat{x}, \hat{y}, \hat{z})^{\mathrm{T}} \tag{7.54}$$

(2)水下控制网平差

水下控制网平差至少需要提供一个控制点的三维起算基准(三维绝对坐标)和沿着 X、Y、Z 方向的三个方位，即需要 6 个约束条件，或需要提供经过圆校准的 3 个水下控制点的绝对坐标，如图 7-29 所示。

若整个水下控制网有 n 个控制点，其中 m 个实施了圆校准绝对坐标确定，则观测方程

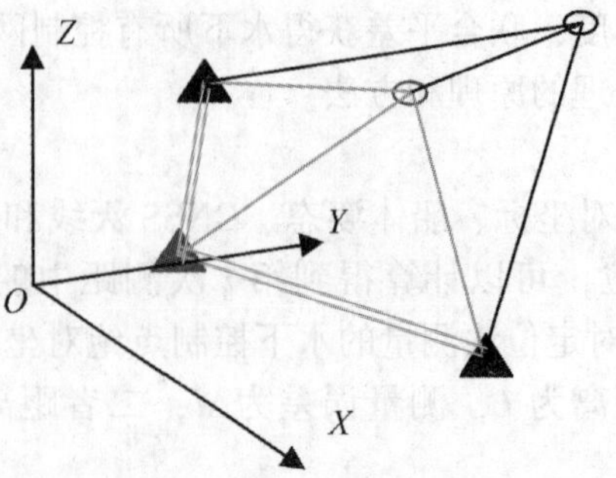

图 7-29　水下控制网三维约束平差条件

总个数仍为 $C = C1 + C2$。

$C1$ 为两端均为待求控制点情况下的观测边数。对于第 i 条观测边，若两端控制点分别为 A 和 B，则该边的误差方程为：

$$v_i = f_{i_a}\hat{x}_{A_i} + f_{i_b}\hat{y}_{A_i} + f_{i_c}\hat{z}_{A_i} + f_{i_d}\hat{x}_{B_i} + f_{i_e}\hat{y}_{B_i} + f_{i_f}\hat{z}_{B_i} - l_i \tag{7.55}$$

$C2$ 为一端是已知坐标的控制点而另一端为待求坐标的控制点情况下的观测边个数。若 A 为待求控制点，B 为已知控制点，则第 j 条观测边误差方程为：

$$v_i = f_{i_a}\hat{x}_{A_i} + f_{i_b}\hat{y}_{A_i} + f_{i_c}\hat{z}_{A_i} + 0\hat{x}_{B_i} + 0\hat{y}_{B_i} + 0\hat{z}_{B_i} - l_i \tag{7.56}$$

根据以上两种情况，重新构建方程组，形成如式(7.57)所示矩阵形式。

$$\boldsymbol{V} = \boldsymbol{B}\hat{\boldsymbol{x}} - \boldsymbol{l} \tag{7.57}$$

式中，$\boldsymbol{B}$ 为系数矩阵，其维数为 $C \times (3 \times (n - m))$；$\hat{\boldsymbol{x}}$ 矩阵的维数为 $(3 \times (n - m)) \times 1$；$\boldsymbol{l}$ 矩阵的维数为 $C \times 1$。

采用间接平差求解 $\hat{\boldsymbol{x}}$，计算每个待求阵元点绝对坐标及观测边改正量。

7.4.3　作业流程

LBL 系统的外围支持设备安装调试完毕后，水下定位作业流程如下：

(1) 水下控制网(基阵网)设计和布设

根据工作范围、现场海域条件和技术要求，设计水下基阵阵元个数、阵元间距离，同时根据阵元间距离和海底地形高差确定每个阵元与海底的距离。根据现场工作条件采用 ROV、快速绞车或自降方式布放基阵。

(2) 水下基阵校准

根据上述方法，实现水下基阵阵元位置坐标的确定。

(3) 跟踪定位

跟踪定位作业时，通过水面船只的收发器对目标上的收发器下达测量指令，系统自动开始测距，同时将数据上传至定位软件，软件对数据进行处理，解算目标的位置。

LBL 导航定位多在动态环境中进行，LBL 系统具有目标跟踪和导航功能。除了为用户提供位置、姿态、速度等信息外，还提供与位置有关的误差估计。LBL 导航定位步骤如下：

①选定参与跟踪定位的阵元；
②检查各个阵元的倾斜仪、CTD、压力传感器数据是否正常；
③采用 SVP 测量区域声速剖面；
④选择跟踪方式；
⑤根据实测距离，计算目标位置。

7.4.4 数据处理原理

1. 数据质量控制

LBL 定位中涉及的数据源较多，包括 GNSS、Gyro、MRU、LBL 测距、压力传感器观测深度等，为确保后续点位计算精度，需对这些观测数据进行质量控制。由于定位期间船速较慢，加之设备采样率相对较高，可以使用基于统计学的门限滤波方法来进行质量控制，剔除异常观测数据，提高观测数据质量。

(1)门限滤波法

LBL 跟踪定位和水下基阵校准实施都是基于时延观测量，在 LBL 定位实施过程中，可以预知海底基阵基线的最大距离以及目标至基阵的概略距离，平均声速为已知值，可以知道时延观测量的最大值，通过设置门限值来剔除不合格的数据：

$$|(\tau_k - \tau_{k-1}) - (\tau_{k+1} - \tau_k)| \leqslant t_{门限}, \tau_k > \frac{2R}{C_s} \tag{7.58}$$

式中，τ_k 为第 k 次应答得到的时延值，R 为应答器至收发器之间的斜距或基阵阵元间基线距离，C_s为平均声速。$t_{门限}$是所取的判别门限，可按此一次检查各个 τ_k，看其是否符合规律，不符合者为错误数据，可以在观测时直接剔除。

(2)统计分析法

根据统计原理，LBL 海底基阵校准的基线观测值的距离误差均为独立变量，均应符合正态分布。典型特征量主要有距离特征量、离散特征量、相关系数及其显著性检验等。基于上述方法，可实现观测值中粗差或误差较大的数据剔除。

2. 三维空间交会

如图 7-30 所示，LBL 空间交会定位中，布设在水下控制网点上的应答器，组成基阵网或控制网。基阵阵元(控制点)$P_{i\,(i=1,2,\cdots)}$坐标已知，目标 P 点与 P_i进行距离测量，通过距离交会定位获得目标点 P 的坐标。

设阵元P_i坐标为(X_i, Y_i, Z_i)($i \geqslant 3$)，任选三个阵元$P_{i(i=1,2,3)}$，根据观测距离组成距离方程组，解算出待求点P(目标)的初始值(X_0, Y_0, Z_0)。若S_i为待定点P到阵元i的观测距离，则向量$\overrightarrow{R_iP}$的方向余弦为($\cos\alpha_i$, $\cos\beta_i$, $\cos\gamma_i$)为：

$$\begin{cases} \cos\alpha_i = \dfrac{X_0 - X_i}{S_i} \\ \cos\beta_i = \dfrac{Y_0 - Y_i}{S_i} \\ \cos\gamma_i = \dfrac{Z_0 - Z_i}{S_i} \end{cases}$$

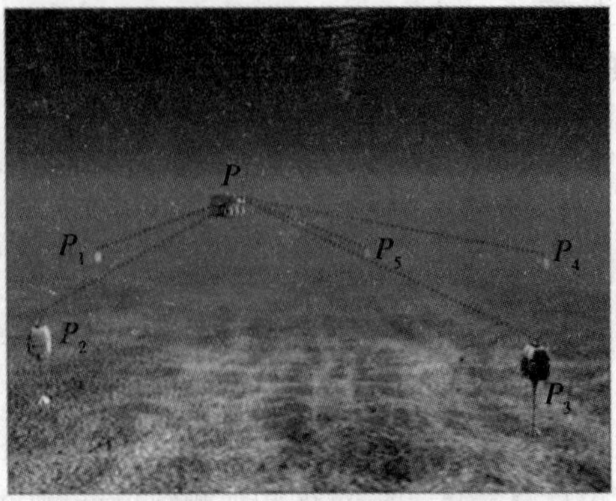

图 7-30　LBL空间交会定位

则有距离方程：

$$(X-X_i)^2+(Y-Y_i)^2+(Z-Z_i)^2=S_i^2 \tag{7.59}$$

根据 P 点的初始坐标初始值(X_0, Y_0, Z_0)对上式进行线性化，得：

$$\cos\alpha_i \mathrm{d}x+\cos\beta_i \mathrm{d}y+\cos\gamma_i \mathrm{d}z+l_i=0 \tag{7.60}$$

式中，$l_i=S_i^0-S_i$其中 $\mathrm{d}X=X_i-X_i^0$，$\mathrm{d}Y=Y_i-Y_i^0$，$\mathrm{d}Z=Z_i-Z_i^0$，$S_i^0=\sqrt{\mathrm{d}X^2+\mathrm{d}Y^2+\mathrm{d}Z^2}$。

若有 n 个阵元和 n 个有效观测边，则由式(7.60)可得：

$$\begin{bmatrix}\cos\alpha_1 & \cos\beta_1 & \cos\gamma_1\\ \vdots & \vdots & \vdots\\ \cos\alpha_n & \cos\beta_n & \cos\gamma_n\end{bmatrix}\begin{bmatrix}\mathrm{d}X\\ \mathrm{d}Y\\ \mathrm{d}Z\end{bmatrix}+\begin{bmatrix}l_1\\ \vdots\\ l_n\end{bmatrix}=0 \tag{7.61}$$

其矩阵形式为：

$$\boldsymbol{AX}+\boldsymbol{l}=0 \tag{7.62}$$

则在 $\boldsymbol{V}^{\mathrm{T}}\boldsymbol{WV}$ 为最小值时有：

$$\boldsymbol{X}=(\boldsymbol{A}^{\mathrm{T}}\boldsymbol{WA})^{-1}\boldsymbol{A}^{\mathrm{T}}\boldsymbol{Wl} \tag{7.63}$$

式中，$\boldsymbol{W}$ 为权阵。

P 点的坐标为：

$$\begin{cases}X_P=X_P^0+\mathrm{d}X\\ Y_P=Y_P^0+\mathrm{d}Y\\ Z_P=Z_P^0+\mathrm{d}Z\end{cases} \tag{7.64}$$

以上空间交会解算过程中，需要注意如下几个问题：

(1) 参与平差计算的观测边

对于第 i 条观测边 S_i，若定位时存在 m 次观测，则最终的观测边需要由基于 2σ 原则粗差剔除后所有边的平均值给出。

(2) 权值 W 的给定

W 可根据观测精度和距离两种方式给定。

边 S_i 的精度由(1)中质量控制后所有有效边的统计参数给出，如中误差 σ。若取所有观测边 $S_i(i=1, 2, \cdots, n)$ 对应 σ_i 中值 $\mathrm{mid}\{\sigma_1, \sigma_2, \cdots, \sigma_n\}$ 作为单位权中误差 σ_0，

则据此定义 $W_i = \sigma_{0i}/\sigma_0$。

若测量水域水文条件稳定，综合测距精度与距离相关，则 W 可根据测距长度来确定。定义 1km 测距精度为单位权中误差，则 $W = 1/S_i$。

(3) 迭代计算

为提高最终跟踪定位精度，P 点位置的确定采用迭代处理。即用于式(7.60) 中线性化的 P 点初值采用上一次平差定位的结果。当两次定位结果小于设定限差时，终止迭代。一般情况下迭代 4 次后，相邻两次迭代所得点位均能满足设定限差。因此，为避免因观测距离异常产生的无终止迭代问题，计算过程中，可设置最大迭代次数为 5 次。

基于式(7.63) 平差模型，则有：

$$\boldsymbol{Q}_{XX} = (\boldsymbol{B}^{\mathrm{T}}\boldsymbol{W}\boldsymbol{B})^{-1} \tag{7.65}$$

设 u^2 为单位权方差，则点位误差的方差为：

$$\boldsymbol{M}_p^2 = u^2\mathrm{tr}(\boldsymbol{Q}_p) = u^2\mathrm{tr}(\boldsymbol{Q}_{XX}) \tag{7.66}$$

目标的点位 P 精度可采用误差椭球来反映，误差椭球三轴长度可根据下式来计算：

$$|\boldsymbol{Q}_{XX} - \lambda\boldsymbol{I}| = 0 \tag{7.67}$$

解求式(7.67) 三个特征值 λ_1、λ_2 和 λ_3，并单位化得到向量 $\boldsymbol{\eta}_1$、$\boldsymbol{\eta}_1$ 和 $\boldsymbol{\eta}_3$，其转置也即向量的方向余弦。

3. 平面交会

现代 LBL 的收发器和阵元应答器多内置压力传感器，可以获得精确的深度值，即阵元深度和目标深度为已知值，根据深度信息，将上文中的三维空间观测距离转换为平面距离，在平面坐标系下交会计算目标位置。

若收发器与阵元间实测空间距离为 S_i，各自的深度值分别为 Z_T 和 Z_R，则两传感器间深度值差$\Delta Z = Z_T - Z_R$，两点间的平距 s_i 为：

$$s_i = \sqrt{S_i^2 - (\Delta Z_i)^2} \tag{7.68}$$

根据式(7.68) 提供的收发器与各阵元间平距，可以构建如下观测方程：

$$(X - X_i)^2 + (Y - Y_i)^2 = s_i^2 \tag{7.69}$$

式中，$i = 1, 2, \cdots, n$。

将式(7.69) 线性化得：

$$\mathrm{d}s_i = \frac{X_0 - X_i}{s_i}\mathrm{d}X + \frac{Y_0 - Y_i}{s_i}\mathrm{d}Y + l_i \tag{7.70}$$

式中，

$$l_i = s_i^0 - s_i,\ s_i^0 = \sqrt{(X_0 - X_i)^2 + (Y_0 - Y_i)^2}$$

向量$\overrightarrow{P_iP}$ 的方向余弦$(\cos\alpha_i,\ \cos\beta_i)$ 为：

$$\cos\alpha_i = \frac{x_0 - x_i}{s_i},\ \cos\beta_i = \frac{y_0 - y_i}{s_i} \tag{7.71}$$

将式(7.71) 代入式(7.70)，得

$$\mathrm{d}s_i = \cos\alpha_i\mathrm{d}x + \cos\beta_i\mathrm{d}y + l_i \tag{7.72}$$

对 n 条测距边有：

$$\begin{bmatrix} \cos\alpha_1 & \cos\beta_1 \\ \vdots & \vdots \\ \cos\alpha_n & \cos\beta_n \end{bmatrix} \begin{bmatrix} \mathrm{d}X \\ \mathrm{d}Y \end{bmatrix} + \begin{bmatrix} l_1 \\ \vdots \\ l_n \end{bmatrix} = 0 \tag{7.73}$$

即有

$$\boldsymbol{AX} + \boldsymbol{l} = \boldsymbol{0} \tag{7.74}$$

解得

$$\boldsymbol{X} = (\boldsymbol{A}^{\mathrm{T}}\boldsymbol{WA})^{-1}\boldsymbol{A}^{\mathrm{T}}\boldsymbol{Wl} \tag{7.75}$$

从而可得 P 点坐标为：

$$\begin{cases} X_p = X_0 + \mathrm{d}X \\ Y_p = Y_0 + \mathrm{d}Y \end{cases} \tag{7.76}$$

再将求得的 P 点坐标作为初始坐标，通过迭代即可计算出满足精度的 P 点坐标。基于式(7.72)平差模型，有

$$\boldsymbol{Q}_{XX} = (\boldsymbol{B}^{\mathrm{T}}\boldsymbol{WB})^{-1} \tag{7.77}$$

设 u^2 为单位权方差，则基于式(7.66)可得点位误差的方差 M_P^2。目标的点位 P 精度可采用误差椭圆来反映，误差椭圆的长、短半轴可根据类似式(7.67)来计算，得到其两个特征值 λ_1、λ_2，并单位化得到向量 $\boldsymbol{\eta}_1$、$\boldsymbol{\eta}_2$，其转置也即向量方向余弦。

7.4.5　LBL 导航实例

在水深为60m左右的某水域海底布设了5个海底控制点，圆校准绝对测量与海底相对测量相结合的测量方法实现了海底控制点坐标的确定。借助这5个控制点，对船载换能器(模拟AUV/ROV)开展了二维交会定位。图7-31显示了控制点的分布以及走航轨迹。

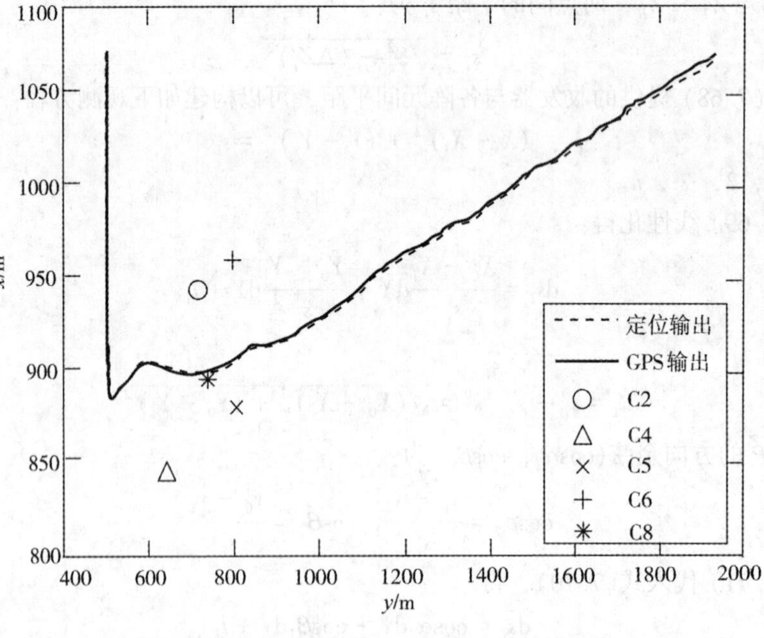

图7-31　交会定位结果与RTK定位结果的比较

为了检验二维走航定位的精度，在测量船上安装了 GPS 接收机，开展了 RTK 实时定位测量。LBL 二维交会定位结果与 RTK 导航定位结果如图 7-31 所示。从图中可以看出，二维平差方法跟踪定位轨迹与 RTK 提供的轨迹基本一致。可以发现，在基阵网上方区域所得轨迹曲线与 RTK 轨迹均具有较好的一致性，但随着远离基阵网，定位精度均不同程度地降低，与 RTK 的轨迹线出现了偏差。以上现象表明：位于基阵网内的定位精度要高于基阵网外的精度，且随着远离基阵网距离的增大，定位误差随之降低。

7.5 导航定位误差分析

无论是 USBL 还是 LBL，按其定位原理，其精度主要受参考点或水下控制点精度 σ_{RP} 和导航定位精度 σ_P 两部分影响。

$$\sigma = \sqrt{\sigma_{RP}^2 + \sigma_P^2} \tag{7.78}$$

按照作业原理，其精度受 GPS 定位精度 σ_{GPS}、辅助参数测量精度（包括罗经精度 σ_{Gyro}、姿态传感器精度 σ_{MRU}）、声速测量精度 σ_{SVP}、安装校准补偿不彻底引起的定位误差 σ_{Cali}、测量噪声 σ_{noise}、声学测量误差 σ_a 等影响。

$$\sigma = \sqrt{\sigma_a^2 + \sigma_{Gyro}^2 + \sigma_{MRU}^2 + \sigma_{GPS}^2 + \sigma_{SVP}^2 + \sigma_{Cali}^2 + \sigma_{noise}^2} \tag{7.79}$$

为提高 LBL/USBL 声学导航定位的精度，尽可能地减小各种误差对定位精度的影响，下面分别对这两个系统的导航定位误差进行讨论。

7.5.1 USBL 导航定位误差

1. 声学导航系统误差

(1)系统误差

系统误差是由固定或按一定规律变化的因素引起的，在相同的测量条件下，这一规律可重复地表现出来，原则上可以用函数或曲线加以表示。一般认为声学导航系统的误差包括：声速测量误差 Δc、基阵安装误差 Δd、声波波长误差 $\Delta\gamma$ 和声线弯曲导致的相位测量误差 $\Delta\varphi$。

Δd 和 $\Delta\gamma$ 由声学导航系统设备本身的设计参数所决定，在此不予以讨论。目前声速误差通常可以控制在 0.1%距离以内，因而影响不大。但由声线弯曲引起的相位测量误差大小取决于作业区的声速结构，主要是由声传播路径中水体的温密变化引起的。一般情况下，在夏秋两季，声线存在明显弯曲，而且弯向海底并经海底反射，声能被大量损耗，传播条件较差；而在冬季，由于声速上下层相差不大，声线弯曲较小，且弯向海面，海面反射的损耗远比海底小，声能传播较远，测量精度也较高。这类误差在夏季影响最严重时可达 2%以上，而在冬季只有 0.2%。由于声速剖面在时间和空间上的可变性，为了保证精度，必须使用实地、实时的声速剖面，不能使用历史声速剖面资料。

声波在经过不同声速之间的界面时遵循 Snell 折射定律，入射角度越大，折射角越大，因此，只有水下目标在换能器阵的正下方即入射角为 0 时才可以不考虑声线弯曲的影响，在工作过程中可以将船体引至水下应答器的正上方附近测量，避开声线弯曲造成的误差。随着入射角的增大，$\Delta\varphi$ 迅速增大，只有当入射角小于30°时才可用于高精度定位。

(2)随机误差

随机误差主要包括测时误差和测相误差。

测时误差由时钟误差和脉冲前沿测量误差组成。时钟误差非常小，可以不考虑；而脉冲前沿测量误差是由海洋噪声引起的，与信噪比有关。受噪声影响的相位测量误差和时间测量误差，其测量值 φ_x、φ_y、φ_t 都服从正态分布，表现出随机特性。所以随机误差主要由噪声引起，其均方差用 $\sigma_{\varphi x}$、$\sigma_{\varphi y}$、$\sigma_{\Delta t}$ 表示。

Cramer-Rao 下界是离散随机信号处理理论中的重要方法，通过 Cramer-Rao 下界判断估计值的最优性，可以得到：

$$\sigma_{\Delta t} = \frac{1}{B\sqrt{\mathrm{SNR}}} \tag{7.80}$$

式中，B 为基阵可接收的信号带宽(Hz)，SNR 为信噪比。

从式(7.80)可看出，测时误差与信噪比的平方根和信号带宽成反比，提高信噪比和信号带宽能有效地减少海洋噪声对测量结果的影响，利用匹配滤波技术可以达到最好的测时精度。

同样，通过 Cramer-Rao 下界判断估计值的最优性，可以得到：

$$\sigma_{\phi x} = \frac{1}{\sqrt{\mathrm{SNR}}},\ \sigma_{\phi y} = \frac{1}{\sqrt{\mathrm{SNR}}} \tag{7.81}$$

由式(7.81)可以看出，测相误差也与信噪比的平方根成反比，改善测相精度的有效方法就是提高信噪比，采用较低的频率和采用宽带信号比较有利。因此，水声信号传播过程中噪声越大，测量的随机误差就越大。提高信噪比可有效地减少海洋噪声对测量结果的影响，提高整个系统的性能。

采取各种措施对噪声源进行抑制并降低噪声是提高信噪比的主要方法之一。

噪声根据来源可分为海洋环境噪声和舰船噪声两种，海洋环境噪声来源主要是海面的波浪产生的空化噪声，舰船噪声来源主要是机械噪声、水动力噪声和螺旋桨噪声。选择流线型的测量船和换能器，选择低噪音的发动机，增大换能器吃水深度，在低风速时，采用较低的船速都可以有效地降低海洋噪声，提高信噪比。

(3)误差及其消除

根据测量误差理论，在测量中应该尽量消除或削弱系统误差的影响，使随机误差成为总误差的主要组成部分。但是系统误差在实际测量过程中是普遍存在的，完全消除是不可能的，只能最大限度地削弱其影响。

根据系统误差和随机误差的分析，水声定位误差主要源于系统的测相、测时和声速测量。系统误差中的相位测量误差和声速测量误差，均是由于深水作业时不同区域、不同深度的声速曲线不同引起的，有必要根据声速剖面仪提供的声速变化对声速曲线进行修正，以减少声速测量带来的系统误差。随机误差中的测时误差和测相误差，主要受信噪比的影响，较高的信噪比能带来更好的测量精度，可直接提高整个系统的性能。

就水声定位系统中的超短基线定位系统而言，应通过声速校准补偿，尽量减少系统误差部分的影响，使噪声引起的随机误差成为整个水声定位误差的主要来源。一般认为，当系统误差小于随机误差的 20%～30%时，系统误差可以忽略不计。

已有文献表明，若测向精度达到 0.2°，应答器工作频率为 20kHz，水听器阵间距 d 为 40cm，则航向和姿态传感器测量精度需达到 0.1°，信噪比需高于 12dB，声速测量精度应优于 0.1%，阵元位置精度需达到 1mm 量级。

目前市场上占有率较高的 USBL 有 Sonardyne、Kongsberg Simrad 和 IXSea Gaps，表 7-1 给出了不同作用距离下各设备导航定位精度的标称指标。

表 7-1　**长距离高精度超短基线系列**

仪器	型号	定位精度 斜距(%)	距离精度 (m)	角度精度 (°)	最大测程 (m)
Simrad	HiPAP 350P	0.30	0.3	0.18	3000
	HPR 410P	2.00	0.2	0.4	1000
Sonardyne	Fusion	0.27	0.2	0.2	7000
	Scout+	2.75	0.2	0.8	500
IXSea	Gaps	0.20	0.2	0.12	4000
ORE	Track Piont3 (未考虑姿态)	0.50	0.3	—	500
AAE	EasyTrak	2.50	0.1	0.8	1000

2. 辅助设备精度

GPS RTK 动态下可提供 1cm ± 1 ppm 的平面定位精度，远高于声学导航定位精度，可为船载声学单元提供厘米级的地理坐标系下的绝对坐标 。

光纤陀螺罗经与姿态参考系统，可同时提供方位和姿态参数，启动后系统稳定时间很短，动态精度高且没有速度误差，大大提高了测量的精度和准确性。动态模式下航向角测量精度为 0.1°，纵摇和横摇角测量精度为 0.01°。

目前声速剖面声速测量精度可达 0.25m/s，约为海水平均声速的 0.02%。

上述设备测量精度一般超过水声设备定位精度一个数量级，满足了定位的精度要求。

7.5.2　LBL 导航定位误差

影响 LBL 定位的误差源按影响特性分为偶然误差、系统误差和粗差三类，各类误差包含的误差源如表 7-2 所示。

表 7-2　　　　　　　　　　　　**影响 LBL 定位的主要误差源**

偶然误差	系统误差	粗差
①测时误差 ②MRU 姿态误差 ③罗经方位测量误差 ④压力传感器测量误差	①声速测量误差及代表性误差 ②GNSS 定位误差 ③MRU 安装偏差 ④罗经安装偏差 ⑤潮汐改正误差 ⑥时延测量误差	①错误的时延测量值 ②异常的 GNSS 定位解 ③海底基阵变动 ④多路径效应 ⑤声呐底部检测失败

上述误差中，偶然(随机)误差影响可采用数据处理方法来削弱。对于系统误差，如声速误差，可使用声速剖面仪 SVP 精确测量，进而利用声速剖面进行声线修正；声速代表性误差可通过构建声速场来削弱；GNSS 定位误差会引起船载收发器绝对位置精度偏低，导致起算基准存在偏差，给校准获得的海底基阵位置计算产生系统性影响，可采用高精度 GNSS 定位技术，如 RTK/PPK/PPP，通过提高定位精度来削弱；罗经和 MRU 安装偏差会导致船载收发器位置计算产生系统性偏差，从而给海底基阵带来系统性偏差，可采用外部测量方法精确校准来削弱其影响；潮汐改正模型误差会导致海底基阵阵元在垂直方向整体出现“上抬”或“下沉”现象，可利用 GNSS 潮位或常规验潮方法提高其精度。时延测量误差会导致距离“测长”或“测短”现象，为此需选用高性能测时设备精确测量。粗差影响除采用严格的观测流程消除外，还可采用前述统计学方法来消除。

第 8 章　海洋匹配导航

海洋匹配导航是一种新型、自主海洋导航定位方法，借助海洋几何要素（如海底地形/地貌）或海洋物理要素（重力/磁力），通过实测要素与背景场要素匹配，从背景场中获得载体当前位置，从而实现海洋导航定位。匹配导航包括实测要素序列、背景场和匹配算法三个基本单元。匹配导航是一种辅助导航，常与惯导系统（INS）组合，形成组合导航系统。组合导航系统中匹配导航主要用于削弱 INS 的积累误差，而 INS 则为匹配导航提供当前载体的概略位置和匹配搜索空间。

8.1　地球重力场和磁场

地球除了其形状和大小等几何特征外，还同时具有物理特性。地球重力场和磁场就是其中最重要的两种物理特性。

8.1.1　地球重力场

地球外部重力场是大地测量中绝大多数观测量的参考系，因此，为了将观测量归算到由几何定义的参考系中，必须先获得重力场数据。假如地面重力值分布情况已知，那么可以结合大地测量中的其他观测量来确定地球表面的形状。

1. 地球引力、离心力及重力

位于地球表面或地球附近的质点 A 会受到地球引力 F 及该点随地球一起自转所产生的离心力 P 的作用（见图 8-1）。

两者的合力称为重力 g，方向是铅垂线的方向。

$$g = F + P \tag{8.1}$$

引力 F 是由地球形状及其内部质量分布决定的。可近似认为地球密度按球形分布，则引力指向地心方向。由万有引力定律可得：

$$F = G\frac{Mm}{r^2} \tag{8.2}$$

式中，M 为地球质量，m 为质点质量，G 为万有引力常数，r 为质点 A 到地心的距离。

离心力 P 位于质点 A 且垂直于地球自转轴平面上，其大小为

$$P = m\omega^2\rho \tag{8.3}$$

式中，ω=7. 292115rad/s 为地球自转角速度，ρ 为质点 A 到地球自转轴之间的距离。

2. 地球引力位、离心力位及重力位

若质点 A 的质量为单位质量；在地球引力场中将质点 A 沿着一定方向移动一段距离

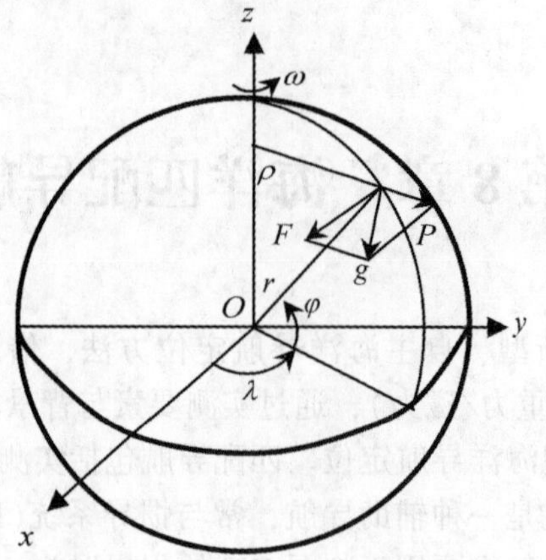

图 8-1　地球重力、引力及离心力

dr，需要做功 dA：

$$dA = G\frac{M}{r^2}dr \tag{8.4}$$

其位能变化值为：

$$dV = -G\frac{M}{r^2}dr \tag{8.5}$$

两边积分可得：

$$\Delta V = \int_r^{r+dr} dV = G\frac{M}{r + dr} - G\frac{M}{r} \tag{8.6}$$

若将质点移到无穷处，可得质点的引力位：

$$V_r = G\frac{M}{r} \tag{8.7}$$

上式中假设地球是一个密度成球形分布的圆球，然而实际上地球是一个形状不规则的物体，其质量分布不规则，因而地球引力位的形式十分复杂。借助球谐函数来逼近地球引力场，可得空间任意一点的引力位

$$V(r, \lambda, \varphi) = \frac{GM}{r}\left[1 + \sum_{n=1}^{\infty}\sum_{m=0}^{n}\left(\frac{a}{r}\right)^n P_{nm}(\sin\varphi)(C_{nm}\cos m\lambda + S_{nm}\cos m\lambda)\right] \tag{8.8}$$

式中，r、λ、φ 表示空间点位置的三个参数；r 为某点至地心距离；λ、φ 为该点的地心经、纬度；a 为地球椭球长半径；$P_{nm}(\sin\varphi)$ 为缔合勒让德函数；C_{nm} 和 S_{nm} 为球谐函数系数。

采用同样的方法可得离心力位 Q：

$$Q = \frac{\omega^2}{2}(x^2 + y^2) \tag{8.9}$$

式中，$x = r\cos\varphi\cos\lambda$，$y = r\cos\varphi\sin\lambda$。

地球重力位 W 为地球引力位 V 和离心力位 Q 之和：

$$
\begin{aligned}
W &= V + Q \\
&= \frac{GM}{r}\left[1 + \sum_{n=1}^{\infty}\sum_{m=0}^{n}\left(\frac{a}{r}\right)^{n} P_{nm}(\sin\varphi)(C_{nm}\cos m\lambda + S_{nm}\cos m\lambda)\right] + \frac{\omega^2}{2}(x^2 + y^2) \quad (8.10)
\end{aligned}
$$

在空间所有重力位数值相同的点所组成的一个封闭曲面称为重力等位面，也叫水准面，水准面处处与垂线垂直。

3. 地球重力场在导航中的作用

水下潜器由于无法接收到卫星信号而不能依靠卫星导航。若我们能事先测定海洋地区的地球重力场，那么水下潜器就有可能依据实际测定的重力及其变率等资料来确定自己的位置进行导航。

8.1.2 地球磁场

地球周围存在磁场，称为地磁场。地磁场有大小和方向，是矢量场。地磁场分布广泛，从地核到空间磁层处处存在。

1. 地磁要素及其分布特征

地球表面任何一点的地磁场均可用图 8-2 表示。

取 x 轴沿地理子午线的方向；y 轴沿纬圈方向，并规定 x 轴向北、y 轴向东的方向为正，z 轴的方向是从上向下，向下为正；T 为地球磁场总强度；H 为水平强度；Z 为垂直强度；X 为 H 的北向分量；Y 为 H 的东向分量；D 表示地理子午面与磁子午面之间的夹角，称为磁偏角；I 为磁倾角，向下为正，向上为负。T、H、Z、X、Y、D、I 七个物理量称为地磁要素。地磁要素中只有三个是独立的，用三个独立地磁要素可以推求出其他的地磁要素。

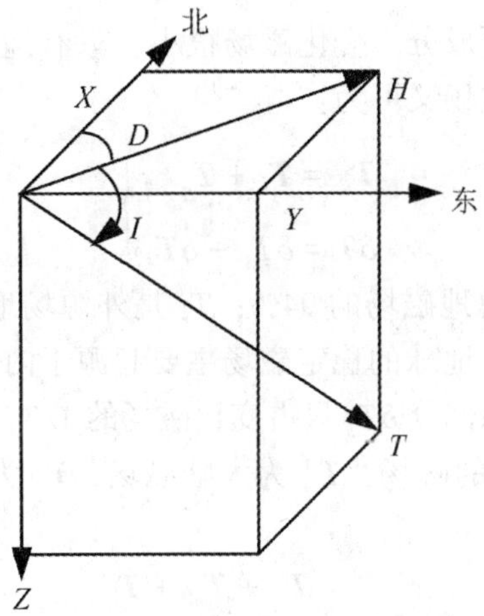

图 8-2 地磁场的表示

由图 8-2 可知：

$$\left.\begin{aligned}&X=H\cos D,\ Y=H\sin D,\ Z=H\tan I\\&H^2=X^2+Y^2\\&T^2=H^2+Z^2\\&T=H\sec I=Z\csc I\\&\tan D=\frac{Y}{X}\end{aligned}\right\}\tag{8.11}$$

在理论计算中，最常用又最适用的是地磁要素 X、Y、Z。但在实际观测中，目前只有 I、D、H、Z 及 T 的绝对值能够直接测量。

用于表示各地地磁要素分布情况的地图称为地磁图。在水平或垂线方向移动一个单位地磁要素的变化值称为地磁要素梯度。各地磁要素梯度值可以由各要素关系式理论计算得出，也可由磁力梯度仪直接观测得到。

地磁场具有如下特征：

①地球有两个磁极，且与地理极靠近。在磁极上磁倾角等于±90°，水平分量为零，垂直分量达最大值，磁偏角无一定值。

②在磁子午线上，水平分量达最大值，垂直分量等于零，磁倾角等于零。

③水平分量除极地附近外，均指向北。垂直分量在北半球指向下，在南半球朝上。

④磁倾角是随纬度变化的，两极处的磁场强度为赤道处的两倍左右。

⑤上述特征，如将某些不规则部分略去，地磁场同一个均匀磁化球体磁场或一个中心磁偶极子磁场十分相似，其磁化是不对称的，磁轴与地球自转轴不重合，交角 $\theta=11.5°$。

2. 地磁场的构成

地球总磁场 $\boldsymbol{T}$ 是由两种性质不同的磁场组成，即稳定磁场 $\boldsymbol{T}_\omega$ 和变化磁场 $\delta\boldsymbol{T}$。

$$\boldsymbol{T}=\boldsymbol{T}_\omega+\delta\boldsymbol{T}\tag{8.12}$$

稳定磁场是地磁场的主要成分。变化磁场很小，只有地磁场总强度的 2% ~ 4%，最大的变化磁场是磁暴。稳定磁场又可为：

$$\left.\begin{aligned}\boldsymbol{T}_\omega&=\boldsymbol{T}_i+\boldsymbol{T}_e\\\delta\boldsymbol{T}&=\delta\boldsymbol{T}_i+\delta\boldsymbol{T}_e\end{aligned}\right\}\tag{8.13}$$

式中，$\boldsymbol{T}_i$ 是地球内源场，占总地磁场的 94%；$\boldsymbol{T}_e$ 是外源场地磁场，约占总地磁场的百分之几，且场源不清楚。因此，地球的稳定磁场主要起源于内部磁源。变化磁场 $\delta\boldsymbol{T}$ 也由内源和外源两部分组成。但内源部分 $\delta\boldsymbol{T}_i$ 只占变化磁场的 1/3，外源部分 $\delta\boldsymbol{T}_e$ 约占 2/3。

若设 $\boldsymbol{T}_0$ 为均匀磁化球体的磁场，$\boldsymbol{T}_m$ 为大陆磁场，$\boldsymbol{T}_a$ 为异常磁场，则内源磁场可表示为：

$$\boldsymbol{T}_i=\boldsymbol{T}_0+\boldsymbol{T}_m+\boldsymbol{T}_a\tag{8.14}$$

3. 地磁场的表示

地球磁场的表示即建立地磁场各分量强度与地面点坐标(经度、纬度）之间的关系。根据 N. 西蒙诺夫 1835 年提出的理论，我们可以假设地球磁场是一个磁轴通过地球中心的均匀磁化球体磁场。依磁位公式

$$U=-(\boldsymbol{J}\cdot\mathrm{grad}\boldsymbol{G})$$

则有

$$U=\frac{V}{\boldsymbol{r}^{3}}(\boldsymbol{J}\cdot\boldsymbol{r})=\frac{\boldsymbol{M}\cdot\boldsymbol{r}}{\boldsymbol{r}^{3}} \tag{8.15}$$

式中，$\boldsymbol{M}$为磁矩，$\boldsymbol{J}$为磁化强度，$\boldsymbol{r}$为球心至外部点P的矢量。

下面不加推导地给出地磁分量的解析表示：

$$\begin{cases}Z=-\dfrac{\partial U}{\partial r}=\displaystyle\sum_{n=1}^{\infty}\sum_{k=0}^{n}(n+1)\left(\frac{R_E}{r}\right)^{n+2}(g_n^k\cos k\lambda+h_n^k\sin k\lambda)P_n^k(\cos\theta)\\ X=-\dfrac{1}{r}\dfrac{\partial U}{\partial\theta}=-\displaystyle\sum_{n=1}^{\infty}\sum_{k=0}^{n}(g_n^k\cos k\lambda+h_n^k\sin k\lambda)\left(\frac{R_E}{r}\right)^{n+2}\frac{\mathrm{d}P_n^k(\cos\theta)}{\mathrm{d}\theta}\\ Y=-\dfrac{1}{r\sin\theta}\dfrac{\partial U}{\partial\lambda}=\displaystyle\sum_{n=1}^{\infty}\sum_{k=0}^{n}k(g_n^k\sin k\lambda-h_n^k\cos k\lambda)\left(\frac{R_E}{r}\right)^{n+2}\frac{P_n^k(\cos\theta)}{\sin\theta}\end{cases} \tag{8.16}$$

式中，R_E为地球平均半径；$\theta=90°-\varphi$，φ为地理纬度；λ为地理经度；g_n^k、h_n^k为n阶k次高斯球谐系数。

8.2 背景场及匹配要素测量及其数据处理

8.2.1 水下地形测量

1. 测量方法

海底地形匹配导航中，背景场和实测地形数据均需借助测深系统来获取。测深系统可分为单波束测深系统和多波束测深系统。

单波束测深系统也称单波束回声测深系统。回声测深是利用声波在水中的传播特性来测量水体深度的技术。声波在均匀介质中作匀速直线传播，在不同介面上产生反射，利用这一原理，选择对水的穿透能力最佳频率的超声波，从换能器活性面向海底垂直发射声信号，并记录从声波发射到接收信号的传播时间，通过模拟法或直接计算，确定水体的深度。

若声波在海水中传播速度为C，传播时间为t，则换能器活性面到水下测点的深度H为：

$$H=\frac{Ct}{2} \tag{8.17}$$

多波束回声测深系统是在单波束回声测深仪的基础上发展起来的，该系统在与航迹垂直的平面内一次能够给出数十个乃至上百个测深点，获得一条具有一定宽度的全覆盖水深条带，能够精确快速地测出沿航线一定宽度范围内水下目标的大小、形状和高低变化，从而可精确地描绘出海底地形的精细特征，如图8-3所示。

2. 测深数据处理

测深数据处理主要包括声速改正、归位计算和潮位改正三大部分。

(1)声速改正

水深数据处理首先需要进行声速改正，即获得正确的声线传播轨迹以及波束在海底投

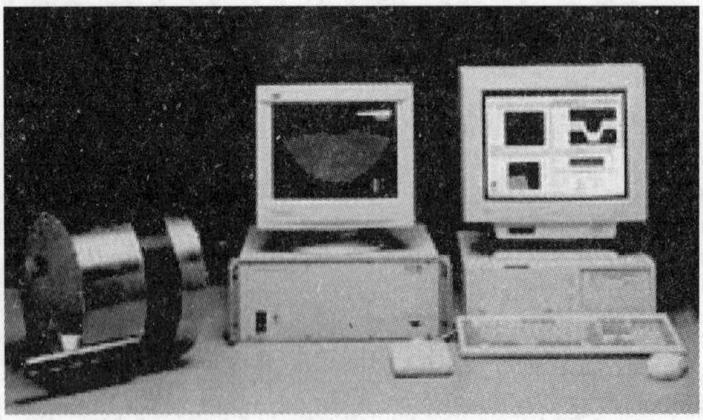

图 8-3　Seabat 8101 多波束回声测深系统

射点的位置。因此，声线跟踪不但是一个声速改正过程，也是波束海底投射点在船体坐标系下坐标的归位计算过程。

对于单波束而言，波束垂直入射，声线不存在弯曲折射，但声速的不准确会给深度计算带来偏差。

$$\Delta H_c = H_S\left(\frac{C_0}{C_m} - 1\right) \tag{8.18}$$

式中，输入声速为 C_m，测量水深为 H_S，实际声速为 C_0。

对于多波束，一次测量(ping)的扇面内波束除中央波束是垂直入射(入射角 θ 为 0)外，其他波束的入射角均不等于 0。根据 Snell 法则，波束在传播过程中存在折射现象，需要借助声速剖面，采用层追加思想，通过声线跟踪，获得每个波束在载体坐标系下的坐标。声线跟踪采用基于层内常声速下(声速梯度 $g=0$)的声线跟踪方法，该方法已在 7.4.3 中介绍，这里不再赘述。

(2)测点地理坐标计算

声速改正或声线跟踪获得的测点平面位置是相对测深系统换能器的，即波束的载体坐标系统，为了获得测点相对地理坐标系下的绝对坐标，需要对其进行坐标转换。

对于单波束测深系统来说，波束是垂直发射的，因此换能器的地理坐标就是水下测点的地理坐标。换能器的地理坐标可以根据载体的地理坐标获得。对于多波束，要把波束在海底投射点的载体坐标转换为地理坐标，则需借助航向 A 结合换能器地理坐标 $(X, Y, Z)^T$ 获得。

$$\begin{bmatrix} X \\ Y \\ Z \end{bmatrix}^p_{\mathrm{GRF}} = \begin{bmatrix} X \\ Y \\ Z \end{bmatrix}^T_{\mathrm{GRF}} + R(A)\begin{bmatrix} 0 \\ y \\ z \end{bmatrix}^p_{\mathrm{VFS}} \tag{8.19}$$

式中，下角标 GRF 代表地理参考框架下的坐标，下角标 VFS 代表载体坐标系下的坐标；上角标 p 代表水下测点，上角标 T 代表换能器处的坐标。

(3)潮位改正

实际测量中，载体的垂直运动包括了载体操纵引起的上下运动以及潮汐因素引起的海面升降。因此，实测水深随时间变化而变化，是时变的，而海床地形却是不变的。根据时变的海面对时变的水深进行改正，可以得到不变的水下地形。这个过程即潮位改正。

设 t 时刻潮位为 H_s，水深为 D，则海底点高程 H_p 为：

$$H_p = H_s(t) - D(t) \tag{8.20}$$

式中，水深 $D(t)$ 反映了 t 时刻水面质点到海底投射点的垂直距离，由两部分组成，即潜航器的深度 z_V 和潜航器到海底投射点的垂直距离 z，前者可以借助安装在潜航器上的压力式传感器获得，后者可根据声线跟踪获得。

$$D(t) = z_V(t) + z(t) \tag{8.21}$$

3. 海床地形描述

获得了每个测点在地理坐标框架下坐标和海洋深度基准下的深度后，借助这些离散点便可构建海床地形背景场，以用于海床地形的描述和后续匹配导航的应用。海床地形背景场可借助数据格网化法来描述。根据给定分辨率，结合测区的形状，将整个测区按照分辨率划分成格网，并为每个格网节点赋予高程。格网节点深度根据其周边测点深度通过距离加权内插获得。内插采用的测点应位于半径为格网边长 1/2 长度的圆周内，如图 8-4 所示。

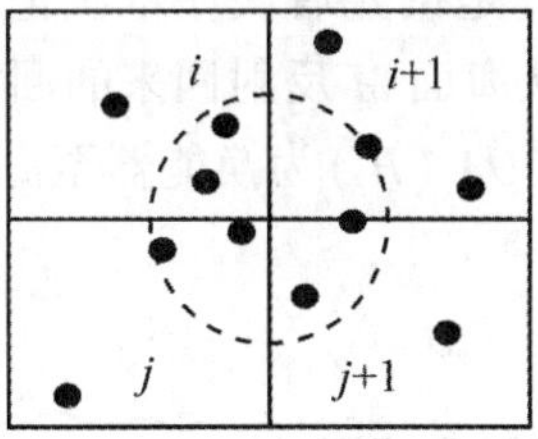

图 8-4 格网节点内插

若圆周内测点的个数为 m 个，测点距离内插点(圆心)的距离分别为 $d_i(i=1, 2, 3, \cdots, m)$，对应的高程或深度为 $h_i(i=1, 2, 3, \cdots, m)$，则节点的深度 h 为：

$$h = \frac{1}{P}\sum_{i=1}^{m} h_i p_i \tag{8.22}$$

其中，$p_i = \dfrac{1}{d_i}$，$P = \sum_{i=1}^{m} p_i$。

获得格网节点深度后，整个海床地形就可以格网数据的形式来表示，数据也可采用类似图像的方式进行存储，并以之作为水下地形匹配导航的背景场。

8.2.2 水下地貌图像测量

1. 测量方法

海底地貌图像目前主要借助侧扫声呐来获取。侧扫声呐的水平波束宽度很窄(1°~2°)，垂直波束宽度很宽(40°左右)，以这样的波束对海底扫描。海底测绘用的是双侧扫声呐，将两个换能器装在称为"鱼"形或流线型的拖曳体内，为了获得最佳效果，拖曳体离海底的深度是可调的。图 8-5 表示测量船通过拖曳电缆，将地貌仪换能器基阵拖鱼拖曳在离船尾一定距离和深度上进行测量的情形。拖曳式测量远离工作船，大大降低了干扰；工作稳定，不受船摇摆俯仰影响；获得了良好的传播条件；增加了空化阀。

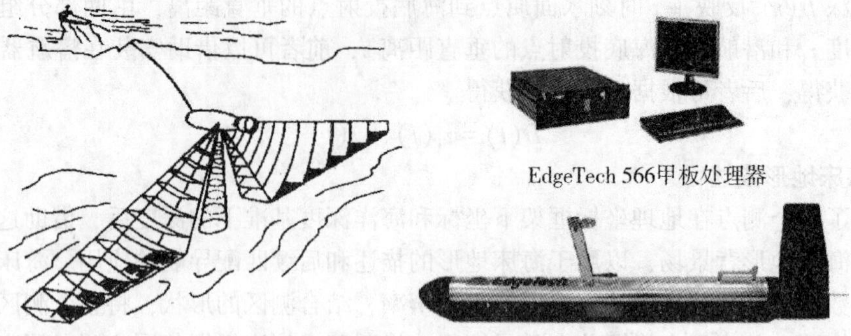

图 8-5　侧扫声呐系统的组成示意图

侧扫声呐换能器收到海底各点回波的时间有先后之分，故记录器在对一次声波脉冲发射过程中的各点回波进行记录时，是按先后次序依次记录在一条横线上的。如图 8-6 中，O 为零位线，M 为海面线，它是从海面 M 反射回来的回波信号记录线，OM 为换能器吃水深度，A 为海底回波信号记录线，OA（H_f）为换能器至海底的深度，C 为礁顶。

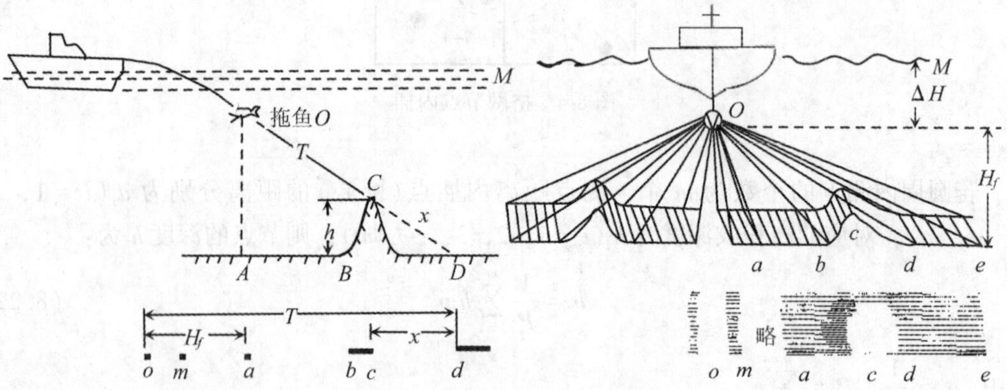

图 8-6　侧扫声呐系统成像原理

回波信号的强弱除与海底地貌的起伏、海底底质的性质等有关外，还与传播路径的远近有关。海底平坦处，回波信号的强度随距离增大而迅速减弱。为了使记录纸上记录信号的黑度变化只反映地貌的起伏，就必须消除回波记录黑度随距离衰减的现象，仪器为此设置了时间增益控制设备加以补偿，使得在相同底质且基本平坦的海底上，各处反向散射回波被接收机接收后，在记录纸上记录成一样的黑度。反过来讲，如果记录纸上是一条黑度相同的直线，则表示此段为平坦的海底。如果海底地貌起伏变化，则会引起回波强弱变化，在记录纸上则以浓淡不同的黑度表示出来。

如图 8-6 所示，海底有一障碍物(如暗礁、沉船等)。从 a 至 b 这一段海底基本是平坦的，由于接收机时间增益控制电路的补偿作用，a 至 b 线的黑度是均匀的。而隆起物正面 b 至 c 一段海底，由于声波的掠射角增大，反向散射回波强，记录 bc 段的黑度就加深了。过了 c 点以后，由于 Oc 和 Od 的斜距有一个突变，因而就有一段时间内没有回波信号，直到 d 点为止，cd 段在记录纸上就没有记录。再向前，de 段又是平坦海底，回波记录与 ab 段又一致了。这样，每一次声波发射的回波，在记录纸上记为一条横线。随着测量船向前航行，记录纸也在均匀移动，显然，在记录纸上就形成了由一条条横线构成的反映海底地貌起伏的平面图形，如图 8-6 所示。海底隆起物反映在记录纸上是左黑右白的图形，黑的部分是隆起物朝向测量船方向的正面，而白的部分是该隆起物背后的阴影。

对于海底凹陷部位（如沟或坑），没有回波，反映在记录纸上为白色；而朝向换能器的一侧，回波个数较多，且反向散射回波变强，反映在记录纸上为黑色。海底凹陷部位的地貌声图是先白后黑，白色"影子"的长短在一定条件下反映出凹陷部位的深浅程度。

2. 声呐图像处理

侧扫声呐原始测量成果为瀑布图像，应用瀑布图像之前，需对其进行海底追踪、灰度均衡、斜距改正、拖鱼位置归算等处理。

(1)海底追踪

当水体中悬浮物较少时，在瀑布图像中可以观察到，水柱与海底回波图像之间存在一条明显的界线，即所谓的海底线，它是由每行的第一个海底回波组成的强回波线。通常将确定每行第一个海底回波位置的过程称为海底追踪，如图 8-7 所示。一般情况下，左右两侧的海底线关于发射线对称，海底第一个回波都来自于拖鱼正下方，海底线与发射线的横向距离即为拖鱼至海底的高度。

海底线可借助振幅阈值法提取。在第一个海底回波返回之前，侧扫声呐的水听器仅能监听到微弱的噪声信号。当第一个海底回波到达之后，水听器接收到的信号会产生阶跃变化。因此，可以通过设置合适的阈值 T，按接收时间先后顺序，在回波序列中寻找首个强度 $\text{In}>T$ 的回波，认为该回波即为海底表面的第一个回波，该回波至拖鱼的距离即为拖鱼到海底高度。

(2)灰度均衡

侧扫声呐图像存在辐射畸变，主要表现为横向的灰度不均衡。其主要原因是声波随着传播距离增加而产生的扩展损失和吸收损失，远处回波的强度将明显低于近处的回波强度，回波信号如果不增益或增益不好，声呐图像在垂直于航迹方向上的灰度将极度不均衡。侧扫声呐图像灰度的均衡化方法主要采用时变增益法。

时变增益(TVG Time Varying Gain)主要用于侧扫声呐图像的实时横向均衡。其基本原理是利用经验公式来补偿侧扫声呐的回波随传播时间(距离)增加而产生的扩展损失和吸收损失。根据侧扫声呐的发射波束，考虑往返路程，侧扫声呐的回波补偿量 GL_r 可以写为：

$$GL_r = 30\lg r + \frac{2ar}{10^3} \tag{8.23}$$

式中，r 的单位为 km；当声波发射频率为 110kHz，吸收系数 a =29dB/km。

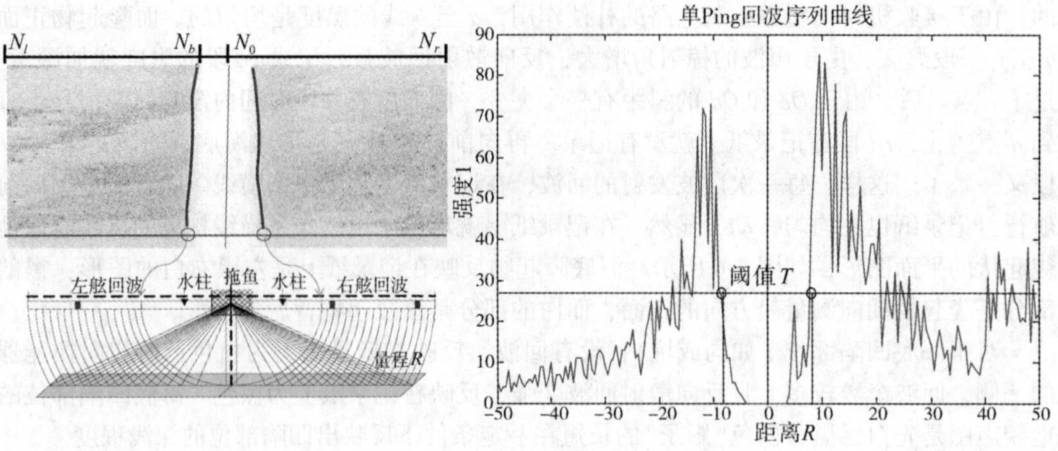

图 8-7　海底线及海底线追踪

(3)斜距改正

受斜距记录影响，侧扫声呐图像横向上存在倾斜几何畸变；水柱的存在，也导致拖鱼正下方目标被分离在两侧，因此，当侧扫声呐图像横向均衡化以后，还需要对侧扫声呐图像进行斜距改正。图 8-8 为瀑布图像的某 ping 回波，N 为每侧回波总采样个数，n_h 为海底第一个回波至发射线的斜距像素宽度，n_i 为当前回波至发射线的斜距像素宽度，该回波至海底第一个回波的平距像素宽度为：

$$n'_i = \sqrt{n_i^2 - n_h^2} \tag{8.24}$$

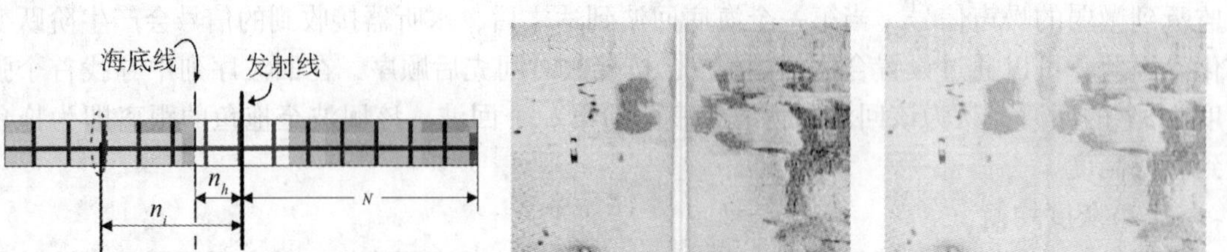

图 8-8　回波、海底线、拖鱼的位置关系以及斜距改正前后图像

3. 地貌图像背景场构建

瀑布图像经过斜距改正后，每行正中央像素理论上对应拖鱼正下方位置，根据拖鱼的位置，可以确定每行正中间像素的地理坐标，每行像素皆与拖鱼当前航向垂直，每个像素至中央的宽度均为平距。基于上述关系，可以计算每个回波在地理坐标下的位置，如图 8-9 所示。

获得了每个回波的地理坐标后，可在地理坐标系下对图像进行重采样，获得条带图像。由于每个条带均具有地理坐标，因此在地理坐标框架下可实现相邻侧扫声呐条带图像的拼接，形成大区域海底地貌图像，也即背景图像，如图 8-10 所示。

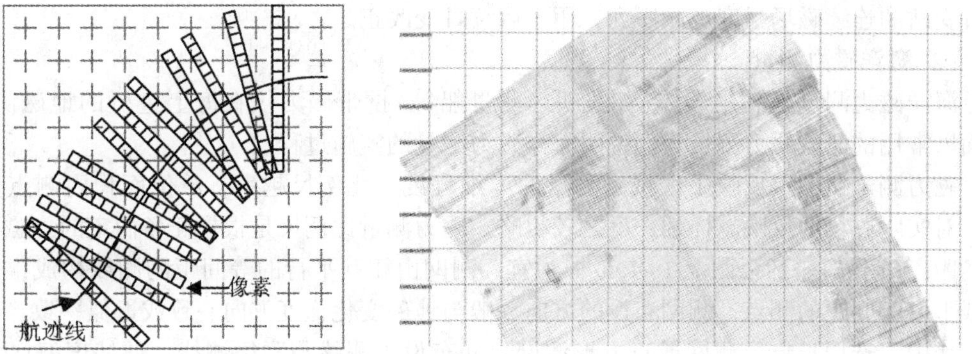

图 8-9　瀑布图像地理编码及编码后图像

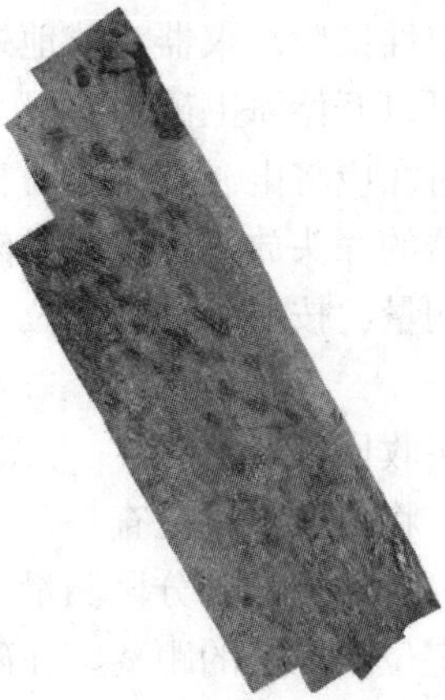

图 8-10　大区域海底地貌图像

8.2.3　海洋磁力测量

1. 测量方法

海上地磁测量多采用海洋磁力仪来实现。海洋磁力仪按照工作方式分为饱和式磁力仪、核子旋进磁力仪、海洋质子磁力梯度仪、光泵磁力仪或海上梯度仪。借助这些海洋磁力仪，可实施地磁日变观测和正常的海上磁力测量。

(1)地磁日变观测

地磁日变观测的目的在于获取区域内地磁的日变化量，用于海洋磁力测量中的日变改正。

在测区附近的陆地、岛礁或海底布设地磁日变站，用地磁日变站的地磁日变化代替测点的地磁日变化。地磁日变站的有效控制范围与日变站所处的地理纬度有关，纬度越高日变站有效控制范围越大，反之越小。地磁日变站选址时，应该考虑周围环境，避免环境因素对日变观测的影响。日变站位置确定后，对地磁数据进行连续观测，通过数据处理，获得日变站的连续磁场强度观测序列，用于后续日变改正。

(2)海洋磁力测量

海洋磁力测量是利用载体(如飞机、测量船等)携带磁力仪在海上进行的地磁测量。下面以常用的船载磁力测量为例说明海洋磁力测量的实施过程。

磁力测量比例尺反映了区域磁测量的详细程度。比例尺越大，单位面积内测点数越多，对实际磁场的反映越详细，反之较粗略。磁力测量比例尺是根据任务而定的。磁测线间的距离(间隔)一般以图上 1~1.5cm 为宜。测网由相互平行的等间距的测线构成，并在测线上取等间距的测点。测网布设的方向一般与地磁变化梯度方向一致或近似一致。在实际工作中，选用长方形测网或正方形测网，并布设主测线与联络测线。低纬度海区测量时，在有地磁台站的条件下，应布设 1~2 条重复测线，检验各项校正效果，消除误差影响。

海上磁力测量前需对仪器进行调试和检验，主要包括静态情况下仪器信噪比的测定、仪器稳定性试验、仪器系统的稳定性试验。仪器在陆地处于最佳工作状态后，即可进行海上拖曳试验。确保仪器正常后，可以开始海上磁力测量，其步骤如下：

①在测量船进入测线前半小时，应将电源开关接通，使仪器预热。

②在船只进入测线前，把仪器的探头放入水中，由电缆拖曳于船后。

③进入测线后，即开始磁力测量，按要求进行定位，并在记录纸上标记点号、时间和磁场的数值。

④测量结束后，将电缆和探头收回于船上。

⑤按测量前仪器的检查程序，将仪器重复检查一遍。

海上测量时，一条测线应求一次做完。若分段测量，则应尽量将连接点选在平静的磁场区。连接时，应重复测量两个定位点以上的距离。在磁异常区内，如果两个连接点的位置稍有偏移，异常值就相差较大，会降低测量精度。测量船进入测线并开始定位时，船和拖曳的探头均应位于同一测线上。

2. 地磁数据处理

海洋地磁测量数据处理一般包括：

(1)地磁数据质量控制

无论海上地磁观测还是日变站观测，地磁测量因受外界扰动影响，常存在较大跳变，需对其进行滤波。滤波可采用阈值法，即通过设定上下阈值剔除奇异观测值，也可采用 Kalman 滤波、FFT 低通滤波等方法对地磁数据进行质量控制。

(2)地磁数据空间延拓

地磁匹配需要的是平均海平面上的正常磁场值，无论是机载磁力测量还是船载磁力测量，均不能直接观测得到平均海平面上的地磁值，需通过对观测数据下延或上延才能获得。

(3)地磁日变及其改正模型

日变校正在高精度地磁测量中不可忽视，特别是短周期的磁扰，在测量中被明显地记录下来，如不进行校正就会带来较大误差，造成成果解释错误。海上地磁观测数据包含了地磁日变的影响，而实际需要的是稳定变化的地磁数据，因此需对其进行日变改正。

地磁日变可借助日变站数据获得。日变观测数据中扣除基值，即为地磁日变量：

$$\Delta T(\lambda_i, \varphi_i, t) = T(\lambda_i, \varphi_i, t) - \bar{T}(\lambda_i, \varphi_i) \tag{8.25}$$

根据地磁的时空变化，将地磁日变站的监测数据经过数学变换，得到海上磁测点(φ, λ)的变化量。若 S_{Xi} 为测点与第 i 个地磁日变站之间距离，磁测点上的日变量为：

$$\Delta T(\lambda, \varphi, t) = f[S_{Xi}, t, \Delta T(\lambda_i, \varphi_i, t)] \tag{8.26}$$

扣除瞬时变化成分，则可得到磁测点稳态的地磁信息：

$$\bar{T}(\lambda, \varphi) = T(\lambda, \varphi, t) - \Delta T(\lambda, \varphi, t) \tag{8.27}$$

(4)船磁模型及船磁改正

船磁模型的建立基于八方位测量，测量船沿夹角为45°的八个方位通过测点。测线共4条，实施时采用往返重复测量，每条测线各测量1次，并测定磁场总强度值。

设船磁是测线方位 α 的函数，可建立如下船磁改正模型。

$$\Delta T_s = b_0 + b_1\cos\alpha + b_2\sin\alpha + b_3\cos2\alpha + b_4\sin2\alpha \tag{8.28}$$

式中，ΔT_s为船磁影响改正数；α 为磁力仪拖鱼的实时方位；$b_{i(i=0,1,\cdots,4)}$ 为船磁影响改正系数。

根据测量时船方位 α，结合式(8.28)，得到船磁的改正量，并对海上地磁观测值进行改正。

(5)地磁总强度计算

实现了延拓改正、地磁日变改正、船磁改正后，地磁总强度 T_f可利用下式计算：

$$T_f = T_{\text{obs}} - \Delta T_d - \Delta T_s - \Delta T_O \tag{8.29}$$

式中，T_{obs} 为海洋磁力仪读数；ΔT_d 为地磁日变改正；ΔT_s 为船磁改正；ΔT_O 为延拓改正。

3. 地磁背景场构建

地磁匹配导航需要地磁背景场。地磁背景场可借助国际地磁参考框架(International Geomagntic Reference Frame, IGRF)和中国地磁参考框架(China Geomagntic Reference Frame, CGRF)。IGRF 和 CGRF 均每5年更新一次，前者精度为100~200nT，后者为50~150nT，精度均偏低，不利于匹配导航。为了提高导航精度，可借助上述处理后的地磁数据开展局域地磁场模型构建。局域地磁场建模常采用几何建模法或基于位理论的建模方法。几何法主要包括 Legendre 多项式和 Taylor 多项式两种拟合建模方法和曲面样条和多面函数法两种内插建模方法；基于位理论的建模方法主要有矩谐分析法。下面介绍这些方法。

(1)Legendre 多项式建模法

若地磁总强度为 T，基于 Legendre 多项式可建立如下与位置相关的地磁场模型：

$$T_i = \sum_{n=0}^{N}\sum_{k=0}^{n} \alpha_{nk} P_k(\Delta\varphi_i) \cdot P_{n-k}(\Delta\lambda_i) \tag{8.30}$$

式中，N 为模型的截止阶数；P 为 Legendre(勒让德)级数；a 为模型系数，待求参量。

(2) Taylor 多项式建模法

地磁场及其分量可认为是位置(φ, λ)的函数，可用泰勒多项式对地磁场及其分量进行拟合。若地磁总强度为 T，则其泰勒多项式表达式为：

$$T = \sum_{n=0}^{N} \sum_{m=0}^{n} A_{nm}(\varphi - \varphi_0)^{n-m}(\lambda - \lambda_0)^m = \sum_{n=0}^{N} \sum_{m=0}^{n} A_{nm} \Delta\varphi^{n-m} \Delta\lambda^m \tag{8.31}$$

式中，(φ_0，λ_0)为建模时选择的测区中心位置；A_{nm}($n=1, 2, \cdots, N$；$m=1, 2, \cdots, n$)为模型泰勒多项式系数；N 为模型的截止阶数。

(3) 曲面样条建模法

根据曲面样条函数的特点，可建立如下地磁总强度 T 与位置(x, y)的关系式：

$$T(x, y) = \alpha_0 + \alpha_1 x + \alpha_2 y + \sum_{i=0}^{n} R_i r_i^2 \ln(r_i^2 + \varepsilon) \tag{8.32}$$

式中，a_0，a_1，a_2，R_i($i=1, 2, \cdots, n$)为待定系数；$r_i^2 = (x - x_i)^2 + (y - y_i)^2$；$\varepsilon$ 为调节曲率大小的经验参数。

(4) 多面函数建模理论

地磁总强度 T 反映的是地球内部的物质分布和地质结构，因此，T 可以描述为位置(x_i, y_i)的函数。若以多面函数来表达，则地磁场模型为：

$$T = f(x, y) = \sum_{i=0}^{n} \alpha_i Q(x, y, x_i, y_i) \tag{8.33}$$

式中，a_i为模型系数；$Q(x, y, x_i, y_i)$为二次核函数。

(5) 矩谐分析法

由于矩谐分析研究的对象是矩形区域 xoy 面，包含了内源磁场和外源磁场，利用区域边界条件，在矩谐坐标系下地磁三分量(B_x，B_y，B_z)可表达为：

$$\left.\begin{aligned}
&B_x = -\frac{\partial V}{\partial x}, \quad B_y = -\frac{\partial V}{\partial y}, \quad B_z = -\frac{\partial V}{\partial z}, \quad B = \sqrt{B_x^2 + B_y^2 + B_z^2} \\
&B_x = -A + \sum_{q=0}^{N_{\max}} \sum_{i=0}^{q} iv[E_{ij}\sin(ivx)\cos(jwy) + F_{ij}\sin(ivx)\sin(jwy)] \\
&\qquad - [G_{ij}\cos(ivx)\cos(jwy) - H_{ij}\cos(ivx)\sin(jwy)]e^{uz} \\
&B_y = -B + \sum_{q=0}^{N_{\max}} \sum_{i=0}^{q} jw[E_{ij}\cos(ivx)\sin(jwy) - F_{ij}\cos(ivx)\cos(jwy)] \\
&\qquad + [G_{ij}\sin(ivx)\sin(jwy) - H_{ij}\sin(ivx)\cos(jwy)]e^{uz} \\
&B_z = -C - \sum_{q=0}^{N_{\max}} \sum_{i=0}^{q} u[E_{ij}\cos(ivx)\cos(jwy) + F_{ij}\cos(ivx)\sin(jwy)] \\
&\qquad + [G_{ij}\sin(ivx)\cos(jwy) + H_{ij}\sin(ivx)\sin(jwy)]e^{uz}
\end{aligned}\right\} \tag{8.34}$$

8.2.4 海洋重力测量

1. 测量方法

海洋重力可借助机载、船载、固定点投放等测量方式获得，下面介绍船载重力测量。

测量前，重力仪需要安装和调试。海洋重力仪应尽可能安装在测量船的稳定中心部位，即安置于船的横摇、纵摇影响最小的舱室，同时要求受船的机械振动影响也要小。重力仪的纵轴要沿船的纵轴(即船的首尾连线)方向，面板和平台调节装置面向船尾。重力仪舱室应该防潮。垂直陀螺和陀螺平台的电源转换器不宜和重力仪安装在同一舱室内，以防止其噪音和散热对重力仪产生影响，但电源转换器的启动开关应安装在重力仪舱内，以便于操作。重力仪在平台上的位置必须仔细调整，使作用在平台上的力矩最小。

海洋重力仪的记录部分必须检查校准。调整两记录笔的零点，使红笔模拟记录和重力仪下测量轴度盘指示一致。根据测区重力值变化范围调节测程，使整个测区所测的重力值都能在其范围内。整机需要通电，检查仪器各部分的性能。

测量前两天必须给重力仪加温，正式工作前8h打开光电灯开关，正式工作前2h启动陀螺平台。陀螺平台正常运转1h后打开重力仪锁制，前15min启动伺服控制装置及记录器、打印机。通电后必须有人值班，并记录有关数据，如室温、仪温、光电流、水准气泡位置、测量主轴位置及其他有关事项，并注意各面板上的指示和数字是否正常。

测量船开航前必须取得位于码头(或港池、锚地处)重力基点的绝对重力值、重力仪在基点处稳定后的读数(15~30min)、比对时的水深、重力仪弹性系统重心距当时水平面的高差及当时水平面距重力基点的高差，并绘制仪器距码头上重力基点的水平距离和方位略图。以上数据与略图应准确无误地记载在海洋重力测量值班记事手簿的记事栏内。

进入测线时，应记入测线号，检查走纸速度、环境开关以及C通道开关位置，观察重力仪模拟输出、自动显示和连续打印出的重力观测值的一致性，按预先规定的时间间隔在模拟输出记录上打标，并记下点号和时间。每条测线终了后应维持原航向、航速约10min再转向。当由一条测线转到另一条测线时，或者遇到渔船、渔网、测量船发生故障而致使船的航向航速发生较大变化时，必须预先关闭重力仪伺服控制、记录器、重力仪和陀螺放大器的修正开关。待船的航向和航速正常后，首先打开陀螺放大器的修正开关和重力仪，10min后再开伺服控制和记录器。

在一个航次或一个测区的测量任务完成后，最终应闭合到海洋重力基点，并取得比对数据。如果在测量过程中有可能与海上已知重力点比对，则都应进行比对，以检验重力仪测量的资料有无突变现象和系统性误差。

在海洋上实施重力测量时，若遇少于8h的短期停机，应关闭比例和积分电路的电源开关并锁摆。若停机超过8h或结束测量作业时，除进行上述操作外还必须关闭陀螺平台、光电灯、计算机和控制单元，抬起记录器笔杆，关闭打印机、磁带机和双道记录器。如果重力仪中断工作不超过半个月，内外恒温要继续保持。

2. 重力数据处理

(1)海洋重力测量的数据预处理

数据预处理包括重力基点比对、重力仪迟后效应修正及零点飘移改正三个内容。

①重力基点比对。为了控制和计算重力仪器的零点漂移(通称为重力仪掉格)及测点

观测误差的积累，同时将测点的相对重力值传递为绝对重力值，海洋重力测量要求在每一次作业开始前和结束以后，都必须将海洋重力仪(即测量船)置于重力基准点附近进行测量比对。为此，要求重力基准点均需与 1985 年国家重力基本网系统进行联测，联测精度要求不低于±0.3 mGal。

②重力仪滞后效应校正。为了消除或减弱扰动加速度的影响，海洋重力仪的灵敏系统均采用了强阻尼措施，导致仪器产生滞后现象。因此在处理重力外业资料前，必须消除这一滞后影响。每台仪器滞后时间(即使是同类型仪器)都是不一样的，为了标定这一滞后时间，在使用仪器进行作业以前，必须先在实验室内进行重复的测试，然后取其平均值作为该仪器的滞后时间。

③重力仪零点漂移改正。由于海洋重力仪主测量弹簧的老化及其他部件的逐渐衰弱而引起重力仪的起始读数的零位在不断地改变，这种现象称为仪器零点漂移，又称仪器掉格。假设某船某航次海洋重力测量开始和结束时分别在基点 A 和 B 上进行了比对观测。已知基点 A 的绝对重力值为 g_A，B 点的绝对重力值为 g_B，两基点的绝对重力值之差为$\Delta g=g_B-g_A$。重力仪在基点 A 和 B 上比对读数分别为 g_A'和 g_B'，其差值为$\Delta g'=g_B'-g_A'$，比对的相应时间分别为 t_A 和 t_B，其时间差为$\Delta t=t_B-t_A$，则本次测量的零点漂移变化率为：

$$k=\frac{\Delta g-\Delta g'}{\Delta t} \tag{8.35}$$

假设重力测点上的观测日期和时间与比对基点 A 的日期和时间之间的时间差为Δt_i($i=1, 2, \cdots, n$)，于是各重力测点的零点漂移改正值为 $k\Delta t_i$，则各测点的重力值为：

$$g_i=g_i'+k\cdot\Delta t_i \tag{8.36}$$

式中，g_i'为重力仪在第 i 个测点的重力读数值，以 mGal 为单位；时间差 Δt_i以 h 为单位；k 以 mGal/h 为单位。

(2)测线拟合及航向、航速计算

海洋重力测量中的位置多采用 GNSS 来提供，其特点是定位误差均匀，与定位点之间的间隔时间和距离无关。航速和航向可借助 GNSS 来提供，也可借助其他外部传感器给出。重力测量时刻的航向和航速可采用多项式拟合或样条函数内插获得。

(3)厄缶改正

厄缶效应是因为科氏力作用的结果。科氏力可表达为：

$$F_c=2V\omega m\sin A \tag{8.37}$$

式中，V 为速度；ω 为地球自转角速度；A 为船体方位角；m 为物体的质量。

将 V 分解为向东和向北速度 $V_E=V\sin A$ 和 $V_N=V\cos A$。东向分速度对地心的角速度为 $V_E/R\cos\phi$(R 为地球平均半径，ϕ 为测点的地心纬度)，加在地球自转角速度上。北向分速度对应的角速度为 V_N/R，产生一个离心力 $R(V_N/R)^2=V_N^2/R$，直接作用于重力方向。若将地球看作均质球体，则安装在以航速 V 和航向 A 的船只上的重力仪所感受的重力值为：

$$g'=\frac{fM}{R^2}-\left(\omega+\frac{V\sin A}{R\cos\phi}\right)^2 R\cos^2\phi-\frac{V^2\cos^2 A}{R} \tag{8.38}$$

式中，$\frac{fM}{R^2}$代表地球引力；ω 代表地球角速度。地球面上的正常重力应为：

$$\gamma_0 = \frac{fM}{R^2} - \omega^2 R\cos^2\phi \tag{8.39}$$

以式(8.38)减去式(8.39)，并略加整理就得厄缶改正计算式：

$$\delta_{g_E} = 2\omega V\sin A\cos\phi + \frac{V^2}{R} \tag{8.40}$$

3. 重力场模型构建

在完成海洋重力测量数据的预处理以及厄缶改正计算以后，便可计算测点绝对重力值g、海洋空间重力异常Δg_F等。

$$g = g_0 + K(S - S_0) + \delta_{g_E} + \delta_{g_K} \tag{8.41}$$

$$\Delta g_F = g + 0.3086H' - \gamma \tag{8.42}$$

式中，g_0为重力基点绝对重力值；K为重力仪格值；S为测点重力仪读数(经迟后效应改正)；S_0为重力基点重力仪读数；δ_{g_E}为厄缶改正值；δ_{g_K}取为重力仪零点漂移改正值；H'为重力仪弹性系统重心至平均海面的高度；γ为测点处的正常重力值。

获得了重力值或重力异常值后，便可采用类似地磁场建模方法，构建局域重力场模型，并作为背景场，用于后续重力匹配导航。

8.3 匹配算法

8.3.1 匹配原则

匹配导航借助实测要素序列和背景场匹配实现当前位置确定，匹配的可靠性直接决定着导航定位结果的可靠性。最优匹配的判断采用相关分析算法，目前主要采用的相关算法有互相关 COR(Cross Correlation)算法、平均绝对差 MAD(Mean Absolute Difference)以及均方差 MSD(Mean Square Difference)算法。

$$\mathrm{COR}(\tau_x, \tau_y) = \frac{1}{L}\int_{-\frac{L}{2}}^{\frac{L}{2}} T_{\mathrm{ACQ}}(x, y)\cdot T_{\mathrm{ST}}(x+\tau_x, y+\tau_y)\,\mathrm{d}l \tag{8.43}$$

$$\mathrm{MAD}(\tau_x, \tau_y) = \frac{1}{L}\int_{-\frac{L}{2}}^{\frac{L}{2}} \left| T_{\mathrm{ACQ}}(x, y) - T_{\mathrm{ST}}(x+\tau_x, y+\tau_y)\right|\,\mathrm{d}l \tag{8.44}$$

$$\mathrm{MSD}(\tau_x, \tau_y) = \frac{1}{L}\int_{-\frac{L}{2}}^{\frac{L}{2}} \left[T_{\mathrm{ACQ}}(x, y) - T_{\mathrm{ST}}(x+\tau_x, y+\tau_y)\right]^2\mathrm{d}l \tag{8.45}$$

式中，τ_x和τ_y分别代表两个坐标轴方向的偏移量；T_{ACQ}代表实测值；T_{ST}为对应位置的背景值；L为匹配序列的长度，即积累长度。

当 COR 最大，MAD 和 MSD 最小时，匹配的可靠性较高。

8.3.2 线-面匹配

单波束测深、磁力测量、重力测量会形成“线”序列数据，而背景场为“面”，实测线序列和面分布背景场的匹配，称为线-面匹配。线面匹配算法主要有 TERCOM(Terrain Contour Matching)、ICCP(Iterative Closest Contour Point)和 SITAN(Sandia Inertial Terrainaided Navigation)算法。下面仅介绍 TERCOM 地磁匹配算法，说明线面匹配的基本原理。

TERCOM 算法利用平行于 INS 航迹的一组地磁序列作为最终匹配序列(见图 8-11)。该算法首先在格网内改变第一个 INS 推算点位置，在背景场中寻找一组与 INS 推算航迹平行的一组新的序列。遍历第一个 INS 推算位置有效范围内的格网，得到多组与 INS 推算航迹平行的序列。将每一组序列各点格网对应的地磁值与磁力实测值进行匹配，寻找匹配最优的一组作为最终的匹配结果。

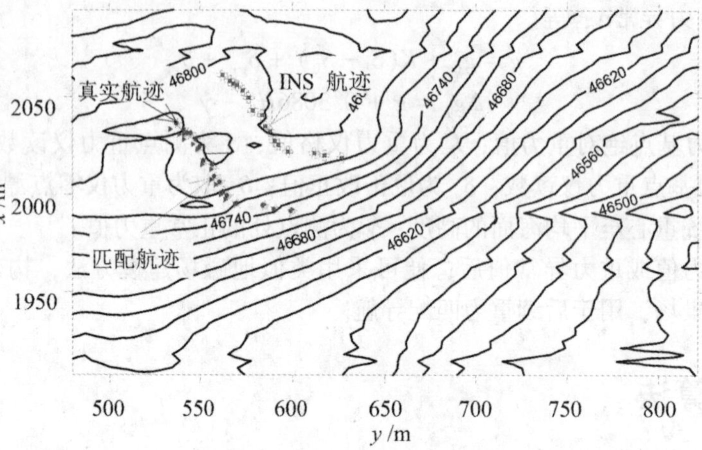

图 8-11　TERCOM 匹配基本原理

8.3.3　面-面匹配

多波束测量和侧扫声呐测量，均能够在航获得海底的地形和地貌图形和图像面分布条带，背景场为“面”分布，因此这类匹配称为面-面匹配。针对地形的面-面匹配算法有基于等深线走向的匹配算法、基于等深线图像的匹配算法和基于等深线链码和形状特征的匹配算法；针对地貌图像的匹配算法较多，如基于目标边界线的图像匹配法、Chamfer 图像匹配法、基于小面元微分纠正的图像间自动配准法、SIFT(Scale Invariant Feature Transform)算法和 SURF(Speeded-Up Robust Features)算法。上述匹配算法均基于特征实现匹配，但无论如何均需要通过遍历搜索获得最佳的匹配位置。

为此下面介绍最简单的遍历匹配算法，其过程如下：

①首先需将实测数据格网化，形成格网数据。对于图像，每个格网则对应一个像素。

②根据 INS 提供的概略位置，在背景场中确定搜索范围，采用同样的格网大小，对搜索区格网化。

③沿着搜索区每个格网，移动实测区。每移动一次，将实测区格网数据和对应的搜索区格网数据较差，并计算这些差值的 MSD。在搜索区，遍历所有格网，并从中寻找出 MSD 最小的一次匹配，该次匹配可认为是最佳的一次匹配。

④将最佳的一次匹配对应的位置可作为当前载体的位置。

⑤对于下一个条带地形/地貌图像，采用①~④方法，获得当前位置，实现不同时刻载体位置的确定，为载体导航定位服务。

8.3.4 约束匹配算法

匹配是基于特征来实现的，富特征地区匹配导航具有较高的精度，而贫特征地区则易出现误匹配。为有效探测误匹配，下面介绍两种约束方法，即距离约束和方位约束。

距离约束是根据相邻匹配块中心坐标计算距离 S_M，并与相应的 INS 推算点间的距离 S_{INS} 进行比较，当满足距离限差 δ，则认为匹配正确；否则，认为出现误匹配。

$$S_M - S_{\text{INS}} < \delta \tag{8.46}$$

方位约束是根据相邻匹配块中心坐标计算的方位 A_M 与 INS 提供的、相应段的方位 A_{INS} 进行比较，确定偏差 ΔA。理论上，若不存在误匹配，每段得到 ΔA 应该近似相等，即为 INS 的初始偏差。某子块若存在误匹配，则会引起与该子块相连接的两段间 ΔA 与其他段得到的 ΔA 存在较大偏差。

$$A_M = \arctan\frac{\mathrm{d}y}{\mathrm{d}x} = \arctan\frac{y_k - y_{k-1}}{x_k - x_{k-1}} \tag{8.47}$$

$$\Delta A = A_M - A_{\text{INS}} \tag{8.48}$$

式中，相邻两个图像块匹配后的中心坐标分别为（x_k，y_k）和（x_{k-1}，y_{k-1}）。

根据每段确定的 ΔA，可得到一个平均值。

$$\Delta A = \frac{1}{N-1}\sum_{k=2}^{N}\Delta A_{k,\ k-1} \tag{8.49}$$

式中，N 为实测的匹配块的个数。

约束匹配算法的基本思想是，尽管 INS 存在误差积累，但考虑匹配段在较短的时间内完成，匹配期间追加的误差较小，INS 提供的方位和推算坐标误差主体表现为前期积累误差。因此，可认为 INS 推算点相邻测点间的距离是正确的。据此还可以认为，若每个区块均能实现正确匹配，则相邻区块形成的匹配段间方位应该与 INS 提供的方位存在一个常偏差 ΔA。基于上述两点，可以计算每段偏差，并获得其均值，将之作为参考以发现误匹配。

基于上述距离约束和方位约束，若存在误匹配，则可根据距离和方位偏差 ΔA，进一步缩小搜索范围，进行再匹配，消除误匹配，最终获得该匹配块的真实位置。

8.4 匹配导航过程

8.4.1 地形匹配导航

基于链码等深线的地形匹配导航实施流程如图 8-12 所示，具体流程如下：

①根据 INS 提供的每 Ping 测量时刻的载体速度，多波束条带测量开始时刻 INS 提供的概略位置，形成实测条带地形；

②借助条带地形测量期间 INS 提供的概略位置，在背景地形中框定匹配搜索区；

③对实测和搜索区地形绘制等深线，并对所有的闭合等深线求周长、面积、长轴长度及走向、短轴长度及走向、多边形的高阶矩等几何不变量，用来描述闭合等深线的几何特性；

④借助实测和背景地形中闭合等深线的上述特征，寻找闭合等深线匹配线对，并计算其

质心之间的距离，以此综合计算背景场和实测场的几何位置关系，实现当前位置的确定。

⑤基于①~④)流程，实现水下载体导航定位。

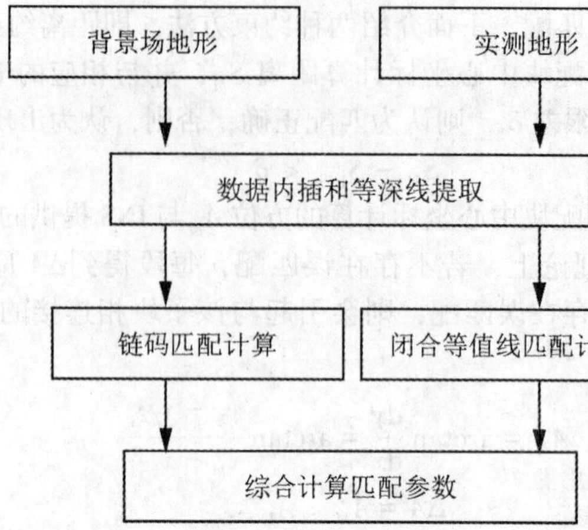

图 8-12　基于链码等深线的地形匹配导航流程图

8.4.2　地貌图像匹配导航

基于地貌图像的水下匹配导航算法实施流程如图 8-13 所示，具体流程如下：

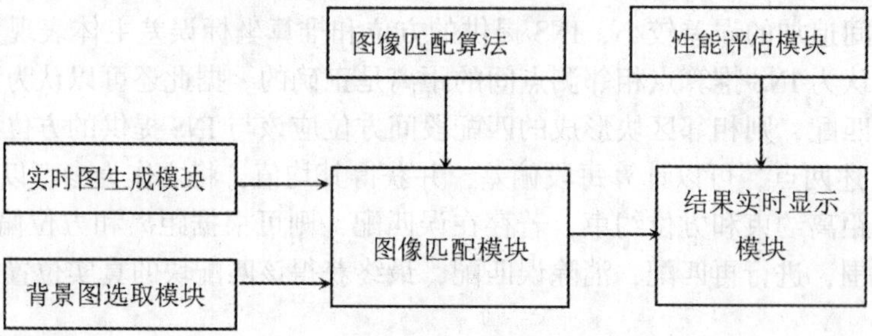

图 8-13　地貌图像匹配导航流程图

①对实测的侧扫声呐条带图像处理，获得实时条带图像；

②根据 INS 提供的概略位置，在背景图像中框定匹配搜索区；

③借助图像匹配算法，在背景图像中搜索最佳的匹配位置，获得载体当前位置；

④对匹配结果进行性能评估。

借助以上流程，实现基于地貌图像匹配的水下载体导航。

8.4.3　重力/磁力匹配导航

重力/磁力匹配导航均为线-图匹配，根据前述，TERCOM 匹配算法仅仅顾及了航迹线匹配要素序列的平移，尚未顾及因 INS 角漂移造成的测量序列旋转问题。为了实现测量序列旋转角度的自适应探测以及匹配导航定位的自动化实现，下面介绍基于自适应旋转角探测机制的 TERCOM 适配序列精匹配导航定位过程：

①根据 INS 提供的重力仪/磁力仪每次测量时刻的载体速度、测量开始时刻的概略位置，给出重力/磁力测量值序列；

②根据 INS 提供的测量序列的概略位置，在地磁/重力背景场中框定匹配搜索区；

③遍历搜索中，对于每个格网，初始匹配时，旋转角从 0°开始，以 s 为步长（s 设置为 0.5°）对原始 INS 航迹进行旋转，每旋转一次利用旋转后航迹进行一次传统的 TERCOM 匹配，直到旋转角大于 2 倍 INS 角度偏差（设置为 3°）为止。

④根据 MSD 最优匹配准则或者基于 Hausdorff 距离的匹配准则，从每次匹配结果中得到最小 MSD 及其对应的旋转角 a_i。

⑤以 a_i 为中心在 $[a_i-s,\ a_i+s]$ 范围内以 $s/10$ 为步长重复步骤②，进行循环迭代。

⑥当相邻两次匹配结果的差值满足限差时，停止迭代，计算实测磁力值与背景磁力值偏差的均方根。

⑦遍历搜索区内的每一个网格，执行步骤①～⑥得到一组实测磁力值与背景磁力值偏差的均方根序列，从该序列中寻找出精度最高的一组对应的格网，该格网的位置即为潜航器当前位置。

从以上过程可以看出，在遍历每一个格网时，旋转变换经历了一个由粗旋转到精旋转的过程，实现了 INS 提供航迹到真实航迹的精确校正，从而也实现了实测地磁序列与背景地磁序列的精确匹配以及载体位置信息的精确获取。

上述匹配过程如图 8-14 所示，重复该过程，实现基于重力/磁力的水下匹配导航定位。

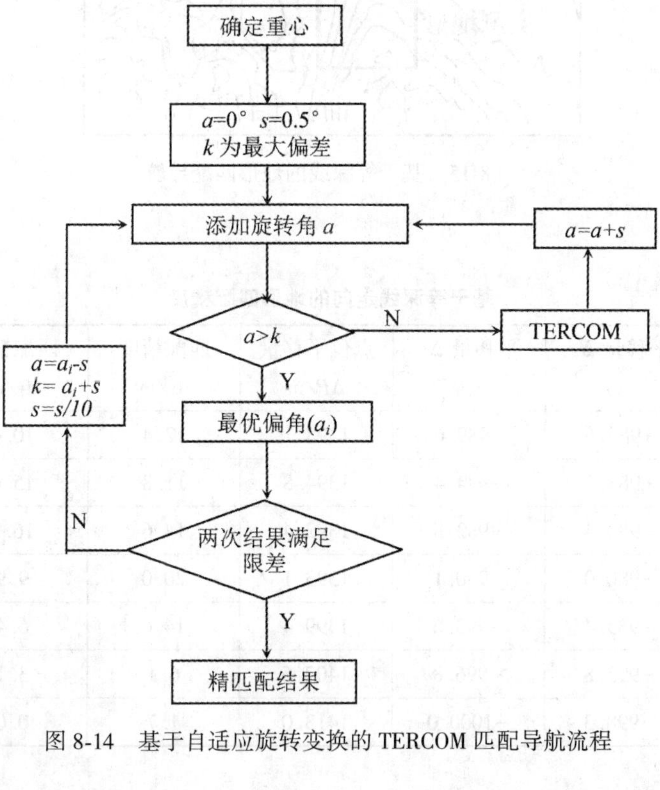

图 8-14　基于自适应旋转变换的 TERCOM 匹配导航流程

8.5 匹配导航实例及分析

8.5.1　地形匹配

选取 5km×5km 的多波束实测海底地形作为背景场，进行单个地形区块的匹配导航试验。设定 INS 前期积累误差为(-1000m，-1000m)，采用等深线匹配，获取当前位置。背景场及待匹配区块如图 8-15 所示，匹配结果如表 8-1 所示。

对表 8-1 中点位平移量ΔP求取标准偏差，并对其进行粗差检验。根据所得Δx和Δy，最终计算 x 方向的平移量为 -986.3m，y 方向的平移量为 -991.5m，位移平移量为 1398.5m。根据已知的预平移量，x 方向匹配精度为 13.7m，y 方向为 8.5m，位移确定精度为 16.6m。

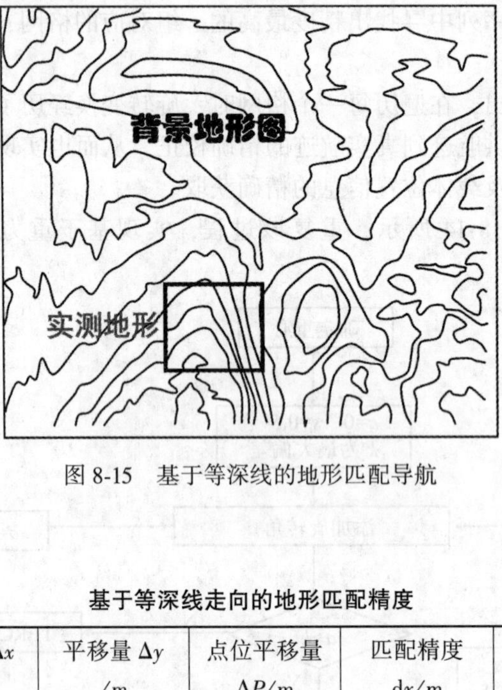

图 8-15　基于等深线的地形匹配导航

表 8-1　基于等深线走向的地形匹配精度

等深线 /m	平移量 Δx /m	平移量 Δy /m	点位平移量 ΔP/m	匹配精度 dx/m	匹配精度 dy/m	匹配精度 dp/m
+5	-987.6	-989.6	1398.1	12.4	10.4	16.2
+4	-988.2	-984.4	1394.8	11.8	15.6	19.6
+3	-985.4	-983.8	1392.4	14.6	16.2	21.8
+2	-980.0	-990.1	1393.1	20.0	9.9	22.3
+1	-985.4	-993.6	1399.4	14.6	6.4	15.9
特征等深线	-993.8	-996.8	1407.6	6.1	3.1	6.8
-1	-998.3	-1000.0	1413.0	1.7	0.0	1.7

续表

等深线/m	平移量 Δx/m	平移量 Δy/m	点位平移量 ΔP/m	匹配精度 dx/m	匹配精度 dy/m	匹配精度 dp/m
-2	-984.8	-989.8	1396.3	15.2	10.2	18.3
-3	-980.7	-991.9	1394.9	19.3	8.1	20.9
-4	-982.3	-998.9	1401.0	17.7	1.1	17.7
-5	-982.4	-987.5	1392.9	17.6	12.4	21.5
平均值	-986.3	-991.5	1398.5	13.7	8.5	16.6

根据潜航器在航过程中实测的连续区块，可进行连续匹配导航。在背景场中沿航迹选择6个连续区块开展匹配导航，由于匹配在短时间内完成，设定每个匹配区实测数据的坐标偏移量仍为(-1000m，-1000m)，每个匹配区域大小为500m×500m(见图8-16)，匹配结果统计如表8-2所示。

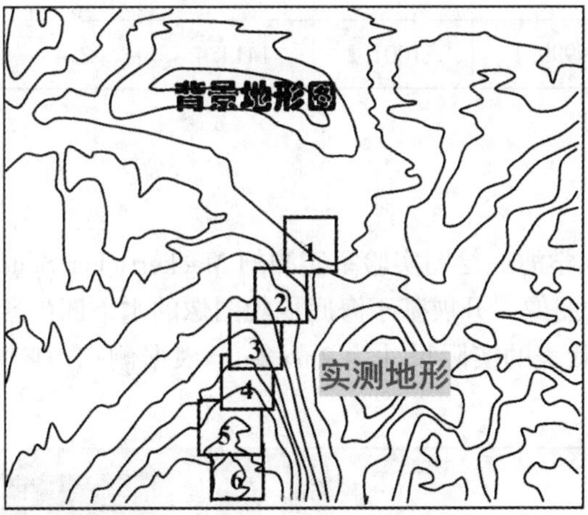

图8-16　连续区块匹配

对表8-2中的匹配结果进行筛选，以获得真实的匹配位置以及INS积累误差。

首先，根据点位平移量的分离程度，基于3σ原则，从ΔP序列中排除区域3匹配结果，认为区域3存在误匹配问题。

其次，对其他区内的不同类数据再进行统计，可以得到ΔP的标准偏差$\sigma=\pm3.7$m，再次利用3σ原则，认为区域6存在误匹配，剔除区域6的匹配结果。

最后，进行参数统计，可以看出各个统计量的聚合程度加强，x方向的匹配精度达到了2.4m，y方向的匹配精度达到了1.2m，匹配的点位精度达到了4.3m。

从表8-2中的匹配结果可以看出，尽管单个匹配区块范围从1000m×1000m缩小到500m×500m，但可以根据各区块匹配情况，通过统计分析，仍可以识别出误匹配区块，得到精度更高的偏移量，即INS前期积累误差。

表 8-2　　基于等深线的连续地形区块匹配精度

匹配区域	Δ*x* /m	Δ*y* /m	点位平移量 Δ*P*/m	匹配精度 d*x*/m	匹配精度 d*y*/m	匹配精度 d*P*/m
1	−998. 4	−1002. 7	1415. 0	1. 6	−2. 8	3. 2
2	−999. 6	−1004. 7	1417. 3	0. 4	−4. 7	4. 7
3	−1292. 5	−1242. 0	1792. 5	−292. 5	−242. 0	379. 6
4	−998. 6	−997. 3	1411. 3	1. 4	2. 7	3. 0
5	−999. 9	−1000. 0	1414. 1	6. 3	0. 0	6. 3
6	−991. 1	−984. 0	1396. 6	8. 9	16. 0	18. 3
均值	−1046. 7	−1038. 5	1474. 5	−45. 7	−38. 5	69. 2
首次粗差剔除后均值	−1054. 7	−997. 7	1410. 9	3. 7	2. 2	7. 1
二次粗差剔除后均值	−999. 1	−1001. 2	1414. 4	2. 4	−1. 2	4. 3

8. 5. 2　地貌图像匹配

将 California 州立大学海底绘图实验室实测的 Mackerricher State Reserve 的海底地貌图像(见图 8-17)作为背景图像，开展基于海底地貌图像的水下匹配导航实验。该图像尺寸为 4811×2107 像素，像素代表的实际尺寸为 2m×2m。根据侧扫声呐测量原理，在背景图像

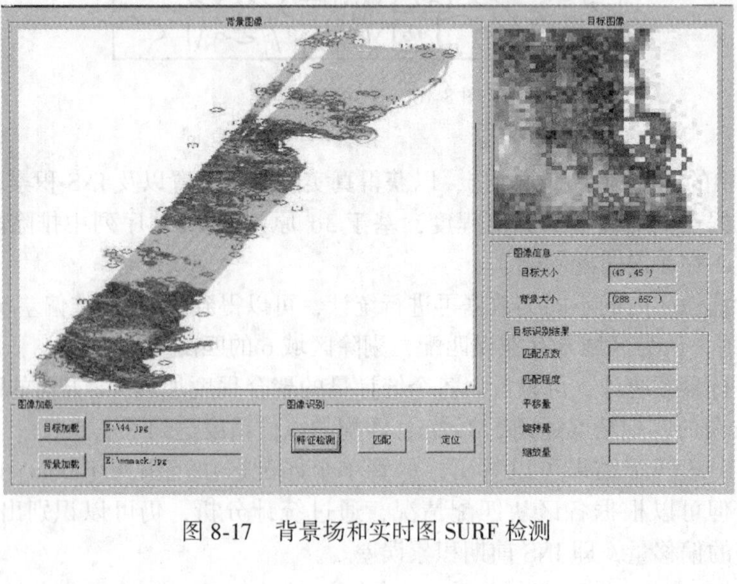

图 8-17　背景场和实时图 SURF 检测

上不同的位置提取 20 个子块，这些子图有些位于特征图像区，有些位于非特征区。子块大小均为 100×100 像素。对这些图像进行旋转、缩放、仿射变换等处理，并开展基于 SURF 图像匹配的水下导航实验，效果如图 8-18 和图 8-19 所示。

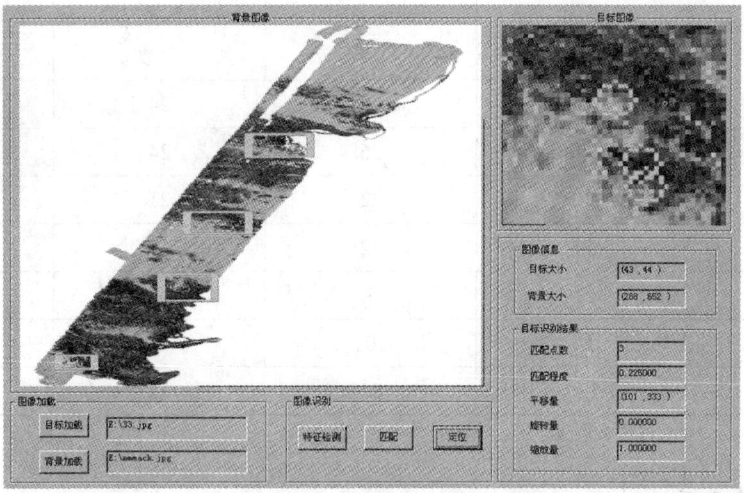

图 8-18　目标匹配定位

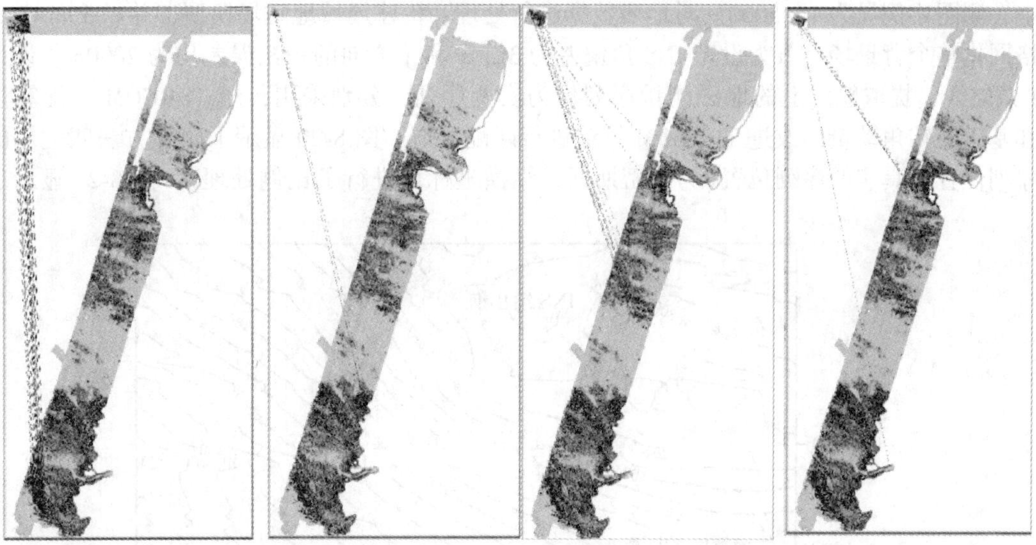

图 8-19　图像不同位置的匹配效果

定义正确匹配率如下：

$$\text{正确匹配率}=\frac{\text{SURF 算子筛选点中正确点数}}{\text{SURF 算子筛选点总数}}$$

为检验 SURF 算法的可靠性，对其匹配率进行了统计，统计结果见表 8-3。可以看出，针对尺度变换、角度旋转和噪声，SURF 算法具有较好的抗干扰性，在一定的几何失真和角度旋转情况下，可以得到较好的匹配结果。

表 8-3　**图像匹配效率表**

序号	SURF 特征点	匹配点对个数	正确匹配点对个数	匹配效率/(%)
1	356	28	24	85.7
2	172	26	24	92.3
3	70	22	21	95.4
4	71	22	19	86.3
⋮	⋮	⋮	⋮	⋮
19	55	0	0	0
20	120	86	82	95.3

8.5.3　磁力匹配导航

利用一组 30km×20km 海域实测的地磁总强度数据进行地磁匹配导航试验，地磁测量中，测图比例尺为 1∶5000。对地磁数据进行处理，构建局域地磁场模型，并以 50m×50m 格网化整个背景场。人为设定 INS 角偏差为 3°，x 和 y 方向的积累误差均为 2000m。设计 1 条航线，提取航线上的地磁测量序列作为实测序列，分别采用传统 TERCOM 匹配算法和基于旋转角动量的改进 TERCOM 算法进行匹配导航。图 8-20 显示了两种方法匹配后的序列位置和真实的序列位置(为保密期间，纵横坐标均进行了比例处理)，图 8-21 显示了

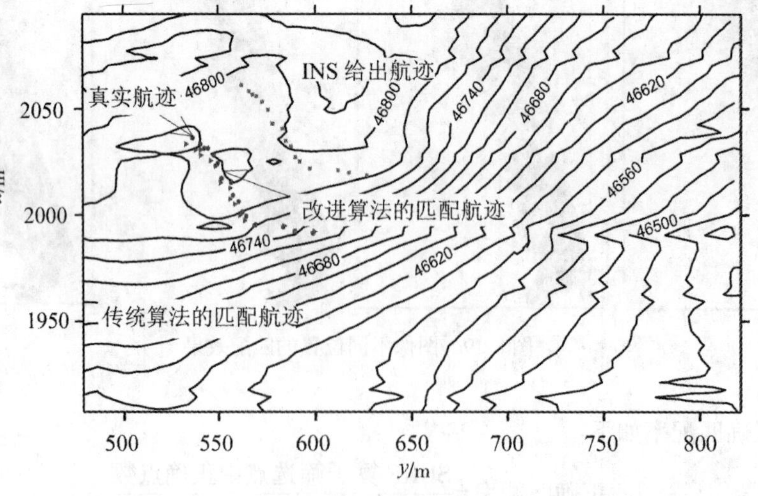

图 8-20　地磁匹配实验

匹配位置与真实位置在不同航迹点上的偏差分布，表 8-4 给出了匹配后纠正航向与真实航向的偏差。

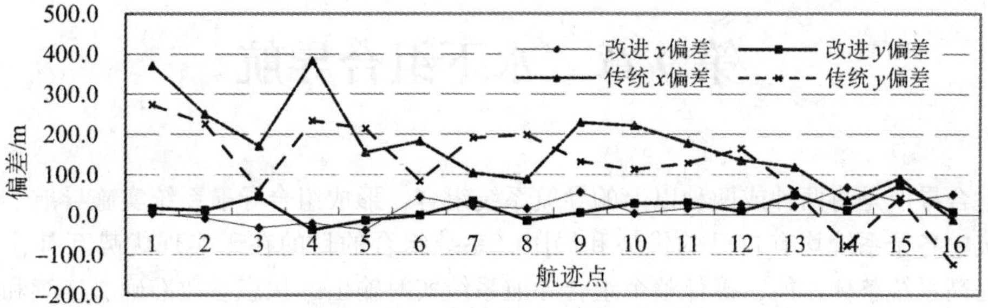

图 8-21　匹配结果误差分布图

表 8-4　**匹配后纠正航向与真实航向的偏差**

原始偏差	传统算法	改进算法
3°	3°	0.39°

由图 8-20 和图 8-21 可以看出，传统的 TERCOM 方法将初始位置偏差从 2000m 降低到 200~500m，且因为在匹配过程中采用单纯的平移变换，误差分布近似呈线性变化，且综合匹配精度较低。改进型 TERCOM 算法匹配结果较好，平面位置精度在 100m 以内，且误差分布均匀。由表 8-4 可知，在 INS 角度误差校正方面，由于传统方法仅仅是对原始 INS 航迹进行平移，因此无法实现角度校正，匹配角度偏差仍为 3°，而改进算法修正 INS 后的角度偏差仅为 0.39°。

第9章　水下组合导航

组合导航是将两种或两种以上的导航系统组合，形成组合导航系统实施导航。组合导航系统中各子系统均有自己的优势和局限，系统组合的目的在于实现优势互补，相得益彰，提高系统整体性能，确保整个组合导航系统实时输出的状态参数准确、连续和稳健。

为消除 INS 前期积累误差，确保导航的连续、可靠以及潜航器的隐蔽性，本章涉及的组合导航系统主要包括两类，即惯导系统 INS 和辅助导航系统。

组合导航系统的基本工作原理如图 9-1 所示。组合导航系统的信息融合是以计算机为中心，将各个导航子单元传送来的信息加以综合利用和最优化处理。Kalman 滤波是实现信息融合的关键。信息融合后得到的当前运动状态最佳估计参量可通过输出设备进行输出和显示。输出、显示设备属于外部设备。

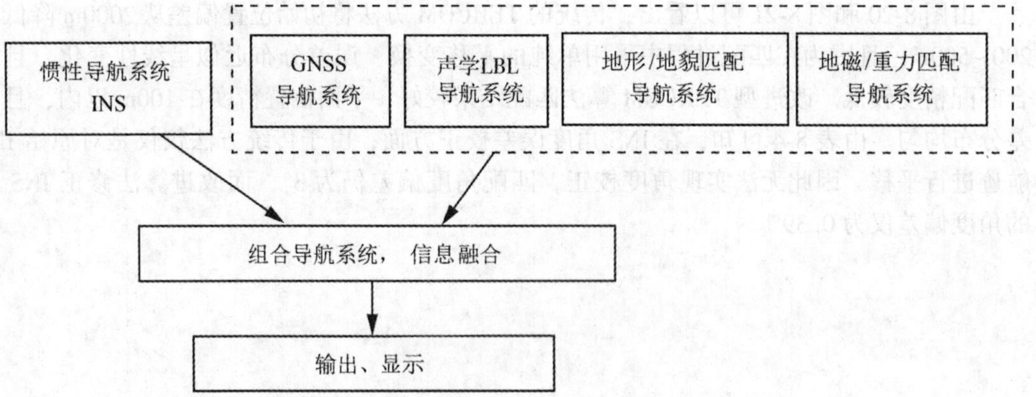

图 9-1　组合导航系统组成

9.1　GNSS 与 INS 组合

GNSS/INS 组合导航系统结合了全球卫星定位和惯性导航的优势，该系统不仅能够提供载体位置、速度和姿态信息，而且能够进行长时间的高精度导航，并具有高数据采样率以及抗差性。GNSS/INS 组合导航具有优势互补的特点，能够扬长避短，充分发挥了两种技术的优势。

9.1.1 系统组成

GNSS/INS 组合导航系统常采用 GNSS 和 INS 松散组合模式，GNSS 和 INS 硬件分别独立工作，二者组合采用软件方式实现，表现为 GNSS 辅助 INS。GNSS/INS 组合系统的组成包括硬件部分和软件部分。

硬件部分主要包括：高精度惯性导航设备 IMU、GNSS 接收机以及相关的辅助设备，硬件系统组成如图 9-2 所示。

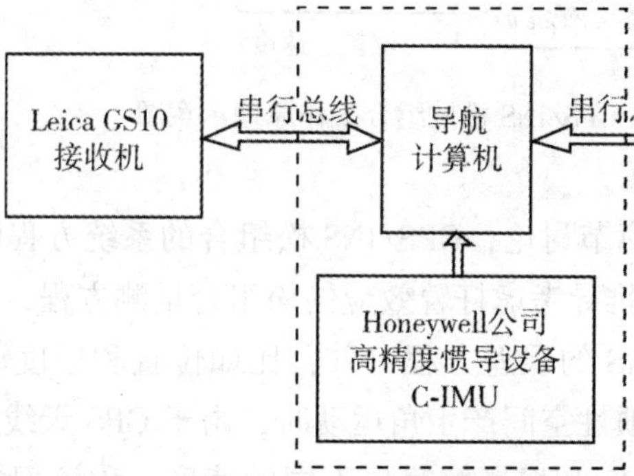

图 9-2 GNSS/INS 组合导航系统硬件结构图

软件组成模块如图 9-3 所示，根据惯导系统的导航参数和 GNSS 的定位数据，采用 Kalman 滤波器实现 GNSS/INS 组合导航数据解算。

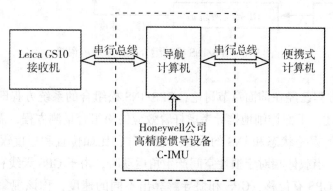

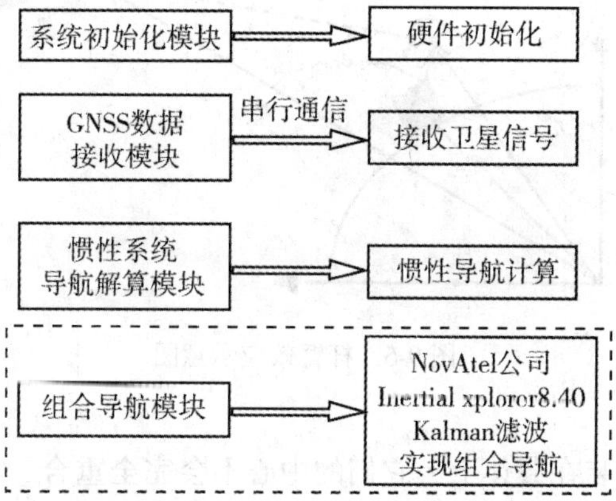

图 9-3 GNSS/INS 组合导航系统软件结构图

9.1.2 系统工作原理

GNSS/INS 组合系统以载体位置与速度的差值为量测值，以 INS 的误差方程作为系统过程模型，通过 EKF 对 INS 的速度、位置、姿态以及传感器的误差进行最优估计，并根据估计结果对 INS 的捷联解算结果进行校正，作为最终的滤波结果，其工作原理图如图 9-4所示。

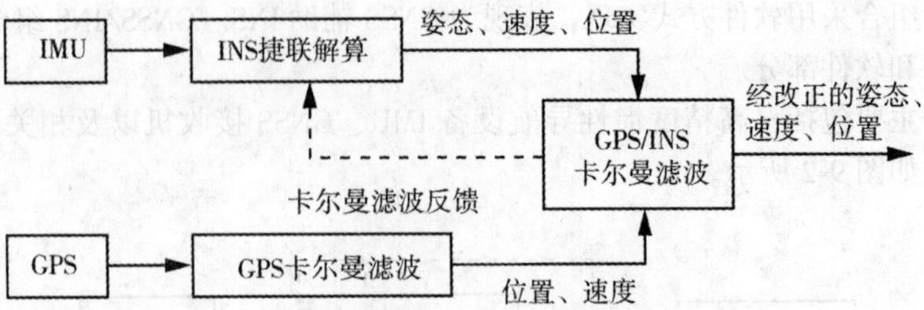

图 9-4 GPS/INS 松散组合工作原理示意图

INS 的误差方程已经在前面章节讨论，GPS/INS 松组合的系统方程即为 INS 的误差方程，这里不再赘述。下面详细地推导考虑杆臂效应的松组合量测方程，需要注意的地方就是要使其中涉及的误差状态和 INS 的误差方程一致，比如位置和速度误差应该是相对于 INS 解算结果的。当载体相对于惯性空间产生角运动时，由于 GPS 天线和 INS 之间存在杆臂，即惯导相对 GPS 有位移，GPS 和惯导解算出不同的速度，称该现象为杆臂效应，如图 9-5 所示。

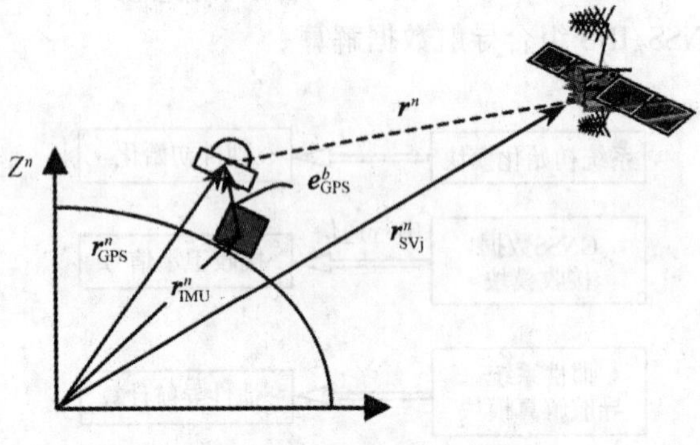

图 9-5 杆臂效应示意图

GPS 天线和 IMU 安装在载体上，它们的中心不会完全重合，即 IMU 的位置和 GPS 天线的位置不同，存在杆臂，有如下关系(地理坐标系)：

$$\boldsymbol{r}^n_{GPS} = \boldsymbol{r}^n_{IMU} + \boldsymbol{D}_R^{-1}\boldsymbol{R}^n_b\boldsymbol{l}^b \tag{9.1}$$

式中，$\boldsymbol{r}^n_{GPS}$ 和 $\boldsymbol{r}^n_{IMU}$ 是 GPS 天线中心和 IMU 中心在导航坐标系 n 系中的位置；$\boldsymbol{l}^b$ 是载体坐标系中 GPS 天线杆臂矢量。

速度的杆臂效应可以写为

$$\boldsymbol{v}^n_{GPS} = \boldsymbol{v}^n_{IMU} - (\boldsymbol{\omega}^n_{ie}\times + \boldsymbol{\omega}^n_{en}\times)\boldsymbol{R}^n_b\boldsymbol{l}^b - \boldsymbol{R}^n_b(\boldsymbol{l}^b\times)\boldsymbol{\omega}^b_{ib} \tag{9.2}$$

其中，式(9.2) 等号右边第二项可以忽略。

由真实坐标系下的杆臂效应公式(9.1)，可得计算坐标系下位置杆臂效应公式

$$\begin{aligned}\hat{\boldsymbol{r}}_{\mathrm{GPS}}^{n} &= \hat{\boldsymbol{r}}_{\mathrm{IMU}}^{n} + \boldsymbol{D}_{R}^{-1}\hat{\boldsymbol{R}}_{b}^{n}\boldsymbol{l}^{b} = \boldsymbol{r}_{\mathrm{IMU}}^{n} + \boldsymbol{D}_{R}^{-1}\delta\boldsymbol{r}_{\mathrm{IMU}}^{n} + \boldsymbol{D}_{R}^{-1}[\boldsymbol{I} - (\phi\times)]\boldsymbol{R}_{b}^{n}\boldsymbol{l}^{b} \\ &= \boldsymbol{r}_{\mathrm{GPS}}^{n} + \boldsymbol{D}_{R}^{-1}\delta\boldsymbol{r}_{\mathrm{IMU}}^{n} - \boldsymbol{D}_{R}^{-1}(\phi\times)\boldsymbol{R}_{b}^{n}\boldsymbol{l}^{b} \\ &= \boldsymbol{r}_{\mathrm{GPS}}^{n} + \boldsymbol{D}_{R}^{-1}\delta\boldsymbol{r}_{\mathrm{IMU}}^{n} + \boldsymbol{D}_{R}^{-1}(\boldsymbol{R}_{b}^{n}\boldsymbol{l}^{b}\times)\phi \end{aligned} \tag{9.3}$$

GPS 天线的位置量测值可以写为

$$\tilde{\boldsymbol{r}}_{\mathrm{GPS}}^{n} = \boldsymbol{r}_{\mathrm{GPS},\,i}^{n} + \boldsymbol{D}_{R}^{-1}\boldsymbol{e}_{r} \tag{9.4}$$

其中，$\boldsymbol{e}_r$ 为 GPS 位置误差。

利用式(9.3) 和式(9.4)， 对于 ϕ 角误差方程，可以得到如下位置量测方程：

$$\delta\boldsymbol{r} = \boldsymbol{D}_{r}(\hat{\boldsymbol{r}}_{\mathrm{GPS}}^{n} - \tilde{\boldsymbol{r}}_{\mathrm{GPS}}^{n}) = \delta\boldsymbol{r}_{\mathrm{IMU}}^{n} + (\boldsymbol{R}_{b}^{n}\boldsymbol{l}^{b}\times)\phi - \boldsymbol{e}_{r} \tag{9.5}$$

将 $\phi = \psi + \delta\theta$ 代入式(9.5)，得 ψ 角误差模型下的位置量测方程：

$$\begin{aligned}\delta\boldsymbol{r} &= \boldsymbol{D}_{r}(\hat{\boldsymbol{r}}_{\mathrm{GPS}}^{n} - \tilde{\boldsymbol{r}}_{\mathrm{GPS}}^{n}) = \boldsymbol{R}_{c}^{n}\delta\boldsymbol{r}_{\mathrm{IMU}}^{n} + (\boldsymbol{R}_{b}^{n}\boldsymbol{l}^{b}\times)(\psi + \delta\theta) - \boldsymbol{e}_{r} \\ &\approx \delta\boldsymbol{r}_{\mathrm{IMU}}^{c} + (\boldsymbol{R}_{b}^{n}\boldsymbol{l}^{b}\times)\ \phi - \boldsymbol{e}_{r}\end{aligned} \tag{9.6}$$

式中，$(\boldsymbol{R}_{b}^{n}\boldsymbol{l}^{b}\times)\delta\theta$ 非常小，可以忽略。

同理，可得如下速度量测方程：

$$\begin{aligned}\hat{\boldsymbol{v}}_{\mathrm{GPS}}^{n} &= \hat{\boldsymbol{v}}_{\mathrm{IMU}}^{n} - (\boldsymbol{\omega}_{ie}^{n}\times + \hat{\boldsymbol{\omega}}_{en}^{n}\times)\hat{\boldsymbol{R}}_{b}^{n}\boldsymbol{l}^{b} - \hat{\boldsymbol{R}}_{b}^{n}(\boldsymbol{l}^{b}\times)\hat{\boldsymbol{\omega}}_{ib}^{b} \\ &\approx \boldsymbol{v}_{\mathrm{IMU}}^{n} + \delta\boldsymbol{v}_{\mathrm{IMU}}^{n} - (\boldsymbol{\omega}_{in}^{n}\times)\boldsymbol{R}_{b}^{n}\boldsymbol{l}^{b} + (\boldsymbol{\omega}_{in}^{n}\times)(\phi\times)\boldsymbol{R}_{b}^{n}\boldsymbol{l}^{b} \\ &\quad - \boldsymbol{R}_{b}^{n}(\boldsymbol{l}^{b}\times)\boldsymbol{\omega}_{ib}^{b} + (\phi\times)\boldsymbol{R}_{b}^{n}(\boldsymbol{l}^{b}\times)\boldsymbol{\omega}_{ib}^{b} - \boldsymbol{R}_{b}^{n}(\boldsymbol{l}^{b}\times)\delta\boldsymbol{\omega}_{ib}^{b} \\ &= \boldsymbol{v}_{\mathrm{GPS}}^{n} + \delta\boldsymbol{v}_{\mathrm{IMU}}^{n} - (\boldsymbol{\omega}_{in}^{n}\times)\boldsymbol{R}_{b}^{n}(\boldsymbol{l}^{b}\times)\phi - \boldsymbol{R}_{b}^{n}(\boldsymbol{l}^{b}\times\boldsymbol{\omega}_{ib}^{b})\times\phi - \boldsymbol{R}_{b}^{n}(\boldsymbol{l}^{b}\times)\delta\boldsymbol{\omega}_{ib}^{b}\end{aligned} \tag{9.7}$$

GPS 量测速度可以写为：

$$\tilde{\boldsymbol{v}}_{\mathrm{GPS}}^{n} = \boldsymbol{v}_{\mathrm{GPS}}^{n} + \boldsymbol{e}_{v} \tag{9.8}$$

式中，$\boldsymbol{e}_v$ 为 GPS 速度误差，因此可得速度误差量测方程：

$$\begin{aligned}\delta\boldsymbol{v} &= \hat{\boldsymbol{v}}_{\mathrm{GPS},\,i}^{n} - \tilde{\boldsymbol{v}}_{\mathrm{GPS},\,i}^{n} \\ &= \delta\,\boldsymbol{v}_{\mathrm{IMU}}^{n} - (\boldsymbol{\omega}_{in}^{n}\times)\ \boldsymbol{R}_{b}^{n}(\boldsymbol{l}^{b}\times)\phi - \boldsymbol{R}_{b}^{n}(\boldsymbol{l}^{b}\times\boldsymbol{\omega}_{ib}^{b})\phi + \boldsymbol{R}_{b}^{n}(\boldsymbol{l}^{b}\times)\delta\,\boldsymbol{\omega}_{ib}^{b} - \boldsymbol{e}_{v}\end{aligned} \tag{9.9}$$

同理，将 $\phi = \psi + \delta\theta$ 代入式(9.9) 得

$$\begin{aligned}\delta\boldsymbol{v} &= \delta\,\boldsymbol{v}_{\mathrm{IMU}}^{n} - (\boldsymbol{\omega}_{in}^{n}\times)\ \boldsymbol{R}_{b}^{n}(\boldsymbol{l}^{b}\times)(\psi + \delta\theta) - \boldsymbol{R}_{b}^{n}(\boldsymbol{l}^{b}\times\boldsymbol{\omega}_{ib}^{b})\times \\ &\qquad (\psi + \delta\theta) + \boldsymbol{R}_{b}^{n}(\boldsymbol{l}^{b}\times)\delta\,\boldsymbol{\omega}_{ib}^{b} - \boldsymbol{e}_{v} \\ &= \delta\,\boldsymbol{v}_{\mathrm{IMU}}^{n} - (\boldsymbol{\omega}_{in}^{n}\times)\ \boldsymbol{R}_{b}^{n}(\boldsymbol{l}^{b}\times)\psi - \boldsymbol{R}_{b}^{n}(\boldsymbol{l}^{b}\times\boldsymbol{\omega}_{ib}^{b})\psi + \boldsymbol{R}_{b}^{n}(\boldsymbol{l}^{b}\times)\delta\,\boldsymbol{\omega}_{ib}^{b} - \boldsymbol{e}_{v}\end{aligned} \tag{9.10}$$

式中，$(\boldsymbol{R}_{b}^{n}\boldsymbol{l}^{b}\times)\delta\theta$ 非常小，可以忽略。因此，无论是对 ϕ 角误差方程还是 ψ 角误差方程，GPS/INS 松组合量测方程均可简写为：

$$\boldsymbol{z}(t) = \boldsymbol{H}(t)\boldsymbol{x}(t) + \boldsymbol{v}(t) \tag{9.11}$$

其中，

$$z(t)=\begin{bmatrix}\hat{\boldsymbol{r}}^n_{\mathrm{IMU}}-\tilde{\boldsymbol{r}}^{\,n}_{\mathrm{GPS}}\\ \hat{\boldsymbol{v}}^n_{\mathrm{IMU}}-\tilde{\boldsymbol{v}}^{\,n}_{\mathrm{GPS}}\end{bmatrix}=\begin{bmatrix}(M+h)(\hat{\varphi}_{\mathrm{GPS}}-\tilde{\varphi}_{\mathrm{GPS}})\\ (N+h)\cos\hat{\varphi}_{\mathrm{GPS}}(\hat{\lambda}_{\mathrm{GPS}}-\tilde{\lambda}_{\mathrm{GPS}})\\ \hat{h}_{\mathrm{IMU}}-\tilde{h}_{\mathrm{GPS}}\\ \hat{v}^n_{\mathrm{IMU}}-\tilde{v}^{\,n}_{\mathrm{IMU}}\\ \hat{v}^e_{\mathrm{IMU}}-\tilde{v}^{\,e}_{\mathrm{IMU}}\\ \hat{v}^d_{\mathrm{IMU}}-\tilde{v}^{\,d}_{\mathrm{IMU}}\end{bmatrix}$$

$$H(t)=\begin{bmatrix}\boldsymbol{H}_{11} & \boldsymbol{0}_{3\times3} & (\boldsymbol{R}^n_b\boldsymbol{l}^b\times) & \boldsymbol{0}_{3\times3} & \boldsymbol{0}_{3\times3}\\ \boldsymbol{0}_{3\times3} & \boldsymbol{I}_{3\times3} & -(\boldsymbol{\omega}^n_{in}\times)\boldsymbol{R}^n_b(\boldsymbol{l}^b\times)-(\boldsymbol{R}^n_b(\boldsymbol{l}^b\times\boldsymbol{\omega}^b_{ib})\times) & \boldsymbol{0}_{3\times3} & (\boldsymbol{R}^n_b\boldsymbol{l}^b\times)\end{bmatrix}$$

$$\boldsymbol{H}_{11}=\begin{bmatrix}(M+h) & 0 & 0\\ 0 & (N+h)\cos\varphi & 0\\ 0 & 0 & 1\end{bmatrix}$$

式中，$\hat{\varphi}_{\mathrm{GPS}}$、$\hat{\lambda}_{\mathrm{GPS}}$、$\hat{h}_{\mathrm{GPS}}$ 分别为 GPS 的纬度、经度和高程解算值，可由 INS 解算结果利用式(9.1)计算得到；$\hat{v}^n_{\mathrm{GPS}}$、$\hat{v}^e_{\mathrm{GPS}}$、$\hat{v}^d_{\mathrm{GPS}}$ 分别为 GPS 解算的北、东、地三方向的速度，可由 INS 解算结果利用式(9.2)计算得到。

9.1.3　系统误差分析

在 GNSS/INS 组合导航系统中，惯性器件输出数据中的噪声与 GNSS 系统误差等都会影响组合导航系统性能，所涉及的误差来源主要包括 IMU 误差、INS 误差和 GNSS 定位误差，下面对各部分误差进行分析。

1. IMU 误差分析

惯导系统中，完成初始对准之后，传感器误差成为影响导航定位精度的主要因素。惯性测量单元内部传感器误差主要包括陀螺仪误差和加速度计误差。

2. INS 误差分析

INS 通过惯性传感器、基准方位以及初始位置来确定载体方位、位置和速度，影响其测量精度的主要误差项有以下几种：

①惯性仪表的结构误差；

②惯性仪表的标度因数误差、漂移和零偏；

③载体角运动和加速度引起的动态误差；

④包括数学模型简化、量化、舍入和截断误差在内的计算误差等。

上述 INS 误差的影响均由 INS 测量的载体姿态、位置和速度体现出来。

3. GNSS 定位误差

GNSS 定位误差按照来源可大致分为卫星自身误差、传播途径误差和接收机误差三部分，在实际应用中，针对上述卫星导航中各种误差源，通常采用一定的方法加以补偿来提高定位精度。

9.1.4 实验分析

为了评估 GNSS/INS 组合导航系统的性能，利用 Visual C++编写松组合导航软件，利用 MEMS 级别的 IMU 和 GPS 接收机实现松组合导航系统，相关学者开展了系统集成和野外跑车试验。

系统器件选择及组成如下：

①MEMS 惯性组件 3DM-GX1：内部结合了 3 个角速度陀螺仪、3 个正交加速度计、3 个正交磁力计、多路(复用)器、16 位 A/D 变换器和内嵌的微控制器，以输出动态和静态的定位。工作范围完全覆盖了三个轴的 360 度角度运动，3DM-GX1 提供的定位格式包括矩阵、四元数和欧拉方程。数字串联输出可以提供来自 9 个正交传感器的经过温度补偿和校正的数据，更新速率最高达 350Hz。

②GPS 接收机：选用 NovAtel 的 OEMV-1G 型号接收机，该接收机单点定位精度达到 1.8m，数据更新率为 1Hz。

将 3DM-GX1 和 GPS 接收机天线置于小车顶部，各器件安装位置与方向如图 9-6 所示。其中，GPS 接收机供电 9V 直流，3DM-GX1 直接使用适配器供 220V 交流电。实验数据采用后处理的方式，利用已经编写好的 GPS/INS 松组合导航软件对数据进行处理。

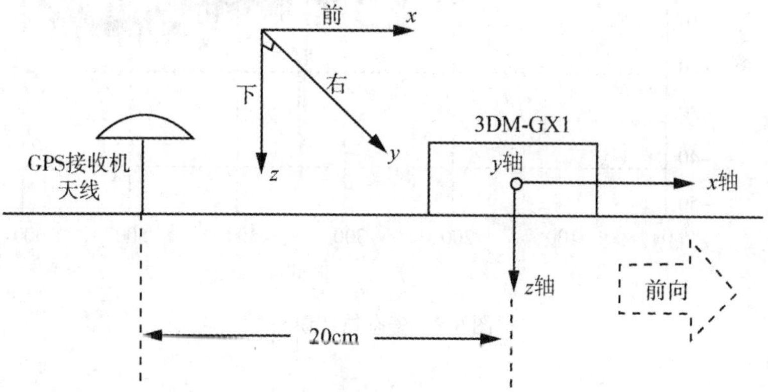

图 9-6 实验设备装配示意图

图 9-7 和图 9-8 分别为利用 GPS 接收机和 3DM-GX1 惯性组件输出的数据进行后处理和利用前述组合算法处理后的各导航参数曲线。

系统前 200 s 处于静止状态，200 s 以后开始运动。从图 9-7 可以看出，速度估计误差在 400s 以后渐渐收敛，在±1m 的范围内波动，并逐渐趋于零。从图 9-7 可以看出，姿态

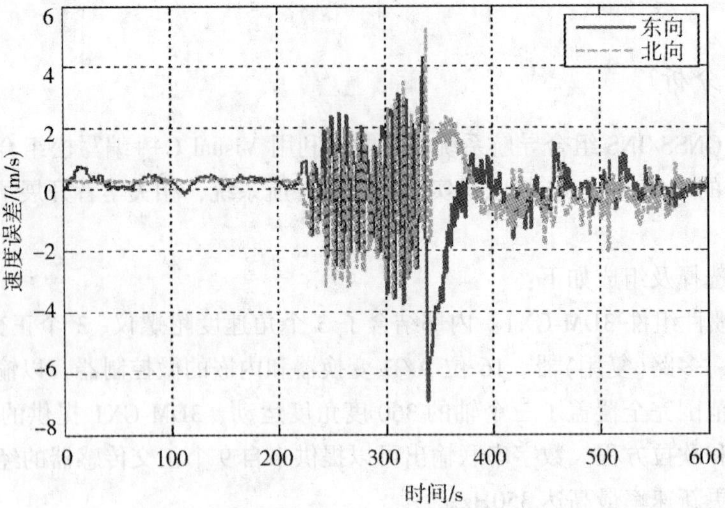

图 9-7　速度估计误差

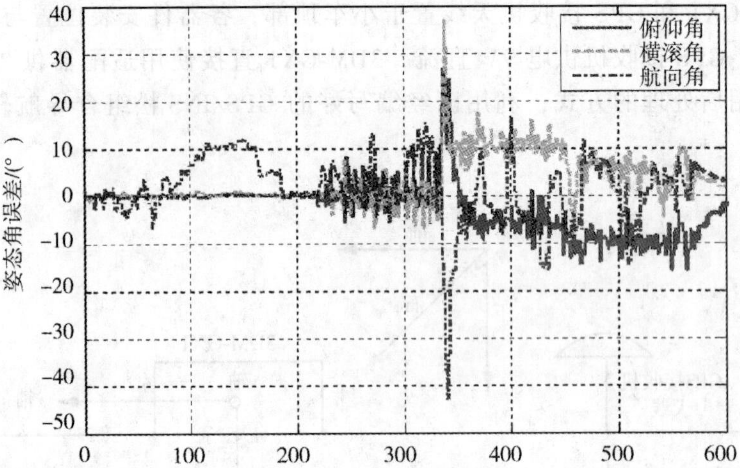

图 9-8　姿态估计误差

误差收敛速度较慢，但整体趋势还是逐渐收敛于零。

从实验结果可以看出，在开阔天空，由于存在连续的 GPS 速度和位置信息的输出，惯性传感器的误差以及 INS 的导航参数都被 1Hz 的 GPS 输出进行了校正，从而阻止了 INS 的定位误差随时间长期积累。从图 9-9 可以看出，组合导航系统解算得到的载体运动轨迹可以很好的跟踪上载体真实的运动轨迹。为了精确确定导航定位误差，将图 9-9 进行局部放大得到图 9-10。从图 9-10 可以看出，组合导航系统最后的导航定位精度为 1~2m。

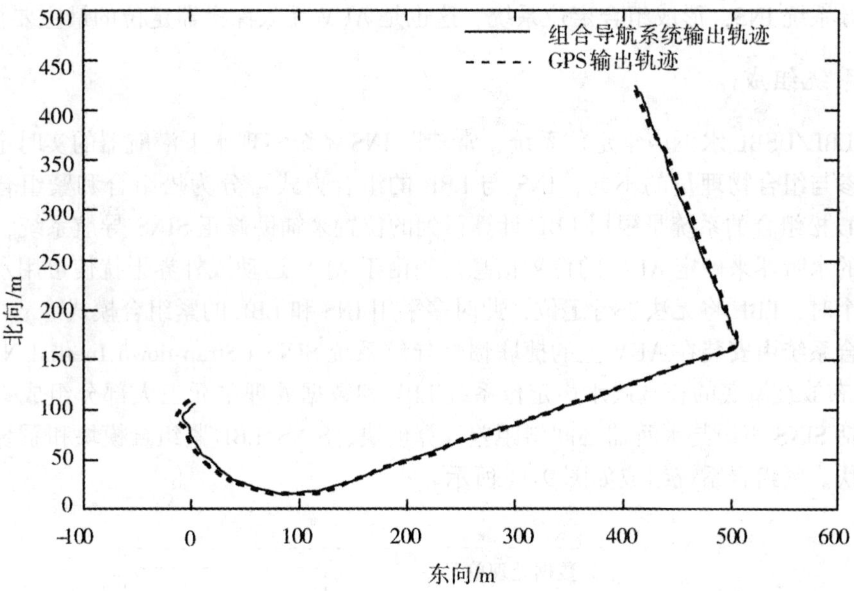

图 9-9 位置信息

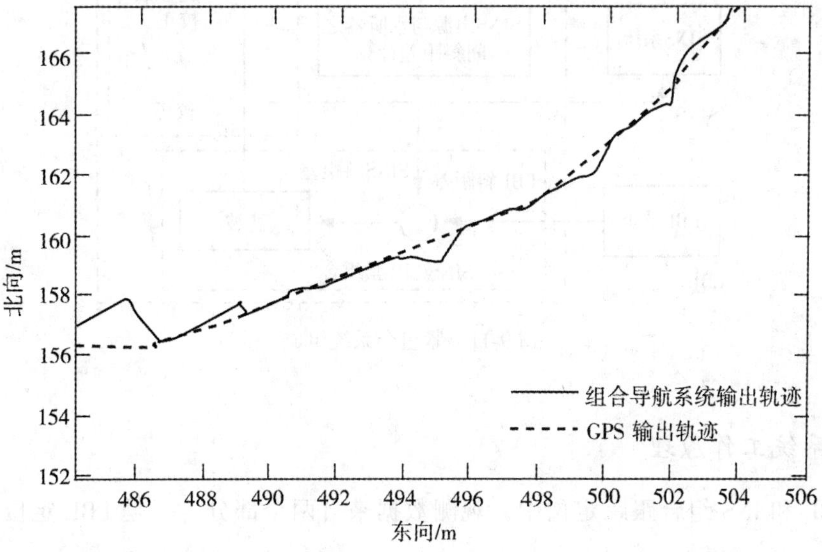

图 9-10 局部放大图

9.2 LBL/USBL 与 INS 组合

在深远海海洋环境调查时，如载人深潜器，为了保证潜航员的安全，LBL 必须保证能够为目标实时提供连续、可靠的定位服务。因此现代 LBL 系统的水下目标收发器可以选择配备惯导系统 INS，形成组合定位系统，这也是 AUV 无人深潜器定位的最主要技术。

9.2.1　系统组成

基于 LBL/USBL 水下声学定位系统，常辅以 INS 系统实现水下潜航器的实时定位与导航。根据参与组合物理量的不同，INS 与 LBL 的组合方式可分为松组合和紧组合。基于 INS 与 LBL 松组合的系统是根据 LBL 计算得到的位置来辅助修正 SINS 导航系统，它需要四个以上的水听器来确定 AUV 的位置信息。当由于 AUV 运动或外界干扰使可用水听器数量少于四个时，LBL 将无法进行定位，此时多采用 INS 和 LBL 的紧组合模式。

紧组合系统由安装在 AUV 上的捷联惯性导航系统 SINS（Strap-down Inertial Navigation System）、布放在海底的长基线水声定位系统 LBL 和数据处理单元三大部分组成。数据处理单元包括 SINS 声源与水听器之间斜距差计算模块、SINS/LBL 紧组合模块和系统导航误差校正模块。紧组合系统组成如图 9-11 所示。

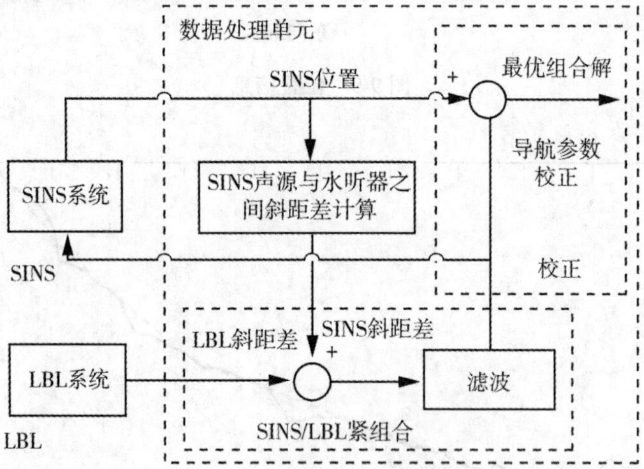

图 9-11　紧组合系统组成

9.2.2　系统工作原理

在 LBL 和 INS 组合跟踪定位中，观测数据来自两个部分，一是 LBL 定位数据(x，y，z)；二是 INS 提供的速度信息($\dot{x}$，$\dot{y}$，$\dot{z}$)，也可积分得到其位置信息(x，y，z)。若以位置信息为量测值，则有

$$\boldsymbol{L}_k = [x_k \quad y_k \quad z_k]^{\mathrm{T}}$$

$$\boldsymbol{X}_k = [x \quad y \quad z \quad \dot{x} \quad \dot{y} \quad \dot{z}]^{\mathrm{T}}$$

因此系统状态方程为：

$$\boldsymbol{X}_{k|k-1} = \begin{bmatrix} \boldsymbol{E}_{3\times3} & \Delta t \cdot \boldsymbol{E}_{3\times3} \\ 0 & \boldsymbol{E}_{3\times3} \end{bmatrix} \boldsymbol{X}_{k-1} + \begin{bmatrix} \dfrac{\Delta t^2}{2} \cdot \boldsymbol{E}_{3\times3} \\ \Delta t \boldsymbol{E}_{3\times3} \end{bmatrix} \boldsymbol{W}_{k-1} \tag{9.12}$$

$$\boldsymbol{L}_k = \begin{bmatrix} \boldsymbol{E}_{3\times3} & \boldsymbol{0}_{3\times3} \\ \boldsymbol{E}_{3\times3} & \boldsymbol{0}_{3\times3} \end{bmatrix} \boldsymbol{X}_k + \boldsymbol{V}_k \tag{9.13}$$

若以速度为量测值，则观测方程为：

$$\boldsymbol{L}_k = \boldsymbol{E}_{6\times6}\boldsymbol{X}_k + \boldsymbol{V}_k \tag{9.14}$$

1. 初值的确定

认为时刻 1 的观测值中不含有误差，将其作为初始状态，则由初始状态预测出下一时刻的状态为：

$$\boldsymbol{X}_{2|1} = \boldsymbol{F}_{2|1}\boldsymbol{X}_1 \tag{9.15}$$

得到的预测值与初始状态的观测值相等，对应的协方差矩阵为：

$$\boldsymbol{P}_{2|1} = \boldsymbol{F}_{2|1}\boldsymbol{P}_1\boldsymbol{F}_{2|1}^{\mathrm{T}} + \boldsymbol{\Gamma}_1\boldsymbol{Q}_1\boldsymbol{\Gamma}_1^{\mathrm{T}} \tag{9.16}$$

最优卡尔曼增益方程为：

$$\boldsymbol{K}_2 = \boldsymbol{P}_{2|1}\boldsymbol{H}^{\mathrm{T}}(\boldsymbol{H}\boldsymbol{P}_{2|1}\boldsymbol{H}^{\mathrm{T}} + \boldsymbol{R}_2)^{-1} \tag{9.17}$$

有了当前状态的预测结果，结合当前测量值，可以得到当前时刻状态最优估值：

$$\boldsymbol{X}_2 = \boldsymbol{X}_{2|1} + \boldsymbol{K}_2(\boldsymbol{L}_2 - \boldsymbol{H}\boldsymbol{X}_{2|1}) \tag{9.18}$$

得到了 2 状态的最优估值 $\boldsymbol{X}_2$，为了令 Kalman 滤波不断运行下去，还需要更新 2 时刻状态下 $\boldsymbol{X}_2$ 的协方差：

$$\boldsymbol{P}_2 = (\boldsymbol{I} - \boldsymbol{K}_2\boldsymbol{H})\boldsymbol{P}_{2|1} \tag{9.19}$$

2. 状态估值与更新

在 $k(k>2)$ 时刻的滤波中，有 $k-1$ 时刻的状态最优估值 $\boldsymbol{X}_{k-1}$，则由 $k-1$ 时刻的状态最优估值对 k 时刻的状态估值进行预测：

$$\boldsymbol{X}_{k|k-1} = \boldsymbol{F}_{k|k-1}\boldsymbol{X}_{k-1} + \boldsymbol{\Gamma}_{k-1}\boldsymbol{W}_k \tag{9.20}$$

对应的协方差阵为：

$$\boldsymbol{P}_{k|k-1} = \boldsymbol{F}_{k|k-1}\boldsymbol{P}_{k-1}\boldsymbol{F}_{k|k-1}^{\mathrm{T}} + \boldsymbol{\Gamma}_{k-1}\boldsymbol{Q}_{k-1}\boldsymbol{\Gamma}_{k-1}^{\mathrm{T}} \tag{9.21}$$

其最优卡尔曼增益为：

$$\boldsymbol{K}_k = \boldsymbol{P}_{k|k-1}\boldsymbol{H}^{\mathrm{T}}(\boldsymbol{H}\boldsymbol{P}_{k|k-1}\boldsymbol{H}^{\mathrm{T}} + \boldsymbol{R}_k)^{-1} \tag{9.22}$$

结合 k 时刻的预测值和观测值得到 k 时刻状态的最优化估算值为：

$$\boldsymbol{X}_k = \boldsymbol{X}_{k|k-1} + \boldsymbol{K}_k(\boldsymbol{L}_k - \boldsymbol{H}\boldsymbol{X}_{k|k-1}) \tag{9.23}$$

协方差阵更新为：

$$\boldsymbol{P}_k = (\boldsymbol{I} - \boldsymbol{K}_k\boldsymbol{H})\boldsymbol{P}_{k|k-1} \tag{9.24}$$

9.2.3 实验分析

实验采用某水域 LBL 定位数据及随船同步观测的 INS 数据，整个航迹中有 561 个采样点，采样时间间隔为 1s，距离单位为米，根据 LBL 观测数据计算可以得到采样点的坐标及其协方差阵，由 INS 测量可以得到采样时刻对应的速度及加速度，采用的惯导系统速度测量精度为 0.03m/s。采用附加 Z 约束的 LBL 定位方法，解算得到的点位精度 Z 方向上很高，X、Y 方向误差分布如图 9-12 所示。

首先对采样点数据进行处理，实现航迹滤波。Kalman 滤波的起始时刻状态最优估算值及其对应的协方差等于起始时刻的观测值及其对应的协方差。试验中，滤波前、后采样

点在 Z 方向上的变化很小，因此只对平面位置实时滤波，滤波前、后航迹如图 9-13 所示（虚线为滤波前航迹，实线为滤波后航迹）。受异常观测值影响，滤波前航迹中某些点存在粗差，通过自适应抗差 Kalman 滤波，22 个异常点被发现，并得以很好改正，滤波取得了较好的效果。

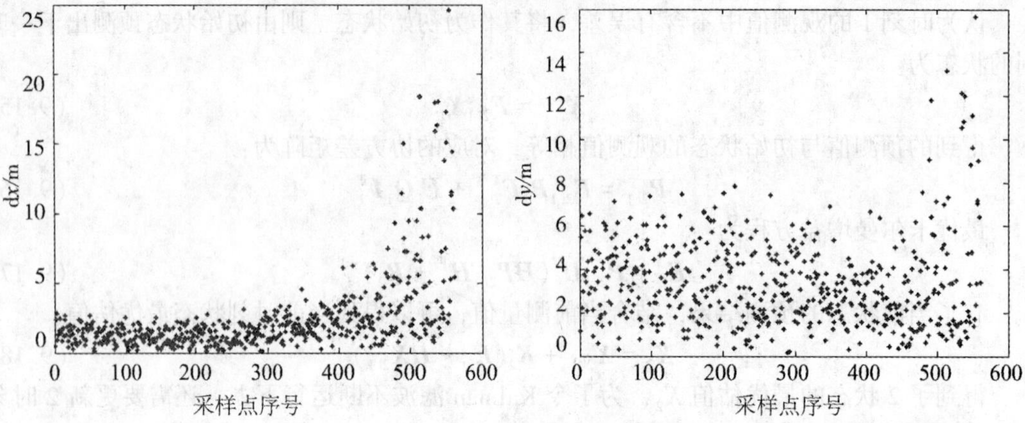

图 9-12　LBL 跟踪定位误差分布

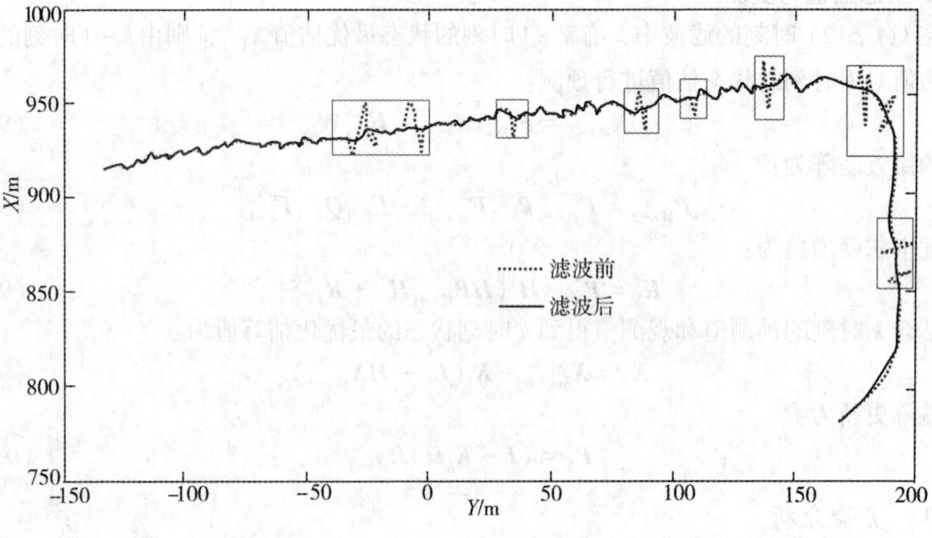

图 9-13　基于 Kalman 滤波后的 LBL+INS 跟踪定位数据滤波前、后航迹图

9.3　地形匹配辅助 INS

INS 提供的位置是通过一点一方位推算得到的，即从一已知点根据连续测得的潜航器航向角和速度推算出其下一点的位置。INS 的方位误差将直接引起推算点的位置误差。而

当前推算点又作为下一个推算点的新起点，结合下一段方位和距离，推算得到新的点位。因此，INS 给出的推算点位存在误差积累。且随着时间的增加，推算点位的误差会不断地增大。当积累到一定程度时，就会给导航带来较大的影响，必须及时进行修正。

水下地形辅助导航根据实测地形序列或条带与背景地形的匹配来实施导航定位，每一次定位是独立的，不存在误差积累。因此，以地形匹配作为辅助导航，可以实现对 INS 的定期修正，消除其积累误差对潜航器导航造成的影响。

下面介绍该组合导航系统的组成、工作原理，并对系统误差进行分析。

9.3.1 系统组成

地形辅助 INS 水下组合导航系统由如下 6 个部分组成：

1. 惯导系统 INS

INS 是组合导航系统的主导航系统，主要起如下两个作用：

①根据 INS 角漂移率、航行时间及推算位置，估计 INS 前期积累误差，为地形匹配在背景场中提供匹配搜索空间。

②根据匹配定位的结果，对 INS 进行修正，削弱其积累误差的影响，提高 INS 推算位置的精度，为潜航器后期长时间高精度导航提供条件。

2. 导航水域的海床地形图(地形匹配背景场)

海床地形背景场是地形匹配导航的参考场，借助实测序列与之匹配，可从背景场中获得当前潜航器的位置。海床地形背景场可借助水深资料或实测水深，通过构建海床数字高程模型 DEM(Digital Elevation Model)，实现对海床地形的描述。

海床地形数据可通过多种方式获得，如回声测深系统(单波束系统、多波束系统、高分辨率测深侧扫声呐系统)，或借助机载激光测深系统 LiDAR。前者可适合于各种水深测量，基于船载回声设备来实施；后者目前仅适用于水深小于 50m 的浅水水域，需要借助飞机荷载激光测深系统来完成。

数字海图主要用于海上航行，其中深度信息可通过图上的测深点和等深线来反映。目前存在两类海图信息，一类是数字海图，一类是纸质海图。对于前者，可以根据数字海图存储属性，从其中直接读取点位和深度信息；而对于后者，需要对其进行数字化，获取点位信息，并实现存储。

上述方式获得的海床地形数据是离散的，不便于实际应用。通常情况下，需要对这些地形数据进行内插处理，形成格网数据，每个节点通过内插获得其三维坐标，以供后续利用。

3. 回声测深系统

回声测深系统用于获取海床测点深度信息，可以用于海床地形背景场数据的获取，也可用于组合导航系统中实时水深序列或者在航水深条带数据的获取。水深序列可采用单波束测深系统来获取，而条带水深则需要借助多波束测深系统来获取。

单波束测深系统实测的是点序列，反映的是在航海床剖面的地形变化；而多波束测深系统测量的是一个条带，属于“面”测量系统。因此，相对单波束测深系统，用于匹配导航定位的信息相对丰富，对海床描述的全面性和准确性相对较高，可靠性也得到很大的提高。

无论单波束系统还是多波束系统，实际测量中换能器均固定于潜航器上。因此，借助水深观测序列或者条带序列，匹配定位得到的位置均为潜航器位置。

需要注意的是，在航水深观测序列或者条带序列需要借助数据处理系统处理，才能获得和海床地形背景场具有相同垂直基准的水深，进而实现和背景场的匹配。

4. 水下地形匹配导航定位数据处理单元

该单元是水下地形匹配辅助导航定位的数据处理单元，也是匹配定位的核心单元。借助前面所述的等值线匹配算法，利用实测条带水深数据，实现实测水深序列或条带地形与背景场地形数据的匹配，从而确定潜航器当前的位置。

匹配定位过程需要遍历搜索，而搜索范围的大小直接决定着匹配定位的效率。通常，搜索范围需要根据 INS 前期积累误差结合其推算位置来确定。

5. 信息融合单元

信息融合是整个组合导航系统的核心，借助该单元，可以实现来自 INS 的导航信息以及匹配定位的导航信息的有机融合，信息融合借助 Kalman 滤波来实现。

6. 输出和显示系统

将信息融合所得载体状态参数输出并显示出来，用于导航定位。

上述系统组成中，回声测深系统、海床背景场地形图和地形匹配定位数据处理单元是水下地形匹配辅助导航系统的组成部分；INS 为独立导航单元。两个导航系统的信息融合依靠信息融合单元来实现，导航信息的输出和显示用外围辅助系统来实现。

9.3.2　系统工作原理

组合导航系统的工作原理如图 9-14 所示。

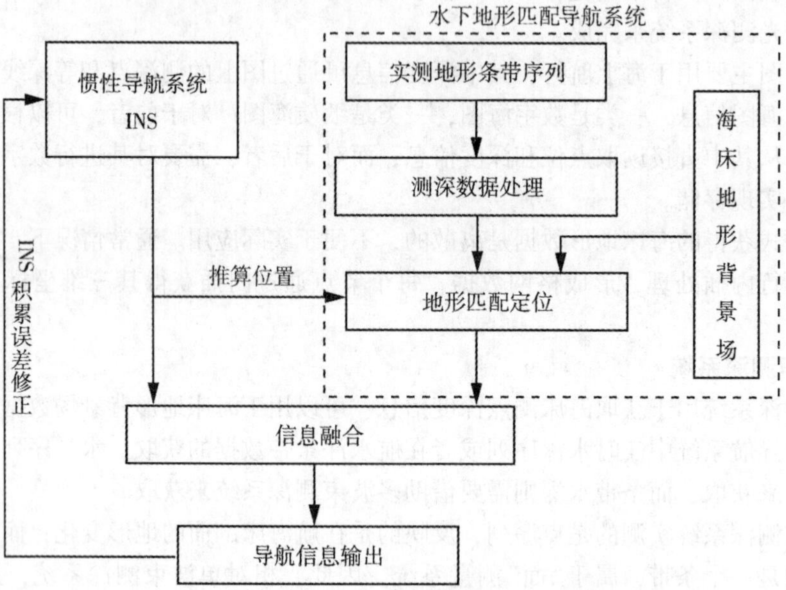

图 9-14　地形辅助 INS 水下组合导航系统工作原理示意图

在图 9-14 中，信息融合依靠 Kalman 滤波来实现。

对于 INS，可以输出的参量为当前的点位 $(x, y)_{INS}$ 以及载体的运动速度 $(\dot{x}, \dot{y})_{INS}$、加速度 $(\ddot{x}, \ddot{y})_{INS}$，而对于地形匹配导航系统，所能输出的仅为当前的平面位置 $(x, y)_M$。则组合导航系统的状态向量和观测向量分别为：

$$\boldsymbol{X}_{6\times 1} = [x \quad y \quad \dot{x} \quad \dot{y} \quad \ddot{x} \quad \ddot{y}]^{\mathrm{T}}$$

$$\boldsymbol{L}_{6\times 1} = \begin{bmatrix} x & y & \dot{x} & \dot{y} & \ddot{x} & \ddot{y} \\ x & y & 0 & 0 & 0 & 0 \end{bmatrix}^{\mathrm{T}}$$

其状态和观测方程为：

$$\boldsymbol{X}_k = \boldsymbol{\Phi}_{k/k-1}\boldsymbol{X}_{k-1} + \boldsymbol{\Gamma}_{k-1}\boldsymbol{W}_{k-1}$$
$$\boldsymbol{L}_k = \boldsymbol{H}\boldsymbol{X}_k + \boldsymbol{V}_k$$

式中，

$$\boldsymbol{H} = \begin{bmatrix} 1 & 1 & 1 & 1 & 1 & 1 \\ 1 & 1 & 0 & 0 & 0 & 0 \end{bmatrix}, \quad \boldsymbol{\Phi} = \begin{bmatrix} E & E\Delta t & \frac{1}{2}E\Delta t^2 \\ 0 & E & E\Delta t \\ 0 & 0 & E \end{bmatrix}, \quad \boldsymbol{\Gamma} = \begin{bmatrix} \frac{1}{6}E\Delta t^3 \\ \frac{1}{2}E\Delta t^2 \\ E\Delta t \end{bmatrix}$$

$\boldsymbol{H}$、$\boldsymbol{\Phi}$、$\boldsymbol{\Gamma}$、$\boldsymbol{W}_{k-1}$，$\boldsymbol{V}_k$ 为互相独立的零均值高斯白噪声向量。

基于信息融合，实现了系统的综合导航。下面讨论影响组合系统导航精度的各个因素。

9.3.3 系统误差分析

根据系统导航的信息源，组合导航系统的导航精度主要受制于两个主因素源的影响，其一是 INS 误差，其二是水下地形匹配辅助导航系统误差。相对这两个影响，信息融合等带来的误差较小，可不予考虑。

1. INS 误差

陀螺仪、加速度计和惯性平台是惯导系统的主要组成部分。

陀螺仪的测量精度主要取决于陀螺仪的随机漂移率。目前，中等精度的惯导系统位置精度要求为 1.0 n mile/h，相应的陀螺仪随机漂移率要求 0.01°/h。

在惯导系统中，高精度的加速度计是最基本的敏感元件之一。加速度的测量值直接影响着载体运动速度和位置的计算精度。用于惯性导航的加速度计灵敏限要求必须达到 10^{-5}g。

惯性平台的误差主要来源于其平台的结构误差和工作原理误差。

结构误差主要是由于安装所引起，而工作原理误差主要由初始化真北方位误差引起。通常有两种真北方位的引入方法，一种为外部引入，即借助外部手段将真北引入平台；另外一种是自主式对准真北。无论哪种方式，均会带来一定的误差，且该误差为常误差。

将上述引起的误差分解到 x 和 y 方向分别是 σ_{INS-x} 和 σ_{INS-y}，引起的点位误差为 σ_{INS-p}。

2. 水下地形匹配辅助导航系统误差

根据地形匹配导航定位系统的原理及组成，系统定位的精度主要受 3 个因素影响，即背景场精度、在航测深精度以及匹配定位算法精度。

(1)背景场精度

海床地形背景场是地形匹配导航的参考，其精度直接影响着匹配精度。

海床地形背景场精度主要受下列因素的影响：

①测深精度。地形背景场是经测深数据处理后形成的，测深精度直接决定着背景场的精度。按照海道测量规范，水深测量主要划分为如下四个级别的测量：

一级测量：适用于海道测量部门明确规定的重要海区，在这些海区，船舶只能以最小吃水净深航行，并且其海底特征可能对船只航行有危险，例如对重要海峡、港口、码头、锚地和海底浅层结构的详细探测。一级测量要求必须把所有误差源降到最小限度，一级测量的测线间距要小，并要求使用侧扫声呐以及由换能器阵列组成高分辨率多波束回声测深系统。测深需实现 100% 的海底覆盖率。测量时必须保证测深仪器能分辨出大于 $1m^3$ 的物体。

二级测量：适用于其他港口、入口航道、一般的沿岸和内陆航道，在这些海区，船只的吃水距海底有较大的净深，或海底的地质特征对船只航行的危险较小(例如松散的淤泥和沙底质)。二级测量应限于水深小于 100m 的海区使用。虽然它对海底覆盖的要求没有一级测量那么严格，但在海底特征对船只有潜在危害的区域仍要求 100% 全覆盖。在覆盖区域，测深仪需保证能分辨出 20m 水深内大于 $2m^3$ 的物体，或大于 10% 水深体积的物体。

三级测量：适用于水深浅于 200m 且不被一、二级测量所覆盖的海区。在这些海区内，普通的水深测量方式就能充分保证海底的障碍物不会危及船只航行。在各种海事活动中，当采用高等级的海道测量不大合适时，就要采用三级测量。

四级测量：适用于水深超过 200m 且不被一、二、三级海道测量所覆盖的其他所有海区。

根据以上标准，IHO 确定了新的海道测量最低精度指标(见表 9-1)。将表中列出的相应 a、b 值代入式(9.25)，可计算出不同级别的测深精度。

$$\pm\sqrt{[a^2+(b\cdot d)^2]} \tag{9.25}$$

式中，a、b 为深度误差常数和深度相关误差系数；d 为深度。

表 9-1　　新海道测量最低标准

项目 \ 等级	一级	二级	三级	四级
典型海区举例	重要航道、锚地、最小净深的港口	航道、推荐航道、港口及港口入口(水深小于 100m)	一、二级测量中未规定的沿岸海区或水深小于 200m 的区域	一、二、三级测量中未规定的非沿岸海区
水平精度(置信度 95%)	±2m	±5m	±20m	±150m

续表

等级 / 项目	一级	二级	三级	四级
改正后的水深精度(置信度95%)	$a=0.25$m $b=0.0075$	$a=0.25$m $b=0.013$	$a=1.0$m $b=0.023$	同三级测量
覆盖率	100%	≤100%	不适用	不适用
测深精度模型(置信度95%)	不适用，要求100%覆盖率	$a=0.25$m $b=0.0075$	$a=0.25$m $b=0.0075$	$a=0.25$m $b=0.0075$
最大测线间隔	不适用，要求100%覆盖率	2~3 倍平均深度	3~4 倍平均深度；若4倍平均深度小于200m时为200m	4 倍平均深度

水深精度应理解为改正后水深的精度。在确定水深精度时，需对各误差源进行定量表示。由于水深测量的特点是测量深度数据缺少多余观测值，因而水深精度主要取决于对影响水深值的系统误差和可能的随机误差的估计精度。对影响探测水深值的所有可能误差的综合估计是提高水深精度的关键，所以要考虑所有误差源综合影响以得到总传播误差。总传播误差由所有对测深有影响的因素所造成的测深误差组成，其中包括与声信号传播路径有关的声速误差、测深与定位仪器自身的系统误差、潮汐测量和模型误差、船只航向与船摇误差、换能器安装不正确引起的定位误差、船只运动传感器的精度引起的误差以及数据处理误差，等等。这些误差都会影响探测水深的精度，应当采用统计的方法，对所有已知的误差进行考虑，以确定水深精度。经统计确定的总传播误差(置信度为95%)旨在用于描述水深精度。由于上述误差可以分为误差常数和水深相关误差，表 9-1 中给出了经过专家论证的误差常数 a 和水深相关误差 b，利用所给的公式来计算各级测量的水深允许误差，其置信度为95%，依次作为约束各级测量的测量数据精度的限差。

为了解释所有的误差源，必须对误差大小进行估计，国际海道测量组织在 S-44 测量标准中给出了其估计形式：

$$\sigma_{\text{rpd}}(2\text{drms}) = \pm\sqrt{\sigma_n^2 + (\tan\theta\sigma_d)^2 + (d\sigma_r)^2 + (d\sigma_p)^2 + (d\tan\theta\sigma_s)^2 + \left(\frac{\sqrt{5}\,d\tan\theta}{2v}\right)^2\sigma_v^2} \tag{9.26}$$

式中，2drms 为径向位置误差(置信度为95%)，是下列误差平方和根的2倍：定位系统引起的误差 σ_n、水深测量误差 σ_d、横摇误差 σ_r、纵摇误差 σ_p、航向(陀螺罗经)误差 σ_g 和声速误差(波束角分量) σ_v；d 是换能器的水深；v 是平均声速；θ 是从最下方起算的波束角。

上面讨论的是根据多波束系统获取的数据误差源及其估计公式，而对于其他测深仪器测深误差的估计，则可以根据不同仪器的实施探测情况，对一些误差进行取舍。例如，单波束测深一般情况下可以不考虑σ_r、σ_p、σ_g等误差的影响，但对于倾斜的海底必须进行海底倾斜改正。又如测量船的动态吃水影响误差，式(9.26)并没有估计。对于大多数高精度探测而言，由于不同船速下动态吃水影响不同，因此还须估计测量船动态吃水误差。

我国《海道测量规范》中以回声测深仪为例，给出了水深测量极限误差(置信度95%)的规定(见表9-2)，同时《海道测量规范》也对主检查线水深比对及图幅拼接比对的限差作了规定。在进行系统误差检验及粗差检验后，由重合点水深(两点相距图上1.0mm以内)所列出的主检测深点不符值限差为表9-3，规定超限的点数不得超过参加比对总数的15%。

表9-2 主检查线水深比对及图幅拼接比对的限差规定

测深范围 Z/m	极限误差 2σ/m
$0<Z\leqslant 20$	±0.3
$20<Z\leqslant 30$	±0.4
$30<Z\leqslant 50$	±0.5
$50<Z\leqslant 100$	±1.0
$Z>100$	±2% Z

表9-3 剔除系统误差和粗差后的主检不符值限差

测深范围 Z/m	极限误差 2σ/m
$0<Z\leqslant 20$	±0.5
$20<Z\leqslant 30$	±0.6
$30<Z\leqslant 50$	±0.7
$50<Z\leqslant 100$	±1.5
$Z>100$	±3% Z

②内插精度

实际测量中，由于测量船的机动性，或因海床地形数据来自电子海图或数字化的纸质海图，均会导致测点分布不均匀。而海床地形背景场通常是以格网或者等深线的形式存储，无论采取何种存储方式，均需要基于周围实测数据进行内插处理，才能获得格网节点的水深(格网存储方式)以及型值点(等值线存储方式)。因此，内插精度也是影响海床地形背景场精度的另一因素。

影响内插精度的因素主要有两个：内插点周围测点的测深误差和内插方法引起的误差。前者已经在前面论述，而对于后者，则需要视不同内插方法而定。

(2)在航测深精度

在航水深观测序列的精度主要受如下几个因素影响：

①测深精度。测深精度在前面已作了表述，这里不再赘述。

②测深数据处理精度。

由于潜航器实测的深度是相对换能器的，而背景场反映的深度实际上是基于某个海洋深度基准下的深度，因此要实现实测深度序列或条带与背景场海床地形的匹配，就需要将实测的相对换能器的深度转换为相对于背景场同深度基准下的深度。测点实际深度 D_p 为：

$$D_p = D_S + D_V \tag{9.27}$$

式中，D_S 为回声测深系统实测的相对换能器的深度；D_V 为换能器的深度或者载体的深度。

若深度基准面下载体所在水域的潮位为 H_S，则该基准面下水下测点的深度 H_p 为：

$$H_p = H_S - D_p \tag{9.28}$$

从以上计算模型可以看出，测点的实际深度除受声呐测深系统测深精度影响外，还受潮位因素和压力式传感器确定的换能器深度/潜航器深度的影响。

③定位精度。在航测深期间，潜航器的位置即测深换能器的位置是通过 INS 提供的。如前所述，这时 INS 尽管存在积累误差，但认为 INS 在此期间提供的测点间相对位置是正确的。实际情况是 INS 在任何一次测量中，因为其漂移率导致推算所得位置存在误差，只不过这种点间误差相对积累误差要小得多。

下面根据一点一方位定位原理，推算定位误差。

$$\begin{cases} \Delta x = vt\cos A \\ \Delta y = vt\sin A \end{cases} \tag{9.29}$$

式中，v 为潜航器速度；t 为点间航行时间；A 为航行方位。

由 INS 速度误差 $\mathrm{d}v$ 和方位误差 $\mathrm{d}A$ 引起的推算点间相对误差 $\mathrm{d}\Delta x$ 和 $\mathrm{d}\Delta y$ 分别为：

$$\begin{cases} \mathrm{d}\Delta x = t\cos A\mathrm{d}v - vt\sin A\mathrm{d}A \\ \mathrm{d}\Delta y = t\sin A\mathrm{d}v - vt\cos A\mathrm{d}A \end{cases} \tag{9.30}$$

(3)匹配定位算法引起的误差

在地形匹配导航中，通常采用的算法是基于等值线进行匹配或者基于格网进行匹配。无论何种匹配，均是建立在实测条带地形与背景场地形最大吻合的基础上，其最佳匹配的评定指标是在遍历搜索的基础上，根据每次遍历所得的相似性指数或者深度差值的均方根序列，寻找最大的相似性或者最小均方根，与之对应的匹配即认为最优匹配。

以上算法基于格网或图像实现。实际匹配中发现，测深中的定位误差会引起如下误差：

①匹配中格网不一致导致的匹配误差。匹配是根据格网深度的一致性确定最优匹配的，若定位不准确，会导致背景场地形和实测条带地形格网的划分不一致，进而影响匹配定位精度。

②匹配算法误差。测深定位误差会使得与位置对应的测深值不能真实反映其位置上的实际地形，由此引起的匹配误差会引起定位误差。这是由匹配算法引起的。

3. 综合误差

综上所述，由此引起的组合系统导航定位误差 σ_p 为：

$$\sigma_p^2 = \sigma_{\text{INS}-p}^2 + \sigma_{\text{TM}-p}^2 \tag{9.31}$$

式中，$\sigma_{\text{INS}-p}$ 为 INS 引起的点位误差，而 $\sigma_{\text{TM}-p}$ 为匹配定位引起的点位误差。

9.3.4　实验及分析

为了验证地形辅助 INS 水下组合导航系统的性能，以渤海湾海上试验来分析整个系统导航过程。实验水域为 7km×3km，在该水域实施了多波束测量，获得了该水域的海床地形背景场，如图 9-15 所示。将 4.8km 的在航条带分割成 11 个子条带，形成匹配序列，INS 的推算位置为这些子条带提供位置信息。由于测量时间较短，为检验匹配导航对 INS 前期积累误差修正的效果，人为给 INS 推算位置增加(300m，300m)误差以作为 INS 的前期积累误差；INS 的漂移率为 0.01°/h。

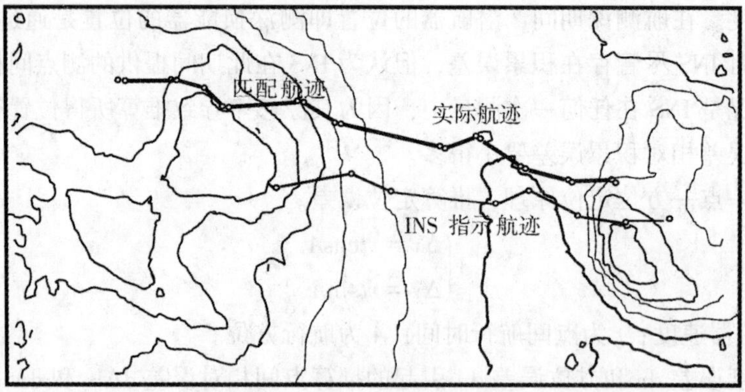

图 9-15　实验区海床地形背景场

基于以上背景场和参数进行导航试验，导航精度如图 9-16 和表 9-4 所示。可以看出，地形辅助 INS 水下组合导航系统的导航精度达到了 40m。

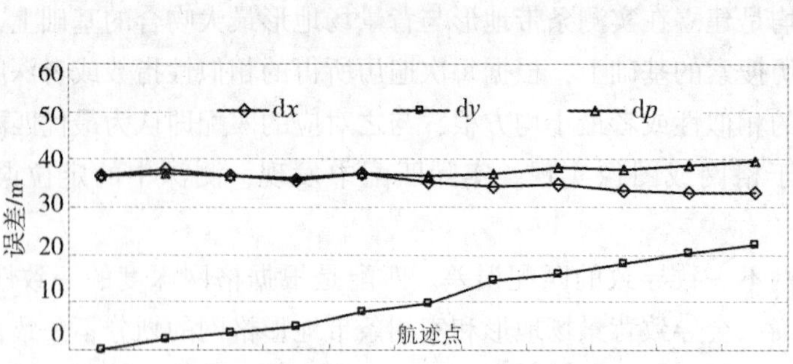

图 9-16　系统导航精度

表 9-4 地形辅助 INS 水下组合导航精度

统计量 对象	最大偏差/m	最小偏差/m	平均偏差/m	标准偏差/m
dx	37.8	33.0	35.2	±35.2
dy	22.1	0.1	10.8	±13.1
dp	39.8	36.1	37.4	±37.5

9.4 地貌图像匹配辅助 INS

同地形匹配导航一样，海床地貌图像匹配定位也是一种辅助导航方式。一般意义上海床地貌即海床地形，但在表现方式上有所不同。海床地貌表现为声呐图像，即形成 DTM (Digital Terrain Model)；而海床地形表现为三维坐标，即形成 DEM。海床的地貌起伏变化，尤其是特征海床段的地貌，可为匹配定位提供条件，从而实现为潜航器导航。

下面从系统组成、工作原理以及精度分析几个方面对基于特征海床地貌匹配与 INS 组合的水下导航系统进行介绍。

9.4.1 系统组成

地貌辅助 INS 水下组合导航系统主要由 INS 系统、海床地貌背景场图像、海床地貌扫测仪、图像匹配系统、信息融合系统以及匹配定位结果输出系统组成。

1. INS

INS 在组合系统中的功能同其在地形辅助 INS 水下组合导航系统中的功能相同。

2. 背景场海床地貌图像

地貌图像是基于海床地貌匹配导航的背景场。背景场图像已经过配准，因此借助实测地貌与背景地貌图像的匹配，便可以从背景场中获得潜航器的当前位置。

海床地貌图像通过声呐设备获得，如侧扫声呐系统和多波束系统等。多波束因换能器固定在测量船体上，根据其回波强度信息得到的海床地貌图像具有较高的定位精度，但对于脉冲式多波束系统，其图像的分辨率较低，只有多次重复测量方可获得较理想的海床地貌。侧扫声呐多采用拖曳式作业模式，由于接近目标，加之测量原理不同于多波束，其图像分辨率和质量远高于多波束系统。但是侧扫声呐采用拖曳作业模式，其拖鱼位置采用推算获得，其图像的位置精度比多波束系统所获取的图像差，且受海流、船体操纵等因素的影响较显著，因此图像存在畸变，需进行各项校正处理。

背景场海床地貌图像通常以配准后的图像形式存储，即栅格存储。每个格网代表一定的海床范围，并赋予相应的灰度级。因为海床底质的差异以及特征地貌在高度上的差异，表现在图像上为明暗不同的区域，即特征地貌图像。由于图像实现了配准，因此，根据图像左上角的地理坐标、图像尺寸以及每个像素代表的实际大小，可计算出不同位置像素的地理坐标，实现对特征地貌图像的定位。

$$\begin{cases} x = x_0 - j \cdot S_j \\ y = y_0 + i \cdot S_i \end{cases} \tag{9.32}$$

式中，(x_0, y_0)为图像左上角坐标；对于位于 i 行、j 列的像素，若横向代表实际尺寸 S_i，纵向代表实际尺寸为 S_j，则可得像素的地理坐标(x, y)。

3. 侧扫声呐系统

侧扫声呐是获取海床地貌的主要设备，通常采用拖曳工作方式。其拖鱼深度由压力式传感器提供；对于现代侧扫声呐，其姿态由内置姿态传感器给出。这些姿态参数对于实施各项畸变校正非常重要。

由于采用拖曳作业方式，拖鱼的位置通过潜航器的位置并结合方位及拖缆长度来综合确定。潜航器航向和航速的变化、海流对拖鱼的影响等均会影响侧扫声呐换能器的位置计算，因此在实际测量中，尽量沿着直线方向航行，且保持较低的航速(如 3~5 节)。

侧扫声呐既可实现背景场海床地貌图像的获取，又用于在航条带地貌图像的获取。

4. 图像匹配单元

图像匹配单元是基于海床地貌图像匹配导航定位的重要部分。

借助匹配单元，实测条带地貌可与海床背景场地貌图像实施匹配，由于地貌图像已经实现了配准，因此根据二者匹配的结果，可以获得潜航器当前位置，实现对潜航器导航。

匹配单元的核心是匹配算法。匹配算法主要采用前面章节所述的基于特征点的图像匹配算法，即改进型 SURF 匹配算法。这种算法考虑了因拖曳深度而造成的图像压缩畸变改正不彻底的影响，相对其他图像匹配算法具有较好的匹配精度。

对基于图像匹配的结果需要进行检验，即匹配的效果评估。匹配效果评估是匹配单元的重要部分，可以有效地消除误匹配问题的影响，提高匹配定位和导航的精度及可靠性。

5. 信息融合单元

就地貌辅助 INS 水下组合导航系统而言，其定位信息主要有两个来源，其一是 INS 的推算位置，其二为地貌图像匹配定位结果。对二者的信息实施融合，一方面可以独立确定当前位置，另一方面可消除 INS 积累误差，确保潜航器导航的精度。

组合导航信息融合仍采用 Kalman 滤波来实现。

6. 输出显示单元

该单元实现前面组合导航信息融合结果的输出和显示，并用于潜航器导航。

9.4.2　导航工作原理

地貌辅助 INS 水下组合导航系统的导航原理如图 9-17 所示。

在图 9-17 中，信息融合借助 Kalman 滤波来实现。

对于 INS，可以输出的参量为当前的点位$(x, y)_{INS}$、载体的运动速度$(\dot{x}, \dot{y})_{INS}$和加速度$(\ddot{x}, \ddot{y})_{INS}$，而对于水下地貌匹配导航系统，所能输出的是当前的平面位置$(x, y)_M$，则

组合导航系统的状态向量为：

$$\boldsymbol{X}_{6\times 1} = [x \quad y \quad \dot{x} \quad \dot{y} \quad \ddot{x} \quad \ddot{y}]^{\mathrm{T}}$$

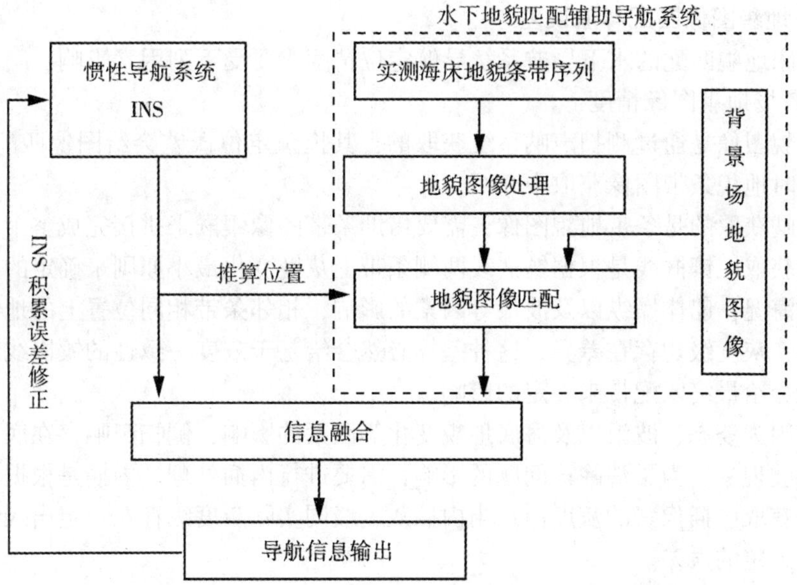

图 9-17　地貌辅助 INS 水下组合导航系统工作原理示意图

观测向量为：

$$L_{6\times2}=\begin{bmatrix} x & y & \dot{x} & \dot{y} & \ddot{x} & \ddot{y} \\ x & y & 0 & 0 & 0 & 0 \end{bmatrix}^{\mathrm{T}}$$

式中，第一行为 INS 输出量，第二行为地貌匹配输出量。

其状态方程为：

$$\boldsymbol{X}_k=\boldsymbol{\Phi}_{k/k-1}\boldsymbol{X}_{k-1}+\boldsymbol{\Gamma}_{k-1}\boldsymbol{W}_{k-1}$$

观测方程为：

$$\boldsymbol{L}_k=\boldsymbol{H}\boldsymbol{X}_k+\boldsymbol{V}_k$$

其中，

$$\boldsymbol{H}=\begin{bmatrix} 1 & 1 & 1 & 1 & 1 & 1 \\ 1 & 1 & 0 & 0 & 0 & 0 \end{bmatrix},\ \boldsymbol{\Phi}=\begin{bmatrix} E & E\Delta t & \frac{1}{2}E\Delta t^2 \\ 0 & E & E\Delta t \\ 0 & 0 & E \end{bmatrix},\ \boldsymbol{\Gamma}=\begin{bmatrix} \frac{1}{6}E\Delta t^3 \\ \frac{1}{2}E\Delta t^2 \\ E\Delta t \end{bmatrix}$$

$\boldsymbol{H}$、$\boldsymbol{\Phi}$、$\boldsymbol{\Gamma}$、$\boldsymbol{W}_{k-1}$ 和 $\boldsymbol{V}_k$ 为互相独立的零均值高斯白噪声向量。

9.4.3　系统误差分析

由于是由两个系统组合而成的导航系统，因此地貌辅助 INS 水下组合导航系统的导航精度必然会受到 INS 误差和匹配导航误差两个方面的综合影响。

下面具体分析这些影响：

1. INS 的误差影响

INS 的影响在前文已介绍，这里不再赘述。

2. 海床地貌图像匹配导航误差

基于海床地貌匹配的水下导航系统导航定位精度主要受下列因素影响：

(1)背景场地貌图像精度

海床地貌图像是通过侧扫声呐系统获取的，其拖鱼定位误差会给图像匹配带来影响，这部分在实时地貌条带图像获取中介绍。

侧扫声呐获取的是条带地貌图像，需要借助条带图像镶嵌来拼接完成整个海区的海床地貌图像的获取。镶嵌线是根据镶嵌线两侧条带上灰度变化最小原则来确定的。由于条带测量时受到海况、船体操纵以及波浪等因素的影响，相邻条带相同位置上的地物在图像上呈现的大小、灰度级均存在差异，这种差异必然会给基于灰度一致性的镶嵌线确定带来误差，进而也会给最终匹配带来一定的影响。

此外，因为姿态、波浪以及海底地貌变化等因素的影响，侧扫声呐存在底跟踪失败现象，即无回波现象。为了消除该问题的影响，需要进行内插处理。内插是根据周围像素的灰度变化来获取内插像素的灰度值。当内插灰度级同实际灰度级存在一定出入时，会给匹配定位带来一定的误差。

(2)实测条带图像精度

海床地貌背景场图像与实测在航条带地貌图像均采用侧扫声呐获取，采用拖曳作业模式，拖鱼的位置需根据潜航器的位置(x_0, y_0)、拖缆长度 l 和方位 A 推算获得。

$$\begin{cases} x = x_0 + l\cos A \\ y = y_0 + l\sin A \end{cases} \tag{9.33}$$

由于 l 随船速、海流等因素而变化，加之 INS 提供的方位 A 存在偏差，这些都会给拖鱼位置的计算带来较大误差，尤其在潜航器航向发生较大变化时。

通常为减小定位误差的影响，实际测量中，采用较低的船速和稳定的航向是非常必要的。

现代侧扫声呐系统测量常配备超短基线定位系统 USBL(Ultra Short Baseline)来为拖鱼定位，同时由内置姿态传感器为拖鱼定姿，有效地提高了拖曳定位的精度，改善了海床地貌图像的位置精度。基于 USBL 系统的侧扫声呐测量，图像位置精度主要受 USBL 定位误差的影响。

(3)匹配算法精度

用于图像匹配的算法较多，不同算法适用的图像特征不同。基于特征点对实现图像匹配需要根据特征点对寻找两套系统之间的旋转平移变换关系。若特征点对寻找的不正确或者存在偏差，必然会影响匹配结果，进而影响到导航精度。已有研究表明，若能够准确地发现特征点对，则地貌图像的匹配精度可以达到 1 个像素，即实际的导航定位精度为：

$$\sigma_x = S_j, \ \sigma_y = S_i$$

式中，S_j和 S_i分别为像素在纵向和横向代表的实际尺寸。

3. 综合影响

综合以上两个系统的定位误差，则由此引起的组合系统导航定位误差 σ_p 为：

$$\sigma_p^2 = \sigma_{\text{INS}-p}^2 + \sigma_{i\text{M}-p}^2 \tag{9.34}$$

式中，$\sigma_{\text{INS}-p}$ 为 INS 引起的点位误差，而 $\sigma_{i\text{M}-p}$ 为海床地貌图像匹配定位引起的点位误差。

9.4.4 实验

为了检验地貌辅助 INS 水下组合导航系统的性能，在 7km×3km 的水域实施了侧扫声呐扫测，获得了该水域的海床地貌图像，以此海床地貌图像为背景场(如图 9-18 所示)，借助某条带中的 3km 区段作为航迹段，形成 11 个子条带序列，实施地貌匹配导航；INS 提供推算位置为这些子条带定位。人为地给 INS 增加(500m，500m)误差作为初始位置偏差(即作为 INS 前期积累误差)。INS 的漂移率为 0.01°/h。

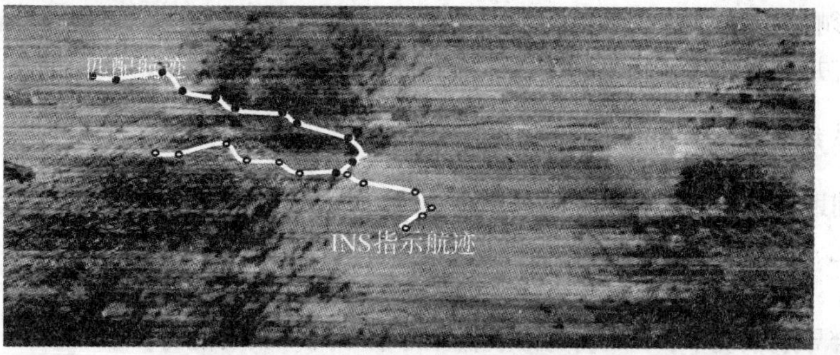

图 9-18 实验背景场及导航航迹示意图

基于上述背景场和参数进行组合导航试验，导航误差分布如图 9-19 和导航精度统计结果如表 9-5 所示。可以看出，地貌辅助 INS 水下组合导航系统在试验中导航精度达到了 15m。

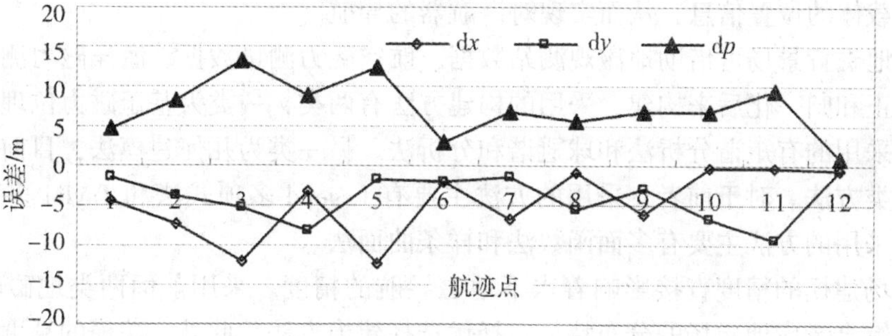

图 9-19 组合导航误差分布图

表 9-5 组合导航精度统计

统计量 / 对象	最大偏差/m	最小偏差/m	平均偏差/m	标准偏差/m
dx	−12.3	−0.2	−5.5	±6.5
dy	−8.3	−0.5	−4.5	±5.2
dp	13.1	2.9	7.8	±8.3

9.5　地磁匹配辅助 INS

地磁辅助 INS 水下组合导航系统由匹配定位系统和惯导系统 INS 组成。对于地磁匹配导航系统，需要以地磁背景场为参考，实测地磁序列为匹配对象，通过与参考背景场实施匹配，从背景场中获取当前潜航器位置。水下地磁匹配导航相对前面阐述的地形和地貌匹配导航的明显优势在于海洋地磁变化相对明显，特征信息丰富，有利于实现精确导航。但也存在着明显的不足，即在航磁力测量需采用拖曳作业模式，且地磁测量拖鱼定位精度偏低，从而影响匹配导航定位精度。下面详细介绍地磁辅助 INS 水下组合导航系统的组成、工作原理，并对影响导航精度的诸因素进行综合评估。

9.5.1　系统组成

地磁辅助 INS 水下组合导航系统主要由 INS、海洋局域地磁背景场、海洋磁力仪、地磁匹配单元、信息融合单元以及导航定位结果输出单元组成。

1. INS

在组合导航系统中，INS 仍为潜航器主导航单元。其功能为：

①为地磁匹配导航提供概略位置，以确定匹配搜索空间；

②接收来自匹配定位的结果，通过信息融合，修正 INS，削弱前期积累误差的影响，为组合导航系统长时间精确导航定位服务。

2. 海洋局域地磁背景场

海洋局域地磁背景场是地磁匹配导航的参考场，借助实测地磁序列与之匹配，可从中获取当前载体的位置信息，从而实现对潜航器的导航。

局域地磁背景场可借助地磁观测站数据、航空磁力测量数据、海洋磁力测量数据，经过各项改正和归一化后来构建，采用的构建方法有两类，一类为基于磁力位理论的建模方法，通常采用的有矩谐分析法和球冠谐和分析法。另一类为几何建模法，目前主要有内插和拟合两类方法。对于前者，采用的方法主要有 Legend 多项式法和 Taylor 多项式法；对于后者，采用的方法主要有多面函数法和样条曲面法。

地磁场建模的精度直接影响着水下地磁导航的精度。采用前面两类地磁场建模方法时，需要综合考虑地磁场的分布特征，择优选择建模方法。此外，建模的精度还可以通过分区建模来提高。分区建模是将一个比较大的区域按照地磁分布特征分割成若干个小的区域，对每个小的区域采用不同的算法分别实施建模。由于区域内数据能够得到充分利用，加之顾及了地磁的分布特征，建模精度相对较高，从而也提高了整体建模的精度。在利用区域地磁场模型时，相应地根据分区结果，对应区域采用对应的地磁场模型。

3. 海洋磁力仪

海洋磁力仪是获取海洋地磁的主要设备，主要用于背景场地磁数据的获取以及在航地磁序列的获取。海洋磁力仪按照工作方式分为饱和式磁力仪、核子旋进磁力仪、海洋质子磁力梯度仪、光泵磁力仪或海上梯度仪等。

(1)饱和式磁力仪(Flux-gate magnetometer)

饱和式磁力仪又称磁通门磁力仪。利用软磁性坡莫合金作为探测元件的磁力仪，统称为饱和式磁力仪。主要是利用坡莫合金具有很高的磁导率、低矫顽力和低饱和磁化磁场、磁滞迴线狭窄的特性，因而它的磁感应强度与磁化磁场近似地呈单值函数关系。按仪器设计原理不同可分为偶次谐波型及脉冲电压型等。饱和式磁力仪是一种磁电转换装置，可在运动状态中进行快速连续测量，常用于航空或海洋磁测。

(2)核子旋进磁力仪(Nuclear precession magnetometer)

核子旋进磁力仪利用氢质子磁矩在地磁场中自由旋进的原理来测量地磁场总向量的绝对值。煤油、水、酒精等都含有不停自旋的氢质子，并产生一个自旋磁矩，称为质子磁矩。这些质子在没有外磁场作用时，其指向毫无规则，宏观磁矩为零。当含氢液体处在地磁场中，经过一段时间，磁矩的方向就趋于地磁场的方向。如果加一个垂直于地磁场 T 的强人工磁场 H_0(大于 100 奥斯特)，则迫使质子磁矩趋于 H_0 的方向。当人工磁场突然消失，质子磁矩受地磁场的作用，将逐渐回到 T 的方向上去。因为每个质子具有“自旋”磁矩，同时受地磁场 T 的作用，便产生了质子磁矩绕地磁场 T 的旋进现象，即所谓质子旋进。旋进的圆频率 ω 与地磁场总强度 T 的绝对值成正比，即旋进频率越高地磁场越强。

(3)海洋质子磁力梯度仪(Marine proton magnetic gradiometer)

为了消除日变和海岸效应的影响，在海洋质子旋进磁力仪的基础上制造了海洋质子磁力梯度仪。其基本结构是由两台高精度的同步质子旋进磁力仪、微分计算器、双笔记录器和由同轴电缆拖曳船后两个一前一后的传感器组成，传感器间的距离大于 100m。对于磁扰动场的影响，可由两个相同传感器获得的总磁场强度差值来消除，实际上得到的是总磁场强度的水平梯度值。然后对水平梯度值进行积分，得到消除了日变和海岸效应的总磁场强度值。这样，海洋质子磁力梯度仪用作大洋磁测就无需再设置日变观测站，即可消除日变和海岸效应的影响，因而比质子磁力仪更适合于海上测量。

(4)光泵磁力仪(Optical-pumping magnetometer)

根据光泵作用原理制造的磁力仪。由光泵作用排列好的原子磁矩，在特定频率的交变电磁场的作用下，将产生共振吸收作用，打乱原子的排列情况。发生共振吸收现象的电磁场的频率与样品所在点的外磁场强度成一比例关系，故测定这一频率，便可测出外磁场的值。常用的工作元素有：铷(Rb87，Rb85)、铯(Cs133)、氦(He4，He3)等。光泵磁力仪按线路结构特点又可分为跟踪式与自激式两大类。这类磁力仪的特点是灵敏度高，可达±0.01伽马，可以测定总磁场强度的绝对值，没有零点掉格及温度影响，工作时不需准确定向，适于在运动条件下进行高精度快速连续测量，如航空磁测和海洋磁测等。

为避免载体对磁力测量的干扰，磁力测量通常采用拖曳作业方式。拖体的位置通过潜航器的位置，结合航向及拖缆长度来综合确定。由于潜航器航向和航速的变化、海流对拖鱼的影响等因素均会影响到拖鱼或者拖体位置的计算，因此在实际测量中，尽量沿着直线方向航行，同时保持较低的航速，通常为 3 节。

地磁测量数据需要经过一系列改正，才能投入应用。需要进行的数据处理工作主要包括质量控制、延拓改正、日变改正、载体磁力改正以及地磁总强度计算。

4. 地磁匹配单元

地磁匹配单元是地磁匹配导航定位的重要组成部分。

借助匹配单元，实测地磁序列与背景地磁序列匹配，根据实测地磁序列在地磁背景场中的位置，从背景场中获取当前载体的位置。

地磁匹配算法是地磁匹配导航的核心部分。通常采用的匹配算法主要有 TERCOM 算法、ICCP 算法以及 SITAN 算法。由于采用单序列实施匹配导航，组合导航系统中采用 ICCP 与 TERCOM 联合的匹配导航算法，借助该联合匹配算法，不但实现了实测序列与背景序列的快速匹配，而且还能显著提高匹配的导航定位精度。此外，相对单一算法，联合匹配算法能显著增强匹配的可靠性，降低误匹配出现的几率。

5. 信息融合单元

水下组合导航系统输出两个导航结果，分别是 INS 导航结果和地磁匹配导航结果。对二者的信息实施融合，一方面可以确定当前潜航器位置，另一方面可消除 INS 积累误差，提高导航精度。信息融合仍采用 Kalman 滤波来实现。

6. 输出显示单元

对信息融合的结果进行输出和显示，用于潜航器导航。

9.5.2　系统工作原理

地磁辅助 INS 水下组合导航系统是把预先规划好的航迹上某些点的地磁场特征量绘制成参考图(背景场)，存储在载体计算机中；当载体经过这些水域时，由磁力仪测量出时序地磁场特征量，以构成实时序列，实时序列的位置由 INS 给出；在 INS 提供的概略范围内，实时序列与背景场进行相关匹配，进而从背景场中提取出潜航器的当前位置，供潜航器导航。

组合系统的工作原理如图 9-20 所示。图中，信息融合通过 Kalman 滤波来实现。

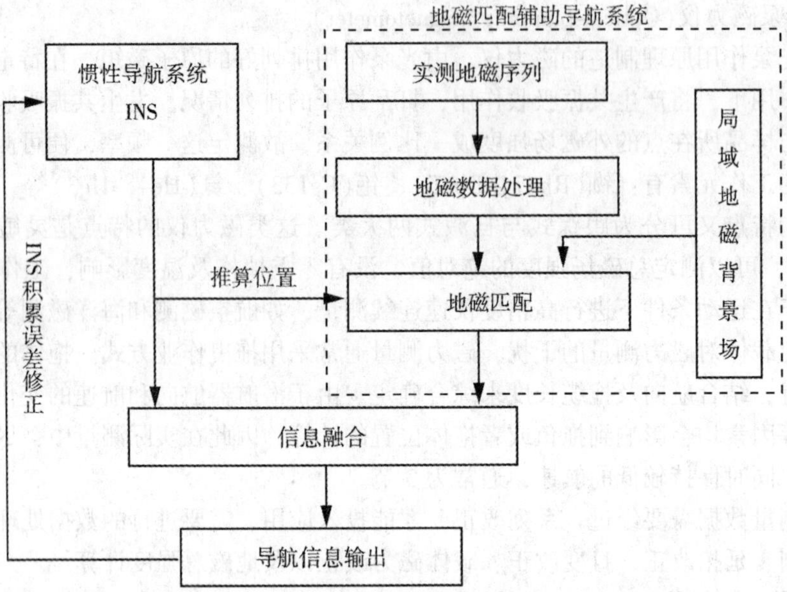

图 9-20　INS 与地磁匹配水下组合导航系统工作原理示意图

组合导航系统的状态向量为：

$$\boldsymbol{X}_{6\times1} = [x \quad y \quad \dot{x} \quad \dot{y} \quad \ddot{x} \quad \ddot{y}]^{\mathrm{T}}$$

观测向量由 INS 观测向量和地磁匹配结果向量组成，前者包括了位置、速度和加速度信息，而后者仅输出位置信息。

$$\boldsymbol{L}_{6\times2} = \begin{bmatrix} x & y & \dot{x} & \dot{y} & \ddot{x} & \ddot{y} \\ x & y & 0 & 0 & 0 & 0 \end{bmatrix}^{\mathrm{T}}$$

观测方程为：

$$\boldsymbol{L}_k = \boldsymbol{H}\boldsymbol{X}_k + \boldsymbol{V}_k$$

状态方程为：

$$\boldsymbol{X}_k = \boldsymbol{\Phi}_{k/k-1}\boldsymbol{X}_{k-1} + \boldsymbol{\Gamma}_{k-1}\boldsymbol{W}_{k-1}$$

式中，

$$\boldsymbol{H} = \begin{bmatrix} 1 & 1 & 1 & 1 & 1 & 1 \\ 1 & 1 & 0 & 0 & 0 & 0 \end{bmatrix},\ \boldsymbol{\Phi} = \begin{bmatrix} E & E\Delta t & \frac{1}{2}E\Delta t^2 \\ 0 & E & E\Delta t \\ 0 & 0 & E \end{bmatrix},\ \boldsymbol{\Gamma} = \begin{bmatrix} \frac{1}{6}E\Delta t^3 \\ \frac{1}{2}E\Delta t^2 \\ E\Delta t \end{bmatrix}$$

9.5.3 系统误差分析

根据系统组成和信息来源，地磁辅助 INS 水下组合导航系统的导航定位误差主要来源有 INS 误差、地磁背景场误差、实测地磁序列误差、匹配算法误差、信息融合误差等。下面分别介绍这些误差及其特点。

1. INS 误差

作为组合导航系统的一个重要组成部分，INS 测量误差对组合导航系统有着重要的影响。INS 误差在前面已作阐述。

2. 地磁测量和建模误差

地磁测量误差是地磁匹配导航定位的一项重要误差。地磁测量不但影响着地磁背景场的精度，而且还影响着在航实测地磁序列的精度。

影响磁测精度的因素较多，通常主要考虑：仪器记录误差 m_1；定位不准引起的测量误差 m_2；船磁影响产生的误差 m_3；日变改正引起的误差 m_4；整理计算中的误差 m_5。这些因素都综合影响着磁测精度。根据误差传播定律，地磁测量的总误差 m_s 为：

$$m_s^2 = m_1^2 + m_2^2 + m_3^2 + m_4^2 + m_5^2 \tag{9.35}$$

表 9-6 列出了近海海洋地磁测量误差分配表，当磁测精度要求确定后，应采取相应的技术措施尽量减小各项误差，以最终满足总精度的要求。

在地磁匹配导航中，地磁背景场是依靠实测地磁数据建模来获得的，其观测精度不仅影响着在航地磁观测序列的精度，还影响着地磁场建模的精度。此外，地磁场建模精度与建模方法相关。选择针对性强的地磁场建模方法，对于提高地磁场建模精度非常有益，否则所建模型与实际将存在有一定的出入，由此引起建模误差 m_m，则实际地磁场模型的精度 m_{Gm} 为：

$$m_{Gm}^2 = m_s^2 + m_m^2 \tag{9.36}$$

表 9-6　**近海海洋地磁测量误差分配表**

比例尺	均方根差 /nT	仪器 /nT	导航定位 /nT	船磁影响 /nT	日变校正 /nT	正常场校正 /nT
1∶100 万	≤12	≤2	≤10	≤2	≤4	≤2
1∶50 万	≤8	≤1	≤6	≤2	≤4	≤1
1∶20 万	≤4	≤1	≤3	≤1	≤2	≤1

3. 匹配定位误差

匹配定位误差 m_D 是地磁匹配得到的潜航器位置与实际位置的偏差。造成匹配定位误差的因素主要有地磁背景场模型精度 m_{Gm}、实测地磁序列精度 m_s 和匹配算法引起的误差。

在地磁匹配中，m_{Gm} 和 m_s 均作为噪声，影响着匹配定位的精度。随着 m_{Gm} 和 m_s 误差的增加，匹配定位误差急剧增大，因此在实际匹配导航定位中，需要较高的地磁场模型精度和实测地磁序列精度。

地磁匹配导航借助实测序列与背景场序列的相似性确定位置，若航迹上存在明显的地磁变化，地磁匹配导航的精度相对较高，否则就可能出现误匹配问题。误匹配的影响小至几米，多至上百米，甚至导致定位出现粗差，即不可用。因此，误匹配问题是影响定位的关键问题，需要通过选择合适的航行路径回避相似地磁变化水域以及采取合适的检验算法来加以消除误匹配的影响。

4. 综合导航精度 m_p

$$m_p^2 = m_{\text{INS}-p}^2 + m_D^2 \tag{9.37}$$

9.5.4　实验及分析

为验证地磁辅助 INS 水下组合导航系统的性能，以一个 7km×3km 水域的地磁数据为研究对象，开展匹配导航试验。通过对地磁数据的处理，获得了该水域的地磁数据，以此构建地磁背景场，如图 9-21 所示。

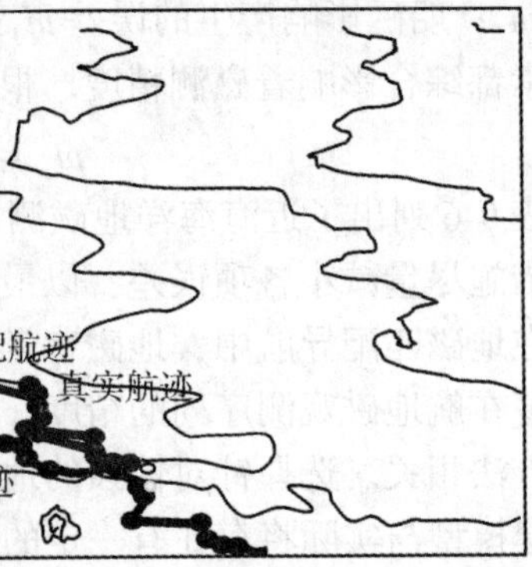

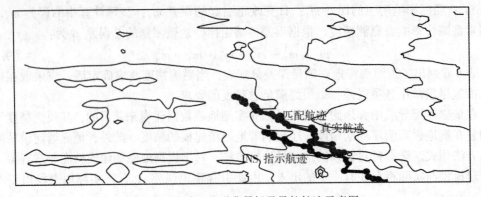

图 9-21　实验区地磁背景场及导航航迹示意图

以一个长度为 2.3km 的实测地磁序列为在航序列(即航迹长度)，序列由 19 个磁测点组成。INS 为这些磁测点提供平面位置。为了体现匹配导航对 INS 前期积累误差的修正，人为地给 INS 增加了(300m，300m)误差。INS 的漂移率为 0.01°/h。基于上述背景场和参数进行组合导航试验，组合导航精度如图 9-22 和表 9-7 所示。可以看出，地磁辅助 INS 水下组合导航系统在试验中获得了优于 80m 的精度。

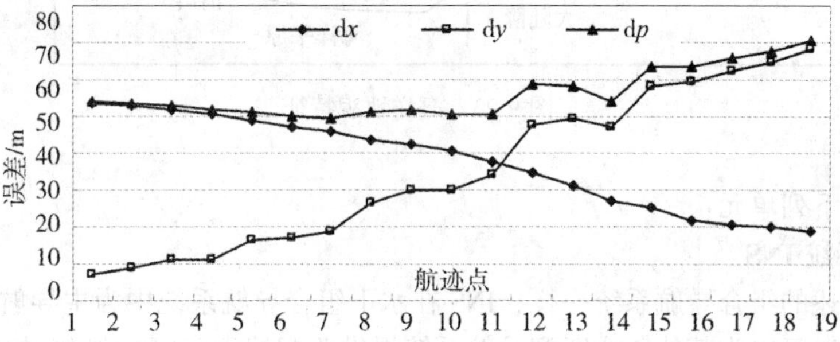

图 9-22 组合导航点位误差分布

表 9-7 **组合导航精度统计**

统计量 / 对象	最大偏差 /m	最小偏差 /m	平均偏差 /m	标准偏差 /m
dx	53.6	18.7	37.5	±39.4
dy	68.0	6.8	35.1	±40.7
dp	49.5	70.5	56.3	±56.6

9.6 地形匹配、地貌图像匹配、地磁匹配与 INS 组合

在前面所述的组合导航系统中，辅助导航系统均借助单一的海洋地球物理属性，通过物理要素匹配，实现潜航器导航定位。但就整体海洋环境而言，海床在近岸大陆架以内，变化相对复杂，而随着远离海岸，海床相对平坦，尽管在洋底存在大洋中脊和海沟，如图 9-23 所示。海洋的这种地貌分布特征表明，单一借助海床地形或地貌实现匹配导航定位，匹配导航中误匹配出现的几率在海洋平原会显著增大，导航的可靠性将会降低。为此，需要将几种自主匹配导航系统结合起来，综合实现潜航器的导航，以实现彼此优势互补，确保导航的精度和可靠性。基于上述思想，本节综合地形匹配、地貌匹配和地磁匹配三种辅助导航系统，结合 INS，介绍地形/地貌/地磁辅助 INS 的水下组合导航系统。

下面介绍这种水下组合导航系统的组成和工作原理，并对其导航误差进行综合分析。

9.6.1 系统组成

地形/地貌/地磁辅助 INS 水下组合导航系统由主导航系统 INS 和 3 个辅助导航系统组

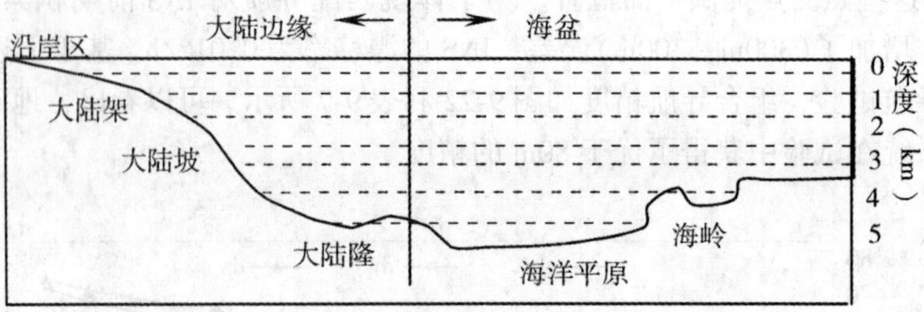

图 9-23　海洋地貌特征

成。主要包括下列单元：

1. 惯导系统 INS

同前面所述的组合导航系统一样，INS 在水下组合导航系统中为主导航系统，依靠其提供的推算位置可以为其他 3 个匹配导航系统提供匹配搜索范围。与此同时，INS 提供的速度和加速度信息作为重要的观测量参与整体信息融合，最终的融合结果将用于 INS 的积累误差修正，实现 INS 的长期可靠导航。

2. 匹配导航背景场

组合导航系统涉及 3 个匹配辅助导航系统，因此存在 3 个背景场，分别是海床地形 DEM、海床地貌图像和地磁场模型。背景场主要用于实现实测观测序列与之匹配，进而提取出在航潜航器当前位置。

3. 在航观测单元

在航观测单元包含了海床地形条带观测系统、地貌图像条带观测系统和地磁序列观测系统，涉及的仪器设备主要包括多波束测深系统、侧扫声呐系统和磁力仪观测系统及其相应的数据采集和处理单元。

4. 综合匹配单元

如前面几种匹配导航系统一样，组合导航系统中的匹配单元根据实测条带或序列，完成与背景场的匹配，从而实现从背景场中获得当前潜航器的位置。

3 个匹配导航单元将提供 3 套匹配定位结果，由于对同一载体进行导航定位，因此可以根据各自匹配结果以及 3 套结果的离散程度，在给定限差的情况下，分析判断误匹配情况，剔除不正确的匹配定位结果，从而增强匹配定位的可靠性。这也是地形/地貌/地磁辅助 INS 水下组合导航系统的特点所在。

5. 信息融合单元

根据组合系统中各个导航单元输出的导航定位信息，借助 Kalman 滤波模型，实现潜航器运动状态参数的确定。借助融合结果，实现对 INS 结果的修正。

6. 输出显示单元

该单元用来输出潜航器当前的位置、速度和加速度等运动状态参数，实现潜航器导航定位。

各单元的系统配置示意图如图 9-24 所示。

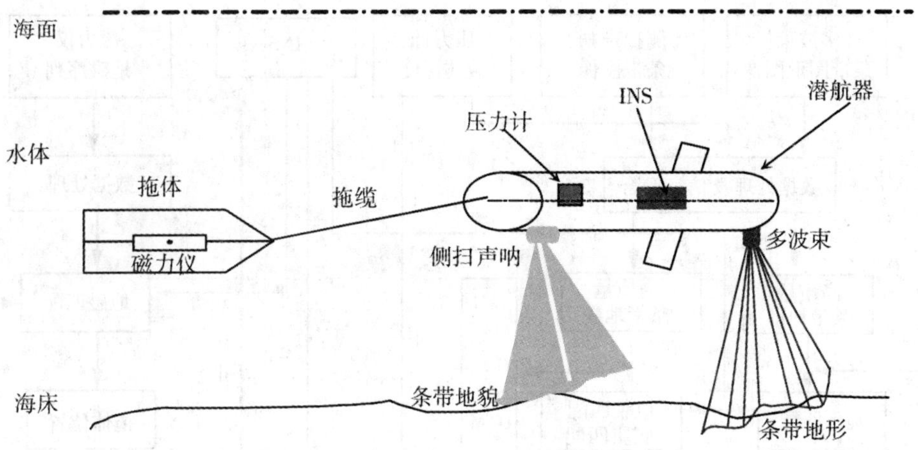

图 9-24　地形/地貌/地磁水下组合导航系统的组成及配置

9.6.2　系统工作原理

组合导航系统实际上是由 4 种独立的导航系统组成，分别是：惯导系统 INS、地形匹配导航系统、地貌匹配导航系统、地磁匹配导航系统。其中，后面 3 种为辅助导航定位系统，INS 为主导航系统。

在综合系统设计中，考虑各个系统定位的特征，组合导航系统组成采用联邦组合模式。即各个导航系统单独工作，最终将匹配定位的结果融合输出。系统工作原理如图 9-25 所示。

组合导航系统信息融合采用联邦 Kalman 滤波。若系统的状态方程和测量方程为：

$$\begin{cases} \boldsymbol{X}_k = \boldsymbol{\Phi}_{k,\ k-1}\boldsymbol{X}_{k-1} + \boldsymbol{W}_k \\ \boldsymbol{Z}_k = \boldsymbol{H}_k\boldsymbol{X}_k + \boldsymbol{V}_k \end{cases} \tag{9.38}$$

其中，$\boldsymbol{W}_k$ 的协方差阵为 $\boldsymbol{Q}_k$，$\boldsymbol{V}_k$ 的协方差阵为 $\boldsymbol{R}_k$。

各个子系统的状态方程和联测方程为：

$$\begin{cases} \boldsymbol{X}_k^i = \boldsymbol{\Phi}_{k,\ k-1}^i\boldsymbol{X}_{k-1}^i + \boldsymbol{W}_k^i \\ \boldsymbol{Z}_k^i = \boldsymbol{A}_k^i\boldsymbol{X}_k^i + \boldsymbol{V}_k^i \end{cases} \tag{9.39}$$

式中，$i=1,\ 2,\ 3,\ 4$，依次分别代表上述 4 种导航方式。

由于各子系统相互独立，可以假设 $\boldsymbol{X}_k^i$ 是 $\boldsymbol{X}_k$ 的一部分，而 $\boldsymbol{Z}_k=(\boldsymbol{X}_k^1,\ \boldsymbol{X}_k^2,\ \boldsymbol{X}_k^3,\ \boldsymbol{X}_k^4)$，则有

$$\begin{cases} \boldsymbol{X}_k^i = \boldsymbol{M}_i\boldsymbol{X}_k \\ \boldsymbol{H}_k^i = \boldsymbol{A}_k^i\boldsymbol{M}_i \end{cases} \tag{9.40}$$

综合滤波可以用各子系统的测量值表示为：

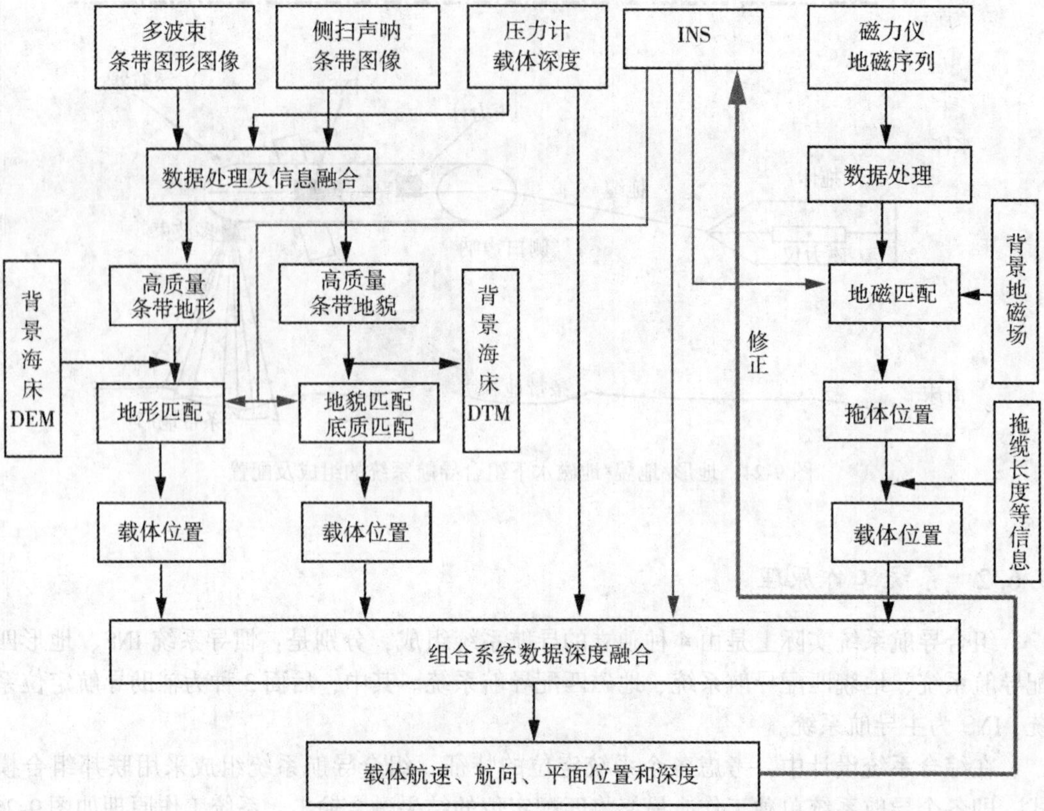

图 9-25　水下综合导航系统工作原理图

$$\left.\begin{aligned}
\hat{\boldsymbol{X}}_{k,\ k-1} &= \boldsymbol{\Phi}_{k,\ k-1}\hat{\boldsymbol{X}}_{k-1}\\
\boldsymbol{P}_{k,\ k-1} &= \boldsymbol{\Phi}_{k,\ k-1}\boldsymbol{P}_{k-1}\boldsymbol{\Phi}^{\mathrm{T}}_{k,\ k-1} + \boldsymbol{Q}_{k-1}\\
\hat{\boldsymbol{X}}_{k,\ k-1} &= \hat{\boldsymbol{X}}_{k,\ k-1} + \sum_{i=1}^{4}\boldsymbol{K}^{i}_{k}(\boldsymbol{Z}^{i}_{k} - \boldsymbol{H}^{i}_{k}\hat{\boldsymbol{X}}_{k,\ k-1})\\
\boldsymbol{K}^{i}_{k} &= \boldsymbol{P}_{k}\boldsymbol{H}^{i}_{k}(\boldsymbol{R}^{i}_{k})^{-1}\\
\boldsymbol{P}_{k} &= (\boldsymbol{I} - \sum_{i=1}^{4}\boldsymbol{K}^{i}_{k}\boldsymbol{H}^{i}_{k})\boldsymbol{P}_{k,\ k-1}
\end{aligned}\right\} \tag{9.41}$$

9.6.3　系统误差分析

按照系统组成及工作原理，组合系统的定位误差除受各自背景场精度、在航测量设备测量精度、匹配导航精度以及潜航器位置推算精度影响外，还受信息融合算法的精度影响。

为简化问题，认为最终的导航定位结果是根据地形匹配、地貌匹配、地磁匹配定位和

INS推算位置综合得到，各定位精度分别为σ_T、σ_R和σ_g、σ_{INS}，则系统最终定位精度σ_I为：

$$\sigma_I = \pm\sqrt{\sigma_T^2 + \sigma_R^2 + \sigma_g^2 + \sigma_{\mathrm{INS}}^2}$$

9.6.4　实验及分析

为验证地形/地貌/地磁辅助INS水下组合导航系统的性能，对7km×3km实验水域开展多波束地形测量、侧扫声呐测量以及磁力测量，通过对这些数据的综合处理，获得了该水域的海床地形、地貌数据以及地磁数据，并构建地形背景场(见图9-26(a))、地貌背景场(见图9-26(b))和地磁背景场(见图9-26(c))；以选点长度为2.3km的航迹作为导航区段，提取各自在航的条带地形、条带地貌和地磁序列，形成20个子条带和20个地磁测点，用于实现匹配。为检验组合系统对INS的修正性能，人为设置INS初始偏差为(300m，300m)，以作为INS的前期积累误差。INS的漂移率为0.01°/h。

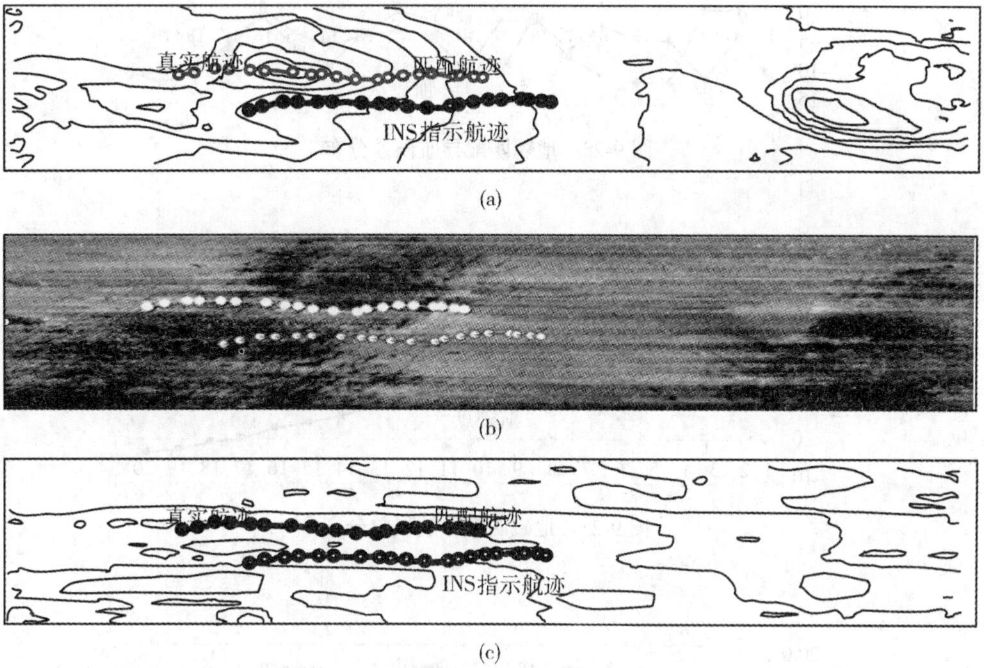

图9-26　实验区背景场及导航航迹示意图

基于以上背景场和参数，实施导航试验，试验结果如图9-27～图9-30以及表9-8所示。可以看出，试验中地形匹配导航的精度优于35m，地貌匹配导航的精度优于16m、地磁匹配导航的精度优于35m、组合导航的精度优于18m。可见组合导航系统相对单一导航系统导航精度得到了提高；从误差分布曲线可以看出，误差分布聚敛性明显优于各单一导航系统，提高了导航的稳定性。

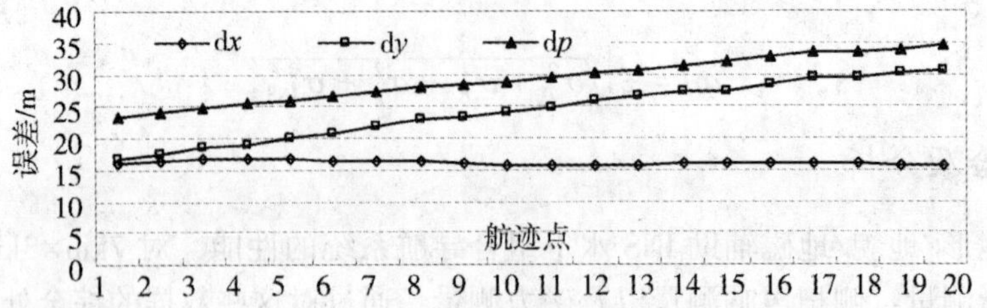

图 9-27　地形匹配导航误差分布

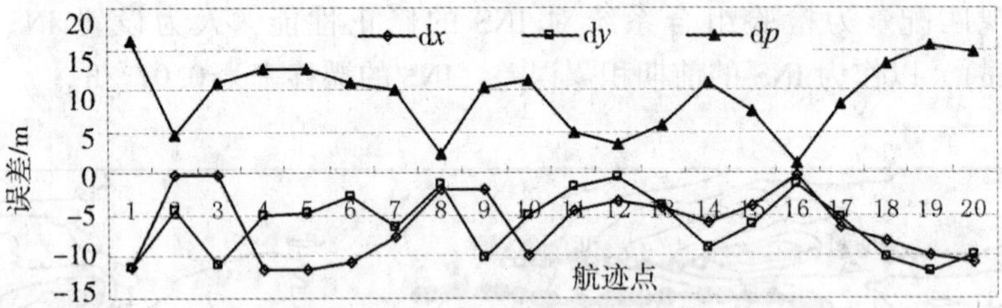

图 9-28　地貌匹配导航误差分布

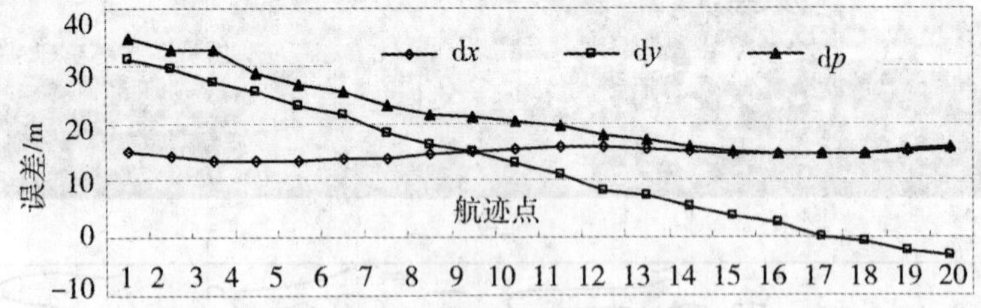

图 9-29　地磁匹配导航误差分布

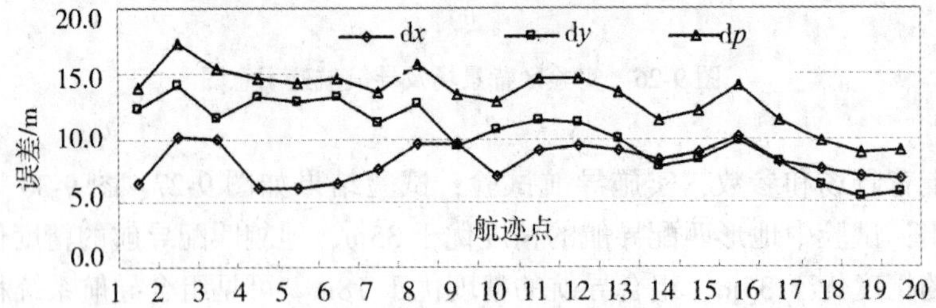

图 9-30　组合导航误差分布图

表 9-8 组合导航精度统计结果

导航类型	统计量 / 误差	最小偏差 /m	最大偏差 /m	平均偏差 /m	标准偏差 /m
地形匹配	dx	15.5	16.6	16.1	±16.1
	dy	16.7	30.6	24.2	±24.6
	dp	23.2	34.4	29.2	±29.4
地貌匹配	dx	−11.7	−0.1	−6.2	±7.4
	dy	−12.0	−0.6	−6.1	±7.1
	dp	1.3	15.9	9.3	±10.2
地磁匹配	dx	13.4	15.9	14.6	±14.6
	dy	−3.2	31.2	12.6	±16.6
	dp	14.6	34.6	21.3	±22.3
组合导航	dx	6.1	10.1	8.2	±8.3
	dy	5.3	14.1	10.2	±10.5
	dp	8.8	17.3	13.2	±13.4

参考文献

[1]武凤德，李传学. 水下导航技术的最新发展[C/OL]//中国航海学会. 全国首届水下导航应用技术研讨会，青岛，2010. [2017-06-15]. http：//d. wanfangdata. com. cn/conference/3207422.

[2]彭富清，霍立业. 海洋地球物理导航[J]. 地球物理学进展，2007，22(3)：759-764.

[3]秦永元. 惯性导航[M]. 北京：科学出版社，2006.

[4]田坦. 水下定位与导航技术[M]. 北京：国防工业出版社，2007.

[5]陈俊勇，党亚明，程鹏飞. 全球导航卫星系统的进展[J]. 大地测量与地球动力学，2007，27(5)：1-4.

[6]党亚民. 全球导航卫星系统原理与应用[M]. 北京：测绘出版社，2007.

[7]高成发. 卫星导航定位原理与应用[M]. 北京：人民交通出版社，2011.

[8]魏东. 重力匹配定位方法研究[D]. 哈尔滨：哈尔滨工程大学，2004.

[9]李俊，徐德民，宋保维，严卫生. 自主式水下潜器导航技术发展现状与展望[J]. 中国造船，2004，46(3)：70-77.

[10]陈绍顺，李彦斌，李云. 地形匹配制导技术研究[J]. 战术导弹控制技术，2004：18-22.

[11]郭才发，胡正东，张士峰，蔡洪. 地磁导航综述[J]. 宇航学报，2009，30(4)：1314-1319.

[12]杨晓东，王炜. 地磁导航原理[M]. 北京：国防工业出版社，2009.

[13]Gerber M A. Gravity gradiometer：something new in inertial navigation[J]. Astronautics and Aeronaut ics，May，1978，18-26.

[14]Jircitano A，While J and Dosch D. Gravity based navigation of AUV's[C]//Proceedings of the Symposium on Autonomous Under water Vehicle Technology. Washington，DC：June，1990，177-180.

[15]赵建虎，刘经南. 多波束深度及图像数据处理方法研究[M]. 武汉：武汉大学出版社，2008.

[16]刘经南. 坐标系统的建立与变换[M]. 武汉：武汉测绘科技大学出版社，1995.

[17]朱华统. 常用大地坐标系及其变换[M]. 北京：解放军出版社，1990.

[18]孔祥元，郭际明，刘宗泉. 大地测量学基础[M]. 武汉：武汉大学出版社，2008.

[19]熊仲华，刘运生. 地磁观测技术[M]. 北京：地震出版社，1997.

[20]袁信，俞济祥，陈哲. 导航系统[M]. 北京：航空工业出版社，1993.

[21]楼锡淳，朱鉴秋. 海图学概论[M]. 北京：测绘出版社，1993.

[22]秦永元，张洪钺，汪淑华. Kalman 滤波与组合导航原理[M]. 西安：西安工业大学出版社，1998.
[23]R E Kalman. A New Approach to Linear Filtering and Prediction Problems[J]. Journal of Basic Engineering, 1960, 82(1): 35-45.
[24]付梦印，邓志红，张继伟. Kalman 滤波理论及其在导航系统中的应用[M]. 北京：科学出版社，2003.
[25]孙红星. 差分 GPS/INS 组合定位定姿及其在 MMS 中的应用[D]. 武汉：武汉大学，2004.
[26]B D O Anderson, J B Moore. Optimal Filtering[M]. Englewood Cliffs, New Jersey: Prentice-Hall, 1979.
[27]P S Maybeck. Stochastic Models, Estimation and Control, Vol. 1[M]. New York: Academic Press, 1979.
[28]P S Maybeck. Stochastic Models, Estimation and Control, Vol. 2[M]. New York: Academic Press, 1982.
[29]C K Chui, G Chen. Kalman Filtering: With Real-time Applications[M]. New York: Springer, 1991.
[30]D Goshen-meskin, I Y Bar-itzhack. Unified Approach to Inertial Navigation System Error Modeling[J]. Journal of Guidance, Control, and Dynamics, 1992, 15(3): 648-653.
[31]D H Titterton, J L Weston. Strapdown Inertial Navigation Technology[M]. IEE, 2004.
[32]R M Rogers. Applied Mathematics in Integrated Navigation Systems[M]. Aiaa, 2003.
[33]董绪荣，华仲春，张守信. GPS/INS 组合导航定位及其应用[M]. 长沙：国防科技大学出版社，1998.
[34]E H Shin. Estimation Techniques for low-cost Inertial Navigation[D]. Alberta: The University of Calgary, 2005.
[35]袁信，俞济详，陈哲. 导航系统[M]. 北京：航空工业出版社，1993.
[36]邓正隆. 惯性技术[M]. 哈尔滨：哈尔滨工业大学出版社，2006.
[37]张涛，石宏飞，陈立平，等. 基于 UKF 的 SINS/LBL 水下 AUV 紧组合定位技术[J]. 中国惯性技术学报，2016，24(5)：638-642.
[38]张国良，曾静. 组合导航原理与技术[M]. 西安：西安交通大学出版社，2008.
[39]高社生. 组合导航原理及应用[M]. 西安：西北工业大学出版社，2012.
[40]耿延睿，崔中兴. 组合导航系统卡尔曼滤波衰减因子自适应估计算法研究[J]. 中国惯性技术学报，2001，9(4)：8-10.
[41]李俊，徐德民，宋保维. 自主式水下潜器导航技术发展现状与展望[J]. 中国造船，2004，45(3)：70-77.
[42]李征航. GPS 测量与数据处理[M]. 武汉：武汉大学出版社，2013.
[43]林敏敏，房建成，高国江. GPS/SINS 组合导航系统混合校正卡尔曼滤波方法[J]. 中国惯性技术学报，2003，11(3)：29-33.
[44]刘智平，毕开波. 惯性导航与组合导航基础[M]. 北京：国防工业出版社，2013.

[45]翟峻仪. GNSS/INS 组合导航系统性能评估技术研究[D]. 北京：北京理工大学，2015.
[46]马伟锋，胡震. AUV 的研究现状与发展趋势[J]. 火力与指挥控制，2008，33(6)：10-13.
[47]谭述森. 卫星导航定位工程[M]. 北京：国防工业出版社，2010.
[48]田坦. 水下定位与导航技术[M]. 北京：国防工业出版社，2007.
[49]杨元喜. 自适应动态导航定位[M]. 北京：测绘出版社，2006.
[50]杨元喜，何海波，徐天河. 论动态自适应滤波[J]. 测绘学报，2001，30(4)：293-298.
[51]张荣辉，贾宏光，陈涛，等. 基于四元数法的捷联式惯性导航系统的姿态解算[J]. 光学精密工程，2008，16(10)：1963-1970.
[52]张小红. 动态精度单点定位(PPP)的精度分析[J]. 全球定位系统，2006，31(1)：7-11.
[53]周徐昌，沈建森. 惯性导航技术的发展及其应用[J]. 兵工自动化，2006，25(9)：55-56.
[54]兰晓阳. 小型飞行器姿态确定技术研究[D]. 北京：北京理工大学，2014.
[55]张炎华，王立端，战兴群，翟传润. 惯性导航技术的新进展及发展趋势[J]. 中国造船，2008，49(183)：134-143.
[56]Mohinder S Grewal，Lawrence R Weill，Angus P Andrews. GPS 惯性导航组合[M]. 陈军，等，译. 北京：电子工业出版社，2011.
[57]吴永亭. LBL 精密定位理论方法研究及软件系统研制[D]. 武汉：武汉大学，2013.
[58]李守军，包更生，吴水根. 水声定位技术的发展现状与展望[J]. 海洋技术，2005，24(1)：130 -135.
[59]孙树民，李悦. 浅谈水下定位技术的发展[J]. 广东造船，2006(4)：19-24.
[60]喻敏，惠俊英，冯海泓，张晓亮. 超短基线系统定位精度改进方法[J]. 海洋工程，2006，24(1)：86-91.
[61]邢志伟，于开洋，王晓辉. 超短基线定位系统在 ROV 动力定位中应用的可行性研究[J]. 机器人，2002(6)：488-491.
[62]黄俊峰，邢志伟，李一平. 基于超短基线的缆控水下机器人动力定位[J]. 控制工程，2002(6)：75-78.
[63]赵建虎，沈文周，吴永亭，等. 现代海洋测绘(上、下册)[M]. 武汉：武汉大学出版社，2007.
[64]吴永亭，唐秋华，周兴华，刘焱雄，丁继胜. 长基线定位系统的研制[C/OL]. 中国21世纪议程管理中心. 我国近海油气勘探开发高技术发展研讨会，北京，2005.[2017-07-08]. http：//dwanfangdata. com. cn/conference/6160159.
[65]喻敏. 长程超短基线定位系统研制[D]. 哈尔滨：哈尔滨工程大学，2006.
[66]葛亮. 水声定位技术在海洋工程中的应用研究初探[D]. 青岛：中国海洋大学，2006.
[67]周跃涛. 水声超短基线定位系统收发单元设计[D]. 哈尔滨：哈尔滨工程大学，2005.
[68]马晓民，田路. 高精度超短基线定位系统的分析与仿真[J]. 声学与电子工程，2002

(1), 15-19.
[69] User Guide for Scout and Scout+ USBL Systems. Sonardyne International Limited, 2005.
[70] Gaps User Manual. IXSea Oceano, 2005.
[71]韩瑞宁, 周东辉. 超短基线定位精度与误差分析[J]. 微计算机信息, 2008, 24(3-1): 160-162.
[72]陈勇杰. 浅海环境噪音之深度相依研究[D]. 台湾:"台湾中山大学"海下技术研究所, 2002.
[73]杜广文. 超短基线定位之感测器对准偏差修正[D]. 台湾:"台湾中山大学"海下技术研究所, 2006.
[74]张道平. 超短基线定位系统的误差分析[J]. 海洋学报, 1989, 11(4): 510-517.
[75]郑翠娥, 孙大军, 张殿伦, 李想. 超短基线定位系统安装误差校准技术研究[J]. 计算机工程与应用, 2007, 43(8): 171-173.
[76]Deans M, Kunz C, Sargent R, et al. Terrain model registration for single cycle instrument placement[C]//Ieee/rsj International Conference on Intelligent Robots and Systems. IEEE, 2003, 1: 323-325.
[77]谢仕民, 李邦清, 刘峰, 鲁建. 地磁匹配导航关键技术浅析[J]. 飞航导弹, 2008, 2: 36-43.
[78]乔玉坤, 王仕成, 张琪. 地磁匹配制导技术应用于导弹武器系统的制约因素分析[J]. 飞航导弹, 2006, 8: 39-41.
[79]蔡兆云, 魏海平, 任治新. 水下地磁导航技术研究综述[J]. 国防科技, 2007, 3: 28-32.
[80]刘徐德, 王万义, 邱致和. 地形辅助导航系统技术[M]. 北京: 电子工业出版社, 1994: 2-23.
[81]刘繁明, 孙枫, 成怡. 基于ICCP算法及其推广的重力定位[J]. 中国惯性技术学报, 2004, 12(5): 36-39.
[82]王可东, 陈锶. 水下地形匹配等值线算法研究[J]. 宇航学报, 2006, 27(5): 995-999.
[83]郑彤, 边少锋, 王志刚. 基于ICCP匹配算法的海底地形匹配辅助导航[J]. 海洋测绘, 2008, 3: 21-28.
[84]刘承香. 水下潜器的地形匹配辅助定位技术研究[D]. 哈尔滨: 哈尔滨工程大学, 2007.
[85]李豫泽, 石志勇, 杨云涛, 冯俊, 基于ICCP算法的地磁匹配定位方法[J]. 现代电子技术, 2008(20): 122-127.
[86]刘承香, 刘繁明, 刘柱, 魏东. 快速ICCP算法实现地形匹配技术研究[J]. 船舶工程, 2003, 25(3): 54-56.
[87]Paul J Besl, Neil D McKay. A method for registration of 3D shapes[J]. IEEE Transactions on Pattern Analysis and Machine Intelligence, 1992, 14(2): 239-256.

[88]杨云涛，石志勇，关贞珍，李豫泽. 地磁场在导航定位系统中的应用[J]. 中国惯性技术学报，2007(6)：686-692.

[89]吴美平，刘颖，胡小平. ICP 算法在地磁辅助导航中的应用[J]. 航天控制，2007(6)：17-21.

[90]周贤高，李士心，杨建林，张良通. 地磁匹配导航中的特征区域选取[J]. 中国惯性技术学报，2008(6)：694-698.

[91]Jianhu Zhao, Shengping Wang, Aixue Wang. Study on Underwater Navigation System Based on Geomagnetic Match Technique[J]. Journal of Navigation, 2014, 67(4).

[92]Shengping Wang, Jianhu Zhao, Aixue Wang. Software Development of Marine Geomagnetic Data Processing [C/OL] //The Ninth International Conference on Electronic Measurement & Instruments, Beijing, China, August 16-19, 2009. [2009-10-02]. http://ieeexplore.ieee.org/document/5274036/?arnumber=5274036&tag=1.

[93]Jianhu Zhao, Hongmei Zhang, Shengping Wang. Study on Establishing Local Marine Geomagnetic Field Model [C/OL] //The Ninth International Conference on Electronic Measurement & Instruments, Beijing, China, August 16-19, 2009. [2009-10-02]. http://ieeexplore.ieee.org/document/5274722/.

[94]Shengping Wang, Jianhu Zhao, Hongmei Zhang, Ke Hao. Study on the Underwater Geomagnetic Navigation Based on the Integration of TERCOM and K-Meas Clustering Algorithm [C/OL] //OCEANS 2010, Sydney, Australia, Australia, May 24-27, 2010. [2010-10-14]. http://ieeexplore.ieee.org/document/5603583/.

[95]Shengping Wang, Jianhu Zhao, Yongting Wu. Study on key technologies of Construction of Marine Geomagnetic Field Model Based on Polynomial Method [C/OL] //OCEANS 2008, Quebec City, QC, Canada, September 15-18. [2009-06-30]. http://ieeexplore.ieee.org/document/5151921/.

[96]Jianhu Zhao, Hui Liu, Juanjuna Li. Study on Construction of Local Marine Geomagnetic Field Model Based on Curve-surface Interpolation [C/OL] //OCEANS 2008, Quebec City, QC, Canada, September 15-18. [2009-06-30]. http://ieeexplore.ieee.org/document/5151931/authors.

[97]Shengping Wang, Jianhu Zhao, Aixue Wang, Kun Yang, Chunhe Tian. Software Development on the Establishment of Local Marine Geomagnetic Field Model [C/OL] //International Conference on Electrical and Control Engineering, Wuhan, China, June 25-27, 2010. [2010-11-11]. http://ieeexplore.ieee.org/document/5630734/.

[98]彭富清，霍立业. 海洋地球物理导航[J]. 地球物理学进展，2007，22(3)：759-764.

[99]刘承香. 水下潜器的地形匹配辅助定位技术研究[D]. 哈尔滨：哈尔滨工程大学，2003.

[100]刘光军，袁书明，黄咏梅. 海底地形匹配技术研究[J]. 中国惯性技术学报，1999，7(1)：19-22.

[101]张红梅，赵建虎，杨鲲，田春和. 水下导航定位技术[M]. 武汉：武汉大学出版社，2010.

[102]李临. 海底地形匹配辅助导航技术现状及发展[J]. 舰船电子工程，2008(2)：17-19.

[103]于家城，陈家斌，晏磊，刘岳峰. 图像匹配在海底地图匹配中的应用[J]. 北京大学学报(自然科学版)，2007，43(16)：733-737.